Marcus Damm
Dominik Aebersold
Danielle Estermann

Beziehungsgestaltung und Ressourcenförderung im Jugendheim Lory

Ratgeber Schemapädagogik in der stationären Jugendhilfe

Marcus Damm
Dominik Aebersold
Danielle Estermann

Beziehungsgestaltung und Ressourcenförderung im Jugendheim Lory

Ratgeber Schemapädagogik in der stationären Jugendhilfe

Unser Buchprogramm im Internet
www.verlag-modernes-lernen.de

Externe Links
Der Verlag weist ausdrücklich darauf hin, dass eventuell im Text enthaltene externe Links vom Verlag nur bis zum Zeitpunkt der Buchveröffentlichung eingesehen werden konnten.
Auf spätere Veränderungen hat der Verlag keinerlei Einfluss. Eine Haftung des Verlages ist daher ausgeschlossen.

Online-Material zu diesem Buch

So einfach geht's
– Materialseite **verlag-modernes-lernen.de/buecher/online-material** aufrufen
– Buchcode eingeben und Download starten

Ihr Buchcode: **75b964b0**

Der Begriff „Schemapädagogik®" ist ein geschützter Begriff (Marke Nr. 30 2013 029 946)

Veröffentlicht in der Edition:
verlag modernes lernen Borgmann GmbH & Co. KG
Schleefstraße 14 · D-44287 Dortmund

Gesamtherstellung in Deutschland: Löer Druck GmbH, Dortmund

Coverfoto: © oneinchpunch – stock.adobe.com / Downloadlogo: Sabrina Lorrig, Aachen

Illustrationen: Maurizio Siconolfi

Bestell-Nr. 4370 ISBN 978-3-8080-0899-7

Inhalt

Geleitwort von Jens Förster

Integrativ, umfassend und anwendbar – das versprechen viele neue pädagogische Ansätze und oftmals verheddern sie sich in dem Moment, in dem es um Praktikabilität geht. Während wissenschaftliche Theorien ruhig komplex sein dürfen, möchten praktisch arbeitende Helfer*innensysteme doch gerne möglichst präzise wissen, was sie in bestimmten herausfordernden Situationen konkret tun könnten.

Den Autor*innen gelingt der Spagat zwischen wissenschaftlicher Tiefe und Anwendung mit belebender Leichtigkeit. Dieses Buch ist schlichtweg gut und klar geschrieben. Es ist leicht lesbar, ohne die Komplexität der Materie aus den Augen zu verlieren und liefert mannigfache Handlungsbeispiele und Impulse für die pädagogische Arbeit.

Es geht – grob gesagt – um eine Übertragung schematherapeutischer Ansätze auf pädagogische Anwendungsfelder, im Fokus steht die stationäre Jugendhilfe. „Schemapädagogik" nennen die Autor*innen ein Konzept, das Bausteine der Schematherapie, der Klärungsorientierten Psychotherapie und der Kognitiven Therapie kombiniert und in (sozial-)pädagogischen Praxisfeldern anwendbar ist. Das Buch profitiert von einem unglaublich breiten Wissen. So schöpfen die Autor*innen auch aus anderen, unterschiedlichen Disziplinen wie der Evolutionsbiologie, der Kommunikationspsychologie, der Sozialpsychologie, der Persönlichkeitspsychologie, der Positiven Psychologie, der Psychoanalyse und den Neurowissenschaften.

Das Fundament bilden allerdings das Schemamodell sowie das Schemamodusmodell von Young et al. (2008), das Schemakonzept von Beck (1976) und die Interaktionsstrategien von Sachse (2019a).

All dieses Wissen kommt allerdings nicht isoliert daher, sondern wird mit eigenen Erfahrungsberichten mit Klient*innen verwoben. Zahlreiche Fallbeispiele aus eigenen Fortbildungsveranstaltungen und aus dem Jugendheim Lory (eine stationäre pädagogische Einrichtung der Jugendhilfe in Münsingen, Schweiz), in dem der Ansatz konsequent umgesetzt wurde, illustrieren die Anwendbarkeit und den Nutzen. Im letzten Teil des Buches wird vorwiegend aus dem Praxisalltag berichtet – und das ist spannend, inspirierend und macht Spaß.

Inhaltlich geht es um verschiedene kognitive Schemata mit emotionaler Basis, die als Grundlage der Persönlichkeit angesehen werden. Dabei wird „Persönlichkeit" nicht als festes, unveränderbares Konglomerat an ererbten Eigenschaften verstanden, sondern als kontext- und rollenabhängig betrachtet, also als eine dynamische Struktur. Diese Annahme, die auch als „Teile-Selbst-Konzept", als „Inneres Team" oder als „ego states" bekannt ist, macht es möglich, Menschen als veränderbar zu begreifen und ihnen alle möglichen Chancen einzuräumen. Verhaltensweisen, die als Modi bezeichnet werden, sind schließlich die Auswirkungen der Schemata. An ihrer Modellierbarkeit setzt die pädagogische Arbeit an.

Die Inhalte der Schemata kreisen um Hauptthemen der psychischen Entwicklung, die hinreichend aus Pädagogik und Psychologie bekannt sind, wie „emotionale Entbehrung", „Verlassenheit/Instabilität", „Misstrauen/Missbrauch", „soziale Isolation", „Unzulänglichkeit/Scham", „Erfolglosigkeit/Versagen", „Abhängigkeit von anderen", „Verletzbarkeit", „Verstrickung mit anderen", „Anspruchshaltung/Grandiosität", „anecken wollen/Rebellentum", „Unterwerfung/Anpassung", „Fürsorge für andere", „Streben nach Zustimmung und Anerkennung", „emotionale Selbst- und Fremdkontrolle", „überhöhte Standards/Perfektionismus", „Negatives hervorheben" und „Bestrafungsneigung". Sie alle bilden Teile des Selbst ab, die sowohl Kosten als auch Nutzen haben – und meist in einem sozialen Kontext während der Kindheit entstanden sind.

Eine idealtypische Vorgehensweise besteht aus einer anfänglichen Beobachtungsphase und dem Beziehungsaufbau. Danach werden Schemata und Modi der Klient*innen beobachtet und bearbeitet, um schließlich einen Transfer der erarbeiteten Lösungen in den Alltag vorzubereiten. Zahlreiche kreative und teils spaßbringende Übungen, Fragebögen, Methoden, Fragenarten, Beobachtungsschablonen, und Spielanweisungen werden beschrieben, um Modi zu entdecken.

Dabei wird auch versucht, unbewusste Facetten menschlichen Verhaltens, wie z. B. Selbstdarstellungsstrategien (Image-Kreation), Psychospiele und unbewusste Appelle und Aufträge an die Helfer*innen zu ergründen.

Als unspezifische und dabei hoch wirksame Methoden werden immer wieder die Ressourcenorientierung und die Stärkung des Selbstwerts betont. Zudem wird die Interaktion zwischen Klient*in und Fachkraft nicht aus den Augen verloren. Bewusstwerdung über die eigenen Schemata, Modi und Appelle (ich nennen sie gerne „Trigger") gilt auch für die Helfer*innensysteme, die sich im Sinne einer Kybernetik 2. Ordnung immer mit in die Situation einbringen und mit ihren eigenen Themen „das Problem" und „die Lösung" mitbestimmen.

Insgesamt blitzt aus allen Seiten des Buches eine genuin humanistische Geisteshaltung, die die jugendlichen Klient*innen stützt und Rahmenbedingungen für Selbstorganisation schaffen kann. Insgesamt ist dies ein sehr gelungenes Handbuch, das ich mit großer Freude gelesen habe.

Köln, 17.12.2020
Jens Förster

Jens Förster ist Direktor des „Systemischen Instituts für Positive Psychologie" in Köln. Er war von 2001 bis 2017 Professor der Sozialpsychologie und lehrte u. a. an der Newschool for Social Research in New York, der Jacobs University Bremen und der Universität van Amsterdam. Er ist systemischer Coach (SG), Therapeut (SG) und Supervisor (alles IF Weinheim) in Köln und Berlin und bildet am „Institut für Systemische Entwicklung und Ausbildung (IF Weinheim)" systemische Berater und Supervisoren aus. Er ist Redakteur der Fachzeitschrift „systhema" und häufig in den Medien präsent.

Vorwort

Mit diesem Buch wird eine Lücke geschlossen, genauer gesagt der Brückenschlag von der Schemapädagogik zur stationären Jugendhilfe vollzogen. Schon vor einigen Jahren hatte ich (M.D.) den Impuls, ein solches Anliegen umzusetzen. Es erschien mir aber gerade in Bezug auf das Praxisfeld stationäre Jugendhilfe unabdingbar, Co-Autor*innen mit ins Boot zu holen, die im besagten Setting theoretisch und praktisch schemapädagogisch arbeiten; und das brauchte eben seine Zeit. Es gab damals schlicht und einfach keine entsprechenden Mitstreiter*innen. Heute sieht die Sache anders aus. Aber ein kurzer Blick zurück sei mir an dieser Stelle noch vergönnt. – Auch in meinem Praxisfeld konnte ich nicht allzu sehr auf fachliche und praktische Inputs hoffen. Ich bilde zwar seit 2004 als BBS-Lehrer an der Anna-Freud-Schule in Ludwigshafen angehende Erzieher*innen aus. Aber es ist nun einmal so, dass die Mehrheit der Schüler*innen ihre Praktika in Krippen, Kindergärten und Horten ableistet. Nur vereinzelt arbeiten die Auszubildenden in Institutionen der stationären Jugendhilfe. Zudem mangelte es schlicht und einfach an Jugendhilfe-Einrichtungen, die mit dem Konzept arbeiten, kurz gesagt: *es gab keine*. Das Thema war unter den beschriebenen Rahmenbedingungen also erstmal passé.

Dass das vorliegende Projekt nun im letzten Jahr angegangen und erfolgreich abgeschlossen werden konnte, ist mehreren glücklichen Zufällen zu verdanken. Im Sommer 2017 besuchten die stellvertretende Leitung des Jugendheims Lory (Münsingen, Schweiz), Kathrin Jordi, gemeinsam mit ihrem damaligen Kollegen Michel Riesen die berufsbegleitende Weiterbildung Schemapädagogik® in Köln bei André Kotecki. Die theoretischen und praktischen Impulse nahmen sie mit in ihre Einrichtung. Man entschloss sich, die Schemapädagogik als eine pädagogische Arbeitsweise in den Praxisalltag zu integrieren.

Mitte 2019 beendeten Danielle Estermann und Dominik Aebersold, ebenfalls im Team des Jugendheims Lory, erfolgreich die o. g. Weiterbildung, und zwar in Leipzig. Seitdem wurde die schemapädagogische Methodik weiter für die eigene Heimerziehungspraxis spezifiziert – erfolgreich. Mit der Intention, die Reichweite des Schemapädagogik-Konzepts für den stationären Heimbereich in der Schweiz zu erhöhen und Kolleg*innen und Interessent*innen an dem Prozess teilhaben zu lassen, ergaben sich mehr und mehr Meetings, bei denen ich (M.D.) gemeinsam mit Mitarbeiter*innen des Jugendheims Lory entsprechende Möglichkeiten auslotete. Eines Tages kam die Idee auf, ein gemeinsames Buch zu verfassen – und hier ist es nun.

Wir haben großen Wert auf die Theorie-Praxis-Verzahnung gelegt. Viele Fallbeispiele begleiten das Buch von A bis Z. Methoden werden vor dem Hintergrund des schemapädagogischen Prozesses vorgestellt und gleich danach durch Erfahrungsberichte reflektiert. Klar ist: Nicht jede schemapädagogische Intervention funktioniert immer; aber das gilt auch für alle anderen Arbeitsweisen, die aus unterschiedlichsten Konzepten stammen. Wir hoffen des Weiteren, dass wir Ihnen, liebe Leserin/lieber Leser, neue Einblicke in Ihre eigene (Berufs-)Persönlichkeit, Ihre „roten Punkte“ (Trigger) vermitteln können. Diese haben Auswirkungen auf der Beziehungsebene im Praxisalltag. Insbesondere soll natürlich der Blick für die Heranwachsenden und deren Persönlichkeiten geschärft werden. Die Tools im Text sollen gewissermaßen den Weg vom Ich zum Du ebnen, um auf Augenhöhe gemeinsam Beziehungsfallen konstruktiv und zielorientiert bearbeiten zu können.

Worms und Münsingen (Schweiz), im Frühsommer 2021
Die Autoren

Einleitung: Schemapädagogik – ein theoretischer und praktischer Impuls für die Kinder- und Jugendhilfe

Die zahlreichen Praxisfelder der Kinder- und Jugendhilfe offerieren jungen wie erwachsenen Menschen und Familien soziale Dienstleistungen. Was sie alle eint, das sind u. a. die ansteigenden Anforderungen an die pädagogischen Fachkräfte, die diese Dienstleistungen vollbringen und verantworten. Im Folgenden möchten wir kurz aktuelle Tendenzen skizzieren und anschließend, bereits zu Beginn, Seitenblicke auf die Praxis der Schemapädagogik werfen und erste Überlegungen darüber anstellen, wieso sie als sinnvolle methodische Ergänzung der Angebotsvielfalt der Kinder- und Jugendhilfe infrage kommt (vgl. Damm, 2020).

Die Ansprüche an das pädagogische Fachpersonal wachsen – statistische Befunde
Zwischen 2006 und 2010 war ein enormer Anstieg in Bezug auf die Inanspruchnahme von Hilfen zur Erziehung zu verzeichnen (s. Abschnitt 1). So hat sich etwa die Zahl der Bearbeitungsfälle der Sozialpädagogischen Familienhilfe (SPFH) zwischen 1995 und 2010 mehr als verdoppelt, und zwar auf insgesamt 164.000. Auch die Zahl anderer Hilfearten hat zugenommen, z. B. die der Sozialen Gruppenarbeit: von 8.700 (1995) auf 16.000 Fälle (2010). Dieses Verdopplungsphänomen ist im Großen und Ganzen auch im Hinblick auf die Erziehungsbeistandsschaft (51.265), Sozialpädagogischen Tagesgruppen (26.221) und Individuellen Sozialpädagogischen Einzelbetreuungen (ISE) (6.319) festzustellen. – Allein schon dieser Trend spricht Bände.

Zwei wissenschaftliche Statements sind in diesem Zusammenhang nennenswert: (1.) In den letzten vier Kinder- und Jugendberichten der Deutschen Bundesregierung wird davon ausgegangen, dass zunehmend mehr und mehr Jugendliche von psychischen Beeinträchtigungen sowie Trauma-Erfahrungen betroffen sein werden (15. Kinder- und Jugendbericht, Kap. 7; vgl. insbesondere auch den 14. Kinder- und Jugendbericht).

(2.) Laut einer Studie des Zentralinstituts für die kassenärztliche Versorgung in der Bundesrepublik Deutschland (Zi) diagnostizierten niedergelassene Ärzte in den letzten Jahren immer häufiger psychische Störungen bei Kindern und Jugendlichen. Von diesem Ergebnis berichtet der sog. „Versorgungsatlas" des genannten Instituts (Steffen, Akmatov, Holstiege & Bätzing, 2018; vgl. auch Bauer, 2008b, S. 14). Zugrunde lagen die vertragsärztlichen Abrechnungsdaten der Jahre 2009 bis 2017 für Kinder und Jugendliche (bis 18). Demnach wurden im Jahr 2009 bei 23 Prozent der Personengruppe mindestens eine psychische Störung diagnostiziert, 2017 waren es 28 Prozent. Laut den Erkenntnissen der Wissenschaftler sind die Störungen stark von Alter und Geschlecht abhängig. „Entwicklungsstörung" ist die mit Abstand häufigste Diagnose im Grundschulalter. Im Jahr 2017 wurde sie etwa bei jedem sechsten Kind (17 Prozent) gestellt. In der Gruppe der fünfjährigen Jungen erhielt so gut wie jeder zweite eine entsprechende Diagnose (45 Prozent).

Wie wird diesem Trend in den sozialpädagogischen Praxisfeldern (klassisch) methodisch begegnet?

Systemische Pädagogik
Die systemische Theorie und Praxis ist *die* zentrale Arbeitsweise in den „intensiveren“ Formen der Hilfen zur Erziehung (Winkelmann, 2020, S. 10). Ein paar Worte zu diesem Paradigma. – Demnach ist der Mensch keine „Input-Output-Maschine“, sondern ein System, „das über die Verarbeitung der auf ihn einströmenden Einflüsse selbst entscheidet“ (Macsenaere & Esser, 2015, S. 16). Systeme beeinflussen sich gegenseitig, sie stehen in Wechselwirkung zueinander. An Familiensystemen lässt sich diese Perspektive gut demonstrieren. Störungen bzw. Probleme in dieser Gruppe werden als nicht persönlichkeitsgebunden definiert. Der „Symptomträger“ neigt zwar beispielsweise zu delinquentem Verhalten (z. B. Schulverweigerung, Drogenmissbrauch, gewalttätige Impulsivität usw.), aber er *symbolisiert* lediglich ein Ungleichgewicht des Gesamtsystems. Er *ist* nicht das Problem. Daher richtet sich die Sozialpädagogische Familienhilfe nicht nur an eine Person, sondern die ganze Familie wird als Einheit miteinbezogen (Günder, 2015, S. 276 f.).

In jedem System haben die einzelnen Mitglieder eigene Wahrnehmungen (Sichtweisen). Es gibt Regeln und Erwartungen an andere, ausgesprochene und unausgesprochene, natürlich auch unbewusste. Mithilfe von speziellen Gesprächstechniken, etwa zirkulären Fragen (s. Abschnitt 4.4.4), werden entsprechende Konstruktionsmuster, u. U. auch verzerrte, den Beteiligten bewusst gemacht und auf den Prüfstand gestellt. Eine andere Methode der pädagogischen Fachkraft, die für mehr kollektive Klarheit sorgen soll, ist die Veranschaulichung des Familiensystems mittels der Aufstellung von Strukturen, Stellvertretern und Idealen (Symbolen, Figuren usw.).

Ändern sich infolge von derartigen methodischen Impulsen im Rahmen der SPFH, auf die unten noch näher eingegangen wird, subjektive Wahrnehmungen (eine objektive Wirklichkeit gibt es nicht), ändern sich nach diesem Paradigma auch die subjektiven Verhaltensweisen und somit auch letztlich das Gesamtsystem – bestenfalls hin zum Positiven. Gestörte Systeme werden außerdem gezielt durch den Professionellen irritiert, indem er gezielt Impulse setzt und die bestehenden „Probleme“ beispielsweise bewusst umdeutet (*refraimed*): „Was ist gut an der aktuellen Situation? Was für Vorteile ergeben sich für welche Familienmitglieder?“

Es werden verschiedene Ziele aufseiten der Adressaten verfolgt: Ressourcenstärkung (Gollor, 2015), Erzeugung einer „gemeinsamen Wirklichkeit“, in der Bedürfnisse zeitnah erkannt und kommuniziert werden können (Schwing & Fryszer, 2015), Förderung der Aufmerksamkeit im Alltag und klarere Versprachlichung von subjektiven Wahrnehmungskonstruktionen (Winkelmann, 2020; Baumann, 2020).

Tatsächlich ist diese Arbeitsweise nicht weit entfernt von der Schemapädagogik.

Systemische Pädagogik vs. Schemapädagogik?
An dieser Stelle möchte wir mit einigen begrifflichen und methodischen Missverständnissen aufräumen, mit denen wir uns immer mal wieder konfrontiert sehen, etwa in Seminaren und auch Publikationen (etwa: „In der Schemapädagogik werden Kinder und Jugendliche in Schubladen gesteckt!"; oder: „Schemapädagogik stigmatisiert und pathologisiert Heranwachsende!"). Zunächst ein paar Worte zu den Parallelen beider Perspektiven.

Die beiden Ansätze haben erkenntnistheoretisch gesehen dieselbe Grundlage, nämlich den – eher gemäßigten, d. h. nicht radikalen – *Konstruktivismus* (z. B. Watzlawick, 2005; Arnold, 2019). Was in der systemischen Pädagogik als „Wirklichkeitskonstruktionen" bezeichnet wird, sind in unserem Kontext „Schemata" bzw. „Schemamodi" (s. Abschnitt 2.2 f.). Was dort die „innere Landkarte" (Mücke, 2001) symbolisiert, nennen wir „innere Schema-" bzw. „Persönlichkeitsstil-Landschaft". Eine weitere Gemeinsamkeit: Es wird theoretisch und praktisch mit subjektiven Konstruktionsmustern gearbeitet, pädagogisch, zirkulär und ressourcenorientiert; und zwar mit den eigenen (Fachkraft) und denen unserer Interaktionspartner (Adressaten). Ferner teilen wir das systemische Axiom, dass es keine objektive, sondern nur eine subjektiv gebildete Wirklichkeit gibt, weswegen sich gerade auch das pädagogische Personal mit den eigenen „biografischen Rucksäcken" auseinandersetzen muss, um u. a. unbewusste Kommunikations-Teufelskreise (Kollusionen) bestmöglich zu unterbinden. Ein anderer Punkt betrifft das Thema *Inszenierung von schema- bzw. persönlichkeitsgetriebenen Beziehungen*. Dazu kommen wir weiter unten.

Wie sieht es hinsichtlich der Unterschiede aus? Es gibt welche. Wir Schemapädagogen schauen bereits zu Beginn der Zusammenarbeit *mit* dem Wissen über Schemata, Modi, Persönlichkeitsstile und Interaktionsstrategien und den entsprechenden diagnostischen Methoden auf Kinder, Jugendliche und junge Erwachsene (zusammenfassend Abschnitt 2.3.). Mithilfe von Fragebögen, dokumentierten Beobachtungen, Rollenspielen und anderen Instrumenten strukturieren die Heranwachsenden mit Unterstützung von außen schrittweise ihre eigenen Muster und labeln sie mit eigenen Worten. I. d. R. lehnen sich die Betreffenden an relevante Schema-, Modi- und Persönlichkeitsstil-Begriffe an (Abschnitt 2.2 f.), wobei Wert auf eine neutrale bzw. ressourcenorientierte Betitelung gelegt wird.

Wir berücksichtigen also – und das ist der maßgebliche Unterschied zwischen beiden Ansätzen – die bekannten 18 Schemata (Abschnitt 3.2–3.19) nach Young, Klosko & Weishaar (2008), das Modus-Modell (Abschnitt 2.2.3) sowie 12 populäre Persönlichkeitsstile (Abschnitt 2.2.5) und Interaktionsstrategien (Appell, Image, Test, Psychospiel; Abschnitt 2.2.4) in unserem Konzept – und zwar vorauseilend! Dies hat aus unserer Sicht folgenden Vorteil: Mit den rasch implementierbaren Arbeitsbegriffen im Hinterkopf, die gemeinsam auf Augenhöhe erarbeitet werden, können Professionelle wie Kinder und Jugendliche zwischenmenschliche Erlebnisse, positive wie auch problematische, rasch auf eigene Konstruktionsmuster und Persönlichkeitsanteile beziehen. Bereits zu Beginn der Zusammenarbeit werden entsprechende Klärungsprozesse angestoßen. Das spart erstens Zeit und baut zweitens sehr schnell „Beziehungskredit“ auf (Sachse, Sachse & Fasbender, 2016, S. 20).

In manchen pädagogischen Praxisfeldern, etwa im Bildungsbereich oder in der Sozialen Gruppenarbeit, macht es aus unserer Sicht Sinn, festgefahrene Systeme zeitnah in empathischer Weise zu „irritieren“. Die kognitiven Dissonanzen, die daraufhin entstehen, erschaffen den Raum für Selbst- und Fremderkenntnis (Abschnitt 4.4). Aus Sicht von systemisch arbeitenden Praktikern mag dies zugegebenermaßen den Eindruck machen, dass Schemapädagogen tendenziell steuern und intervenieren, z. B. zum Zwecke des Beziehungsaufbaus auch mal verdeckt (Abschnitt 4.3.1). Dieser Mut zum Eingreifen hat in vielen Fällen tatsächlich massive Vorteile – auf diese gehen wir im Laufe der Ausführungen noch ausführlich ein.

Als vorläufiges Fazit lässt sich feststellen: Die systemische Pädagogik kann von der Schemapädagogik profitieren – und umgekehrt. Beide Ansätze möchten auf Professionellen- wie auch auf der Adressatenseite das Bewusstsein über die eigene Persönlichkeit qualitativ fördern, um Beziehungen zu sich selbst und anderen reflektieren und ggf. verbessern zu können. Mit dem vorliegenden Projekt möchten wir entsprechende Möglichkeiten und Wege aufzeigen.

Aufbau des Buches

Im ersten Abschnitt geht es zunächst um die verschiedenen Formen der Hilfen zur Erziehung, die im deutschen Kinder- und Jugendhilfegesetz verortet sind (KJHG). Zwar wird in diesem Buch schwerpunktmäßig der Fokus auf die Anwendung des Schemapädagogik-Konzepts in der stationären Jugendhilfe gelegt, jedoch ist die Heimerziehung eingebettet in eine breite Angebotspalette, die wir pro forma erwähnen und kurz beschreiben möchten. Entsprechend erhalten Sie Einblick in folgende Hilfeformen: Erziehungsberatung, Soziale Gruppenarbeit, Erziehungsbeistand/Betreuungshelfer, Sozialpädagogische Familienhilfe (SPFH), Erziehung in einer Tagesgruppe, Vollzeitpflege, Heimerziehung, sonstige Wohnformen, Intensive sozialpädagogische Betreuung. Theoretisch sinnvolle wie auch bereits praktisch erprobte Methoden der Schemapädagogik finden hier ebenfalls ihre Berücksichtigung.

Der zweite Abschnitt thematisiert die Grundlagen des Schemapädagogik-Konzepts. Zunächst geht es um die fachliche Verortung. Danach werden Grundbegriffe und deren praktische Bedeutungen definiert. Auf den idealtypischen Ablauf des Ansatzes wird exemplarisch eingegangen. Die Ergebnisse, die wir mit unserer Arbeitsweise aufseiten der Fachleute und der Zielgruppe erreichen möchten, beenden die einleitenden Darstellungen.

Im dritten Abschnitt werden typische Kognitionen, Emotionen und Verhaltensweisen beschrieben, die auf bestimmten erworbenen Lebensmustern basieren. Dabei wird der Tatsache Rechnung getragen, dass bestimmte Schemata (etwa *Misstrau-*

en/Missbrauch, emotionale Vernachlässigung, soziale Isolation, anecken wollen/Rebellentum) eher bei den zu Betreuenden vorliegen, andere wiederum tendenziell beim Fachpersonal zu verortet sind (*Streben nach Zustimmung und Anerkennung, überhöhte Standards/Perfektionismusstreben, emotionale Selbst- und Fremdkontrolle*). D. h., es wird entsprechend schemaspezifisch auf „beide Seiten" im Praxisfeld geschaut.

Der vierte Abschnitt beinhaltet zahlreiche schemapädagogische Methoden, die in unterschiedlichen Heimerziehungs-Kontexten zum Tragen kommen können. Natürlich ist auch klar: *Nichts funktioniert immer!* Zudem sind die letztendliche Präferenz und Auswahl dieser oder jener Methoden, die in Abschnitt 4 vorgestellt werden, u. a. auch Sache der eigenen (Berufs-)Persönlichkeit. D. h., Sie werden sich immer mal wieder die Frage stellen: „Passt das für mich, mein Gegenüber, meine Gruppe?" Sehen Sie das ganz entspannt: Ihnen wird ein üppiger (Methoden-)„Blumenstrauß" hingehalten – und Sie können sich je nach Vorliebe ausgiebig bedienen! Die vorgestellten Tools haben sich bereits in der Praxis als sinnstiftend herausgestellt. Probieren Sie sich einfach aus, Sie sehen dann schon, was für Sie adäquat ist und was nicht. Für uns Schreibende ist dieser Abschnitt das „Chateaubriand" dieses Buches.

Im fünften Abschnitt stellen Danielle Estermann und Dominik Aebersold der Vollständigkeit halber das Jugendheim Lory in Münsingen (Schweiz) mitsamt seiner Organisation und Konzeption vor. Ein wichtiges Thema ist hierbei die Beschreibung der Implementierung der Schemapädagogik in die Einrichtung.

Hinweise zu den Download-Materialien sind im Anschluss platziert, ebenso auch ein Schlusswort. Zudem finden Sie zahlreiche Anlagen als Kopiervorlagen.

Wir hoffen, dass wir Ihnen viele neue Impulse für Ihre praktische Arbeit mitgeben und viele Aha-Erlebnisse bescheren können.

1. Formen der Hilfen zur Erziehung (KJHG)

Das Kinder- und Jugendhilfegesetz (KJHG) ist angelehnt an die Erkenntnisse der Sozialisationsforschung, anderer Sozialwissenschaften und basiert auf verschiedenen Ansätzen in der Pädagogik (Rätz, Schröer & Wolff, 2014, S. 42). Im Kern geht es darum, Kinder, Jugendliche sowie Eltern in ihrer individuellen und sozialen Entwicklung zu unterstützen. Gleichzeitig sollen, ganz allgemein gesagt, subjektive Bedürfnisse berücksichtigt, Ressourcen gestärkt und Benachteiligungen in all ihren möglichen Varianten abgebaut werden. Das KJHG regelt die jeweilige Hilfe zur Erziehung – sie wird je nach Ausgestaltung des Einzelfalls ausgewählt. Die Angebote bestehen aus einer Vielzahl konkreter sozialpädagogischer Unterstützungsformen und werden als *Leistungs*angebote verstanden.

Die Auswahl sowie der Aufwand der Hilfe orientieren sich am jeweiligen Bedarfsfall. I. d. R. wird das Umfeld des Kindes oder Jugendlichen[1] miteinbezogen – was auch gleichzeitig eine Methode des zugrundeliegenden Paradigmas des KJHG ist: die Systemtheorie (Luhmann, 2017); darauf wurde einleitend schon hingewiesen.

Folgende Angebote sind gesetzlich verankert:

§ 28 Erziehungsberatung
§ 29 Soziale Gruppenarbeit
§ 30 Erziehungsbeistand, Betreuungshelfer
§ 31 Sozialpädagogische Familienhilfe
§ 32 Erziehung in einer Tagesgruppe
§ 33 Vollzeitpflege
§ 34 Heimerziehung, sonstige betreute Wohnformen
§ 35 Intensive sozialpädagogische Einzelbetreuung

Die genannten Angebote werden im Folgenden kurz beschrieben. Außerdem wird eine Verknüpfung zu Möglichkeiten des Transfers von schemapädagogischen Methoden hergestellt.

1.1 Erziehungsberatung (§ 28)

Erziehungsberatung wird von sozialpädagogischen und psychologischen Fachpersonen praktiziert. Sie ist im Vergleich zu einer Therapiemaßnahme kürzer anberaumt und weist – nicht wertend gemeint – aufgrund ihrer pädagogischen Ausrichtung weniger Struktur und entsprechend mehr „Offenheit" auf; sie ist also ein „niedrigschwelliges" Angebot (Jordan, Maykus & Stuckstätte, 2015, S. 227). Erzie-

1 Aus Gründen der Lesbarkeit verzichten wir darauf, konsequent die männliche und weibliche Formulierung zu verwenden, es ist jedoch an entsprechenden Stellen immer die weibliche Form mitgemeint.

hungsberatung kann von Eltern, aber auch von Kindern, Jugendlichen und jungen Erwachsenen in Anspruch genommen werden. Die Fachkräfte setzen sich in diesem Setting das Ziel, Erziehungs- und Lernschwierigkeiten, Verhaltensauffälligkeiten sowie Entwicklungsstörungen konstruktiv zu bearbeiten bzw. vorauseilend vorzubeugen. Diese Hilfeart hat *per definitionem* eine beratende sowie präventive Funktion; sie basiert auf der Beschreibung, Beobachtung und Deutung von zwischenmenschlichen Problemen jeglicher Art. Gleichzeitig will man Lösungskompetenzen mit den Adressaten erarbeiten. Die häufigsten Gründe, eine Erziehungsberatung in Anspruch zu nehmen, sind (Menne, 2007): emotionale Stresslagen, soziale Verhaltensauffälligkeiten, Probleme im Schul- und Leistungsbereich, Unstimmigkeiten in der familiären Interaktion, psychosomatische Auffälligkeiten. Die Dauer der Hilfe variiert und orientiert sich am Einzelfall. Sie kann zwischen drei Treffen in der Einrichtung und einer kontinuierlichen Beratung über mehrere Wochen bzw. Monate gehen.

Welche schemapädagogischen Methoden bieten sich an?
Das Setting Erziehungsberatung eröffnet vor dem Hintergrund des schemapädagogischen Methodenkoffers, der in Abschnitt 4 geöffnet wird und die Hauptrolle in diesem Buch spielt, viele Möglichkeiten; mehr als z. B. im Praxisfeld Schule, wo einfach aufgrund der Rahmenbedingungen eher ein niedrigschwelliger Mix im Vordergrund steht (vgl. Damm, 2019a; 2019b).

Als Erstes wollen wir empfehlen, auf Flip-Chart-Papier **Modus-Landschaften** in entsprechenden Gesprächen zu erarbeiten und Innere-Teile-Modelle zu veranschaulichen (s. Abschnitt 4.3.3). Meistens ist es nämlich so, dass Eltern mit ihren Kindern in sog. Modus-Zirkeln miteinander verwoben sind. Jahrelang währende Konflikte in engen Beziehungen sind auch aus systemischer Perspektive meistens zirkulärer Art (Winkelmann, 2020, S. 26). Durch das Visualisieren von elterlichen, kompensatorischen und anderen Anteilen lassen sich erfahrungsgemäß viele Erkenntnisprozesse bei allen Beteiligten in Gang setzen. Außerdem bietet sich der Einsatz des **Modus-Fragebogens** an (Abschnitt 4.2.2). Mithilfe dieser Methode lassen sich einzelne, an der Gesamtproblematik beteiligte Ich-Anteile gut lokalisieren und anschließend ressourcenorientiert reflektieren. Auch das **Modus-Wochenprotokoll** (Abschnitt 4.2.3) macht in diesem Setting Sinn. Es kann z. B. bei fortlaufenden Treffen thematisiert und reflektiert werden. In diesem Protokoll können täglich Modusaktivierungen dokumentiert werden, abseits des Beratungssettings. Ziel ist auch hier wiederum die Stärkung des sog. Modus des *gesunden Erwachsenen*, der stellvertretend für die Meta-Ebene steht.

Es bieten sich noch weitere Methoden von den 19 restlichen an, die in diesem Buch beschrieben werden (Abschnitt 4). Die drei oben genannten Interventionen sind aus unserer Perspektive eine gute Grundlage schemapädagogischen Arbeitens, von der aus weitere Vorgehensweisen zum Tragen kommen können.

1.2 Soziale Gruppenarbeit (§ 29)

Diese Form der Hilfe zur Erziehung richtet sich an Kinder und Jugendliche im schulfähigen Alter; meistens wird sie von 9- bis 15-Jährigen in Anspruch genommen (Macsenaere & Esser, 2015, S. 132). Die Soziale Gruppenarbeit („group work“) ist eine der klassischen Methoden der Sozialen Arbeit (Rätz, Schröer & Wolf, 2014, S. 150). Sie wird in vielen Bereichen praktiziert, etwa in der Offenen Jugendarbeit, Selbsthilfe und Schulsozialarbeit. Hauptsächlich geht es um die Reduktion von Verhaltensauffälligkeiten und Entwicklungsstörungen bzw. -verzögerungen durch soziales Lernen in der Gruppe. Gleichzeitig sollen alle relevanten Entwicklungsbereiche gefördert werden (Macsenaere & Esser, 2015, S. 133). Im Rahmen der Sozialen Gruppenarbeit gibt es eine große Methoden- und Programmvielfalt. Die Dauer der Teilnahme hängt vom individuellen Bedarf des Einzelfalls ab.

Zwei Settings können unterschieden werden: Kurse und fortlaufende Gruppen. Die Kurse finden ein- bis dreimal wöchentlich statt und können bis zu einem Jahr terminiert werden. Die fortlaufenden Gruppen können bis zu zwei Jahre lang regelmäßig stattfinden. Die Angebote haben eine handlungs-, erlebnis- oder themenspezifische Ausrichtung. So werden beispielsweise auch Coolness- und Anti-Aggressivitäts-Trainings durchgeführt (Kilb, Weidner & Gall, 2013).

Fazit: Soziale Gruppenarbeit liegt zwischen offenen pädagogischen Angeboten der Jugendarbeit (z. B. Erziehungsberatung) und außerfamiliärer Erziehung.

Welche schemapädagogischen Methoden bieten sich an?

Hier steht die Arbeit mit Gruppen im Vordergrund. Wir empfehlen daher insbesondere die Methode ***Glückliches Kind*-Trigger-Übungen** (Abschnitt 4.5.4). Da die Kinder bzw. Jugendlichen einen Großteil ihres Alltags in der Schule mitsamt den damit einhergehenden positiven wie negativen Erlebnissen mit Lehrkräften wie auch Schülerinnen und Schülern verbringen (im Folgenden mit „SuS“ abgekürzt), ist es erfahrungsgemäß lohnenswert, einschneidende Eindrücke aus diesem Kontext zu thematisieren. Die Rollenspiele können mitgefilmt werden. Dies funktioniert besonders gut und unkompliziert mithilfe des eigenen Handys. So können etwa angenehme wie unangenehme Schulsituationen im Rollenspiel nachgeahmt und später, wenn es passt, vor der ganzen Gruppe gezeigt und besprochen werden. Impulsfragen kann man dann in den Raum stellen: „Welche typischen Konflikte hattet ihr mit Lehrern?“; „Jeder hat rote Knöpfe in sich: Welche hat eine Lehrkraft mal bei dir gedrückt? Wodurch?“; „Was bringt dich/euch in der Schule so richtig auf 180?“. Diese Methode erschafft erfahrungsgemäß erfreuliche bis tiefgründige Gesprächsanlässe; schrittweise kann eine vertraute Atmosphäre entstehen.

Des Weiteren kann das **Psychospiel-Memory** (Abschnitt 4.4.3) Selbstklärungsprozesse anstoßen. Im Rahmen dieser Intervention geht es darum, ansonsten eher unbewusste Strategien in der Interaktion bewusst zu inszenieren und anschließend zu betiteln. In Anlehnung an Bernes (2005) Begriff des „Spiels“ sprechen wir von *Psycho*spielen – der Begriff wird auch erfahrungsgemäß von unseren Kindern und

Jugendlichen entsprechend verstanden, nämlich als Manipulationen, als Maschen, Strategien. Bestandteil dieser Methode sind Rollenspiele, in denen typische „Einbahnstraßenkommunikationen" inszeniert und reflektiert werden.

In der Sozialen Gruppenarbeit wäre es auch denkbar, ähnlich wie im Setting Erziehungsberatung, **innere Moduslandschaften** zu visualisieren, u. U. auch in einer leicht abweichenden Variante. Da sich die Kinder und Jugendlichen in einer Phase befinden, in der mediale Vorbilder gewöhnlich für sie eine große Rolle spielen, wäre es z. B. möglich, die entsprechenden „Stars" (Youtuber, Musiker, Künstler) zunächst aus Sicht des betreffenden Heranwachsenden modusspezifisch zu veranschaulichen (hierzu könnten zwecks Unterstützung **Modus-Karten** verwendet werden; s. Abschnitt 4.3.2). Damit wäre die intrinsische Motivation gesichert. Der junge Mensch veranschaulicht sein Vorbild, und zwar mitsamt seinen damit verbundenen unbewussten Wünschen, Idealisierungen und Projektionen (König, 2007). Das Endergebnis wird danach vor der Gruppe präsentiert, Impulsfragen werden von der pädagogischen Fachkraft gestellt. Beispiel: „Du hast Sido ausgewählt und innere Anteile in deine Skizze von ihm platziert – so wie du ihn siehst. In welchen Teilen erkennst du dich wieder und warum?"

1.3 Erziehungsbeistand, Betreuungshelfer (§ 30)

Die Fachkraft begleitet im Rahmen dieser Hilfeform über einen Zeitraum von mehreren Monaten ein Kind bzw. einen Jugendlichen; sie ergänzt gewissermaßen die elterliche häusliche Erziehung. Ziel ist die Unterstützung der betreffenden Person bei der Bewältigung von Entwicklungsproblemen, herausfordernden (delinquenten) Verhaltensweisen usw. Es ist leider Fakt: Die betreffenden Heranwachsenden würden erfahrungsgemäß ohne persönliche Unterstützung „mit ihrer familiären oder sozialen Lebenssituation nicht mehr zurechtkommen" (Rätz, Schröer & Wolf, 2014, S. 149). Gerade in dieser Form der Hilfe zur Erziehung muss Netzwerkarbeit stattfinden. D. h., die Personen im unmittelbaren Umfeld werden in den „Fall" miteingebunden. Im Gegensatz zur SPFH ist die hier relevante Hilfeart *primär* an der oder dem Heranwachsenden orientiert (Macsenaere & Esser, 2015, S. 130).

Erziehungsbeistandsschaft richtet sich an Minderjährige. Sie kann ein freiwilliges Angebot sein oder aber auch von Jugendrichtern angeordnet werden; etwa dann, wenn sich ein junger, nicht volljähriger Mensch eine Straftat hat zuschulden kommen lassen und zur Tatzeit zwischen 14 und 17 Jahren alt war. Nach Abschluss des 18. Lebensjahres kann dem oder der Betreffenden ein Betreuungshelfer zur Seite gestellt werden. In diesem Setting werden dann ähnliche Ziele verfolgt wie bei der Erziehungsbeistandsschaft. Insbesondere die Ressourcenstärkung steht im Vordergrund.

Welche schemapädagogischen Methoden bieten sich an?

Der Fachkraft steht in diesem Kontext der komplette schemapädagogische Methodenkoffer zur Verfügung. Sie verbringt mit der zu begleitenden Person genug Zeit in Bezug auf Diagnostik und Methodik – und das über mehrere Treffen und Monate hinweg.

Um die begrifflichen Grundlagen zu legen und Basics in der Arbeit mit den inneren Anteilen zu vermitteln, wollen wir auch an dieser Stelle wieder auf die Erstellung einer **Moduslandschaft** verweisen (Abschnitt 4.3.3), die in diesem Setting aber immer wieder aufgegriffen und im Hinblick auf das Alltagserleben reflektiert werden sollte. Auf diese Weise bringt der Interaktionspartner selbst einen innerpsychischen Prozess in Gang, der ihm dabei verstehen hilft, wieso er in manchen Situationen immer wieder dieses und jenes maladaptive Verhalten zeigt und dadurch Gefahr läuft, in die Bredouille zu geraten.

Auf jeden Fall kann die Fachkraft, sobald sie genügend „Beziehungskredit" mit dem Gegenüber inszeniert hat (vgl. Sachse, 2015, S. 17), die **Reise zu den Schemata** ins Auge fassen (Abschnitt 4.3.6). Bei dieser „Reise" geht es darum, den forschenden Blick gemeinsam in die Vergangenheit zu richten, Zusammenhänge zwischen Geschichte und Gegenwart herauszufinden und kritische Fragen aufzuwerfen. Das ganze Prozedere ist ansatzweise vergleichbar mit dem, was Sie sicherlich auf den ersten Blick mit dem allseits bekannten „Flaschendrehen" verbinden. Die Methode macht Kindern und Jugendlichen erfahrungsgemäß (im Gruppensetting) viel Spaß und sorgt für Aha-Momente, die den gesunden Erwachsenenmodus stärken.

1.4 Sozialpädagogische Familienhilfe (§ 31)

Die SPFH ist heutzutage als aufsuchende Form der Erziehungshilfe zu verstehen. Die sozialpädagogisch ausgebildeten Fachkräfte, Sozialarbeiterinnen, i. d. R. keine Erzieherinnen, gehen zu den Familien nach Hause und arbeiten umfangreich mit ihnen, genauer gesagt, mit allen Familienmitgliedern. Die Maßnahme kommt meistens dann zum Einsatz, sobald Kinder in der Kita oder Schule massive Verhaltensauffälligkeiten aufweisen. Materielle Probleme oder intensive familiäre Belastungen können weitere Gründe dafür sein, die SPFH in Betracht zu ziehen. Diese ambulante Form der Hilfe ist die umfangreichste, einschneidendste und am häufigsten in Anspruch genommene Maßnahme (Winkelmann, 2020, S. 111).

Die Klienten werden in vielerlei Hinsicht durch die pädagogische Fachkraft unterstützt, etwa bei der Bewältigung von Alltagsproblemen, Konfliktlösungen und Krisen. Hierbei wird jedoch zwingend die Mithilfe des betreffenden Familiensystems vorausgesetzt.

Diese Form der Hilfe zur Erziehung ist längerfristig angelegt. Sie kann definiert werden als Verknüpfung von pädagogischen und alltagspraktischen Hilfemaßnahmen (Jordan, Maykus & Stuckstätte, 2015, S. 236). Die Selbsthilfekompetenzen des entsprechenden Systems sollen gefördert werden. Die oder der Familienhelfer bekommt quasi aus erster Quelle Einblick in den Systemalltag und interveniert „durch beratende Gespräche, modellhaftes Handeln und praktische Hilfe" (ebenda,

S. 238). Das zu Beginn der Zusammenarbeit meistens isolierte System wird mithilfe der pädagogischen Fachkraft bestenfalls nach außen geöffnet und erhält auf diese Weise neue Impulse.

Welche schemapädagogischen Methoden bieten sich an?
Gerade in der SPFH ergibt die Veranschaulichung der inneren **Moduslandschaften** Sinn, die auf allen Seiten für neue Erkenntnisse und erwachsene Handlungsspielräume sorgen können (Abschnitt 4.3.3). Vielleicht ist etwa die Mutter oder der Vater zu oft im elterlichen Bestrafungs-Ich, das Kind (oder mehrere) entsprechend im sog. aggressiven bzw. impulsiven Modus o. Ä. Die Veranschaulichung der innerpsychischen Vorgänge können neben der Stärkung des gesunden Erwachsenenmodus auch Ressourcen aktvieren und Kompromisse generieren.

Auf jeden Fall wird auch der Einsatz des **Schema-** (Abschnitt 4.2.1) und **Modusfragebogens** (Abschnitt 4.2.2) empfohlen. Als sehr sinnvoll dürfte sich das **Psychospiel-Memory** (Abschnitt 4.4.3) erweisen; mit dieser Methode können alltägliche Konflikte inszeniert werden, und zwar mithilfe der pädagogischen Fachkraft in einem sicheren Setting auf humorvolle Art und Weise. Denkbar wäre auch, gemeinsam mit den Familienmitgliedern entsprechende Trigger-Situationen zu erarbeiten und durchzuspielen. Die Methode sollte aber erst nach einem erfolgreichen komplementären Beziehungsaufbau durchgeführt werden (Abschnitt 4.3).

1.5 Erziehung in einer Tagesgruppe (§ 32)

In den letzten 25 Jahren entstanden bundesweit zahlreiche Tagesgruppen (Macsenaere & Esser, 2015, S. 116). Diese Form der Hilfe zur Erziehung entlastet Familien in Bezug auf die Betreuung und Versorgung ihrer Kinder bzw. Jugendlichen, und zwar, wie der Name schon vermuten lässt, tagsüber. Adressaten sind Heranwachsende in „besonders belasteten Lebenssituationen" (Jordan, Maykus & Stuckstätte, 2015, S. 240). Parallel hierzu erfolgt in Bezug auf die Familie eine intensive Betreuung, Unterstützung und Beratung, damit Problemursachen erkannt, bearbeitet und Ressourcen bewusst und nutzbar gemacht werden können.

In einer Tagesgruppe werden Angebote des sozialen Lernens, der unterstützenden Elternarbeit sowie schulischen Förderung aufgenommen und entsprechend praktiziert (Winkelmann, 2020, S. 111). Viele Tagesgruppen sind an ein Heim angegliedert. Häufig liegt die Trägerschaft bei konfessionellen und auch freien Trägern.

Im Kern finden statt: (1.) Sozialpädagogische Gruppenarbeit bzw. eine entsprechende Einzelförderung (pädagogisch wie auch therapeutisch), (2.) Förderung der schulischen Entwicklung, (3.) Elternarbeit. Auch bei diesem Konzept steht die Förderung der emotionalen Entwicklung und Stabilisierung der betreffenden Kinder oder Jugendlichen im Vordergrund. Interessanterweise werden häufiger Adressaten des männlichen Geschlechts in dieser Form der Erziehung angetroffen.

Die Maßnahme dauert im Durchschnitt etwa zwei Jahre und sieben Monate (Macsenaere & Esser, 2015, S. 120).

Welche schemapädagogischen Methoden bieten sich an?
Da in diesem Setting wieder mit Gruppen gearbeitet wird, empfehlen wir die schon in Bezug auf die Soziale Gruppenarbeit vorgestellten Methoden: ***Glückliches Kind-Trigger-Übungen*** (Abschnitt 4.5.4), das **Psychospiel-Memory** (Abschnitt 4.4.3), die Erstellung von **inneren Moduslandschaften** (Abschnitt 4.3.3) sowie die **Modus-Karten** (Abschnitt 4.3.2).

1.6 Vollzeitpflege (§ 33)

Bei dieser Maßnahme wird unterschieden zwischen Kurzzeit- bzw. Bereitschafts-, Übergangs-, Dauer-, Verwandtschafts- und Adoptionspflege (Jordan, Maykus & Stuckstätte, 2015, S. 272 ff.).

In der Kurzzeit- bzw. Bereitschaftspflege wird die Herkunftsfamilie, die ihrem Erziehungsauftrag aus diversen Gründen, z. B. Krankheit, Strafverbüßung, Stress aufgrund von Beziehungsproblemen, nicht mehr nachkommen kann, ersetzt. Im Rahmen der Bereitschaftspflege müssen Kinder auch in manchen Fällen bei einer Pflegefamilie untergebracht werden, etwa weil akute Krisen- und Notsituationen vorherrschen. Vor dem Hintergrund der Übergangspflege andererseits übernehmen Pflegefamilien über einen befristeten Zeitraum hinweg die Versorgung und Erziehung eines Heranwachsenden; wobei bei diesem Punkt erwähnt werden muss: Der Bezug zwischen Kind und Ursprungsfamilie wird beibehalten, im Gegensatz zur Dauerpflege, die impliziert, dass Minderjährige langfristig bei Pflegeeltern untergebracht werden, und zwar entweder mit oder ohne Beteiligung ihrer Ursprungsfamilie. Der letztgenannte Punkt hängt davon ab, ob Rückkehroptionen bezüglich des Herkunftssystems bestehen oder nicht. Die Verwandtschaftspflege entspricht einer der bis hierhin skizzierten Pflegeform. Die Besonderheit liegt darin, und das lässt der Begriff schon vermuten, dass es sich um Angehörige des Kindes oder Jugendlichen handelt, die diese Leistung erbringen. Letztlich noch ein paar Worte zur Adoptionspflege. Das Kind bzw. der Jugendliche wird mit dem Ziel der Gewöhnung in Bezug auf überprüfte Adoptionsbewerber aufgenommen. Die Adoptionspflege grenzt sich entsprechend von allen anderen oben genannten Versionen ab.

Es ist noch wichtig zu erwähnen, dass die Grenzen zwischen Kurzzeit-, Übergangs- und Dauerpflege fließend sein können (ebenda, S. 275).

Welche schemapädagogischen Methoden bieten sich an?
Die verschiedenen Formen der Vollzeitpflege implizieren gute Voraussetzungen für schemapädagogisches Arbeiten. Wir empfehlen, den Fokus zunächst auf den **komplementären Beziehungsaufbau** (Abschnitt 4.3 ff.) zu legen, da es sich bei den thematisierten Formen um familienergänzende und auch -ersetzende handelt. Wir

gehen stark davon aus, dass die betroffenen Kinder und Jugendlichen vor allem eine gewisse Beziehungsorientierung bei der Aufnahme aufweisen (ähnlich wie dies auch bei der Heimerziehung i. d. R. der Fall ist).

Im Anschluss daran sollte die **Innere Teile-Arbeit** (Abschnitt 4.4 ff.) in all ihren Facetten praktiziert werden, um beiderseits eine ressourcenorientierten Perspektive generieren zu können („Wie wollen wir hier miteinander umgehen? Welche Anteile in uns melden welche Sichtweisen und Erwartungen an?"). In diesem Fall gibt es keine Patentrezepte: Die pädagogisch arbeitende Person kann nach dem Versuch-und-Irrtum-Prinzip vorgehen, da in diesem Kontext bisher noch keine empirischen Studien vorliegen.

1.7 Heimerziehung, sonstige Wohnformen (§ 34)

Neben der Unterbringung in Pflegefamilien (§ 33) ist auch die „Heimerziehung und sonstige betreute Wohnformen" (§ 34) eine Form der *stationären* Jugendhilfe. Beide Arten setzen sich in Bezug auf das Kind bzw. den Teenager neben den üblichen ressourcenorientierten Variablen (etwa Förderung der Selbstständigkeit) das Ziel, eine Rückkehr in die Ursprungsfamilie zu ermöglichen. Falls aufgrund des Themas *Kindeswohlgefährdung* eine Inobhutnahme erforderlich wird (§ 42), ist die Zustimmung der Eltern bzw. eine Antragsstellung notwendig. Verschiedene Unterformen sind hier zu berücksichtigen (Rätz, Schröer & Wolff, 2014, S. 171):

- *Wohngruppen eines Heims.* In einem Einfamilienhaus bzw. in Etagenwohnungen sind in dieser Form Kinder- und Jugendgruppen beheimatet. Meistens sind jene Einheiten Teile einer umfassenden Heimeinrichtung. Die getrennten Wohneinheiten sind ausgerichtet auf Selbstversorgung – wodurch erwachsene Potenziale gefördert werden sollen.
- *Heilpädagogisch-therapeutische Intensivstationen.* Der Alltag der Heranwachsenden und Jugendlichen ist hier stark strukturiert. Mittels therapeutischer Zusatzangebote werden die Selbst-Kompetenzen gefördert.
- *Familienähnliche Wohnformen.* Kinderdörfer und Kleinsteinrichtungen übernehmen einen intensiven Betreuungsbedarf.
- *Betreutes Einzelwohnen.* Hier werden Einzelne vor dem Hintergrund einer flexiblen Betreuung unterstützt und begleitet. Je nach Einzelfall wird der betreffende Betreuungsbedarf generiert.
- *Verselbstständigungsgruppen.* Diese Wohnform bietet Möglichkeiten für junge Jugendliche und auch Volljährige. Jene lebten meistens bis dato in einer Wohngruppe oder eben in einem Heim.

Welche schemapädagogischen Methoden bieten sich an?

Sehr viele (vgl. Estermann & Aebersold, 2020). Darum geht es ja im vorliegenden Buch. Unser Schwerpunkt sozusagen. Wir verweisen in diesem Fall auf den schemapädagogischen Methodenkoffer, der in Abschnitt 4 geöffnet und mit zahlreichen Fallbeispielen angereichert wird.

1.8 Intensive sozialpädagogische Einzelbetreuung (§ 35)

Dieses stark individualisierte Hilfeangebot richtet sich im Besonderen an Jugendliche, die aufgrund ihrer aktuellen schwer belasteten Lage eine ausgeprägte Betreuung benötigen. Dieses Angebot ist, wie man sich vorstellen kann, sehr „offen" und heftet sich fast ohne Widerstand an den Bedürfnissen, Wünschen und Ressourcen der jeweils betroffenen Person fest, damit eine akkurate Arbeitsgrundlage geschaffen werden kann.

Der mit Abstand häufigste Grund für die Inanspruchnahme dieses Angebots ist „dissoziales Verhalten" (Macsenaere & Esser, 2015, S. 100), das sich etwa in Form von Aggressivität, Weglaufen, Impulsivität, Drogen-/Alkoholmissbrauch und Delinquenz im Allgemeinen offenbart. Praktiziert wird diese Maßnahme im In- oder auch Ausland. Klar festgelegte Verhaltensregeln sind üblich in einem geschlossenen (psychiatrischen) alternativen Setting. Dieses ist nicht in der Familie verortet.

Man kann sich leicht vorstellen, dass es aufseiten der Fachkraft besonderer Kompetenzen bedarf, allen voran Motivation und Belastbarkeit. Die Zielgruppe ist bereits „jugendhilfeerfahren" und u. U. auch entsprechend „jugendhilfefrustriert" (Jordan, Maykus & Stuckstätte, 2015, S. 278). Entsprechend haben die Teenager häufig innere Hürden zu überwinden, bis sie sich auf neue Beziehungen und entsprechend auf jedwede Form der Mitarbeit einlassen.

Im Rahmen der ISE sind folgende Methoden üblich: sozialpädagogische Beratung, Empowerment und Ressourcenorientierung, soziale Netzwerkarbeit, ggf. Elternarbeit und Ansätze der aufsuchenden und Sozialraum-Arbeit.

Welche schemapädagogischen Methoden bieten sich an?

In diesem Setting ergibt es sich von selbst, dass der komplementäre Beziehungsaufbau an erster Stelle steht. Die Fachkraft sollte einen möglichst authentischen Ersteindruck machen. In der Kennenlernphase könnte sie ein innerpsychisches Schema-Modell von sich selbst vorstellen und entsprechende Bedürfnisse und Anliegen jeglicher Art diesen Mustern und auch den Schemamodi zuschreiben. („Mein fürsorglicher Teil in mir möchte dir helfen, dich wieder in Spur zu bringen, mein ängstlicher Teil befürchtet den Misserfolg [...]!"). Ziel eines solchen Transparent-Machens der aktuellen Situation der pädagogischen Fachkraft ist die Herstellung eines möglichst niedrigschwelligen Beziehungsangebots. Sie ist sich dessen bewusst, dass das Gegenüber schon durch viele „Netze" gefallen und quasi schon „am Ende der Fahnenstange" angelangt ist. Viele Kolleginnen und Kollegen haben zuvor mit dem Betreffenden gearbeitet und Erfolge wie Misserfolge erzielt. Aber eins ist sicher: Mit einem inneren Persönlichkeitsmodell in petto hat noch niemand vor Ihnen den Erstkontakt initiiert.

Wir möchten noch weitere Methoden empfehlen. Die **Reise zu den Schemata** (Abschnitt 4.3.6) ist nach unserer Einschätzung angeraten, um eventuelle Parallelen im Lebenslauf zu finden und abzugleichen, was wiederum dem Beziehungsaufbau dienlich sein kann. Außerdem kann die Intervention **Expertenrolle** (4.3.1) ein Türöffner auf der Beziehungsebene sein. Da in diesem Setting dissoziales Verhalten meistens eine große Rolle spielt, kann es sinnvoll sein, den damit korrelierenden Modus mittels der Methode **Modus-Interview** (4.4.1) transparent zu machen und klar reflektierend herauszustellen. Wann ist er entstanden? Durch welche Situationen wird er ausgelöst? Was genau läuft dann auf kognitiver, emotionaler und physiologischer Ebene ab? Welche kurz- und langfristigen Vor- und Nachteile verursacht der Modus bei dem betreffenden Heranwachsenden? Was braucht der Jugendliche, um in zukünftigen Trigger-Situationen mehr Selbstkontrolle auszuüben?

Dieses Setting ist mit Sicherheit eines der herausforderndsten. Da muss man sich natürlich immer wieder bewusst machen, dass es keine schnellen Erfolge geben kann.

Ausblick

Nachdem in Abschnitt 1 die verschiedenen Formen der Hilfen zur Erziehung nach dem Kinder- und Jugendhilfegesetz dargestellt und mit ersten Ideen bezüglich des Einsatzes von schemapädagogischen Methoden versehen wurden, geht es nun in Abschnitt 2 weiter mit der Vorstellung des Schemapädagogik-Konzepts. Grundbegriffe[2] werden erklärt, die Historie ebenso. Eingebettet ist ferner das sehr wichtige Thema *Interaktionsstrategien*, das Sachse (2002) bereits ausführlich beschrieben hat. Die Kenntnis dieser Strategien leistet einen massiven Beitrag zur Professionalisierung in (sozial-)pädagogischen Berufen. Ein Seitenblick wird auf das Konzept der Persönlichkeitsstile geworfen, das bereits in anderen Monografien erörtert wurde (Damm, 2012a; 2012b; 2012c).

---

2 Anlage 1

2. Schemapädagogik – ein Konzept zwischen Psychotherapie und Sozialpädagogik

In vielen Disziplinen und Fachbereichen gab und gibt es nach wie vor Bewegungen, die einander gegenüberstehen und miteinander konkurrieren, Alleinstellungsmerkmale für sich beanspruchen usw. Dies gilt heute noch beispielsweise für die Psychotherapie, wo entsprechende Spannungen zwischen der Psychoanalyse bzw. tiefenpsychologischen Verfahren und der kognitiven Verhaltenstherapie zu beobachten sind; oder nehmen wir z. B. die Medizin, in der die Schulmedizin (immer noch) mit der Psychosomatik im Clinch liegt usw.

Ein ähnliches Konfliktpotenzial hat auch das Verhältnis zwischen Psychotherapie und Psychologie auf der einen und der Sozial- bzw. Bildungspädagogik auf der anderen Seite. Auch in Zeiten, in denen Kinder und Jugendliche zunehmend von psychischen Störungen betroffen sind (Fink, 2019; Klicpera & Gasteiger-Klicpera, 2019), wird immer noch zu wenig Wert darauf gelegt, psychotherapeutische Erkenntnisse über allgemeine Störungsbilder in (sozial-)pädagogische Ausbildungen zur Förderung der Professionalität zu integrieren; obwohl der Bedarf ganz klar vor Augen liegt (s. Einleitung). Dieser Missstand ist nebenbei erwähnt einer der Hauptgründe, wieso die Schemapädagogik als integratives Modell aufgebaut ist (ausführlich in: Damm, 2010a; 2010b). Es folgt an dieser Stelle ein kurzer Blick auf die noch junge Entstehungsgeschichte.

2.1 Historie

Es dauerte seine Zeit, bis die Pädagogik von den schemabasierten Psychotherapien profitieren konnte. Grundbegriffe und verschiedene Methoden der Schematherapie (Young, Klosko & Weishaar, 2008) wurden erstmals im Schuljahr 2008/2009 im Rahmen einer berufsbegleitenden Weiterbildung für Berufsfachschullehrpersonen aus Rheinland-Pfalz für den Unterrichtsalltag fruchtbar gemacht (Damm, 2010) – vorher geschah in dieser Richtung nichts. In besagter Zeit entstand zudem während der oben erwähnten Veranstaltung (mehr aus Zufall) die Wortschöpfung „Schemapädagogik“; sie wurde als Wortmarke beim Deutschen Marken- und Patentamt registriert, was sich im Nachhinein als sehr sinnvoll herausstellte.

In einer (M.D.) ersten Evaluation mit der erwähnten Personengruppe (Damm, 2012a) wurde die Schemapädagogik in der damaligen 1.0er-Version als ein sinnvolles Instrument für das Classroom Management befunden. Weitere Schemapädagogik-Publikationen für Lehrkräfte und Sozialberufler in anderen Praxisfeldern folgten (Damm, 2015; 2012b; 2012c; 2015; 2016; 2019a; 2019b; 2019c).

Universitäts- und Fachhochschulen und außerdem auch Fachhochschulbibliotheken nehmen die seit 2010 anwachsende Schemapädagogik-Reihe ins Sortiment auf (Ibidem-Verlag 2010–2016), und einige Studentinnen und Studenten im pädagogischen Bereich entscheiden sich immer mal wieder dafür, Bachelor- oder Masterarbeiten zur Schemapädagogik zu verfassen.

Mittlerweile (Stand: Juni 2021) liegen mit dem vorliegenden Werk 22 Publikationen vor. Drei Jugendhilfeeinrichtungen[3] arbeiten offiziell mit schemapädagogischer Diagnostik und entsprechenden Methoden.

Auch der Bildungsbereich reagierte vor zwei Jahren. Die Anna-Freud-Schule (Ludwigshafen) bietet seitdem den Hospitationsschwerpunkt „Schemapädagogik" an. Lehrkräfte aus Rheinland-Pfalz können im Rahmen dieses Angebotes schemapädagogisch orientierten Unterrichtsstunden bzw. -reihen beiwohnen, die z. B. folgende Themen fokussieren: Beziehungsklärung, Psychospiele im Klassenraum, „rote Knöpfe" auf der Beziehungsebene, unterschwellige Kollusionen zwischen Lehrkräften und SuS, die zu Sympathie bzw. Antipathie führen (und somit den Erziehungs- und Bildungsauftrag beeinflussen). Dies zum aktuellen Stand der Dinge.

2.2 Begriffsklärungen

Das Modell beinhaltet einige Begriffe, die zunächst an dieser Stelle definiert werden müssen. Sie stellen fundamentale Kategorien dar, die Schemapädagogen sowie ihre Adressaten irgendwann im jeweiligen Praxisfeld verwenden – ausgewählte Grundbegriffe müssen also „sitzen". Im schematherapeutischen Setting (Roediger, 2016) herrscht dieselbe Methodik vor: Die Klientinnen und Klienten erhalten im Rahmen der Phase der Psychoedukation einen ähnlichen Begriffs-Input. Im Unterschied zur Schematherapie gehen wir außerdem noch auf die Interaktionsstrategien nach Sachse (2002) ein, die in der Schemapädagogik mit dem Schema- und Modus-Modell verknüpft sind (Damm, 2010a).

Ein ausführliches schemapädagogisches Glossar zum Nachschlagen finden Sie am Ende des Buches (Anlage 1).

2.2.1 Schema

Schemata spiegeln manifestierte Beziehungserfahrungen wider, die in der frühen Kindheit entstanden sind; diese Muster beeinflussen die Gegenwart (den Lifestyle, die Partner- und Berufswahl sowie die Art und Weise, wie wir in Beziehung mit uns selbst und anderen treten). Ein Schema steht für ein Konglomerat aus Erinnerungen, Kognitionen und körperlichen Phänomenen (Young et al., 2008).

Es gibt verschiedene Gründe, wieso sich Schemata entwickeln und neuronal festigen, worauf schon in der Einleitung eingegangen wurde. In der Schematherapie

---

3 Es handelt sich dabei (neben dem Jugendheim Lory) um die Schemapädagogische Wohngruppe in Erfurt und das Kinder- und Jugendhaus Hauptmann in Ense.

werden 18 Muster beschrieben (s. folgende Tabelle[4]). Im therapeutischen Setting geht man davon aus, dass vor allem frustrierte Bedürfnisse mit der Entstehung von irrational ausgeprägten (maladaptiven) Schemata zu tun haben.

Nr.	Schema/Lebensthema	Grundbedürfnis
1. 2. 3. 4. 5.	Emotionale Entbehrung Verlassenheit/Instabilität Misstrauen/Missbrauch Soziale Isolation Unzulänglichkeit/Scham	Bindung
6. 7. 8. 9.	Erfolglosigkeit/Versagen Abhängigkeit von anderen Verletzbarkeit Verstrickung mit anderen	Kontrolle nach außen
10. 11.	Anspruchshaltung/Grandiosität Anecken wollen/Rebellentum	Kontrolle nach innen
12. 13. 14.	Unterwerfung/Anpassung Fürsorge für andere Streben nach Zustimmung und Anerkennung	Selbstwerterhöhung
15. 16. 17. 18.	Emotionale Selbst- und Fremdkontrolle Überhöhte Standards/Perfektionismus Negatives hervorheben Bestrafungsneigung	Lust und Unlustvermei- dung

Tabelle 1: Schemata und korrelierende Bedürfnisse

2.2.2 Schema-Domänen

In der Schematherapie werden die einzelnen Muster (siehe Tabelle) verschiedenen Gruppen (sog. Domänen) mit zentralen Beziehungsthemen zugeordnet (Arntz & van Genderen, 2010, S. 17 ff.). Um die fünf entsprechenden Domänen soll es im Folgenden kurzgefasst gehen.

Die Kenntnis über die Inhalte der einzelnen Domänen kann noch einmal mehr Bewusstsein für die Persönlichkeitsstruktur des Bezugsjugendlichen generieren und

4 Einige der ursprünglichen Titulierungen von Young, Klosko & Weishaar (2008) haben wir wegen der Gegebenheiten in unseren Praxisfeldern leicht „angepasst", und zwar deshalb, weil die Schemata im Hinblick auf ihre Ausprägungen tendenziell weniger stark ausfallen, was aber nicht heißt, dass sie nicht sehr herausfordernde Situationen produzieren.

somit auch für mehr Verständnis für seinen Umgang mit sich selbst und anderen sorgen. Alle jungen Erwachsenen, mit denen wir zu tun haben (und auch Professionelle), offenbaren Schemata in unterschiedlicher Ausprägung, wobei es häufig eine Ansammlung dieser Muster in einer Domäne gibt.

Domäne 1: Ablehnung und Abtrennung

Die Schemata 1 bis 5 sind dieser Gruppe zugeordnet. Sehr frühe Bindungsprobleme werden mit diesen Mustern in Verbindung gebracht (Young, Klosko & Weishaar, 2008, S. 42 f.). In diverser Art und Weise werden diese Schemata begleitet von der subjektiven Wahrnehmung, dass Beziehungen zu Gleichaltrigen in der Gruppe, Erziehern und auch zu engen Bezugspersonen unsicher und nicht verlässlich sind. Spezifischer differenziert wird diese maladaptive Überzeugung unter Miteinbezug der entsprechenden Schemata in dieser Gruppe:

- Das Schema *emotionale Entbehrung* verschließt aus dem damit einhergehenden Desinteresse an Beziehungen den Weg zu anderen.
- Das Gefühl, am Ende immer wieder allein dazustehen, wird von *Verlassenheit/Instabilität* hervorgerufen.
- *Misstrauen/Missbrauch* führt zu einem Gefühl der Bedrohung vonseiten des Gegenübers.
- Das Muster *soziale Isolation* produziert ein Empfinden des Nicht-zugehörig-Seins.
- *Unzulänglichkeit/Scham* generiert die Auffassung, dass man wertlos ist und von anderen Menschen daher nicht geliebt und respektiert wird.

Domäne 2: Beeinträchtigung von Autonomie und Leistung

In dieser Domäne sind die Schemata 6 bis 9 versammelt (Roediger, 2016, S. 78). Heranwachsende und Jugendliche mit diesen Mustern wirken unselbstständig und auffallend passiv bis „kindlich". Sie können nur sehr schwer eigene Impulse und Interessen formulieren und noch schwerer Entscheidungen im Alltag treffen. Daher inszenieren sie häufig symbiotische Beziehungen, in denen das Gegenüber aktiv die Entscheidungen abnimmt und Unterstützung im Allgemeinen anbietet. Dahinter steckt oft die Angst, Fehler zu machen oder in Leistungssituationen zu versagen. Überfürsorgliche und ängstliche Hauptbezugspersonen, die die Entwicklung der Ich- und Selbstwirksamkeitskompetenzen des Kindes typischerweise unterbunden haben, können an der Entstehung dieser Schema-Domäne beteiligt sein. Nun ein paar Worte zu den einzelnen Schemata in dieser Gruppe:

- Das Lebensmuster *Erfolglosigkeit/Versagen* impliziert den zentralen Glaubenssatz, weniger begabt, klug, talentiert zu sein als andere Menschen und infolgedessen niemals Erfolg zu haben.
- *Abhängigkeit von anderen* erschafft die Überzeugung, ohne eine entscheidungsfreudige nahestehende Person, die unterstützend auftritt, den Alltag nicht bewältigen oder gar nicht existieren zu können.
- Das Schema *Verletzbarkeit* erschafft eine übertriebene Furcht vor Erkrankungen, Verletzungen und Beeinträchtigungen unterschiedlicher Art.
- *Verstrickung mit anderen* produziert ein starkes Interesse an symbiotischen

Beziehungen; in diesen sorgt dieses Schema für Passivität, „Hilflosigkeit" sowie Überforderung, sobald die aktuelle Hauptbezugsperson ihren elterlich-fürsorglichen „Pflichten" nicht mehr ausreichend nachkommt.

Domäne 3: Beeinträchtigung im Umgang mit Grenzen
Regeln infrage stellen, Sonderrechte bzw. VIP-Status beanspruchen (Sachse, Sachse & Fasbender, 2011) – diese Auffälligkeiten offenbaren Jugendliche, die die beiden relevanten Schemata dieser Domäne, 10 und 11, ausgebildet haben (Rafaeli, Bernstein & Young, 2013, S. 28). Sie haben Schwierigkeiten, sich an Alltagsabläufe zu halten, sich zu integrieren und können häufig wenig Selbstdisziplin aufbringen, um übliche Aufgaben erfolgreich zu bewältigen. Häufig wurden schon früher keine Grenzen gesetzt, weshalb man sich heute eben schwer mit Alltagsabläufen in sozialen und Bildungseinrichtungen tut. Nun zu den beiden Strukturen:

- Das Schema *Anspruchshaltung/Grandiosität* führt zu Egozentrismus, Intoleranz und fragwürdig ausgeprägter Kritikfähigkeit; die Bedürfnisse von anderen spielen eher eine untergeordnete Rolle.
- *Anecken wollen/Rebellentum* kann passiv-aggressive Tendenzen generieren. Diese führen häufig zu Unangepasstheit, Dagegen-Sein, Opportunismus usw.

Domäne 4: Fremdbezogenheit
Die Muster 12 bis 14 haben schwerpunktmäßig mit einer ausgeprägten Außenorientierung zu tun. Die Aufmerksamkeit des Betreffenden ist entsprechend intensiv auf die Wahrnehmung der Mitmenschen ausgerichtet (Roediger, 2016, S. 83 f.). Auffallend ist dabei, dass die eigenen Bedürfnisse – mehr unbewusst als bewusst – zugunsten der Anliegen der Interaktionspartner zurückgestellt werden, was natürlich zulasten der Authentizität geht. Damit werden verschiedene Ziele verfolgt. Man möchte (a) von den Mitmenschen Anerkennung gespiegelt bekommen, (b) Beziehungen möglichst friedvoll gestalten und aufrechterhalten, (c) Streitigkeiten vermeiden.

In der Biografie hat man häufig Lob und positives Feedback für angepasstes, zuvorkommendes und fürsorgliches Auftreten erhalten. Eigene Neigungen abseits dieses Verhaltenskorridors, etwa selbstbezogene, autonome usw., wurden eher nicht gewürdigt und somit auch nicht gefördert. D. h., bestimmte Persönlichkeitsanteile lernten die Betreffenden zurückzuhalten und aus dem Persönlichkeitsportrait zu streichen. Es folgen einige Anmerkungen zu den relevanten Schemata:

- *Unterwerfung/Anpassung* motiviert dazu, eigene Vorlieben, Bedürfnisse und Wünsche „runterzuschlucken". In der entsprechenden schemagetriebenen Wahrnehmung, sozial erwünschtes Verhalten zeigen zu müssen, erspart man sich auf diese Art Konflikte und Ärger in Beziehungen, in denen das Gegenüber naturgemäß das umgangssprachliche Zepter in der Hand hält.
- *Fürsorge für andere* geht mit sehr viel Empathie einher. Man kümmert sich eingehend um das Wohlergehen der anderen. Der seelische Schwerpunkt ist auch hier nach außen verlagert. Konflikte auf der Beziehungsebene wer-

den sehr schlecht ausgehalten. Möglichst alle sollen sich gut miteinander verstehen.

- Das Schema *Streben nach Zustimmung und Anerkennung* kreiert das intensive Bedürfnis, möglichst positiv von den Mitmenschen wahrgenommen zu werden. Aktiv bemüht man sich um Anpassung und das Erfühlen der Erwartungen anderer, die man dann auch erfüllen möchte. Das Selbstwertgefühl steht und fällt mit der Resonanz des Umfeldes.

Domäne 5: Übertriebene Wachsamkeit und Gehemmtheit
In diesem Bereich sind die Schemata 15 bis 18 untergebracht. Sie können gut in sehr konservativen, strengen und stringent-leistungsorientierten Elternhäusern entstehen. Spontanes Spielen, „Chillen", Gefühlsausbrüche jeglicher Art sind dort tendenziell eher unerwünscht oder werden als nicht konstruktiv wahrgenommen (Rafaeli, Bernstein & Young, 2013, S. 31). Im Rahmen solcher Bedingungen lernt der junge Mensch, spontane Impulse und Gefühle zurückzuhalten, zu unterdrücken. Dies wird irgendwann zum Automatismus. Auf der Gegenseite werden rigides Leistungsstreben und ein Verhaltenskodex mit hohem Anspruch generiert. Aufseiten des Betreffenden sind dann Emotionen im Allgemeinen und die „Risiken" im Besonderen, die der Alltag mit sich bringt, „permanente Baustellen", weshalb man irgendwann ein fulminantes Bedürfnis zur Struktur des eigenen Daseins und das der anderen entwickelt.

- Das Muster *emotionale Selbst- und Fremdkontrolle* sorgt für ein rationales, sozial erwünschtes, angepasstes und hierarchiebewusstes Verhalten. Formalitäten zählen, Gefühle werden gezügelt, das „Vernünftige" steht hoch im Kurs.
- *Überhöhte Standards/Perfektionismus* erschafft die Ambition, in möglichst vielen Lebensbereichen zu glänzen, Gas zu geben, permanent gute bis sehr gute Leistungen zu erbringen. Damit einher kann die Inkompetenz gehen, Phasen der Ruhe und Kontemplation zuzulassen; man kann auch von herabgesetzter Freude- und Entspannungskompetenz sprechen.
- *Negatives hervorheben* meint im Kern: Konzentration auf das umgangssprachliche „halb leere Glas" im Leben. Ein pessimistisches Weltbild liegt dieser Philosophie zugrunde, und der Betreffende konzentriert sich auf alles Mögliche, was seine Wahrnehmung stützt (Krankheiten, Konflikte, Enttäuschungen, Schuld usw.).
- *Bestrafungsneigung* kreiert einen sanktionierenden Impuls bei Verfehlungen seitens der Mitmenschen. Das Motto des Daseins heißt: „Fehler finden und den Urheber bestrafen." Eine gewisse Unerbittlichkeit sich selbst und anderen gegenüber spielt dabei meistens eine große Rolle. Es gibt nur Gut und Böse, keine Grauzonen, keine mildernden Umstände usw.

2.2.3 Schemamodus (kurz: Modus)

Nach unserem Modell sind also Schemata – sowie auch Persönlichkeitsstile (Sachse, 2019b) – die Basisebene der Persönlichkeit. Diese Grundbausteine liegen entsprechend in unterschiedlicher Kombination vor und sind je nach Alltagssituation hochrelevant, wobei noch auf ganz normale Ambivalenzen hinzuweisen ist. Im Beruf zeigen wir u. U. andere Schemata als etwa im privaten Bereich. Eine Person, die z. B. ihren Lehrberuf sehr empathisch und fürsorglich ausübt, kann gleichwohl im Umgang mit den eigenen Kindern emotional sehr distanziert und selbst- und fremdkontrolliert auftreten. Wir spalten unsere Persönlichkeit wie selbstverständlich je nach Lebensumfeld tendenziell bis extrem auf.

Innerpsychische Ambivalenz ist ohnehin ein Grundaxiom unserer Existenz, welches in der Psychoanalyse, den tiefenpsychologischen Therapieformen und auch in den neueren Psychotherapien in der Theorie und Praxis berücksichtigt wird. Elterliche Anteile („Ich muss mich jetzt zusammenreißen!") stehen nicht selten im Clinch mit kindlich-triebhaften („Am liebsten würde ich jetzt ...!"), und der erwachsene Teil in uns, der für das Realitätsprinzip steht, vermittelt zwischen den inneren Impulsen.

Was also ist ein Schema- bzw. Persönlichkeitsstil-Modus? Ganz allgemein gesagt: Ausgelöste Schemata (bzw. Persönlichkeitsstile, siehe Abschnitt 2.2.5) werden nach Young et al. (2008) und unserem Verständnis *konkret* „sichtbar" und erlebbar als sog. Modus. Ein anderer Arbeitsbegriff ist *Ich-Anteil* oder *state* (Peichl, 2010; Breil & Sachse, 2018). Ein Ich-Anteil steht demnach i. d. R. in Zusammenhang mit einem bestimmten oder mehreren Schemata bzw. mit einem Persönlichkeitsstil. So kompliziert dies jetzt vielleicht klingen mag, so einfach ist diese Perspektive gleichzeitig. Mit einer gesicherten Aufmerksamkeit im Alltag erkennen wir recht schnell, in welchem Modus sich unser Interaktionspartner gerade befindet (erwachsener, kindlicher, elterlicher, kompensatorischer Modus).

Narzissten beispielsweise offenbaren oft den Anteil *Selbsterhöher*, in dem sie egozentrisch agieren, eigene Stärken und Erfolge überzeichnet darstellen, andere diskreditieren usw. Dieser Modus ist kompensatorischer Art.[5] Im etwa ausgelösten Schema *Bestrafungsneigung* andererseits hat die oder der Betreffende ein starkes Interesse daran, dem Gegenüber ein Fehlverhalten mitsamt den Konsequenzen darzulegen.

In unseren Praxisfeldern vermitteln schemapädagogisch arbeitende Professionelle das Modusmodell niedrigschwellig und auf sehr nachvollziehbare Weise. Um in das Thema einzuleiten (weil mit der Modus-Perspektive sehr gut ressourcenorientiert gearbeitet werden kann), stellen wir fokussierende Fragen:

---

5 Kompensatorische Modi, die jeder Mensch in seiner Biografie auch aus notwendigen Gründen ausgeprägt hat, sind in extremer Ausprägung maladaptive „Brecheisen-Anteile". Sie erfüllen gleichsam Funktionen für den Urheber (in Bezug auf sich selbst sowie im Hinblick auf die Interaktion mit anderen). In der Schematherapie werden sie u. a. folgendermaßen benannt: *Distanzierter Beschützer* (bewahrt das Ich vor negativen Wahrnehmungen/Emotionen), *ärgerlicher Beschützer* (generiert Gereiztheit; man hält das Umfeld so auf Abstand), *Schikanierer und Angreifer* (stärkt das Selbstwertgefühl, indem andere geschädigt werden).

- „Was sind No-Gos bei dir, die zukünftig eine Rolle spielen könnten? In welchen Situationen flippst du leicht aus?“
- „Was sind bisher typische Konfliktsituationen für dich gewesen?“
- „Was macht dir Spaß? Wann geht es dir gut?“
- „Was hast du für Potenziale und Stärken in dir – beschreibe mal welche!“

Je nach Praxisfeld gibt es zahlreiche Möglichkeiten, die „innerpsychische Vielfalt unserer Existenz“ zu thematisieren, zu veranschaulichen, transparent zu machen. Das geht filmisch („Split“, „Alles steht Kopf“), literarisch („Dr. Jekyll und Mr. Hyde“), philosophisch (Arthur Schopenhauer, Friedrich Nietzsche), psychotherapeutisch (Sigmund Freud, Eric Berne, Jochen Peichl), neurobiologisch (Gerhard Roth, Manfred Spitzer, Gerald Hüther) und auch eben ganz passend in Anlehnung an die jeweiligen Gegebenheiten des Praxisfeldes – für letzteren Punkt wurden diverse Methoden entworfen, die wir in diesem Buch später noch vorstellen werden (insb. Abschnitte 4.3 und 4.4).

Sobald die Modus-Perspektive unseren Jugendlichen präsent ist („Mein Ich besteht aus vielen Teilen!“), können wir Alltagserlebnisse, positive wie negative, entsprechend labeln („Wow, jetzt kommt aber die glückliche Mona aus dir raus!“ bzw. „Dirk, vorhin hat der Aggro-Dirk in dir ordentlich Dampf abgelassen!“). Vor allem die Thematisierung von herausfordernden Modi hat, weil nicht die Person als Ganzes an „den Pranger“ gestellt wird, den Vorteil, dass bestenfalls die innerpsychische Abwehr (König, 2007) umgangen wird. Einsicht, Selbst- und Fremderkenntnis können stattfinden.

2.2.4 Interaktionsstrategien: Image, Test, Appell, Psychospiel

Der Entwurf der Interaktionsstrategien stammt von Sachse (2002), genauer gesagt, das Image- und Test-Konzept. Die Interaktionsstrategie Appell wurde schon vorher von Schulz von Thun veröffentlicht (2007), die Masche „Spiel“ von Berne (2005). Sachse hat diese Muster in genialer Weise vor dem Hintergrund seines therapeutischen Settings kombiniert und mit Beispielen transparent gemacht. Seine sehr lesenswerten Bücher zum Thema *Persönlichkeitsstörungen*, von denen es zahlreiche gibt, empfehlen wir an dieser Stelle (s. a. Literaturverzeichnis). Sachses Strategien zum Aufbau von Beziehungen andererseits sind im therapeutischen Setting sehr effizient, weshalb sie bei uns auch eine große Rolle spielen (Abschnitt 4.3.1); eigene Erweiterungen werden unten ebenfalls vorgestellt (vgl. Damm, 2019b, S. 98).

In der Schemapädagogik gehen wir davon aus, dass die weichen wie auch stressverursachenden Kommunikationsmuster, von denen im Folgenden die Rede sein wird, von einem ganz bestimmten Modus produziert werden. Es braucht seitens der Fachkraft Zeit, um herauszufinden, ob die jeweiligen Strategien schema- bzw. persönlichkeitsstilgetriebener Art sind (vgl. Damm, 2019a) oder lediglich generiert werden durch den sog. *Manipulierer-Modus.*[6] Wir verstehen den letzteren Begriff, der auf den ersten Blick eher negativ klingen mag, tatsächlich neutral. Im aktivierten Manipulierer-Modus möchte die betreffende Person den Interaktionspartner letzten Endes nur eins: beeinflussen, um eigene Bedürfnisse anzumelden und durch Kommunikation zu befriedigen. Kurzum: Alle haben diesen Modus, auch Professionelle.

Warum haben wir alle unauthentische Strategien in unserem Persönlichkeitsinventar? Fakt ist, dass wir Menschen emotional bedürftige Wesen sind, die auf sozialen Kontakt angewiesen sind (Bauer, 2008; 2016). Schon in der Phase des frühkindlichen Narzissmus, einer Zeitspanne zwischen dem 12. und 16. Lebensmonat (Winterhoff, 2009), lernt der Heranwachsende, dass die Umwelt auf bestimmte Aktionen reagiert – und auf andere eben nicht. Durch Versuch und Irrtum entwickeln wir in der frühen Kindheit Taktiken, um unser engstes Umfeld eben dahingehend zu beeinflussen. Es geht um Aufmerksamkeit, Resonanz, Wahrgenommen-werden-Wollen, Bindung, Autonomie usw. Je nach individueller Persönlichkeitsstruktur der Eltern funktioniert einiges an Aktionen, anderes eben nicht. Das, was uns sehr früh in unserem Leben den zwischenmenschlichen „Erfolg" beschert hat, bleibt haften, automatisiert sich und wird entsprechend auch ein Teil unseres Charakters sein.

Es wird zwischen vier verschiedenen Strategien unterschieden, die Professionelle wie auch Kinder und Jugendliche im Praxisfeld „fahren", um schema- bzw. persönlichkeitsstilrelevante Bedürfnisse anzumelden und deren Erfüllung einzufordern, mal mehr, mal weniger verdeckt.

Image

Wie alle anderen Interaktionsmuster auch, so hängt ein sog. Image mit einem zugrundeliegenden Schema bzw. Persönlichkeitsstil (je nach Perspektive) zusammen. Images werden insbesondere beim ersten Aufeinandertreffen im Praxisfeld kommuniziert (Damm, 2019a, S. 87 f.), und vor allem auch dann, wenn es ums Kennenlernen geht. Mithilfe eines Image versucht der Initiator, aufseiten des Gegenübers einen ganz bestimmten Eindruck zu hinterlassen, er will gewissermaßen eine „Duftmarke" hinterlassen („So bin ich!", „Ich möchte, dass du das und das und jenes über mich denkst!"). Diese Duftmarke kann durchaus einen ganz akkuraten affektiven Anteil haben, d. h., die Fachkraft extrem emotional ins strafende Eltern-Ich

---

6 Wir haben schon öfter Kinder und Jugendliche dahingehend befragt (insofern genügend Beziehungskredit vorhanden war), ob sie ihre Strategien (a) bewusst oder unbewusst „fahren" und ob (b) persönliche Bedürfnisse die Ursachen der Maschen waren oder nur „Verarsche". Die Antworten fielen sehr unterschiedlich aus. Um es noch einmal klar auf den Punkt zu bringen: Professionalität vor diesem Hintergrund heißt, zwischen „Verarsche" und bedürfnisorientierten Strategien differenzieren zu können. Sie werden es selbst wissen: Ein solches Projekt ist ein sehr komplexes.

triggern. Ein Beispiel: „Jo, Digga, ich bin JC, kannst auch Jay sagen, und ich lass' mir von niemandem was sagen! Vor allem nichts von Schleimern oder Psychologen!"

Aber nicht jedes Image hat einen herausfordernden Charakter, im Gegenteil. In manchen Fällen dienen sie dem Kommunikator als Mittel zum Zweck: man möchte damit eine positive Beziehung zur Fachkraft aufbauen. Entsprechend klingen sie in diesen Fällen eher wie „Steilvorlagen", auf die man eingehen kann („Ich bin die Caro und ich mag Hunde sehr!", „Ich heiße Stefan und bin bei den Ultras vom FC Bayern!"). – Optimalerweise werden die negativen Images, die zum Vorteil des Jugendlichen ein Machtgefälle generieren würden, direkt vom Pädagogen als solche entlarvt und empathisch-konfrontativ offengelegt („Sieh an: Da haut der Jay gleich am ersten Tag mal einen raus, um sein Gebiet abzustecken! Ich sehe das schon!"). Auf der anderen Seite, und das bräuchte man gar nicht eigens zu erwähnen, wird jedwede Steilvorlage (positive Images) von der pädagogischen Fachkraft bemerkt und je nach Sachlage und eigenem Bezug zum Thema bestmöglich angenommen („Caro, ich hab einen Labrador, Rocky heißt er! Fünf Jahre alt!", „Stefan, ich habs mehr mit dem BVB – da sind wir mal auf die nächste Saison gespannt, mein Lieber!"). Der Beziehungsaufbau ergibt sich dann i. d. R. wie von selbst in solchen Konstellationen.

Test

Mittels eines Tests, die zweite potenzielle Strategie vor dem Hintergrund einer aktivierten Schema- bzw. Persönlichkeitsstil-Landschaft, möchte unser Interaktionspartner abchecken, wie wir ticken, drauf sind, ob wir für bestimmte Bedürfnisse seinerseits sensibel und entsprechend „steuerbar" sind. Tests haben tatsächlich einen eher aktivierenden Charakter, sie *motivieren* uns kognitiv und affektiv; insbesondere triggern sie unsere Reaktionsbereitschaft – oder eben auch nicht, denn das Endergebnis hängt wiederum von unserer psychischen Struktur ab, die unser Gegenüber mittels Tests scannt. Hieraus ergibt sich der fundamentale Anspruch, dass sich Fachkräfte ihrer eigenen Schemata und Persönlichkeitsstile bewusst sein sollten (Abschnitt 4.7). Ansonsten lassen wir uns hier und da mal schnell aus der Fassung bringen bzw., wie es sprichwörtlich heißt, aufs Kreuz legen, falls wir einen Test als solchen nicht bemerken und automatisch schemagetriebene Aktionen starten. Dadurch steigt gleichzeitig die Bereitschaft unseres Gegenübers, Spiele mit uns, die vierte populäre Strategie, zu praktizieren – und dann haben wir es mit dem denkbar größten Manipulationspotenzial zu tun (s. u.).

Tests sind manchmal, wie auch die Images, verdeckte Beziehungsangebote. Oder aber sie können implizieren, dass wir Abstand halten oder eine bestimmte Position einnehmen sollen. Fazit: Tests bringen also dem Jugendlichen letztlich Gewissheit: Ist die Fachkraft streng, cool, demokratisch eingestellt, selbstbewusst, empathisch, anspruchsvoll? Man will einfach in der Beschnupperungsphase herausfinden, mit wem man es zu tun bekommt.

Tests können völlig harmlos und sogar angenehm klingen, und zwar dann, wenn die Fachkraft Gemeinsamkeiten erkennt („Hören Sie Sido?", „Waren Sie mal auf einem Rammstein-Konzert?", „Sie sehen so aus, als hätten Sie auch schon viel in Ihrem Leben durchgemacht!"). In solchen Situationen liegt es an der Kompetenz zur (schnellen) Interpretation der, wie es in der Psychoanalyse heißt (König, 2007), sog. Gegenübertragung. D. h., dass meine dann aktivierten Emotionen und Kognitionen sehr viel über die Situation als solche aussagen, weshalb wir sie gleich mit ins Boot holen sollten bei der Diagnostik. Es dreht sich dabei um folgende Hauptfrage: In welchem Modus befinde *ich* mich im Umgang mit dem Jugendlichen XY überwiegend. Die Antworten (*fürsorgliche* oder *sanktionierende Eltern*, *hilfloses Kind*, *impulsives Kind* usw.) sagen sehr viel über die Rollen aus, die wir vom Gegenüber im Rahmen seiner unbewussten Projektion „übergestülpt" bekommen. In der Psychoanalyse lautet der damit zusammenhängende Fachbegriff: projektive Identifizierung (Damm, 2007).

Appell

Über diesen Begriff, der eine große Bedeutung in der Interaktion hat, wurde ausgiebig geforscht, einerseits, wie oben schon erwähnt, in der Kommunikationstheorie (Schulz von Thun, 2007), andererseits auch in der Psychotherapie (Sachse, 2020a). Appelle sind ebenfalls dazu da, um den Gesprächspartner zu bestimmten Reaktionen zu animieren. Sie können offen kommuniziert werden („Mensch, ist das warm hier drin, kannst du bitte das Fenster öffnen?") oder verdeckt („Hier drin ist es aber stickig!"). Je nach Persönlichkeitsstruktur des Interaktionspartners erfolgen Reaktionen auf Appelle. In der schemapädagogischen Forschung kamen wir zu dem Schluss, dass vor allem Professionelle mit einem akkuraten dependent-aktiven Persönlichkeitsstil (Damm, 2014) bzw. einem ausgeprägten Fürsorge-Schema (Damm, 2019c) positiv auf Appelle anspringen, die „durch die Blume" kommuniziert werden (auf offene ohnehin sowieso). Die betreffenden Fachkräfte switchen in entsprechenden Trigger-Situationen (z. B.: „Sorry für die Verspätung, ich habe verschlafen – mein Freund hat gestern schlussgemacht!") regelmäßig ins fürsorgliche Eltern-Ich und agieren entsprechend entgegenkommend (was nicht per se unprofessionell ist, aber immer mal wieder im Team auf den Prüfstand gestellt werden sollte).

Falls Jugendliche im Alltag sehr viele Appelle an die Betreuungspersonen und an Mitglieder der Peergroup kommunizieren, dann steckt meistens ein starkes Bedürfnis nach Entlastung, Passivität und Geschont-Werden dahinter.

Es ist das erklärte Ziel, als schemapädagogisch arbeitende Kraft Appelle bewusst als solche im Alltag wahrzunehmen (schwer genug) und abzuwägen, wann auf sie konstruktiv einzugehen ist. In Abschnitt 3 werden typische schemagetriebene Appelle ausgeführt und Tipps zum ressourcenorientierten Umgang mit ihnen dargelegt.

Psychospiel

Das größte Steuerungs- und Konfliktpotenzial haben die sog. Psychospiele (kurz: Spiele), worauf schon hingewiesen wurde. Sie werden nie zu Beginn der Zusammenarbeit praktiziert: Zu unsicher für den Initiator. Bevor jemand mit Fachkräften bzw. anderen Jugendlichen entsprechend interagiert, muss sich die oder der Initiierende einigermaßen darüber im Klaren sein, dass die jeweilige Masche höchstwahrscheinlich funktioniert.

Traditionsgemäß werden z. B. Fachkräfte zunächst mit Images, Tests und Appellen entsprechend „durchleuchtet“ und in Stellung gebracht, d. h. auf die Königsdisziplin der Manipulation verdeckt vorbereitet. Man schaut (überwiegend unbewusst), ob sich ein ganz bestimmtes Zusammenspiel in unterschiedlichen Rollen mit Fachkraft X oder Teenager Y ergeben könnte.

Ein Beispiel: So kommunizieren etwa junge Erwachsene mit dem dominanten Schema *Abhängigkeit von anderen* im Beisein der potenziellen Mitspielerin zunächst via Images (beispielsweise: „Ich kann mir den Tagesablauf hier einfach nicht merken. Menno!“), Tests (z. B. „Ich glaube, ich kriege gleich ganz schlimm Migräne von all dem Stress hier!“) und Appellen („Was soll ich denn jetzt nur machen?“) ihr Hauptthema: Umsorgt-werden-Wollen. Sollten diese Vorgehensweisen bei der einen oder anderen Fachkraft mit der passenden Schemata- bzw. Persönlichkeitsstil-Landschaft fruchten, wird an Tag X eine längerfristige Inszenierung praktiziert, um das Gegenüber zu erwünschten Reaktionen zu motivieren. Diese Inszenierung kultiviert das zuvor angebahnte Thema mit dem Zweck, es intensiver erleben zu können. Um beim Beispiel zu bleiben, wird etwa *Armes Schwein* oder *Blöd* (s. u.) gespielt (Sachse, Sachse & Fasbender, 2011). Beide Strategien hauen entsprechend in die sinnbildliche Kerbe (alle Fachkräfte haben welche), die zuvor mithilfe der anderen Strategien ausgemacht wurde. Im ungünstigsten Fall entsteht auf diese Weise eine Kollusion, sprich ein Zusammenspiel, das der Persönlichkeitsentwicklung des Jugendlichen nicht zuträglich ist, weil lediglich archaische Muster neu inszeniert werden.

In unseren Praxisfeldern praktizieren die zu Betreuenden vermehrt folgende Spiele (vgl. Damm, 2019a; Sachse, Sachse & Fasbender, 2016; Berne, 2005; Rautenberg & Rogoll, 2011):

- *Mords-Molly*. Die Masche ist ein statusorientiertes Angeberspiel. Der Interaktionspartner wird diskreditiert, gedisst, persönlich angegriffen, mit dem Ziel, einen Konflikt zu inszenieren und zu gewinnen.
- *Unterhaltsam sein*. Zentral bei diesem Spiel ist ein extrovertiertes „Um den heißen Brei-Herumreden“. Der Spieler inszeniert sich selbst, kommt niemals auf den Punkt, sondern springt von einem zum anderen Thema, das nur wenig bis nichts mit der aktuellen Situation zu tun hat.
- *Immer ich*. Auf den ersten Blick eine Verteidigungsstrategie, mit deren Hilfe der sprichwörtliche Spieß aber letztlich umgedreht wird. An den Start geht diese extrovertierte Masche im Fall von Ermahnungen oder Regelsetzungen seitens der Fachkraft. Reflexartig heißt es: „Immer ich!“ Im weiteren Verlauf macht die Initiatorin transparent, dass sie von der Professionellen regelmäßig an den Pranger gestellt wird und dass dies persönliche Gründe haben würde. Aufseiten der Fachkraft können schrittweise eine gewisse Ohnmacht

und auch eine Rechtfertigungstendenz entstehen – und das Spiel ist dann schlussendlich verloren.

- *Das wahre Gesicht.* Im Rahmen dieses Geschehens wird die Fachkraft, oft aus nichtigem Anlass, vor der Gruppe provoziert, einer gewissen Dramaturgie folgend. Aufseiten des Erwachsenen konstruiert sich nach und nach ein sadistischer Impuls, der anfangs noch gut kontrolliert werden kann. Gegen Ende des Spiels wird die Fachperson z. B. in impulsiver Art angeschrien mit folgender finalen Steilvorlage (die man natürlich niemals vollenden darf): „GEBEN SIE ES ENDLICH ZU, SIE KONNTEN MICH NOCH NIE LEIDEN!"
- *Versetz mir eins* ist ähnlicher Natur. Die oder der Initiierende stört zunächst sehr niedrigschwellig den Tagesablauf und gelobt nach einer dadurch erzwungenen Ermahnung Besserung. Nach fünf Minuten erfolgt der nächste Regelverstoß. Wieder muss ein Hinweis bezüglich der Störung erfolgen, genauer gesagt, die Aufmerksamkeit wird erfolgreich provoziert („Es reicht jetzt!"). Antwort (sinngemäß): „Sorry, kommt nicht wieder vor!" Natürlich geht das Ganze dann in einer Art Wechselspiel so weiter, die Emotionen nehmen im Hinblick auf Intensität langsam an Fahrt auf. Am Ende des Arrangements hat die erwachsene Person dann keine andere Alternative mehr: Sie *muss* auf hohem Niveau sanktionieren. Dass der Jugendliche die Erziehungsmaßnahme selbst auf dem Silbertablett serviert hat, sieht er meistens nicht.
- *Armes Schwein.* Bei diesem Spiel geht es um die doch sehr breite Darstellung von Problemen. Die betreffende Person hat es offensichtlich ganz schlimm getroffen. Sie leidet. Und je länger das Spiel andauert, desto ohnmächtiger wird die Fachkraft. Jeder Rat verpufft – sie wird regelrecht eingelullt und ist am Ende selbst down (oder genervt). Hier wird auch wieder das Ziel verfolgt, Aufmerksamkeit zur erregen bzw. Verantwortung abzugeben und das Gegenüber zu Reaktionen zu animieren.
- *Blöd.* Der oder die Spielende kommuniziert, dass er resp. sie dies und das „einfach nicht kann" bzw. hinkriegt, selbst einfachste Arbeitsaufträge. Man stellt sich entsprechend „dumm" an, trödelt, macht Fehler. Man ist halt einfach zu ungeschickt. Am Ende übernimmt dann das Gegenüber die Initiative – falls die spielende Person gewinnt.

Es gibt noch mehr Psychospiele, auf die wir unten noch zu sprechen kommen (Abschnitt 4.4.3). Die Auswahl oben sollte fürs Erste genügen. Die Krux an dem ganzen Thema ist die zeitlose Frage, die sich uns immer wieder aufdrängt: Was ist authentisch, was Psychospiel?

Wieder liegt es in der Expertise und Professionalität der Fachkraft zu sehen, ob da gerade eine Masche praktiziert wird (und wenn ja, ist das auch nicht immer der pädagogischen Rede wert), oder ob schlicht und einfach die Dinge so realitätsbasiert dargestellt werden, wie sie eben sind. Spannend ist dieses Thema und gleichzeitig eine ständige Herausforderung!

2.2.5 Persönlichkeitsstile

Schemapädagogisch Praktizierende arbeiten neben dem Schema- nach Young, Klosko & Weishaar (2008) auch mit dem Persönlichkeitsstil-Modell (z. B. Oldham & Morris, 2017; Fiedler & Herpertz, 2016; König, 2010; Sachse, 2019a). Ein Persönlichkeitsstil ist ein Konstrukt zur Beschreibung einer Facette einer Persönlichkeit. Er generiert nach unserem Modell, gleichsam wie auch Schemata, korrelierende Modi und somit auch Interaktionsstrategien. Das Konzept ist in unserem Kontext als Ergänzung des schemapädagogischen Methodenkoffers zu verstehen. Aus professioneller Sicht kann es je nach Einzelfall sehr sinnvoll sein, über die populärsten Stile Kenntnis zu haben, etwa um tiefliegende Bedürfnisse des Gegenübers ins Auge fassen zu können. Persönlichkeitsstile werden schon seit der Antike thematisiert, und in der klinischen Psychologie spielen sie eine große Rolle. Auch in unseren Schemapädagogik-Weiterbildungen beschäftigen wir uns mit ihnen. Die unterschiedlichen Strukturen, die wir berücksichtigen, heißen (vgl. Damm, 2012a; 2012b; 2012c):

- narzisstischer Stil (führt zu starker Ich-Zentrierung, Tendenz zur Erniedrigung und Selbstdarstellung) (Damm, 2019b)
- histrionischer Stil (generiert das starke Bedürfnis nach Aufmerksamkeit in extrovertierter Manier)
- antisozialer Stil (produziert eine starke Durchsetzungsfähigkeit – ohne Rücksicht auf Verluste)
- Borderline-Stil (sorgt regelmäßig für den „Kick" und emotionale Achterbahnfahrten) (Damm, 2019c)
- paranoider Stil (erschafft ausgeprägtes Misstrauen und Argwohn)
- schizoider Stil (motiviert zu Einzelgängertätigkeiten und Abstand)
- sadistischer Stil (geht mit einer Motivation zur Fremdschädigung einher)
- selbstschädigender Stil (sabotiert die eigene Persönlichkeit und Außenwirkung)
- passiv-aggressiver Stil (kultiviert das Dagegensein, anders gesagt das Rebellentum)
- zwanghafter Stil (führt zu ausgeprägter Ordnungsliebe und Struktur in Beziehungen)
- dependenter Stil (motiviert den Betreffenden zu symbiotischen Beziehungen mit Abhängigkeitscharakter)
- ängstlich-vermeidender Stil (erhöht unverhältnismäßig die Angst vor der negativen Bewertung der Mitmenschen)

Vor diesem Hintergrund offenbart jede Persönlichkeit einen eigenen Stil-Mix, den es in der pädagogischen Arbeit zu berücksichtigen gilt, und zwar sowohl bezüglich des Blicks auf die Heranwachsenden als auch auf sich selbst. Es gibt hier und da Parallelen zu Schemata, die wir berücksichtigen. Wir verstehen dieses Konzept als einen Beitrag zur Professionalisierung des pädagogischen Personals.

Fazit: Ausgelöste Persönlichkeitsanteile, egal ob mit einem Schema- oder Stil-Begriff (s. u.) gelabelt, führen zu einem für das Gegenüber sichtbaren Zustand (= Ich-Anteil/Modus); in diesem *state* werden bestimmte Strategien praktiziert (Image, Test, Psychospiel, Appell), um den Interaktionspartner zu beeinflussen.

2.3 Idealtypischer Ablauf

Die Struktur der schemapädagogischen Diagnostik und Methodik wird in Abschnitt 4 ausführlich dargestellt. Es erscheint uns an dieser Stelle jedoch sinnvoll, nach der Definition der wichtigsten Arbeitsbegriffe der Vollständigkeit halber einen kurzen Ausblick dahingehend zu geben. Im Praxisfeld stationäre Jugendhilfe herrschen aufgrund der Rahmenbedingungen optimale Voraussetzungen vor. Unsere Adressaten arbeiten mit uns in der Einrichtung täglich über einen längeren Zeitraum hinweg, werden partizipierend in Abläufe integriert und bekommen zudem eine Bezugsperson zugewiesen, die sich speziell um die oder den Betreffenden kümmert – weshalb der optimale Ablauf der Schemapädagogik 1:1 umgesetzt werden kann. Das ist nicht in allen (sozial-)pädagogischen Praxisfeldern der Fall. Allein schon in den verschiedenen Formen der Hilfen zur Erziehung (Abschnitt 1) gibt es große Unterschiede bezüglich der jeweiligen Konzeption. Manche Angebote sind Einzel-, andere Gruppenangebote, dann wird noch unterschieden zwischen „familienergänzend“ und „familienersetzend“ usw. Im Bereich Bildung andererseits (Damm, 2019a; 2019b; 2019c), wo ebenfalls die Anforderungen an Fachkräfte u. a. aufgrund der Zunahme an psychischen Auffälligkeiten seitens der Heranwachsenden ansteigen, müssen Lehrkräfte didaktisch und methodisch wieder anders vorgehen, wenn sie schemapädagogisch mit Kindern und Jugendlichen arbeiten möchten.

Der Prozess startet mit der **Beobachtungsphase**. Bereits in Phase 1 ist der **komplementäre Beziehungsaufbau** (Phase 2) schon mit eingewoben; schwerpunktmäßig geht es aber um Diagnostik und entsprechend um folgende Fragen: Welche Schemata, Persönlichkeitsstile und Modi bringen die jungen Menschen mit in die Einrichtung? Welche Interaktionsstrategien bevorzugen sie? Welche Ressourcen liegen vor? Um diese Fragen zu beantworten, gibt es diverse Methoden, die, wie alle anderen auch, in Abschnitt 4 vorgestellt werden. Der komplementäre Beziehungsaufbau (vgl. Sachse, 2019a, S.165) beschreibt ein Vorgehen, bei dem sich die Fachkraft bedürfnisorientiert zur Schema- bzw. Persönlichkeitsstilebene der zu Betreuenden verhält (hierzu muss sie natürlich schrittweise herausfinden, welche Strukturen vorliegen, s. Phase 1). In Phase 3 geht es schließlich um die **Modus-Bearbeitung**. Herausforderndes, delinquentes Verhalten im aktuellen Kontext wird in psychoedukativer Weise schemapädagogisch gedeutet mithilfe von Fragebögen, Übungen, Rollenspielen, Stühlearbeits-Sequenzen usw. Somit werden Erkenntnisprozesse in Gang gesetzt, die zudem Ressourcen und neue Potenziale freisetzen können. Den Jugendlichen wird klar, dass bestimmte innere Anteile für unangemessenes Verhalten sorgen können, wenn sie von anderen oder bestimmten Situationen getriggert werden. Wie diese Aha-Erlebnisse über sich selbst und andere zukünftig integriert und für einen eher „erwachsenen“ Lebensstil genutzt werden können, ist Thema von Phase 4: **Transfer der erarbeiteten Lösungen in den Praxisalltag**. Schwerpunktmäßig geht es nun (Phase 5) um die gezielte **Stärkung der Ressourcen**.

2.4 Ziele

Welche Ziele werden verfolgt? Im Folgenden möchten wir ganz zentrale Zielsetzungen zusammenfassend nennen (einige wurden bereits genannt):

1. *Stärkung der Kompetenz, positive Impulse auf der Beziehungsebene setzen können.* Schemapädagogisch arbeitende Fachkräfte sind optimalerweise genau dazu in der Lage. Sie wissen um die fundamentale Bedeutung von Emotionen in der Interaktion und können gezielt in den Methodenkoffer greifen, um Beziehungen bewusst, aktiv und empathisch gestalten zu können.
2. *Förderung der Selbsterkenntnis – aufseiten der zu Betreuenden und der Fachkräfte.* Ziel ist in diesem Kontext die Kompetenz, den eigenen Charakter schema- und persönlichkeitsstilspezifisch beleuchten, verstehen und entsprechende Zusammenhänge bezüglich positiver und negativer Erlebnisse im Alltag herstellen zu können. Ebenso kennt man bestenfalls die eigenen zentralen kompensatorischen Modi und entsprechende Interaktionsstrategien und geht möglichst professionell mit ihnen um.
3. *Stärkung des Modus des gesunden Erwachsenen.* Die Meta-Ebene sollte im Allgemeinen den Berufsalltag, sprich die Berufsrolle prägen. Hier ist die Absicht, negative Trigger als solche in der jeweiligen Situation wahrnehmen zu können und sich nicht vom emotionalen Sog des betreffenden aktivierten Schemas, Persönlichkeitsstils (Modus) aus der Meta-Ebene „wegreißen“ zu lassen. Dieses Ziel ist auf die Professionellen wie auch die Kinder und Jugendlichen ausgerichtet.
4. *Umsetzung des Erziehungs- und Bildungsauftrages.* Dies ist geradezu ein übergeordnetes Ziel, das (tendenziell) am Ende des Prozesses erreicht wird. Unsere zu Betreuenden haben im Zuge der Erreichung der vorgeschalteten Ziele Ich- und Sozialkompetenzen im schemapädagogischen Sinn entwickelt und entfaltet – mit diesen Stärken werden sie aus der Maßnahme in ein idealerweise selbstbestimmtes Leben entlassen.

2.5 FAQs – Frequently Asked Questions

FAQs haben in anderen Schemapädagogik-Monografien großen Anklang bei den Leserinnen und Lesern gefunden (Damm, 2012a; 2012b; 2012c), weshalb sie auch in der vorliegenden Veröffentlichung platziert werden.

- **Überfordere ich vielleicht die Kinder und Jugendlichen, wenn ich sie jetzt mit einem völlig neuen Ansatz konfrontiere?**
  Nein, wenn Sie Bedenken haben, konzentrieren Sie sich zunächst auf den komplementären Beziehungsaufbau (Abschnitt 4.3). Sie müssen so oder so mit den Jugendlichen in Beziehung treten. Wenn dann genügend Beziehungskredit vorliegt, können Sie sich langsam an die Innere-Teile-Arbeit herantasten. Sie werden i. d. R. auf offene Ohren stoßen. Außerdem ist Schemapädagogik grundsätzlich als freiwilliges Angebot zu verstehen.

- **Sollen wir jetzt auch noch die Jugendlichen therapieren?**
  Nein. Zum einen sind wir keine Psychotherapeuten, zum anderen sollten wir uns das gar nicht auf die Fahne schreiben. Es geht einfach darum, fachlich über den Tellerrand der Sozialpädagogik zu schauen und didaktisch-methodisch abzuschätzen, welche Modelle und Interventionen, die im Kontext schemabasierte Psychotherapien gang und gäbe sind, in den Praxisalltag integriert werden können, um Ressourcen erkennen und fördern zu können; bei uns selbst und bei den uns Anvertrauten.

- **Aber kann ich denn einfach so nach einer entsprechenden Fort- bzw. Weiterbildung Methoden ausprobieren, die vielleicht großen innerpsychischen Schaden aufseiten meines Gegenübers anrichten?**
  Diese Frage wird tatsächlich öfter verbalisiert – in den letzten 10 Jahren ist uns aber noch kein einziger entsprechender Fall untergekommen, bei dem es letztlich so gewesen wäre.

Ausblick

Das Konzept Schemapädagogik wurde nun vorgestellt, zu Beginn dieses Abschnitts wurde kurz auf die Historie eingegangen. Nachdem nun auch die wesentlichen Begriffe geklärt sind, mit denen schemapädagogisch Ausgebildete theoretisch und praktisch arbeiten, ist es nun an der Zeit, anhand von Praxisbeispielen die Wirkungsweise von Schemata darzustellen, die, wenn sie einen Großteil der Persönlichkeit einnehmen, zu typischen Phänomenen und Situationen im Praxisalltag führen. Zu Anfang des nächsten Abschnitts wird zunächst auf die große Bedeutung der Beziehungsebene im Berufsalltag eingegangen, die bis von wenigen Jahrzehnten noch gar keine Rolle spielte.

3. Kinder, Jugendliche und Fachkräfte inszenieren unbewusst subjektive Beziehungserwartungen im Praxisalltag

Dass in zwischenmenschlichen Begegnungen immer eigene Erwartungshaltungen, Konstruktionen und sogar auch angeborene Automatismen, etwa bezüglich des Empfindens von Attraktion, eher unbewusst eine große Rolle spielen, ist mittlerweile in so gut wie allen relevanten wissenschaftlichen Perspektiven anerkannt. Entsprechend nennen wir beispielhaft die Evolutionsbiologie (Schwender, Schwarz, Lange & Huckauf, 2019), Kommunikationspsychologie (Watzlawick, 2005; Schulz von Thun, 2007), Psychoanalyse (Willi, 2012; König, 2007; 2010), Sozialpsychologie (Förster, 2020; Dobelli, 2014), Neurowissenschaften (Roth, 2016) und insbesondere eben auch (Bereich Psychotherapie) die Klärungsorientierte Psychotherapie (Sachse, 2020a) und Schematherapie (Young, Klosko & Weishaar, 2008).

3.1 Die Beziehungsebene dominiert die Sachebene

Im menschlichen Alltag geht es uns allen, ganz generell gesagt, so gut wie immer um soziale und psychologische Bedürfnisse und insbesondere um Erwartungen an unsere Mitmenschen, die entsprechend reagieren sollen. Dieses Axiom trifft auf alle möglichen Lebenslagen zu: in privaten wie auch beruflichen Beziehungsstrukturen.

Um diese Tatsache, von der Sie sicher intuitiv und/oder fachlich bedingt wissen, noch einmal transparent zu machen, damit sich diese auch bestenfalls im Hinterkopf noch mehr festsetzt, lohnt ein Blick auf das allseits bekannte „Eisbergmodell", das sowohl in der Psychoanalyse als auch in der Kommunikationspsychologie konkrete Berücksichtigung findet.

Wir bleiben kurz bei diesem Bild und resümieren entsprechend: Unmittelbar relevant ist in der Kommunikation auf den ersten Blick vermeintlich die Sachebene, das unmittelbar sinnlich Wahrnehmbare, der Austausch von Worten und deren Bedeutungen usw. D. h., wir interagieren mit jemandem sachlich, diskutieren vielleicht (um wieder unser Praxisfeld ins Auge zu fassen) über einen bestimmten Vorfall. – Letztlich spielen jederzeit aktivierte neuronale Netzwerke unbewusst mit hinein, die z. T. im limbischen System verortet sind und naturgemäß Impulse der Sympathie bzw. Antipathie, Frustration, Wut, Freude usw. generieren (Arnold, 2019). All diese Impulse üben einen massiven Einfluss auf die Art und Weise des Austauschs und dessen Ende aus, und jene entscheiden darüber, ob „die Sache" dann wirklich geklärt ist oder nicht.

Wer die Bedeutsamkeit der Beziehungsebene missachtet oder nicht wahrhaben will, verkennt die Funktionsweise des Gehirns. Die Stärke des Schemamodells von Young, Klosko & Weishaar (2008) sowie des Konzepts der Persönlichkeitsstile (Oldham & Morris, 2017) liegt darin, dass sie Kompasse zum Einnordnen und Strukturieren der Eindrücke während der Interaktion sind – auf der Beziehungsebene.

Im Folgenden möchten wir einen genauen Blick auf die Praxis und die Funktionsweise von Schemata und deren Auswirkungen werfen. Die Beispiele orientieren sich an echten Fällen, sind aber aus datenschutzrechtlichen Gründen ausreichend bis stark anonymisiert.

3.2 „Ich igele mich gerne ein!" – *Schema emotionale Entbehrung*

In den ersten Tagen und Wochen nach der Aufnahme erscheint Senta (18) mit einem Kapuzenpulli. Die Kapuze ist stets großzügig über den Kopf gezogen, die Hände ruhen lässig in den Taschen. Ihre Haltung ist etwas geduckt. Hoodies und weite Hosen zählen zur Standard-Garderobe; sie legt zudem nicht wirklich viel Wert auf eine gepflegte Erscheinung. Sie ist etwas vollschlank (deshalb möglicherweise auch die eher weit sitzende Kleidung). In den bisherigen Schulen hatte sie mit Problemen zu kämpfen, deshalb liegt auch ihre Selbstwirksamkeitserwartung leicht im unterdurchschnittlichen Bereich.

Die im Rahmen des Tools EQUALS (Ergebnisorientierte Qualitätssicherung in sozialpädagogischen Einrichtungen, vgl. Abschnitt 5.5) erhobenen Daten ergeben wertvolle Hinweise auf die „Problembereiche" der jungen Dame: Mangelzustände in der frühen Kindheit (Ernährung, Hygiene), Vernachlässigung/Verwahrlosung, emotionaler Missbrauch (Erniedrigung), Mobbing, Ausgrenzung in der Schule, häufiger Wechsel von Bezugspersonen. Interessant ist dabei: Vor Sentas zahlreichen Platzierungen in diversen Institutionen fand aufgrund der Überforderung der Erziehungsberechtigten im Laufe der Zeit zunehmend eine Rollenumkehr zwischen der Jugendlichen und den Erziehungsberechtigten statt – bezüglich des Status-Verhältnisses.

Die Auswertung des Schemafragebogens (Abschnitt 4.2.1), der schon früh nach Sentas Platzierung im Lory gemeinsam mit ihr bearbeitet worden war, ergab, dass das Schema *emotionale Entbehrung* als Top-Schema hervorsticht.

Sie hatte sich in der vorherigen Einrichtung wiederholt den intendierten Interventionen entzogen, indem sie wiederkehrend entwichen war und sich im randständig-alternativen Milieu bewegte, Suchtmittel konsumierte und sich dadurch selbst gefährdet hatte. Sie reflektiert (rückblickend): Wenn sie sich Anforderungen von außen nicht gewachsen fühlt, wird ihr alles egal. In diesen Momenten greift sie auf ihren Plan zurück und will „Straßenpennerin" werden.

In der Schule legt sie zu Beginn ihres Aufenthalts ein vermeidendes Verhalten an den Tag, wahrscheinlich weil sie auf diese Weise versucht, sich vor negativen Gefühlen, die ein umfassendes „Ich kann gar nichts"-Schema hervorrufen könnten, zu schützen.

Mit der Zeit gelingt es den pädagogischen Fachkräften, nach und nach Beziehungskredit (Sachse, 2002) mit Senta aufzubauen; parallel hierzu nehmen ihre Widerstände ab. Sie arbeitet irgendwann konstruktiv mit. Gegen Ende ihres Aufenthalts im Lory zeigt sie sich im schulischen Kontext i. d. R. von ihrer angenehmen und motivierten Seite. Sie hat schlussendlich das Vertrauen in sich und ihre Fähigkeiten zurückgewinnen können und bereitet sich nunmehr zielstrebig auf ihren Austritt bzw. ihren Schritt ins Berufsleben vor.

Allgemeines

Im Hinblick auf dieses Muster gibt es nach Young, Klosko & Weishaar (2008, S. 42 f.) drei Varianten von Ausprägungen. Im ersten Fall sind Betroffene davon überzeugt, dass „normale" Zuwendung bzw. Aufmerksamkeit vonseiten anderer Personen nicht möglich sei. Diese Meinung besteht auch dann, wenn ein Interaktionspartner gerade anwesend ist. Oder aber (Variante 2) man erwartet, keine Empathie und Verständnis entgegengebracht zu bekommen. Entsprechend ist man es nicht gewohnt, verbal und gefühlsspezifisch gespiegelt zu werden; Empathie zu erfahren ist jedoch nach neurobiologischer Forschung ein fundamentales Grundbedürfnis, mit dem wir auf die Welt kommen (Bauer, 2016). Die letzte Version impliziert anzunehmen, dass Schutz und Anleitung von anderen nicht und niemals erfolgt.

Praxiserfahrungen

Von *emotionale Entbehrung* Betroffene fühlen sich oft vorauseilend abgelehnt – von Freunden, der Gruppe, von Betreuern. Regelmäßig. Diese Wahrnehmung bietet die Grundlage für (a) interaktionstoxisches Verhalten im Allgemeinen, denn dieses bestätigt dann die entsprechende Auffassung sowie (b) die doch sehr alternativen Lebensentwürfe im Besonderen („Straßenpennerin"). Im Alltag löst dieses aktivierte Schema eine eher negative Gegenübertragung seitens der Peergroup und der Fachkräfte aus, wenn man sich nicht als Empfänger darüber bewusst ist, dass die Initiatorin das Thema kultiviert und auf diese Weise das Schema bestätigt. Sodann verhält man sich tendenziell komplementär zum Lebensthema und verstärkt es.

Die passenden Interaktionsstrategien werden meistens gleich mitgeliefert. Die Images klingen entsprechend und implizieren das Bedürfnis nach Abstand („Ich hab keinen Bock auf die Scheiße hier, bringt mir nix!"), die Tests kommunizieren manchmal aggressives Potenzial („Ihr Gesicht sieht aus wie ne Avocado!"), die Appelle entsprechen dem Schema („Lassen Sie es gut sein, ich WILL nicht!"). Typische Psychospiele sind *Mords-Molly*, *Diskussion* und *Regelsetzer* (vgl. 4.4.3). Auf der Appell-Ebene wird vermittelt: „Abstand halten!"

Mögliche Ursachen

In der Biografie werden häufig Ausgrenzungserfahrungen in der Ursprungsfamilie gefunden. Vielleicht war der oder die Betreffende das „schwarze Schaf" im System, quasi ein Symptomträger (vgl. Einleitung). Folgerichtig zeigt man dem Umfeld irgendwann symbolisch den Mittelfinger und „rächt" sich, indem man sich aufmacht und ausbricht – und das Thema letztlich nur neu inszeniert. Dann fällt man bewusst durch alle Raster. Dies wäre ein Hinweis auf ein eher extrovertiertes Temperament. In manchen Fällen sind die Schematräger irrtümlicherweise der Ansicht, in der Familie die Außenseiter gewesen zu sein. Jedoch: Biografisch gesehen können auch tatsächliche Vernachlässigung und emotionale Kälte in der frühen Kindheit eine Rolle gespielt haben. Aber das kommt immer auf den Einzelfall an.

Ressourcen des Schemas

Finden Rachefeldzüge gegen alles und jeden statt, ist damit zunächst einmal aus systemischer Perspektive (Winkelmann, 2020) eine Kompetenz verbunden, und zwar eine doch sehr effektive. Man überlebt mit dieser Strategie und geht nicht unter. Der Betreffende hat für sich im ersten Eindruck primär keinen Nachteil dadurch, aber eben im Laufe der Zeit auf der Straße eben sekundär schlussendlich doch. Hilfe wird oft abgelehnt.

Man muss sich auch aus Sicht des Professionellen immer mal wieder folgende Frage stellen, um die Professionalität zu wahren: Welche Möglichkeiten haben Jugendliche, die von diesem Muster maßgeblich beeinflusst sind, auf lange Sicht? Die Kindheit ist ja gewissermaßen eine Blaupause für den späteren Lebensstil. Und das heißt: Man vertraut später niemandem, auch nicht den Personen, die man im Praxisfeld antrifft und es gut mit einem meinen.

Wenn man in diesem Kontext von Ressourcen sprechen kann, dann dahingehend, dass man aktiv im Überlebensmodus bleibt, ohne gleichzeitig die „reichende Hand" von außen greifen zu müssen!

Ideen zum konstruktiven Umgang

Falls Jugendliche in der Einrichtung mit diesem Ursprungsthema unterwegs sind, ist eine ganz niedrige Schwelle im Hinblick auf den Beziehungsaufbau anzuraten, ebenso wie auch eine stark ausgeprägte Frustrationstoleranz. Ganz oft beißen Fachkräfte auf Granit (in diesem Fall muss unbedingt ein vorliegendes Fürsorge-Schema im Auge behalten und permanent reflektiert werden). Man kann aber berechtigterweise aus Erfahrung heraus darauf bauen, dass sich mithilfe der Didaktik und Methodik der pädagogischen Konzepte, die praktiziert werden, noch neue Verknüpfungen in den höheren (Vernunft-)Regionen in dem sich noch entwickelnden Gehirn der Betreffenden bilden, die erfahrungsgemäß prosoziale und weniger selbstschädigende Kräfte und Impulse generieren können.

Folgende Methoden werden im Fall dieser Struktur empfohlen:

- Schemafragebogen (Abschnitt 4.2.1)
- Modusfragebogen (Abschnitt 4.2.2)
- Expertenrolle (Abschnitt 4.3.1)
- Reise zu den Schemata (Abschnitt 4.3.6)
- Modus-Rollenspiele (Abschnitt 4.4.5)
- Schemapädagogischer Hilfeplan (Abschnitt 4.5.3)

3.3 „Ich kann mich auf niemanden verlassen!" – *Schema Verlassenheit/ Instabilität*

Nora wird mit knapp 16 Jahren im Lory aufgenommen, und dies auf Antrag ihrer eigenen Mutter. Die Teenagerin war zu Hause überhaupt nicht mehr führbar, sie hing nur noch am Handy, ging seit Monaten nicht mehr zur Schule und zeigte darüber hinaus selbstverletzendes Verhalten. Zuweilen randalierte sie auch in der Wohnung oder wurde der Mutter gegenüber handgreiflich. Die installierten ambulanten bzw. offenen Maßnahmen waren wirkungslos geblieben.

Offensichtlich war die Situation zu Hause aber auch für Nora sehr belastend, da sie sich dort überflüssig und nicht geliebt vorkam. Ihre Hauptbezugsperson hatte einen Lebenspartner, dem es gemäß der Angaben der Teenagerin am liebsten gewesen wäre, wenn sie gar nicht mehr nach Hause zurückkehren würde – eine ungute Wechselwirkung zwischen beiden lag zweifellos vor. Zu Steven, so sein Name, hatte die 16-Jährige absolut kein Vertrauen, zur Mutter ein sehr ambivalentes Verhältnis. Ein innerpsychischer Teil von ihr war sehr angstbesetzt und fragte sich des Öfteren: „Will *sie* möglicherweise auch, dass ich nicht mehr im gleichen Haushalt wie sie wohne?" Der Gang der Mutter zur Kindes- und Erwachsenenschutzbehörde bewirkte einen enormen Vertrauensverlust seitens ihres Kindes, welches zu dem Schluss kam: „Jetzt kann ich mich nicht einmal mehr auf sie verlassen!"

Im Lory zeigt sich Nora von Beginn an von ihrer positiven und kooperativen Seite. Sie ist im Allgemeinen sehr freundlich, im Tagesablauf angepasst und macht bei den Arbeiten im Atelier und bei schulischen Lernangeboten sehr motiviert und ausdauernd mit. Sie scheint es sehr zu genießen, dass sie die pädagogischen Fachkräfte in Anspruch nehmen kann und dass sie zudem aufbauende und wohlwollende Rückmeldungen erhält. Die verlässlichen Beziehungen zu den Erwachsenen tun Nora offensichtlich sehr gut. Es scheint ihr auch ein echtes Anliegen zu sein, einen ordentlichen Schulabschluss zu erzielen und eine passende Anschlusslösung zu finden.

So macht sie auch bei der Schemaarbeit und beim EQUALS-Fragebogen (Abschnitt 5.5) gut mit. Bei der Bearbeitung des Schemafragebogens (Abschnitt 4.2.1) zeigt sich, dass es für sie sprachbegrifflich schwierig ist, die Aussagen zu verstehen, weshalb das kürzere Schemascreening Anwendung findet (Damm, 2019a). Beim Top-Schema kommt es zweimal zu demselben Resultat: *Verlassenheit/Instabilität*.

In Bezug auf die EQUALS-Erhebungen zeigt sich, dass sie sich selbst deutlich ausgeprägt als depressiv-ängstlich einschätzt sowie eine geringe Selbstwirksamkeitserwartung hat. Zudem sind die Rubriken „ärgerlich-reizbar" und „somatische Beschwerden" im tendenziell problematischen Bereich. Interessanterweise ergibt der erstmalig gemachte CTQ-Test (Child Trauma Questionnaire) keine Auffälligkeiten – eventuell, weil sie sich darum bemüht, in einem möglichst guten Licht dazustehen. Beim zweiten Durchlauf offenbaren sich die Themen *emotionale und körperliche Vernachlässigung* im Belastungsbereich.

Der Start in der geschlossenen Wohngruppe und der anschließende Wechsel in die halbgeschlossene verfehlt die von der Kindes- und Erwachsenenschutzbehörde beabsichtigte Wirkung der Platzierung – Schulbesuch von Nora sicherstellen und Anpassung ihres Sozialverhaltens erzielen – insgesamt nicht, obwohl die Jugendliche noch einzelne Rückschläge zu verbuchen hat.

Nach einem knappen Jahr Aufenthalt im Lory kann Nora in eine offenere Institution in der Wohnregion ihrer Mutter wechseln.

Allgemeines

Heranwachsende mit diesem Muster laufen tendenziell Gefahr, im Alltag immer mal wieder den zwischenmenschlichen Halt zu verlieren. Eine mögliche Folge hiervon ist, dass sie dann mit Strukturen komplett überfordert sind. *Verlassenheit/Instabilität* impliziert Gefühle des Ausgestoßenseins sowie sinngemäß die folgende Erwartung: „Mir nahestehende Personen sind unzuverlässig, nicht konsequent verfügbar; sie werden mich letzten Endes im Stich lassen und mir den Rücken kehren." (Young & Klosko, 2006, S. 81)

Eine solche Erwartungshaltung führt i. d. R. ohnehin schon zu einem latenten Stress- und Angsterleben im Zwischenmenschlichen. In realen Trigger-Situationen dann, wenn man etwa in Konflikt mit Bezugspersonen gerät, können starke Impulse durchbrechen und zu entsprechend kostenintensiven, unangepassten Reaktionen führen (aggressives bzw. selbstverletzendes Verhalten, Substanzmittelmissbrauch, Fluchttendenzen usw.).

Praxiserfahrungen

In sozialpädagogischen Einrichtungen kann sich der Beziehungsaufbau zu Beginn der Zusammenarbeit als sehr einfach herausstellen, z. B. wenn von dem Schema betroffene Jugendliche die Aufnahme als eine Art Neustart empfinden (Variante 1). Dann herrscht folgendes Motto vor, das man auch versucht zu realisieren: „Draußen haben sich alle von mir abgewendet – hier wird alles anders, man wird mich akzeptieren." Aber auch der gegenteilige Fall ist möglich und man befürchtet im Rahmen der Erduldung des Schemas, dass man wieder dieselben Erfahrungen machen wird (Variante 2). Die Fachkräfte sollten diese beiden Möglichkeiten als „zwei Seiten einer Medaille" im Hinterkopf behalten. Denn: Wir haben es schon öfter erlebt, dass Variante 1 irgendwann in Variante 2 übergeht, weshalb sich Fachkräfte bei Variante 1 insbesondere auf den Beziehungsaufbau konzentrieren sollten. Der dadurch entstehende Beziehungskredit kann über „Variante-2-Durststrecken" hinweghelfen bzw. den Einsatz von Methoden zur Modus-Klärung gewährleisten.

Sobald das Schema aktiviert ist, werden entsprechende Images kommuniziert („Ich kann es niemandem recht machen!", „Ich bin es nicht wert, geliebt zu werden!"), aber auch typische Tests „gefahren", um abzuchecken, ob die Beziehung zur Fachkraft belastungsfähig ist („Gehen Sie weg, ich konnte Sie noch nie leiden!", „Sie schleimen sich hier nur ein bei mir!"). Passende Psychospiele sind *Sabotage* und *Blöd* (vgl. Abschnitt 4.4.3), sie implizieren ebenfalls eine bestimmte Erwartungshaltung bezüglich der zwischenmenschlichen Reaktionen, die von den Fachkräften jedoch nicht erfüllt werden sollten.

In Trigger-Momenten ist es seitens der Fachkraft wichtig, die Gegenübertragung im Auge zu behalten und etwaige getriggerte strafende Elternmodi zu bemerken und im Zaun zu halten, bevor sie durchbrechen und Reaktionen provozieren, die das Gegenüber mittels der Interaktionsstrategien heraufbeschwören will, um das Schema zu bestätigen.

Mögliche Ursachen

Es liegt hier klar auf der Hand, dass dieses Lebensthema entstehen und sich ausprägen kann, wenn Kleinkinder häufig einen Wechsel von Alleinsein und Fürsorge erleben. Basisbeziehungen werden dadurch als instabil und somit im Allgemeinen als stressauslösend erlebt. Gerade in der frühen Kindheit steht das Bindungsbedürfnis sehr hoch in der Hierarchieebene. Wird es nicht ausreichend erfüllt, hat dies i. d. R. sehr negative Auswirkungen im weiteren Verlauf der Entwicklung, da sich kein Gefühl einer sicheren Bindung einstellen kann (Bowlby, 2016). Ohne diese Basis können andere Entwicklungsbereiche nicht optimal ausgestaltet werden (Autonomie, Spiel und Bewegung, sozial-emotionaler Bereich usw.).

Ressourcen des Schemas

Meistens haben betroffene Kinder und Jugendliche sehr feine Antennen im Zwischenmenschlichen, d. h. ein gutes Gespür für das Innenleben des Interaktionspartners. Sie merken schnell, welche Emotionen im Gegenüber gerade aktiviert sind. Das Problem liegt *nicht* in der Empathie, sondern in der *Interpretation* des Beobachteten. So werden schnell Absichten vermutet, die meistens gar nicht vorliegen. Ärgert sich etwa die Erzieherin über einen „Rückfall", so können schnell Katastrophengedanken produziert werden à la: „Jetzt hat sie mich nicht mehr gern, sie wird sich von mir abwenden!" Dies ist aber meistens dann häufig zu beobachten, wenn das Schema das psychische Innenleben sehr stark dominiert.

Ideen zum konstruktiven Umgang

Je mächtiger das Muster, desto stärker spielt es in Beziehungen eine Rolle. Meistens ist man im geschützten Rahmen der Einrichtung sehr beziehungsmotiviert – gleichzeitig schwebt das sprichwörtliche Damoklesschwert über einem selbst. Je vertrauter und wichtiger das Verhältnis, desto brüchiger ist es aus Sicht des Betroffenen – was wiederum das Stresslevel erhöht, weil das Schema dadurch zunehmend getriggert wird.

Fachkräfte sollten zunächst auf eine professionelle Distanz achten, diese kann im Umgang mit diesem Lebensthema im Falle von Sympathie schnell zusammenschrumpfen, und dann ist man mittendrin im schemagetriebenen Zusammenspiel. Auf der anderen Seite wird hier der zeitnahe Start mit der Inneren Teile-Arbeit empfohlen, bei der insbesondere das *ängstliche Kind* und der *Modus des gesunden Erwach-*

senen thematisiert werden sollten, um realistischere Einschätzungen bezüglich zwischenmenschlicher Beziehungen anzubahnen.

Die nachfolgenden Methoden können ebenfalls entsprechende Erkenntnis- und neue Lernprozesse anregen:

- Modusfragebogen (Abschnitt 4.2.2)
- Modus-Interview (Abschnitt 4.4.1)
- Zielformulierung nach dem SMART-Prinzip (Abschnitt 4.5.2)
- „Grüne Punkt"-Karten (Abschnitt 4.6.1)
- Das Erfolgs-Tagebuch (Abschnitt 4.6.2)

3.4 „Sie konnten mich doch noch nie leiden!" – *Schema Misstrauen/Missbrauch*

Michelle (16) wächst in den ersten Lebensjahren in den USA ohne ihre Mutter auf, die zu dieser Zeit in der Schweiz lebt. Das Mädchen zieht im Alter von etwa 10 Jahren zu ihr. Im gemeinsamen Haushalt lebt auch der Stiefvater; besonders zu ihm gestaltet sich die Beziehung schwierig – die Teenagerin akzeptiert ihn nicht.

Michelle sorgt regelmäßig für Stress in der Familie und verweigert die Schule; die Erwachsenen sind mit der Erziehungssituation überfordert. Ihre Mutter wendet sich irgendwann an die Behörden, sie wünscht sich, dass ihre Tochter, mittlerweile 15-jährig, möglichst bald in ein Heim eingewiesen wird. Nach einigen Gesprächen zeigt Michelle Einsicht und willigt ein. Die erste Platzierung dauert etwa ein halbes Jahr und ist geprägt von zahlreichen Vorfällen, in deren Verlauf sich die Jugendliche selbst massiv gefährdet und auch schädigt (exzessiver Umgang mit Drogen und Sexualität, Strafdelikte).

Aufgrund dieser Entwicklung wird von den Behörden, mit denen man im Austausch steht, der Wechsel in eine Institution mit einer geschlossenen Wohngruppe verfügt, weshalb sie schließlich für vorerst ein halbes Jahr ins Lory eingewiesen wird. Hier sollen notwendige Strukturen geboten sowie die Beschulung sichergestellt werden.

In der ersten Zeit in der geschlossenen Abteilung begegnet sie den anderen Jugendlichen ruhig und zurückhaltend. Sie übernimmt eher die Rolle der stillen Beobachterin, Kontakt zu den anderen inszeniert sie nur zögerlich. In den Ateliers sucht sie sich gerne einen Platz mit etwas Abstand zu den anderen aus, sie arbeitet am liebsten den ganzen Tag (selbstständig) allein. Nach und nach gelingt es ihr, sich gegenüber ihren Interaktionspartnern etwas zu öffnen. Sie macht positive Erfahrungen, wird aber hin und wieder auch auf der Basis ihrer Vertrauenswürdigkeit ausgenutzt. Mit großer impulsiver Theatralik beendet sie dann jedoch Freundschaften.

Michelle begegnet den pädagogischen Fachkräften vor allem zu Beginn, aber auch danach immer wieder, wenn sie verunsichert ist, mit Misstrauen; teilweise wirkt sie auch aus übertriebenem Selbstschutz heraus sehr feindselig. Mit der Zeit wächst das Vertrauen zu zwei Sozialpädagoginnen, und die Phasen des Misstrauens werden seltener.

Sie lässt sich auf verschiedene Fragebögen ein (EQUALS, Schema- und Modusfragebogen). Diese Erhebungen ergeben einerseits eine sehr niedrige Selbstwirksamkeitserwartung sowie eine erhebliche Problematik im Umgang mit Alkohol, Drogen und anderen Suchtstoffen. Nach Bearbeitung des Schemafragebogens erscheint das Schema *Misstrauen/Missbrauch* an erster Stelle.

Parallel zur Schemabearbeitung zeigt sie sich hin und wieder von ihrer störrischen, ablehnenden Seite. Folgender Eintrag einer Pädagogin im „Journal", ein Dokumentationsinstrument im Lory, verdeutlicht dies:

Michelle hatte heute Morgen einen irritierenden Groove drauf. Sie wirkte störrisch und unmotiviert. Zuweilen kommt es vor, dass sie Dinge bewusst auf den Boden wirft. Die Aggression richtet sich aber nicht gegen Personen, allenfalls kommen Äußerungen wie „Lassen Sie mich in Ruhe!", „Stressen Sie mich nicht!" etc. Schnell kommt sie zu dem Schluss, dass die pädagogischen Fachkräfte sie bloßstellen, blamieren wollen. Zudem leidet sie häufig an somatischen Beschwerden (Kopfschmerzen, Augenbeschwerden).

Nach und nach verbessert sich die Beziehung zwischen Michelle und den Fachkräften. Ein Merkmal ihres gestiegenen Vertrauens ist z. B., dass sie die pädagogischen (männlichen) Fachkräfte mit „Bruder" anspricht. Nach etwa acht Monaten Aufenthalt wechselt die Teenagerin in das schulische Vollprogramm. Bis zu ihrem Austritt (insgesamt 18 Monate) besucht sie die Schule regelmäßig.

Allgemeines

Die Lebensfalle *Misstrauen/Missbrauch* deckt sich, je nach Ausprägungsgrad, mit vielen Phänomenen des Borderline-Persönlichkeitsstils (Sachse, 2019b, S. 179 f.) bzw. der entsprechenden -Persönlichkeitsstörung (Damm, 2019c). Mit dem Schema geht in erster Linie die zementierte Annahme einher, von den Mitmenschen mit Absicht manipuliert, betrogen, belogen, benachteiligt, misshandelt und/oder missbraucht zu werden. Diese Wahrnehmung kann paranoide Formen annehmen, weswegen Betroffene dann ständig böse Absichten wittern, selbst wenn man es zu 100 % ehrlich und gut mit ihnen meint (Young, Klosko & Weishaar, 2008, S. 377 ff.). Das kann die Professionalität der Fachkraft stark herausfordern. Nachweislich stellt der konstruktive Umgang mit Teenagern, die von diesem Lebensmuster betroffen sind, in vielen Fällen die „Königsdisziplin" im Praxisfeld dar.

Praxiserfahrungen

Kinder und Jugendliche mit diesem Schema sind häufig sehr sensibel, d. h. eher emotional strukturiert, und vor allem empathisch (vgl. *Verlassenheit/Instabilität*). Etwa 80–90 % der Fälle, denen wir in unseren Praxisfeldern begegnet sind, waren

„Kick-Persönlichkeiten". Die Betreffenden hatten entsprechend verschiedene Möglichkeiten in petto, sich mithilfe von diversen Strategien zu stimulieren.

Es braucht in diesen Fällen entsprechend etwas mehr Reiz, um die erwünschte Wirkung (emotionale Reaktionen) zu erzielen. Junge Erwachsene, die von diesem Muster maßgeblich beeinflusst werden, stimulieren sich z. B. mit Substanzen (illegale und legale Drogen), dem Konsum passender Bands (*Rammstein, Linkin Park, Evanescence* usw.) und mithilfe von Filmen aus den Genres *Horror, Psycho, Suspense* usw. Aber anstacheln kann man sich auch psychosozial, indem man sich mit Menschen umgibt, die etwas abseits der Norm stehen, alternative Lebensentwürfe praktizieren bzw. Subkulturen angehören und entsprechend „abnorme" Hobbys pflegen (etwa BDSM). An all diesen Punkten kann die Fachkraft im Hinblick auf den Beziehungsaufbau thematisch ansetzen. Die Interaktionspartner sind in vielerlei Hinsicht Experten für extreme Themen (vgl. Abschnitt 4.3.1).

In nicht schemagetriebenen Zeiten gestaltet sich der Umgang erfahrungsgemäß als sehr angenehm. Die Betreffenden imponieren oft als sozial kompetent, beziehungsinteressiert, zuvorkommend und angepasst. Konflikte ergeben sich eben nur in Trigger-Situationen oder dann, wenn die emotionale Achterbahnfahrt „fährt" – was ohne ersichtlichen Anlass jederzeit passieren kann. Für solche Konstellationen braucht es dann ausreichenden Beziehungskredit.

Entsprechend werden dann passende Images an Gleichaltrige oder Fachkräfte kommuniziert, z. B.: „Ich fick dich, du Opfer!"; „Mich können Sie nicht verarschen, ich habe Sie durchschaut!"; „Jetzt zeigen Sie endlich Ihr wahres Gesicht!". Aber auch die Tests haben es in sich, sie können eine starke Reaktionsmotivation provozieren, falls sie standesgemäß klingen: „Ja, ich hab mich geritzt und blute jetzt den Boden voll – und? Was wollen Sie jetzt machen?!", „Ich haue heute Nacht ab!". Beliebte Psychospiele sind in solchen Zeiten häufig *Mords-Molly, Regelsetzer, Das letzte Wort gehört mir* und *Aggressives armes Schwein* (vgl. Abschnitt 4.4.3).

Mögliche Ursachen
Die klinische Erfahrung weist bei Kindern und Jugendlichen mit diesem Lebensmuster häufig körperlichen, sexuellen und/oder emotionalen Missbrauch nach. Wobei anzumerken ist, dass in diesem Kontext eher die Diagnose „Borderline-Persönlichkeitsstörung" fokussiert wird und nicht der -Stil bzw. die entsprechende Charakter-Nuance.

Es gibt Abstufungen und Überschneidungen zwischen den beschriebenen Phänomenen und „normalen" Verhaltensweisen, die Pubertierende zeigen. D. h., nicht jede Jugendliche, die kreativ auf der Suche nach dem Kick ist, ist eine Borderlinerin (Fiedler & Herpertz, 2016). Zudem ist jeder Fall in Bezug auf seine biografischen Prägungen anders gelagert. Es braucht nicht zwingend frustrierte Grundbedürfnisse, um einen stark ausgeprägten Wunsch nach Stimulation zu entwickeln, vielleicht war er unter gegebenen genetischen Umständen einfach immer schon da.

Ressourcen des Schemas

Nach unseren Erfahrungen gehen mit diesem Schema auch wieder die oben schon erwähnten feinen Antennen im Zwischenmenschlichen einher. Ein starkes Bindungsbedürfnis kann ebenso mitschwingen. Die Betreffenden können sich sehr gut auf Interaktionspartner einstellen und sich so beliebt machen.

Das Hauptproblem ist in diesem Fall die typische Impulsivität, sei sie nach außen oder nach innen gerichtet, die zu Beginn der Zusammenarbeit gar nicht vorzuliegen scheint. Die Dokumentationen der abgebenden Einrichtungen bzw. Bezugspersonen sprechen naturgemäß eine andere Sprache.

Ideen zum konstruktiven Umgang

Fachkräfte sollten direkt nach der Aufnahme mit dem Beziehungsaufbau beginnen und dabei unbedingt darauf achten, die professionelle Distanz einzuhalten. Jugendliche mit Borderline-Tendenzen sind nicht selten sehr charismatisch und üben somit eine gewisse Anziehungskraft aus. Hier ist das Projekt „Beziehungsaufbau“ meistens sehr leicht erfolgreich umzusetzen. Die Betreffenden sind i. d. R. sehr offen und kommunizieren extrovertiert ihren Lifestyle und ihre Hobbys.

Schnell wird man als Fachkraft idealisiert („Sie sind eine ganz tolle Pädagogin!“), und hier muss man noch einmal darauf hinweisen, dass gerade Idealisierung dem Ich schmeichelt. Entsprechend sollte auf ein angepasstes Nähe-Distanz-Bedürfnis Wert gelegt werden. In brisanten Situationen, in denen die Dinge schnell kippen können, kann man sich folgende Faustformel bewusst machen: Je stärker die Idealisierung, desto extremer die Abwertung im Rahmen einer starken Schema-Aktivierung („Sie haben mich von Anfang an nur verarscht, um an mich heranzukommen!“). Schemapädagogisch arbeitende Fachkräfte wissen, dass Abwertung i. d. R. nicht persönlich und außerdem manchmal (unbewusst) als Test gemeint ist, quasi sinngemäß als eine Fragestellung wie diese: „Bleibt sie oder er trotz dieser Anklage eine stabile Bezugsperson, auf die ich mich verlassen kann?“ Tatsächlich sind solche dramatisierende Auftritte gute Anlässe für die Innere Teile-Arbeit, die im Anschluss praktiziert werden kann bzw. sollte.

Auch im Hinblick auf dieses Thema möchten wir Ihnen einige Methoden anraten:

- Modusfragebogen (Abschnitt 4.2.2)
- Modus-Wochenprotokoll (Abschnitt 4.2.3)
- Stühlearbeit – einfache, komplexe und konfrontative (Abschnitt 4.4.2)
- Modus-Rollenspiele (4.4.5)
- „Grüne Punkte“-Karten (Abschnitt 4.6.1)

3.5 „Ich will alleine sein, denn niemand mag mich!“ – *Schema soziale Isolation*

Im Alter von fast 15 Jahren tritt Leonie in die geschlossene Abteilung ein. Die Einweisung wurde nötig, nachdem die bisherigen Platzierungen aufgrund von wiederholten Entweichungen und Verfehlungen nicht die gewünschte Wirkung gezeigt haben. Die Zeit vor ihrer Einweisung war geprägt von massiven psychischen Belastungen – u. a. wurde die 14-jährige Zeugin von häuslicher Gewalt gegen ihre Mutter (ausgehend vom Vater). Eine konflikthafte Trennung der Eltern mit einer ungeklärten Sorgerechtssituation waren die Folge, und zudem gab es Hinweise, dass Leonie selbst hin und wieder Opfer von körperlichen Übergriffen geworden war. Sie hat in der Folge selbstgefährdendes Verhalten an den Tag gelegt, weshalb letztlich den Eltern die Obhut entzogen wurde.

Ihre Erscheinung ist zierlich, ja zerbrechlich wirkend, sie wirkt unsicher und noch sehr kindhaft. Leonie hat in den bisherigen Schulen eher Mühe gehabt, mit dem Stoff klarzukommen und Mobbingerfahrungen erleiden müssen. Im EQUALS zeigt Leonies außerordentlich niedrige Selbstwirksamkeitserwartung (3 %), was von allen, die Leonie kennen, immer wieder bestätigt wird. Zudem benennt die Teenagerin, dass sie ein unterdurchschnittliches Durchhaltevermögen hat, wenn sie Dinge erledigen soll, die ihr keinen Spaß machen. Sie gibt schnell auf, sobald sie auf Schwierigkeiten stößt. Im gleichen unterdurchschnittlichen Bereich schätzt sie sich bezüglich ihrer Selbstlenkungsfähigkeit ein.

In der Bezugspersonenarbeit thematisiert Leonie für sie belastende Geschehnisse aus der Vergangenheit und wiederholt mehrmals, dass sie das Gefühl habe, andere Menschen würden sie hassen. Wenn sie auf gegenwärtige problematische Situationen angesprochen wird, verschließt sie sich unmittelbar.

In der Wohngruppe zeigt sich die junge Frau den anderen Jugendlichen gegenüber sehr zurückhaltend und äußert oft Ängste, gemobbt und ausgegrenzt zu werden, obwohl sie von den anderen aus der Gruppe durchaus viel positive Aufmerksamkeit bekommt. Im Sport verhält sich Leonie meistens ambivalent und ängstlich, auch wenn die Gruppe sich Mühe gibt, das Programm und die Spiele nach ihren Wünschen zu praktizieren (was öfter vorkommt).

Im Hinblick auf die Tagesstruktur, d. h. bezüglich der internen Ateliers der geschlossenen Abteilung, kann Leonie von Anfang an Fuß fassen. Sie übernimmt pflichtbewusst Alltagsaufgaben. Im Umgang ist sie freundlich, wirkt jedoch manchmal etwas zurückgezogen und niedergeschlagen. Oftmals sucht sie die Nähe zu den Erwachsenen, zieht sich aber andererseits von den anderen Jugendlichen zurück. Dabei hat es den Anschein, dass sie am liebsten nicht gesehen oder gehört werden will. Es kommt wiederholt vor, dass sie sich unvermittelt von allen angegriffen und ausgeschlossen fühlt und in der Folge bitterlich darüber weint. Im Weiteren fällt auf, dass sie positive und konkrete Feedbacks kaum annehmen und sich rückblickend kognitiv nicht auf sie beziehen kann.

Als schließlich nach zehn Wochen in der geschlossenen Wohngruppe der Wechsel in eine der halbgeschlossenen Gruppen ansteht, äußert sie sich dazu kritisch und angsterfüllt.

Unmittelbar nach ihrem Übertritt in die halbgeschlossene Abteilung verschwindet Leonie für längere Zeit, konkret gesagt: sie haut ab. Da sie während dieser fast zwei Monate nicht aufgegriffen werden kann, wird die Platzierung schließlich abgebrochen, weshalb die kleinen Fortschritte, die sie während ihres Aufenthalts gemacht hat, nicht fortgesetzt werden konnten.

Allgemeines

Im Unterschied zu den Mustern *emotionale Entbehrung*, *Verlassenheit/Instabilität* und *Misstrauen/Missbrauch* wird bei *soziale Isolation* nicht von der Frustration von Grundbedürfnissen im Rahmen der Familiensozialisation ausgegangen (Jacob, van Genderen & Seebauer, 2017, S. 11 ff.).

Der Titel des Schemas spricht für sich selbst: Hiervon Betroffene fühlen sich häufig „anders", quasi vorauseilend als nicht gruppenaffin. Im Alltag gestaltet sich der Beziehungsaufbau nicht einfach, oftmals besteht beim Interaktionspartner keinerlei Interesse an einem näheren Kontakt, die Berührungspunkte fehlen scheinbar. In Gruppen sind Jugendliche mit dieser Struktur Außenseiter und „unsichtbar".

Praxiserfahrungen

Teenager mit diesem Schema fallen, wie schon angedeutet, nicht groß auf, sie gehen manchmal in der Gruppendynamik unter, befinden sich unter dem sprichwörtlichen Radar. Extrovertiertheit ist ihre Sache eher nicht. Man kann sich leicht vorstellen, dass diese Persönlichkeitsstruktur in der Einrichtung potenzielle Mobber-Charaktere in der Peergroup auf den Plan rufen kann (tatsächlich berichteten Betroffene schon von ähnlichen Erfahrungen in der Schule). Ein weiterer Grund: Die tendenziell vorhandene Abneigung gegenüber Kommunikationsangeboten produziert eher eine negative als positive Gegenübertragung, in Bezug auf die Peergroup wie auch aufseiten des Fachpersonals.

Gerade beim Thema *Interaktionsstrategien* wird klar, wieso sich der Beziehungsaufbau als kompliziert herausstellen kann. Es werden zu Beginn des Aufenthalts i. d. R. vom Jugendlichen gar keine Beziehungsangebote kommuniziert, weil er sich schon stark daran gewöhnt hat, eher ausgegrenzt zu werden. Hier kann der folgende Ratschlag gegeben werden: Bleiben Sie am Ball, d. h. in Kontakt, zeigen Sie Interesse an der Biografie Ihres Interaktionspartners und liefern Sie darüber hinaus gleichzeitig Gesprächsanlässe, die das Gegenüber aufgreifen kann. Hier gilt das Motto: „Der stete Tropfen höhlt den Stein."

Mögliche Ursachen

Wie oben schon erwähnt, liegen die Gründe, die zur Ausprägung von *sozialer Isolation* geführt haben, tendenziell außerhalb des Bezugspersonensystems. Von diesem Schema können insbesondere Kinder und Jugendliche betroffen sein, die in Familien mit einem ethnischen oder sozialen Minderheitenstatus heranwachsen. Verstärkt wird dieses Muster dann zusätzlich durch aktive Benachteiligung (Diskreditierung, Erniedrigung usw.) von Personen im erweiterten sozialen Umfeld (Stadtviertel) oder im Lebensfeld Schule.

Des Weiteren sind paranoid strukturierte Familien, die sich aus den unterschiedlichsten Gründen möglichst stark vom gesellschaftlichen Leben abgrenzen und die sprichwörtliche Wagenburg-Mentalität hegen und pflegen, optimale Nährböden für die Ausprägung von *sozialer Isolation* aufseiten der Jüngsten im System (Richter, 2012, S. 90 f.).

Ressourcen des Schemas

Die größte korrelierende Stärke, die mit *soziale Isolation* einhergeht, ist die Kompetenz, sich in Gruppen möglichst unsichtbar machen zu können. Allerdings funktioniert das nur in den ersten Wochen nach der Aufnahme. Je mächtiger dieses Lebensthema ausfällt, desto eher wird klar, welche sozialen Hemmungen damit einhergehen können. Die (fast schon zementierte) Angst vor Ablehnung regiert. Aus diesem Grund können aus Selbstschutz nur sehr schlecht Beziehungen aufgebaut bzw. überhaupt zugelassen werden.

Ideen zum konstruktiven Umgang

Nach unserer Erfahrung ist es in diesem Fall eine sehr große Kunst, Beziehungskredit aufzubauen. Am ehesten funktioniert mindestens eine der drei verschiedenen Varianten der Methode *Expertenrolle* (Abschnitt 4.3.1). Im Rahmen dieser Intervention versuchen wir, beim Interaktionspartner die Modi *gesunder Erwachsener* und *glückliches Kind* zu triggern, um seine neuronalen Belohnungssysteme zu stimulieren (Stichwort: Dopamin, Oxytocin, körpereigene Opioide, vgl. Abschnitt 4.3). Wir begeben uns in die Lebenswirklichkeit des Gegenübers und formulieren Fragen, die bestenfalls einen Bezug zu ihr herstellen. Dabei berücksichtigen wir, wie schon erwähnt, drei Varianten der Intervention *Expertenrolle* (Damm, 2019b, S. 97): Wir erfragen (a) Informationen zur Biografie bzw. Herkunft („Du bist in Kroatien geboren – welche Nationalgerichte kannste empfehlen? Ich esse gerne Fleisch!“), (b) zum Tagesgeschehen („Haste deinen Lieblingslehrer heute in der Schule gesehen?“), (c) bezüglich des äußeren Erscheinungsbildes („Das da ist ein neuer Ohrring – was bedeutet er?“). Es ist natürlich klar, dass diese Beziehungsaufbauversuche keine Selbstläufer sind und beileibe nicht immer funktionieren.

Sobald die Interventionen fruchten, ist angeraten, mit der Inneren Teile-Arbeit zu starten. Parallel hierzu können Fachkräfte die folgenden Methoden ausprobieren:

- Schemafragebogen (Abschnitt 4.2.1)
- Eddie Murphy (Abschnitt 4.3.4)
- Geiselnahme (Abschnitt 4.3.5)
- Reise zu den Schemata (Abschnitt 4.3.6)

- Stühlearbeit – einfache, komplexe und konfrontative (Abschnitt 4.4.2)
- Modus-Rollenspiele (4.4.5)

3.6 „Ich bin ein Nichts!" – *Schema Unzulänglichkeit/Scham*

Franziska (17) lebte über mehrere Jahre in einer Pflegefamilie, in der ein sehr autoritärer Erziehungsstil vorherrschte. Sie wurde herabgesetzt und nicht für voll genommen. Bei „Regelverstößen" wurde körperlich gezüchtigt. In diesem Umfeld hat sie gelernt, vor allem ihre Schwächen zu sehen. Mit rund 15 Jahren durfte Franziska zurück zur ihrer Mutter. Sie gefährdete sich selbst in dieser Zeit jedoch so massiv – u. a. durch Substanzmittelkonsum –, dass die Kindes- und Erwachsenenschutz-Behörde sich zum Einschreiten gezwungen sah und für eine Platzierung in einer Institution mit einer geschlossenen Abteilung sorgte. Im Alter von 15½ Jahren beginnt Franziskas Aufenthalt in der geschlossenen Wohngruppe im Lory.

Franziska zeigt sich vor allem zu Beginn der Platzierung von ihrer schüchternen und stillen Seite. In der Gruppe bewegt sie sich tendenziell am Rand. Im Fall einer Aktivierung des Schemas *Unzulänglichkeit/Scham* – eines von ihren deutlich wahrnehmbaren Mustern (s. u.) – nimmt sie vornehmlich ihre Schwächen und Unzulänglichkeiten wahr: „Alle anderen sind intelligenter, besser in allem und haben dazu erst noch eine schönere Figur als ich!" Sie meint dann, auf der Verliererseite des Lebens zu sein und idealisiert teilweise die anderen Jugendlichen: „Alle haben zu Hause eine Zweitsprache gelernt, nur ich nicht."

Um nicht anzuecken und möglichst wenig Raum zu eröffnen, weil die anderen Jugendlichen ja schlecht über sie denken könnten, passt sie sich stark an, verhält sich freundlich und zurückhaltend. Zuweilen lässt sie sich von den Mitjugendlichen herumdirigieren, was sich bis hin zu Demütigungen ausweiten kann. Sie ist alles andere als ein Alphatier oder eine Rädelsführerin und hält sich bei Turbulenzen meist im Hintergrund.

Kommt die Mutter zu Besuch, wird beobachtet, dass sie von ihr übermäßig kritisiert und herabgesetzt wird. Auch macht sie ihr Vorwürfe und ist sehr fordernd. Franziska ihrerseits verhält sich unterwürfig; stets bleibt sie ihr gegenüber ergeben und sieht die Schuld für die Platzierung im Lory ganz allein bei sich selbst.

In der Schule ist sie i. d. R. still und angepasst, sie macht den Eindruck, nicht auffallen zu wollen. Sie meldet sich im Plenum kaum zu Wort. Falls Franziska mal nicht weiter weiß, bevorzugt sie es, sich einen alternativen Auftrag zu suchen und sich so still zu beschäftigen, anstatt Hilfe von einer Lehrperson zu beanspruchen, möglicherweise aus Angst, herabgesetzt oder als unfähig taxiert zu werden, was ihr in der Vergangenheit sowohl in der Pflegefamilie als auch von ihrer Mutter regelmäßig widerfahren ist. Auffallend ist auch, dass sie ihre eigenen Leistungen vorauseilend abwertet. Dadurch bleibt sie oft unter ihren Möglichkeiten.

Journal-Eintrag | Schule/Wohngruppe, 12. Mai – Erfasser/in: Hilda Moosmann[7]

Franziska sieht sich als Loser (alle anderen seien intelligenter als sie und hätten eine schönere Figur), sie möchte sich aber anstrengen und etwas erreichen in der Schule.

Allgemeines
Im Wesentlichen geht mit diesem Muster je nach Ausprägungsgrad eine akkurate Unsicherheit im sozialen Kontakt einher, vergleichbar mit einer Sozialen Phobie (Damm, 2007). Sie beruht auf der vorauseilenden Überzeugung, unerwünscht, minderwertig und eben, wie der Name des Themas schon sagt, unzulänglich zu sein. Sehr negative Trigger im Alltag sind: Kritik, Schuldzuweisungen und verdeckte bis offensichtliche Ablehnungen (Jacob & Melchers, 2017, S. 11). Natürlich ist ein gewisses Maß an Verletzbarkeit in Bezug auf das Selbstwertgefühl weit verbreitet, es gehört wahrscheinlich zu unserer Existenz, und es ist kein Zufall, dass unsere Psyche ein ganzes Arsenal an innerpsychischen Abwehrmechanismen zum Selbstschutz hat. Jedoch liegt hier aus biografischen Gründen (s. u.) dahingehend ein Defizit, dafür aber ein Übermaß an Sensibilität vor. Daher sollten Fachkräfte im Umgang mit Kindern und Jugendlichen, die dieses Schema offenbaren, sehr vorsichtig in Bezug auf konfrontative Methoden sein. Ironie und Sarkasmus können bei oder nach der Aufnahme ebenfalls schnell negativ aufgefasst werden, weil sie mächtige Trigger bezüglich der Schema-Aktivierung sein können.

Praxiserfahrungen
Die Betreffenden sind häufig sehr schüchtern. Extrovertiertheit ist ihre Sache nicht, es sei denn, sie müssen aufgrund von hohem Leidensdruck mal Dampf ablassen (siehe Fallbeispiel). Wir haben schon öfter festgestellt, dass aus den bereits oben erwähnten Gründen nur sehr wenig Interesse an sozialen Kontakten besteht.

Auch dieses Schema birgt die Gefahr, Mobber-Persönlichkeiten anzuziehen und entsprechend zu triggern. *Unzulänglichkeit/Scham* hemmt nach unserer Erfahrung auch die Kompetenz zu Diskussionen auf Augenhöhe bzw. überhaupt zu Zwiegesprächen. Grund: Man hat es schlicht und einfach nie gelernt, seine eigenen Interessen zu erkennen, anzumelden und auch mal durchzusetzen.

Auf der Image-Ebene wird den Interaktionspartnern kommuniziert, dass man am liebsten in Ruhe gelassen werden möchte (was natürlich in den Praxisfeldern nicht

7 Die Namen der Mitarbeitenden sind frei erfunden und lassen somit keinen Rückschluss auf die wahre Identität zu.

funktioniert). Häufig praktizierte Psychospiele sind *Blöd* und *Armes Schwein* (vgl. Abschnitt 4.4.3).

Im Rahmen der Heimerziehung können neue Erfahrungen gemacht werden. Es braucht hierzu u. a. eine Hauptbezugsperson, mit der eine sichere Bindung (Bowlby, 2016) inszeniert bzw. erlernt werden kann. Auf dieser Basis sind weitere Schritte im Sinne der schemapädagogischen Didaktik und Methodik möglich.

Mögliche Ursachen

Im klinischen Bereich geht man davon aus, dass *Unzulänglichkeit/Scham* in der Kindheit durch Demütigung, Invalidierung, sonstige Benachteiligungen und häufiges Bloßgestellt-Werden entsteht und sich dementsprechend ausgestalten kann. Meistens braucht es hierzu auch entsprechende Opfer-Erfahrungen im Kita- und späteren Schulbereich (Damm, 2019a).

Ressourcen des Schemas

Sicherlich ist eine Ressource dieses Musters, dass es Interaktionspartner in Bezug auf Kommunikation und Unterstützung positiv triggern kann, die das Thema *Fürsorge für andere* im Persönlichkeitsinventar haben. Nachweislich ist dies meistens beim pädagogischen Personal der Fall (Damm, 2014). Unterstützung allein reicht jedoch nicht, um Stärken gänzlich freizulegen und zu fördern.

Ideen zum konstruktiven Umgang

In diesem Fall legen wir anfangs wieder das Augenmerk auf den Beziehungsaufbau, genauer gesagt auf die drei Varianten der Intervention *Expertenrolle* (Abschnitt 4.3.1). Außerdem konzentrieren wir uns auf Methoden, die den Modus des *gesunden Erwachsenen* sowie die vorhandenen Ressourcen fördern. Hierzu einige Vorschläge:

- Schemafragebogen (Abschnitt 4.2.1)
- Modus-Wochenprotokoll (Abschnitt 4.2.3)
- Einsatz von Modus-Karten (Abschnitt 4.3.2)
- Innere Teile-Arbeit: Flipchart (4.3.3)
- Reise zu den Schemata (Abschnitt 4.3.6)
- Zielformulierung nach dem SMART-Prinzip (Abschnitt 4.5.2)

3.7 „Ich werde hier wie immer scheitern!" – *Schema Erfolglosigkeit/Versagen*

Bei der ersten Begegnung hat Céline den Blick gesenkt, auf unterschiedliche Formen der Ansprache reagiert sie kaum. Sie hat Defizite in Bezug auf die Anwendung der deutschen Sprache, da sie noch nicht so lange in der Schweiz wohnhaft ist. Die im EQUALS-Fragebogen erfassten Problematiken zeigen auf, dass folgende Aspekte Stressoren in ihrem bisherigen Leben waren: körperliche Vernachlässigung, Verhaltens- und Leistungsprobleme in der Schule, Reizbarkeit und (teilweise) aggressives Verhalten.

Sie ist bei ihrem Eintritt in die geschlossene Wohngruppe 14 Jahre alt und deshalb schulpflichtig. Sie produziert jedoch derart große Widerstände in Bezug auf die Schule, dass sie in der ersten Zeit nicht gezwungen wird, dem Unterricht beizuwohnen.

Auf ihr Äußeres legt sie während des Aufenthalts in der Abteilung nur sehr wenig Wert. Sie zeigt auch in der Tagesstruktur – im Atelier des geschlossenen Bereichs – wenig Elan. Die junge Frau macht einen trägen Eindruck, und es ist schwierig, sie für etwas zu begeistern. Auch die wiederholten Angebote für einen Einstieg in ein reduziertes Schulprogramm lehnt sie ab. Insgesamt kommuniziert sie ein eher lethargisches, ja trauriges Image.

Sie kann sich aber trotzdem darauf einlassen, gemeinsam mit ihrer Bezugspädagogin den Schemafragebogen auszufüllen. Das Erklären der niedrigschwelligen Definitionen der Aussagen ist in Célines Fall umso wichtiger, als sie in der deutschen Sprache doch noch eher über einen geringen Wortschatz verfügt. Letztlich zeigt sich bei ihr eine sehr starke Ausprägung des Schemas *Erfolglosigkeit/Versagen*.

Sie gibt mehrmals an, gemobbt worden zu sein, sowohl vor ihrer Platzierung im Lory wie auch im Lory selbst. Sie selbst offenbart interessanterweise eine schnippische, beleidigende Seite – und möglicherweise intrigiert sie auch ihrerseits gegen andere, was dann teilweise auch auf sie selbst zurückfällt (so ist zumindest unsere Wahrnehmung).

Nach dem internen Wechsel in die halbgeschlossene Wohngruppe wird sie in die verschiedenen Möglichkeiten der Tagesstrukturen eingeteilt, und zwar sowohl in die internen Arbeitsbereiche (Küche, Wäscherei, Textilatelier, Hauswartung) als auch in ein reduziertes Schulprogramm. Nach und nach gelingt es den pädagogischen Fachkräften, eine Beziehung zu Céline aufzubauen. Sie taut mehr und mehr auf. So sieht man sie z. B. auch mal lachen oder Scherze machen – ihre Lethargie und Demotivation sind jedoch nach wie vor gang und gäbe.

Bezüglich ihres Äußeren ist zu beobachten, dass sie sich – falls kein Besuch oder Ausgang ansteht – dahingehend keine Mühe gibt. Wenn jedoch ein externes Event auf dem Programm steht, ist sie sehr stark, teilweise übertrieben stark geschminkt. Ihr ist Markenkleidung sehr wichtig, und so erscheint sie immer wieder mit sehr exklusiven, teuren Kleidern und Accessoires in den Tagesstrukturen. Möglicherweise versucht sie damit, ihre Angst vor dem Versagen zu kompensieren.

Über die Thematisierung dieser Gadgets gelingt es i. d. R. sehr gut, mit ihr in Kontakt zu treten, zu fachsimpeln etc. In solchen Momenten des „Expertengesprächs" ist sie entspannt, und es ist durchaus möglich, mit ihr ein gutes Gespräch auf Augenhöhe zu führen, auch wenn kritische Reflexionen oder Auseinandersetzungen selbst dann nicht immer gelingen. Nach mehreren Monaten im Lory ist sie insgesamt gut in ihrem Umfeld integriert, und es gibt weniger Querelen zwischen ihr und den anderen Jugendlichen. Auch in der Schule ist sie mittlerweile gut angekommen, kann sporadisch Aufträge annehmen und hat Vertrauen zu einigen Teenagern in der Peergroup aufbauen können.

Allgemeines
Was vor dem Hintergrund des Muster *Unzulänglichkeit/Scham* eine übertriebene Angst vor der negativen Bewertung der Mitmenschen ist, ist im Rahmen von *Erfolglosigkeit/Versagen* die Überzeugung, unfähig, inkompetent bis gänzlich dumm zu sein – was sich insbesondere in leistungsbezogenen Lebensbereichen (z. B. Schule) zeigt.

Zudem beinhaltet das Lebensthema die Meinung, aktuell wie auch in der Zukunft ein Versager zu sein, was sich dann fortwährend leicht als self-fulfilling prophecy in Theorie und Praxis „beweisen" lässt: Ein Teufelskreis. Die Mitmenschen sind aus dieser Sicht entsprechend talentierter, besser, gebildeter usw. Man kann sich leicht vorstellen, wie sehr die dadurch entstehende Angst vor Niederlagen den Betreffenden hemmt.

Praxiserfahrungen
Die innere Entmutigung ist mal mehr, mal weniger von außen ersichtlich. Zu Betreuende mit diesem Thema fühlen sich schnell überfordert, und zwar bereits schon bei der Aufnahme. Sie gehen davon aus, dass sie die Alltagsstrukturen nicht verstehen und nichts auf die Reihe bekommen werden usw. Das kann auf der Gegenseite wieder, wie auch bei den anderen Schemata der Domäne 1 der Fall, das Muster *Fürsorge für andere* triggern. Alle Situationen, die dem Kind oder Jugendlichen etwas abverlangen, können *Erfolglosigkeit/Versagen* auslösen. Die Betreffenden wirken dann gestresst, und es werden hilflose Kind- („Ich kann das nicht!") und strafende Elternmodi („Gott, bin ich ein Depp, wie saudumm!") aktiviert, die gleichzeitig entsprechende Images darstellen.

Die Schema-Aktivierung generiert auch typische Tests, die in diesem Fall doch sehr authentisch als Steilvorlagen für das Muster *Fürsorge für andere* auf der Gegenseite kommuniziert werden („Hm, was könnte ich denn jetzt mal ausprobieren?", „Haben Sie schon mal so einen Fall wie mich erlebt?"). Die Appelle klingen meistens noch konkreter („Können Sie mir helfen?", „Ich kann kein Mathe – Sie?"). Im Bereich Psychospiele sind insbesondere zu nennen: *Armes Schwein*, *Dornröschen* und *Blöd* (vgl. Abschnitt 4.4.3). Zusammengefasst gesagt: Man macht und tut, was man kann – es reicht in der Summe nicht.

Mögliche Ursachen
Die mangelhaft ausgeprägte Ich-Kompetenz wird im klinischen Bereich zumeist auf fehlende Ermutigung und Unterstützung im Kindesalter zurückgeführt. Hierzu muss man wissen, dass der Säugling neugierig und mit Forschungsdrang und Gestaltungsfreude die Welt erkunden möchte, diese Potenziale sind angeboren (Hüther & Hauser, 2014, S. 45 ff.). Das heißt natürlich nicht, dass der junge Mensch

überhaupt keine „sanfte" Unterstützung bräuchte. Darüber hinaus brauchen Heranwachsende Freiräume, in denen sie ermutigt werden, selbst Handlungsentscheidungen zu treffen, damit sich ihre Selbstwirksamkeitskompetenzen entwickeln können. – Diese Voraussetzungen erlebten Jugendliche mit dem Schema *Erfolglosigkeit/Versagen* i. d. R. nicht. Sie haben meistens schon sehr früh zahlreiche Misserfolge eingefahren, die die Entstehung dieses Musters schlussendlich begünstigt haben.

Ressourcen des Schemas

Eine bestimmte Personengruppe wird von Jugendlichen mit diesem Muster extrem getriggert, worauf oben schon hingewiesen wurde. Fürsorgliche, empathische Jugendliche und pädagogische Fachkräfte möchten helfen, dem Gegenüber Erfolgserlebnisse bescheren usw. Im Rahmen dieses Geschehens finden sich natürlich Gesprächsanlässe. D. h., auch *Erfolglosigkeit/Versagen* sorgt für eine entsprechende Aufmerksamkeit.

Ideen zum konstruktiven Umgang

Auch in diesem Fall konzentrieren wir uns in erster Linie auf den Beziehungsaufbau und versuchen gleichzeitig, gesunde und kompetente Modi zu triggern. Wir berücksichtigen aber hier eine gewisse Niedrigschwelligkeit in Bezug auf die ausgewählten Methoden. Eine gewisse Vorsicht ist geboten, um die Gefahr von Misserfolgen zu reduzieren. Entsprechend empfehlen wir folgende Tools:

- Reise zu den Schemata (Abschnitt 4.2.3)
- Einsatz von Modus-Karten (Abschnitt 4.3.2)
- Innere Teile-Arbeit: Flipchart (4.3.3)
- Zielformulierung nach dem SMART-Prinzip (Abschnitt 4.5.2)

3.8 „Und was soll ich jetzt machen!" – *Schema Abhängigkeit von anderen*

Freya kommt im Alter von 16 Jahren ins Lory, nachdem sie sich zuvor in einer offenen Einrichtung aufgrund von delinquenten Verhaltensweisen den dort intendierten Entwicklungsschritten entzog. Rund fünf Jahre früher nahmen die Probleme ihren Anfang, als das Mädchen aufgrund von Mobbing, schulischem Stress und charakteristischen Erfahrungen mit ihrem suchtkranken Vater mit psychischen Problemen zu kämpfen hatte. Sie reagierte u. a. mit Schulverweigerung und selbstverletzendem und -gefährdendem Verhalten. Irgendwann hielt sie sich schließlich an gar keine Regeln mehr. Sie verbrachte die Tage mit Gamen, rauchte extrem viel, konsumierte fast täglich Cannabis, machte zudem ausgiebige Erfahrungen mit hochprozentigem Alkohol und missbrauchte Medikamente (Benzodiazepin und Valium).

Freyas Mutter entschied sich deshalb für eine halbjährige stationäre Abklärung. Dieses Angebot hat die Jugendliche aber bis zum Schluss nicht annehmen können. Nach mehreren Entweichungen weigerte sie sich, dorthin zurückzukehren. Sie legte weiterhin problematische Verhaltensweisen an den Tag, vor allem im Bereich Substanzmittelkonsum bzw. -missbrauch.

In Bezug auf die Einweisungsgründe wird erwähnt, dass sich Freya weder um schulische Angebote noch um ihre Berufswahl selbstverantwortlich kümmere, keine Zukunftsvorstellungen und Lebensziele habe und insgesamt teilnahmslos wirke. Zudem tendiere sie nunmehr zur Vermeidungshaltung und zum Rückzug; sie sei eine Mitläuferin auf der Suche nach ihrer eigenen Identität. Da weder in der angestammten Familie noch in einem offen geführten Jugendheim die notwendige Unterstützung gewährleistet werden konnte, wurde sie schließlich in die geschlossene Abteilung des Lory eingewiesen.

Freya ist eine Jugendliche, die die Bezugspersonenarbeit zu schätzen weiß. Sie zeigt eine hohe Bereitschaft, an diversen Erhebungen produktiv mitzuwirken. Die Daten im EQUALS ergeben u. a., dass Freya eine – mit 3 % – ausgesprochen niedrige Selbstwirksamkeitserwartung hat (der Wert bedeutet, dass sich 97 % der gleichaltrigen Vergleichsgruppe mehr zutrauen).

Die schemapädagogischen Arbeitsmaterialien und Methoden (Damm, 2019a; 2019b) ergeben, dass das Schema *Abhängigkeit von anderen* stark ausgeprägt und (in Bezug auf die Schemamodi) der *distanzierte Beschützer* sowie das *Null-Bock-Ich* dominieren. Den noch vor den Platzierungen gezeigten *distanzierten Selbstberuhiger* (gamen, Substanzmittelmissbrauch) kann sie im Lory kaum ausleben. Sie ist aber dazu in der Lage, ihn kritisch zu hinterfragen.

Die Jugendliche hat die Regelschulzeit bereits absolviert und wirkt deshalb in den internen Betrieben mit, wo sie eingeteilt ist. In diesem Bereich offenbart sich ihre ausgeprägte Unsicherheit bezüglich ihrer Kompetenzen teilweise sehr deutlich: Sie arbeitet zwar ruhig und pflichtbewusst, ihr müssen jedoch die einzelnen Arbeitsschritte immer wieder vorgeführt werden, nur mit Gehörtem allein kann sie nicht viel anfangen. Die visuelle Unterstützung ist zwingend, ansonsten blockt sie unvermittelt ab. Sie braucht eine enge Führung und Begleitung. Freya sieht für sich noch keine zukünftige Perspektive. Ihre Ängste scheinen ihr zu sehr im Weg zu stehen.

Eine weitere Beobachtung aus den Betrieben wird dokumentiert: Sehr auffällig ist die Tatsache, dass einfachste Arbeitsabläufe nicht abrufbar sind, Freya fragt regelmäßig nach (obwohl die Strukturen klar sein sollten): „Was soll ich jetzt machen?“

Allgemeines

Dieses Muster sorgt dafür, dass der „ganz normale“ Alltag allein nicht gut bewältigt werden kann. Die Selbstwirksamkeitskompetenzen sind sehr schwach ausgeprägt. Ohne eine adäquate Unterstützung, so die schemagetriebene Wahrnehmung, kann man keine richtigen Entscheidungen treffen, Situationen meistern, für sich sorgen, geschweige denn neue Aufgaben angehen. Meistens herrscht ein grundlegendes Gefühl von Hilflosigkeit vor (Young & Klosko, 2006, S. 187 ff.)

Praxiserfahrungen
Personen mit *Abhängigkeit von anderen* sind bei der Aufnahme und noch einige Wochen später in den meisten Fällen sehr beziehungsmotiviert. Sie wirken empathisch, neugierig und vorauseilend angepasst. Schnell kann Sympathie in der Gruppe entstehen. Nach unseren Erlebnissen kommen wir zu dem Schluss: Es gibt immer, wirklich immer jemanden in der Wohngruppe bzw. im Team des Fachpersonals, mit dem es sehr schnell auf der Beziehungsebene positiv menschelt. Das infantil-naive, unselbstständige Auftreten kann bei den Interaktionspartnern sehr effizient das Muster *Fürsorge für andere* aktivieren – und dann geht es mit dem Beziehungsaufbau ganz schnell. Allerdings muss man darauf hinweisen: Selten merken die fürsorglichen Interaktionspartner, dass durch das infantile Auftreten und die unausgereiften Aktionen eine ganz bestimmte Beziehungskonstellation entsteht. – Der Jugendliche switcht unbewusst in die Rolle eines „hilflosen Kindes", um andere Gruppenmitglieder bzw. Erwachsene in den Modus *fürsorgliche Eltern* zu triggern. Man kennt es nicht anders.

Passende Images („Ich bin ganz unkompliziert!", „Ich finde es hier sehr schön!") und Tests („Sie haben eine sehr angenehme Stimme!", „Sie sind ein guter Mensch, das sehe ich! Haben Sie einen Ratschlag für mich?", „Ach menno, wie soll ich das jetzt schaffen?") können den Ersteindruck untermauern; ebenso auch die damit einhergehenden typischen Psychospiele *Blöd*, *Armes Schwein*, *Dornröschen* und *Immer ich* (vgl. Abschnitt 4.4.3).

Mögliche Ursachen
Das Muster entsteht häufig durch Überprotektion, d. h., von klein auf bekommt man keinen oder nur wenig Freiraum, um sich selbst zu entwickeln. Große wie kleine Entscheidungen des kindlichen Alltags werden bis ins Grundschulalter und darüber hinaus von den Erwachsenen getroffen. Man gewöhnt sich daran, alles abgenommen zu bekommen. Das fühlt sich im familiären Schonraum noch nicht einmal schlecht an, im Gegenteil. Man wird vor vermeintlichen Misserfolgen und Fehlern geschützt. Geht das Kind einmal eigene Wege und macht im Zuge dessen Fehler, so klingen entsprechende Interpretationen der Misserfolge von Elternseite häufig (wieder) überprotektiv: „Siehst du, es braucht für die richtigen Entscheidungen immer jemanden, der Erfahrung hat – und die hast du *noch* nicht!"

Ressourcen des Schemas
Da es in sozialpädagogischen und Bildungseinrichtungen aufseiten der Jugendlichen wie auch Erwachsenen immer Personen gibt, die die umgangssprachliche soziale Ader haben und sich für die Bedürfnisse anderer interessieren (was auch gut so ist), wird es stets passende Beziehungspartner gerade für das hier thematisierte Lebensmuster geben. Für Fachkräfte mit *Fürsorge für andere* liegt hier eine große Chance für einen niedrigschwelligen Beziehungsaufbau, der üblicherweise rasch zu genügend Beziehungskredit und einer tragfähigen Partnerschaftlichkeit heranreift.

Ideen zum konstruktiven Umgang
Wahrscheinlich der wichtigste Aspekt, den es zu beachten gilt, ist die notwendige permanente Berücksichtigung eines professionellen Nähe-Distanz-Verhältnisses. Ganz leicht kann man in ein doch sehr einseitiges „Eltern-Kind"-Zusammenspiel rutschen, was dann sehr viel Zeit und Nerven beanspruchen kann, weil die Fachkraft leicht Probleme bekommt, aus der Nummer wieder herauszukommen. Möglicherweise ist Bezugserzieherin XY irgendwann die einzige Person, mit der die oder der Heranwachsende zusammenarbeiten, reden und sich austauschen möchte usw. Auch wird man erfahrungsgemäß schnell isoliert und komplett eingespannt, wenn man die Verantwortung für den Erziehungs- und Bildungsauftrag nicht auf mehrere Schultern im Team verteilt.

Auf den Punkt gebracht kann man sagen: Das Hauptziel schemapädagogischen Handelns ist die Stärkung der Selbstwirksamkeit.

Da sich der Beziehungsaufbau nach unserer Erfahrung wie von selbst ergibt, weil sich die Betreffenden mit aller Gewalt eine oder, noch besser, mehrere Bezugspersonen suchen und im Rahmen der Akquise eine hohe Motivation zeigen, möchten wir den Schwerpunkt auf die Innere Teile-Arbeit und die Förderung der Ressourcen legen:

- Einsatz von Modus-Karten (Abschnitt 4.3.2)
- Innere Teile-Arbeit: Flipchart (Abschnitt 4.3.3)
- Eddie-Murphy (Abschnitt 4.3.4)
- Geiselnahme (Abschnitt 4.3.4)
- Reise zu den Schemata (Abschnitt 4.3.6)
- Zielformulierung nach dem SMART-Prinzip (Abschnitt 4.5.2)

3.9 „Ich war schon immer sehr sensibel!" – *Schema Verletzbarkeit*

Ayana (17) wird im Alter von 15 Jahren in die geschlossene Abteilung aufgenommen. Die Einweisung erfolgt in erster Linie aus dem Grund, weil sie aus der vorherigen Einrichtung mehrmals ausgebrochen ist. Es ist wenig darüber bekannt, welche Erfahrungen Ayana während dieser Entweichungen gemacht hat und wie sie sich während dieser Zeiten hat überhaupt durchschlagen können. Daher wurde von einer massiven Selbstgefährdung ausgegangen. Zudem wurde auch eine mögliche Gefährdung vonseiten einiger Familienmitglieder dokumentiert, weshalb zu Beginn der Maßnahme im Lory kein Kontakt zu den Hauptbezugspersonen bestehen durfte.

Zur aktuellen Lage: Die 17-Jährige zelebriert seit ihrer Einweisung täglich ihr Äußeres, ist also von extrovertierter Natur. D. h., sie ist stets sehr gepflegt gekleidet und dezent geschminkt. Sie äußert sich einmal dahingehend süffisant, dass ihre Freundinnen sie als „etwas eitel" empfinden würden. Ein weiterer Aspekt, der uns auffällt:

Sie wünscht sich offenkundig sehr, wie sie sagt, näher an ihr persönliches Schönheitsideal heranzukommen, gerne auch mithilfe von medizinischen Maßnahmen.

Sie musste bereits in ihrer Kindheit Traumatisierungen hinnehmen. Darüber spricht sie ausschließlich mit ausgewählten Personen im Lory, und Ayana ist während dieser Unterhaltungen jeweils sehr darauf bedacht, dass es keine weiteren Zuhörer gibt. Wir bekommen den Eindruck, dass sie sich für vieles, was sie erlebt hat, selbst die Schuld auf die Fahnen schreibt. Ein fast schon typisches Konstrukt, das wir schön öfter beobachtet haben.

Meistens macht sie ihre Probleme mit sich selbst aus, was schon tendenziell als Hinweis auf Selbstschädigung gedeutet werden kann. Ihr Muster *Verletzbarkeit* zeigt sich entsprechend z. B. auch darin, dass sie auf die Frage, wer ihr in bisherigen Situationen in ihrem Leben in Bezug auf die Bewältigung von problematischen Konstellationen geholfen habe, regelmäßig folgende Antwort gibt: „Niemand!"

Die Teenagerin offenbart stringent eine höfliche, zurückhaltende, i. d. R. etwas schüchtern wirkende Art – sie spricht leise, wirkt infantil und „unsichtbar". Wenn Ayanas Wünschen nicht entsprochen wird oder werden kann, zeigt sie sich als schmollend, wirkt ärgerlich bzw. verletzt. Sie meint dann, dass sie eine bestimmte Person oder ein spezieller Sachverhalt „nervt". Meistens ist es dann so, dass sie über eine gewisse Zeit hinweg launisch unterwegs ist. Es ist aber, und das muss man auch festhalten, nicht ihre Art, zu schreien oder türknallend den Raum zu verlassen.

Insgesamt ist Ayana eine sehr angepasste und vernünftige Jugendliche. Sie reizt die im Jugendheim geltenden Regeln kaum aus, raucht und trinkt nicht, konsumiert keine Substanzen (was die Urinproben belegen). Als sie einmal von einem Ausgang, den ihre Mutter begleitet hat, erst nach 5-stündiger Verspätung zurückkommt, gibt sie Folgendes zu Protokoll: Sie sei in einem Nachbardorf gewesen und habe dort eine Person getroffen; diese wäre aus einer anderen Einrichtung entwichen. Sie will den Namen nicht nennen. Angeblich wollte diese Teenagerin mit ihr zusammen „steil auf Kurve" gehen, wie es im jugendlichen Fachjargon genannt wird. Sie selbst möchte aber nicht die Maßnahme abbrechen, sondern vermittelt uns vehement, sie wolle im Lory vorwärtskommen.

Im Laufe der Zeit zeigt sich eine weitere Besonderheit: Ayana bewegt und fühlt sich im öffentlichen Raum ausgesprochen unsicher. Daher meidet sie bestimmte Zonen. Sie zeigt sich sehr verletzlich und legt dabei auch eine Sturheit an den Tag, die sich zuweilen auch im internen Alltag manifestiert.

Ayana klagt wiederkehrend über psychosomatische Beschwerden, welche ihren Alltag offensichtlich beeinträchtigen. Im Rahmen der pädagogischen Arbeit macht sie motiviert mit, obwohl sie bisweilen den Eindruck erzeugt, eher extrinsisch denn intrinsisch angetriggert zu sein. Die EQUALS-Erhebungen zeigen bei der Selbstwirksamkeitserwartung einen Wert im niedrigen Bereich, und in den Bereichen emotionale und körperliche Vernachlässigung Ausprägungen im eher belasteten Spektrum. Beim Schemafragebogen erreicht Ayana bei der Struktur *Verletzbarkeit* fast das Maximum der möglichen Punkte.

Journal-Einträge | Wohngruppe, 17. Mai – Erfasser/in: Kamila Roth

Dienstag: Beim Abendessen wechselt Ayanas Stimmung von einem Moment auf den anderen. Sie will aufstehen. Ich frage sie, ob es dafür einen Grund gibt. Sie beklagt sich darüber, dass wir alle so langsam seien und so „behindert" sprechen würden. Sie sei zum Essen am Tisch und nicht zum Reden, sagt sie, und dreht sich zur Seite weg (Kommunikationssackgasse). Sie bleibt dann trotzdem sitzen, bis die anderen fertig sind, räumt ab und geht anschließend in ihr Zimmer hoch. – Eine Weile später steht sie weinend auf der Treppe, hat das Telefon am Ohr und meint, dass ihre Mutter morgen nun doch nicht zum Telekom-Shop mitkomme. Ihre Hauptbezugsperson will offensichtlich nicht, dass Ayana ein Abo abschließt.
Mittwoch: Beim Brunch kommuniziert Ayana Stille und Stummheit. Ihre Laune ist im Keller. Infolge einer Nachfrage nach subjektiven Wünschen bezüglich des Abendessens kommt ein einziges Statement: „Ich esse heute nur Pizza!" Sie wechselt zwischen den Modi *ärgerliches* und *verletztes Kind*. Sie möchte sich danach nicht einmal das Projekt einer Fachkraft anhören. Ayana verweigert sich komplett, zudem möchte sie keine Erklärung abgeben. Sie zieht sich einfach den Pullover übers Gesicht und taucht ab.

Allgemeines

Mit einem stark ausgeprägten Muster *Verletzbarkeit* geht eine gewisse Sensibilität einher, und viele Betreffende fordern den umgangssprachlichen „Welpenschutz" auf mehreren Kommunikationswegen ein (verbal, nonverbal, psychosomatisch). Pädagogische Fachkräfte können sehr schnell von diesem Verhalten angetriggert und gemäß ihres Fürsorge-Schemas aktiviert werden. Auch hier gilt es, die „Beziehung" jederzeit auf ihre Effizienz hin reflektieren zu können.

Verletzbarkeit führt zu der Erwartung, mittel- bis schwerwiegend im Alltag von anderen benachteiligt zu werden. Eine unangemessene Furcht vor unabwendbaren, drohenden Katastrophen emotionaler bzw. gesundheitlicher Art kann diese Angst flankieren. Möglicherweise gibt es auch Stresszustände aufgrund von Befürchtungen, Opfer eines Überfalls zu werden.

Praxiserfahrungen

Es werden nach den Eindrücken in unseren Praxisfeldern vor dem Hintergrund dieses Schemas im „Erduldungsmodus" zahlreiche Phänomene offenbart, die mit der sog. generalisierten Angststörung einhergehen (Damm, 2007). Wird *Verletzbarkeit* hingegen kompensiert, können Betreffende zu Risikoverhaltensweisen und extrovertiertem Auftreten neigen (wie im Fallbeispiel oben beschrieben).

In vielen Erduldungs-Konstellationen steht das Thema „Sich-Sorgen-Machen" im Vordergrund. Entsprechend agiert man im eher schüchternen Modus, ist zurückhaltend, vorsichtig. In der Gruppe taucht man bestenfalls unter. Es „funkt" mit den fürsorglich-empathischen Jugendlichen (und Erwachsenen). Auf der Image-Ebene wird häufig sinngemäß kommuniziert: „Ich bin völlig harmlos, ein zartes Pflänzchen – bitte Rücksicht nehmen." Passende Tests „klopfen" die Interaktionspartner in ähnlicher Weise ab: „Haben Sie Ahnung von Psychologie?"; „Glauben Sie, dass es hier für mich sicher ist?". In Bezug auf die Spiele stehen hoch im Kurs: *Immer ich* und *Armes Schwein*. Auf der Ebene der Appelle wird dem Interaktionspartner schnell klar: „Ich soll Unterstützung anbieten, die- oder denjenigen schonen, Rücksicht nehmen usw."

Mögliche Ursachen

Oftmals begünstigen überprotektive Bezugspersonen (Winterhoff, 2009) die Ausprägung von *Verletzbarkeit*. Die Gründe für einen entsprechend übervorsichtigen Umgang mit dem Heranwachsenden können vielfältig sein; vielleicht durchstand der Nachwuchs eine schwere Krankheit oder musste für Wochen oder Monate stationäre Aufenthalte bewältigen o. Ä. Als Folge solcher Entwicklungen können Eltern bzw. Bezugspersonen in eine überfürsorgliche Haltung geraten, aus der sie selbst nicht mehr herausfinden.

Auf der anderen Seite kann auch eine in der Familie vorhandene Angststörung wie die Soziale Phobie oder eben die oben schon erwähnte generalisierte Angststörung (Damm, 2007) das Muster *Verletzbarkeit* aufseiten des Kindes bzw. des Jugendlichen grundlegen und durch entsprechende Kommunikationsmuster festigen. Der Vollständigkeit halber sei noch in Bezug auf die Begünstigung dieses Schemas der autoritäre Erziehungsstil genannt, der aufseiten des Kindes in manchen Fällen spezifische Ängste und niedrige Selbstwirksamkeitserwartungen generieren kann.

Ressourcen des Schemas

Bis zu einer gewissen Ausprägung generiert dieses Muster einen besonnenen, aufmerksamen Umgang mit sich selbst und anderen. Psychisches und körperliches Wohlergehen stehen im Vordergrund, soziale Kompetenzen spielen mit in den Alltag hinein. Die oben beschriebenen problematischen, weil hinderlichen Phänomene entstehen erst im Falle eines Übermaßes an *Verletzbarkeit*.

Ideen zum konstruktiven Umgang

Manchmal erschaffen Jugendliche mit diesem Muster Gesprächsanlässe, an die die pädagogische Fachkraft leicht andocken kann (unrealistische Ängste, nicht unbedingt realitätsbasierte Erwartungen an andere usw.). Meistens passiert dies aber erst nach einer gewissen Gewöhnungszeit. Im Auge behalten sollte man auf jeden Fall den Impuls, dem Interaktionspartner allzu sehr unter die Arme zu greifen, da ansonsten Selbstwirksamkeitskompetenzen, die i. d. R. auch vorhanden sind, ungenutzt bleiben bzw. gleich zu Beginn verschüttet werden. In Bezug auf einen passenden Mix von Methoden können wir Folgendes vorschlagen:

- Reise zu den Schemata (Abschnitt 4.2.3)
- Einsatz von Modus-Karten (Abschnitt 4.3.2)
- Innere Teile-Arbeit: Flipchart (Abschnitt 4.3.3)
- Zielformulierung nach dem SMART-Prinzip (Abschnitt 4.5.2)
- Schemapädagogischer Hilfeplan (Abschnitt 4.5.3)
- *Glückliches Kind*-Trigger-Übungen (Abschnitt 4.5.4)

3.10 „Ohne dich bin ich nichts!" – *Schema Verstrickung mit anderen*

Heidi (16) besuchte die Schule schon längere Zeit nicht mehr. Alle Bemühungen, sie dahingehend zu motivieren, scheiterten. Sie war und blieb für ihre Lehrerin und Schulsozialarbeiterin nicht erreichbar. Die Teenagerin rauchte regelmäßig Haschisch und musste wegen einer Alkoholvergiftung zweimal hospitalisiert werden. Sie versuchte außerdem, ihren jüngeren Bruder (13) zum Cannabiskonsum zu verführen.

Die psychisch und physisch angeschlagene Mutter von Heidi machte sich deshalb große Sorgen um ihre Tochter. Letztere brauche, so erzählte uns die Erzieherin beim Erstkontakt, für ihre weitere Entwicklung und zu ihrem Schutz einen klaren und engen Rahmen. Da befürchtet werden musste, dass sie sich einer Einweisung in eine geschlossene Einrichtung durch die Strategie „Untertauchen" entziehen würde, wurde sie über die Absicht von Behörden und Eltern nicht informiert.

Bereits zwei Jahre vor ihrem Eintritt ins Lory war sie kurzzeitig fremdplatziert, entwich jedoch von dort regelmäßig. Als sie schließlich ins Lory überführt wird, ist sie über ihre Platzierung sehr schockiert und kann gar nicht verstehen, wieso es zu der Einweisung gekommen ist. Sehr bedürftig erscheint sie, weint viel. Die junge Frau lässt sich aber auch immer wieder von den Fachkräften beruhigen. Heidi stellt viele Fragen. So will sie alle Regeln des Lory wissen und hat die Absicht, „es gut zu machen". Was auffällt: Sie versichert sich immer wieder, ob sie das Gesagte auch wirklich richtig verstanden habe.

Die Trauerphase dauert bei Heidi mehrere Wochen. Sie ist wiederkehrend im „puren Elend", wie sie sagt, weint häufig und äußert, dass sie ihre Eltern so sehr vermisse und ein unglaublich schlechtes Gewissen habe, was sie ihnen „angetan" hätte durch ihr Verhalten. In einem Bezugspersonengespräch, das nach wenigen Wochen anberaumt wird, werden in großer Runde die Gründe angesprochen, warum sie eingewiesen wurde. Währenddessen verharmlost die Teenagerin ihr Verhalten größtenteils: „Ein bisschen Haschisch geraucht, ja, Gott! Aber nicht viel!"; „Alkohol, okay, aber auch nicht sooooo viel!"; „Manchmal, aber eben *nur manchmal* nicht in der Schule gewesen! Wo ist das Problem?". Mit der Familie versteht sie sich nach eigener Wahrnehmung *mega gut*, mit ihrer Mutter ist sie „ein Ganzes" (unternimmt nur mit ihr etwas). Es wird klar: Sie idealisiert die Beziehung zu ihren Eltern, obwohl es nachweislich Indizien dafür gibt, dass Gewalt in ihrer Biografie im Spiel gewesen ist und dass sich die Jugendliche zu Hause zeitweise gar nicht wohlgefühlt hat.

Schrittweise wird schemapädagogisch gearbeitet: Heidi lässt sich mit der Unterstützung ihrer Bezugserzieherin darauf ein, den Schemafragebogen auszufüllen. Bei der Auswertung zeigt sich, dass bei Heidi das Schema *Verstrickung mit anderen* sehr stark ausgeprägt ist. Dies stimmt mit den vorher gemachten Beobachtungen, die im Team auch reflektiert wurden, überein.

Am Anfang ihres Aufenthalts in der geschlossenen Abteilung bewegt sie sich am Rande der Gruppe. Zudem ist Heidi sehr leicht zu beeinflussen, eine Ich-Stärke ist praktisch nicht vorhanden. Oft versinkt sie in sich selber und hinterlässt dann einen apathischen Eindruck. Im Atelier der geschlossenen Abteilung betont sie immer wieder, dass sie „es" nicht könne. So dauerte es seine Zeit, bis sie mit ihrer sog. „Anfangsarbeit" im Werken schließlich trotzdem beginnt.

Erst als Cindy (17), eine weitere Aufnahmekandidatin, neu zur Gruppe stößt, die in der gleichen Stadt wie sie geboren wurde, findet Heidi eine Jugendliche, auf die sie sich voll und ganz einlassen kann. Die zwei Teenager harmonieren auf Knopfdruck miteinander – und Cindy gelingt es sogar, Heidi in den unvermeidlichen Emotionssackgassen zu trösten. Zu ihr hat Heidi eine Beziehung, von der sie wie selbstverständlich Entgegenkommen, Aktivität und Aufopferungsbereitschaft erwartet (und die entsprechenden Bedürfnisse auch erfüllt bekommt).

Auch im schulischen Kontext ist diese neue Beziehung spürbar: War Heidi anfangs unsicher und extrem darum bemüht, alles richtig zu machen, solidarisiert sie sich nun mit Cindy und schließt sich ihren Impulsen an.

Allgemeines

Verstrickung mit anderen impliziert ein sehr hohes Interesse an persönlichen Beziehungen, bis hin zu ausgeprägten, symbiotisch veranlagten. Genauer gesagt, die Betreffenden sind auf mindestens eine stabile zwischenmenschliche Basis angewiesen. Es herrschen Gemeinsamkeiten mit dem psychoanalytischen Konzept des „oralen Charakters" vor (Willi, 2012). Nimmt das Schema extreme Züge an, so gestaltet sich die jeweils inszenierte Beziehung als viel zu eng; und sie geht auf Kosten von Individuation, Selbstwirksamkeit und sozialem Engagement. Flankiert wird ein solches Geschehen von der Wahrnehmung, ohne Bezugsperson XY im Alltag allein nicht zurechtzukommen (ähnlich wie beim Schema *Abhängigkeit von anderen* der Fall, vgl. Abschnitt 3.8).

Im Rahmen des Geschehens wird der Interaktionspartner in sehr emotionaler und kindlich-kreativer Weise als „mütterlicher" bzw. „väterlicher Part" definiert, das eigene Verhalten nimmt eine angepasste Note an. Eine geradezu klassische „orale Kollusion" (ebenda).

Praxiserfahrungen
Wenn Kinder und Jugendliche von diesem Muster dominiert werden, können sie vor allem eins nicht: alleine sein. Autonomiebestrebungen liegen des Weiteren nicht vor. Eine unabhängige Existenz ist ihre Sache nicht, in Phasen des Alleinseins entstehen ein massives Gefühl der Leere sowie eine tiefe Sehnsucht nach dem fehlenden Gegenstück, mit dem man in gemeinsamen Zeiten zu „einem Ganzen" verschmilzt. Phänomene der Unsicherheit, Angst und mangelhafte Orientierung prägen maßgeblich die umgangssprachlichen Durststrecken.

Wir haben auch schon die Konstellation erlebt, dass auch pädagogische Fachkräfte für das Projekt „Symbiose" ausgewählt wurden, und so mancher Erwachsene hat sich schon entsprechend einspannen und „verführen" lassen (womit außer der Erwirtschaftung eines hohen Beziehungskredits nichts erreicht wird).

Die betreffenden Jugendlichen kommunizieren viel über Probleme und Benachteiligungen. Somit werden über mehrere Kanäle aufseiten der Interaktionspartner fürsorgliche Persönlichkeitsanteile getriggert.

Verstrickung mit anderen generiert typische Images („Ich konnte gestern Abend überhaupt nicht einschlafen, mir ging es gar nicht gut!"), Tests („Kannst du mir mal helfen? Ich habe da ein Problem!"), Spiele (*Armes Schwein, Immer ich, Opfer der Umstände*) und Appelle („Muss ich das jetzt machen? Echt jetzt? Ich bin heute eh schon total nah am Wasser gebaut!").

Mögliche Ursachen
Das üblicherweise schwach ausgeprägte Bedürfnis nach Autonomie bzw. Eigenständigkeit hat i. d. R. ganz klassische Gründe. Ohne deren Kenntnis können aufseiten der pädagogischen Fachkräfte leicht negative Gegenübertragungsimpulse entstehen (König, 2010). Wenn man sich vor Augen führt, wie ausgeprägt Säuglinge aufgrund von angeborenen Ressourcen (Roth, 2016) von Geburt an Neugier an explorativem Verhalten zeigen, Gestaltungsfreude und Forschungsdrang offenbaren (Hüther & Hauser, 2014), so wird schnell klar: diese Potenziale wurden im Fall von *Verstrickung mit anderen* in der frühen Kindheit eher weniger gefördert bzw. nicht positiv verstärkt. Vielleicht waren diese Potenziale auch gänzlich unerwünscht. In vielen Fällen wurde darüber hinaus auch eine gewisse Abhängigkeit vonseiten des sozialen Umfelds inszeniert, z. B. durch Kontrolle oder mangelhaftes Zugestehen von Eigenständigkeit (Stichwort: Überfürsorge). Berichtet wurde uns aber auch schon von der sog. „Erziehung durch Schuldgefühlserweckung" (Riemann, 2019). Im Rahmen dieses Geschehens werden häufig Sätze wie die folgenden formuliert, sollte der Nachwuchs eigene Impulse umsetzen, die den Interessen des sozialen Umfeldes widersprechen: „Lauf nicht so weit weg, sonst ist die Mama ganz traurig!"; „Wenn du jetzt nicht runterkommst, sind wir enttäuscht!"; „Wenn du das nicht machst, werde ich die ganze Nacht nicht schlafen können!". Es ist fast schon überflüssig zu erwähnen, dass solche Äußerungen das Kind in starke Gewissenskonflik-

te bringen und Schuldgefühle auslösen, die ausschließlich durch Anpassung an die Erwartungen des Umfeldes reduziert werden können. Dasselbe gilt für den Umgang mit Frustrationen oder gar Wut. Häufig konnten Jugendliche mit diesem Muster früher keinen adäquaten Umgang mit unangenehmen Stimmungen erlernen.

Diskutieren, streiten, die eigene Meinung vertreten und durchsetzen – das sind i. d. R. Kompetenzen, die aus den erwähnten Gründen nicht mit dem hier thematisierten Schema einhergehen.

Ressourcen des Schemas

Verstrickung mit anderen übt einen massiven Einfluss auf Interaktionspartner aus, weil mit dem Schema ein fundamentales Beziehungsthema (Appell) mitschwingt. Im Praxisfeld Heimerziehung kann das Muster in manchen Fällen gar zur Spaltung von Gruppen (und Teams) führen. Die einen Jugendlichen/Teamer nehmen Rücksicht auf das „zarte Pflänzchen", bieten Unterstützung an und gewährleisten den „Welpenschutz"; die anderen entwickeln eher eine negative Gegenübertragung, die sich bis ins Mobbing weiterentwickeln kann. Die Vorteile für den Betreffenden können überwiegen, denn häufig fühlt sich mindestens eine Person im Umkreis unglaublich stark angetriggert. Infolgedessen, und das haben wir noch nie anders wahrgenommen, bahnt sich ziemlich schnell die oben schon erwähnte Struktur einer Symbiose an. Ich (M.D.) erinnere mich in diesem Kontext an so eine Konstellation in einer meiner Sozialassistenten-Klassen im Schuljahr 2007/2008. Eine weibliche und ein männlicher Schüler wurden innerhalb der ersten beiden Schulwochen ein Paar. Eines Tages, nicht viel später, passte mich der „väterliche Part" vor Beginn des Unterrichts vor dem Klassenraum ab und entgegnete mir mit ernstem Blick: „Sie dürfen heute die Sabrina nichts fragen, ihr geht es heute nämlich nicht so gut!"

Ideen zum konstruktiven Umgang

Der Fokus der schemapädagogischen Interventionen liegt in diesem Fall ausschließlich auf der Ressourcenstärkung. Der Grund: Weil nach unserer Erfahrung die Arbeit mit dem schemakorrelierenden Modus (hier: *passives/hilfloses Kind*) nicht zielführend ist. – Die Betreffenden wissen nicht und wollen auch nicht herausfinden, dass sie einen Anteil an ihrem Dilemma und an zwischenmenschlichen Konflikten haben, sie meinen es doch nur gut, sind angepasst und machen keinen Ärger. Ein großer Wert wird auf „Friedhöflichkeit" gelegt (Schulz von Thun, 2007), was die Sache zusätzlich verkompliziert. Wird die oder der Professionelle einmal berechtigterweise lauter, etwa anlässlich von Regelverstößen, und fängt an zu diskutieren, heißt es schnell: „Jetzt seien Sie doch nicht so aggressiv mir gegenüber, ich habe gar nichts gemacht! Schreien Sie mich nicht so an!" In solchen Momenten sollte man sich die Entstehungsbedingungen dieses Schemas bewusstmachen, da sich ansonsten automatisch eine kognitive Dissonanz aufseiten der pädagogischen Fachkraft Bahn brechen kann, die eventuell den *Bestrafer* triggert.

Druck ausüben – das bringt gerade bei diesem Muster nichts. Daher sagt auch Sachse (2019a) bezüglich dieser Charakterstruktur sinngemäß: „Man kann keinen

Pudding an die Wand nageln." In Bezug auf die Ressourcenstärkung möchten wir Ihnen folgende Methoden an die Hand geben:

- Schemafragebogen (Abschnitt 4.2.1)
- Modus-Wochenprotokoll (Abschnitt 4.2.3)
- Reise zu den Schemata (Abschnitt 4.3.6)
- Zielformulierung nach dem SMART-Prinzip (Abschnitt 4.5.2)
- „Grüne Punkte"-Karten (Abschnitt 4.6.1)
- Erfolgs-Tagebuch (Abschnitt 4.6.2)

3.11 „Mir geht nichts über mich!" – *Schema Anspruchshaltung/Grandiosität*

Dianas (16) Familienkonstellation ist unübersichtlich. Sie hat insgesamt vier Geschwister resp. Halbgeschwister. Ihre Eltern sind geschieden, wobei die Mutter das Sorgerecht hat. Bereits in ihrer frühen Kindheit zeigen sich Anzeichen einer Überforderung in der Erziehung. Es werden zudem zu wenige Grenzen gesetzt, die Erziehungsbemühungen nicht durchgesetzt – das Kind kann sich entsprechend aufführen „wie eine Prinzessin" (O-Ton der Mutter). Im Alter von 10 Jahren gestaltet sich die Beziehung zwischen Diana und ihrer Mutter immer schwieriger. Bis zur 5. Klasse besucht sie eine öffentliche Schule in ihrem Wohnort. Danach wird eine erste Platzierung in einer Wohngemeinschaft vorgenommen. Mit der Zeit setzt sie sich jedoch mehr und mehr über die Regeln hinweg. Es folgen Entweichungen, viele Schulabsenzen und grenzüberschreitendes Verhalten, weshalb sie schließlich in dieser Wohngemeinschaft nicht mehr tragbar ist.

Nach einer 3-monatigen, letztlich nicht erfolgreichen Timeout-Platzierung erfolgt schließlich im Alter von 16 Jahren der Eintritt in die geschlossene Abteilung des Lory. Die ersten Stunden verlaufen recht dramatisch. Aufgrund von (vorgetäuschten) massiven gesundheitlichen Problemen seitens Diana erfolgt eine Überführung ins Spital. Diana hegt die Hoffnung, von dort entweichen zu können. Am zweiten Tag offenbart sie suizidale Gedanken, weshalb ein Arzt hinzugezogen wird. Dieser überweist sie in die Kinder- und Jugendpsychiatrie. Während des Transports gelingt Diana die Flucht – die jedoch nur vor kurzer Dauer ist: Einen Tag später greift sie die Polizei auf.

Diana kann sich schließlich aber recht gut in der Gruppe einleben, obwohl sie zuweilen dünnhäutig, dann wieder aufbrausend oder gar aggressiv auftritt. Sie lässt sich auch auf die Schema-Arbeit ein und erzielt insgesamt in vielen Bereichen recht hohe Werte, wobei das Schema *Anspruchshaltung/Grandiosität* den höchsten Ausschlag zeigt.

Im Verlauf ihres Aufenthalts im Lory offenbart sich immer stärker ihr dominantes Lebensthema. So ist die Teenagerin beispielsweise in der Schule immer weniger dazu bereit, sich auf die vorgegebenen Aufträge einzulassen. Diana arbeitet am liebsten selbstständig und ohne Vorgaben, bis sie schlussendlich meint, dass sie die Schule sowieso nicht brauchen würde. Ihre Frustrationstoleranz ist sehr gering und es kommt zuweilen zu heftigen verbalen Ausbrüchen, wenn sie eine mögliche Überforderung vorauseilend erahnt.

In der Wohngruppe tritt sie nunmehr sehr überlegen und laut auf – sie nimmt sehr viel Aufmerksamkeit in Anspruch und setzt sich auch über Regeln hinweg, da sie sich auf den Standpunkt stellt, dass diese für sie nicht gelten würden. So bestimmt sie oft auch das Tischgespräch und nimmt generell auf andere Jugendliche und gewisse Team-Prozesse bewusst Einfluss.

Ihr Auftreten ist äußerst selbstbewusst. Diana stolziert häufig mit geschwellter Brust über das Areal und genießt es, Blicke auf sich zu ziehen. Dies nimmt zuweilen recht groteske Züge an: So ist sie zuweilen so übertrieben geschminkt, dass der Eindruck ins Clownhafte abdriftet, was nicht unbemerkt bleibt. Diana ist das Getuschel völlig egal und lebt frei nach dem Motto: „Aufmerksamkeit um jeden Preis!"

Externe Termine nimmt sie nicht sehr zuverlässig wahr. So erscheint sie beispielsweise nur an drei von fünf Probearbeitstagen. Sie gönnt sich selbstüberzeugt einige Freitage – für das im bisherigen Jahr „Geleistete" (aus ihrer Sicht). Ganz selbstverständlich nimmt sie sich Sonderrechte heraus und ist sich ihres Fehlverhaltens überhaupt nicht bewusst.

Wird ihren Wünschen nicht unmittelbar entsprochen, dann reagiert sie ärgerlich und aufbrausend. Sie überschreitet mit ihrer Wortwahl und ihrem Verhalten sämtliche Grenzen und lässt jeglichen Respekt vermissen.

Journal-Eintrag | Wohngruppe, 12. Oktober – Erfasser/in: Kamila Roth

Bei Diana steht nach wie vor die unmittelbare Erfüllung ihrer zahlreichen Bedürfnisse an erster Stelle. Das zeigt sich in allen Arbeitsbereichen. Kann Diana das von ihr Gewünschte nicht erfolgreich einfordern, reagiert sie ärgerlich und heftig. Die junge Dame wird dann verbal und tendenziell auch körperlich übergriffig. [...] Sie bevorzugt Teamarbeiten, im Rahmen derer sie sich vor den anderen Jugendlichen und auch Erwachsenen inszenieren kann und vergisst dabei das Erledigen der Arbeit resp. vernachlässigt diese. Sie zeigt aber auch immer wieder eine humorvolle Seite. Wenn es darauf ankommt, weiß sie sich freundlich und zuvorkommend zu verhalten und kann dies für begrenzte Zeit prosozial nutzen.

Allgemeines
Dieses Schema offenbart sehr viele Parallelen zum Konzept des Narzissmus und kann daher nach unserer Einschätzung darüber hinaus als nahezu deckungsgleich

definiert werden (u. a. Damm, 2019b; Haller, 2019; 2020; vgl. Sachse et al., 2011). Wer als „Narzisst" gelabelt wird, der trägt i. d. R. ein sehr negatives Etikett. Diese Personengruppe gilt als empathielos, egoistisch und parasitär in Beziehungen; Kritik erträgt man nicht, Beratungsresistenz macht sich zudem breit usw.

Was dabei oft vergessen wird, ist, dass jeder von uns narzisstische Anteile hat, die mal mehr, mal weniger offensichtlich im Psychischen walten und schalten. Ist das Muster *Anspruchshaltung/Grandiosität* im mittleren Ausprägungsbereich verortet, so offenbaren die betreffenden Personen gesunden Ehrgeiz, Selbstbewusstsein, Entscheidungsfreude und Durchsetzungsfähigkeit. Insofern gehen grundsätzlich viele Kompetenzen mit diesem Potenzial einher.

Im klinischen Setting (Dieckmann, 2011, S. 71) offenbart sich das Schema *Anspruchshaltung/Grandiosität* demgegenüber als extrem pathologisch. Dann trifft das negative Label meistens doch ins Schwarze und wir haben es mit den vier großen „E" (Haller, 2019) zu tun: Egozentrismus, Empfindlichkeit, Erniedrigung und Empathiemangel.

Praxiserfahrungen

Wir haben es in unseren Praxisfeldern des Öfteren mit *Anspruchshaltung/Grandiosität* alias Narzissmus zu tun, und zwar in diversen Varianten. Sehr gewinnbringend, weil im Hinblick auf die Fachkompetenz erweiternd, ist hierbei die Berücksichtigung der Unterteilung von Sachse et al. (2011) in (a) *erfolgreiche*, (b) *gescheiterte* und (c) *erfolglose* Narzissten.

(Auch) in pädagogischen Praxisfeldern tummeln sich junge Erwachsene, die (a) sehr viele Ressourcen offenbaren und diese Potenziale auch im Alltag entsprechend gewinnbringend nutzen können; andere narzisstisch Strukturierte sind (b) vielleicht einmal trotz ihrer Kompetenzen wie Ehrgeiz und Leistungsbereitschaft an die sprichwörtliche Wand gefahren (z. B. in der Schule) und wieder „aufgestanden" (auch hier liegen viele Kompetenzen vor); die letzte relevante Personengruppe (c) hat in ihrem Leben i. d. R. noch gar nichts geleistet, trotzdem zeichnet sie sich durch Größenfantasien und überzogene Erwartungen an andere aus („Bewundert mich und spendet mir Anerkennung!").

Tatsächlich teilen alle drei Typen die Überzeugung, überlegen und außergewöhnlich zu sein, im Gegensatz natürlich zu den „Normalos", auf die man erhaben, arrogant bis süffisant herabblickt. Narzissten meinen, Besonderheiten in Anspruch nehmen zu dürfen, das Patent auf Erfolg und Wohlstand zu haben usw. Hierzu bedarf es natürlich eines gewissen Konkurrenzdenkens. Manchmal werden die Bedürfnisse und Gefühle anderer entsprechend nicht oder nur wenig beachtet bzw. auch mit Füßen getreten.

Jugendliche mit diesem Schema fordern uns ziemlich heraus. Sie sind extrovertiert, präsent und häufig „auf ihrer Bühne" bzw. erschaffen diese so gut wie alltäglich. Hat man eine oder einen Jugendlichen mit dieser Facette im Gruppenverband, so wird es, etwas sarkastisch bemerkt, vor allem eines nicht: langweilig.

Allein schon die Images haben es in sich und können sehr effizient pädagogische Reaktionen provozieren, genauer gesagt, die pädagogische Fachkraft in eventuell unprofessionelle, kritisierende und strafende Anteile hineintriggern (Aktion: „Jolo! Ich bin Mandy, chill erstmal deine Base, Alter!" – Reaktion: „Mandy, NICHT IN DIESEM TON!"); die Tests ebenso („Hast du überhaupt studiert, Bro?!"). Appelle werden in den meisten Fällen vor dem Hintergrund des Schemas *Anspruchshaltung/Grandiosität* niemals offen kommuniziert, sondern ausschließlich verdeckt. Das Grundbedürfnis „Anerkenne und bewundere mich" wabert demgemäß irgendwo im Hintergrund, aber es schimmert für den geschulten Beobachter immer durch. Zudem gibt es, sehr verräterisch, bevorzugte Spiele von Narzissten, die Sachse et al. (2011) hervorragend herausgearbeitet haben: *Mords-Molly, Unterhaltsam sein, Regelsetzer, Das letzte Wort gehört mir* (vgl. Damm, 2019b). Mit den genannten Interaktionsstrategien lässt sich, so herausfordernd sie jetzt vielleicht klingen, empathisch-konfrontativ sehr gut arbeiten, da es sich ja um extrovertierte Maschen handelt, um „Reibungsangebote". Wir empfehlen bei Narzissten sowieso konfrontative Methoden – auf diese werden wir im Praxisteil noch ausführlich eingehen.

Mögliche Ursachen

In der Fachliteratur (vgl. Oldham & Morris, 2017; Haller, 2019) werden verschiedene Entstehungsmodelle herangezogen, die die Grundlagen und Ausprägungsursachen eines narzisstischen Persönlichkeitsstils bzw. einer entsprechenden Persönlichkeitsstörung darlegen.

Es wird differenziert zwischen frühkindlicher (Über-)Verwöhnung, Deprivation und Diskreditierung (zusammenfassend: Damm, 2019b). Viele Befunde belegen vor dem Hintergrund des Narzissmus-Phänomens zudem eine genetische Komponente (Roth 2016; Buss, 2004), was wiederum bedeutet, dass, wie man umgangssprachlich sehr oft hört, nicht allein die Bezugspersonen „dafür" verantwortlich sind.

Wir finden außerdem auch, dass Narzissmus nicht *per se* allzu sehr negativ gelabelt werden muss (was jedoch gerade gesellschaftlich *en vogue* ist), denn man muss sich auch einmal bewusst vor Augen führen, in welcher Welt wir heute leben würden, wären nicht in den letzten Jahrhunderten und -tausenden zahllose Forscher, Querdenker, Philosophen, Kulturschaffende, Erfinder ans Maximum ihrer Schaffenskraft mithilfe ihrer narzisstischen Persönlichkeitsfacette gegangen! Die Gegenwart wäre zweifellos eine andere, und zwar ziemlich sicher eine primitivere.

Ressourcen des Schemas

Die Vorteile eines durchschnittlich stark ausgeprägten Narzissmus liegen auf der Hand. Die oder der Jugendliche offenbart Ehrgeiz, Entscheidungsfreude, Willen(!) und Extraversion, was auf andere Teenager Eindruck machen kann. Eine ordentliche Portion Charisma flankiert manchmal das Phänomen und man kann dadurch weitere positive Impulse im sozialen Miteinander setzen (Stichwort: „Rampensau-Mentalität“). Pädagogische Fachkräfte können leicht an den jeweiligen Potenzialen und sozialen Stärken ansetzen, um Beziehungskredit aufzubauen. Dann fällt erfreulicherweise eine etwaige Konfrontation mit den Kosten des schemakorrelierenden Modus *Selbsterhöher* späterhin leichter. Gerade bei diesem Muster ist abzuwägen, wie viel Anteil an Konfrontation man in der Klärungsphase einfließen lässt.

Interaktionstoxisch wird es wie immer dann – das sei noch einmal zusammenfassend erwähnt –, wenn der Narzissmus Extreme annimmt, die Persönlichkeit entsprechend einnimmt und zu den problematischen Kommunikations- und Beziehungserwartungsmustern führt, die bereits oben erwähnt und kurz beschrieben wurden.

Ideen zum konstruktiven Umgang
Haben Fachkräfte irgendwann einen Draht zu narzisstisch strukturierten Kindern und Jugendlichen, so merken sie schnell, dass die üblichen „Auftritte“, Provokationen und sonstigen Nadelstiche auf der Beziehungsebene prozesshaft abnehmen. I. d. R. ist der Grund hierfür die geklärte „Beziehung“. Der Beziehungsaufbau kann ein Kinderspiel sein, aber das weiß man nie vorher. Es ist wichtig, die Strategien von „grandiosen“ Vertretern unserer Zielgruppe zu Beginn der Zusammenarbeit direkt aufzudecken und humorvoll, empathisch bzw. konfrontativ zu thematisieren.

Nach unseren Erfahrungen kann die folgende Auswahl an schemapädagogischen Methoden auf fruchtbaren Boden fallen:

- Schemafragebogen (Abschnitt 4.2.1)
- Modusfragebogen (Abschnitt 4.2.2)
- Eddie Murphy (Abschnitt 4.3.4)
- Reise zu den Schemata (Abschnitt 4.3.6)
- Modus-Interview (Abschnitt 4.4.1)
- Stühlearbeit – einfache, komplexe und konfrontative (Abschnitt 4.4.2)
- Psychospiel-Memory (Abschnitt 4.4.3)

3.12 „Nö, mach ich nicht!“ – *Schema anecken wollen/Rebellion*

Nach einem Wohnortswechsel vom Land in eine größere Gemeinde beginnen die Schwierigkeiten: Florence (14) nimmt sich sehr viele, für jeden ersichtlich, nicht altersgerechte Freiheiten heraus. – Rund 10 Monate vor der Platzierung im Lory wird seitens der Schule eine Gefährdungsmeldung eingereicht. Florence falle negativ auf, rauche (laut Meldung auch Cannabis) und sie treffe sich mit volljährigen Männern. Sie sei oft aggressiv und verbal ausfällig gegenüber Klassenkameradinnen und -kameraden.

Bei der Einweisung wird Florence von behördlicher Seite folgendermaßen beschrieben: In einer Time-Out-Platzierung habe sich kurzfristig eine Verbesserung der Situation ergeben. Florence habe die Entweichungen auf ein tolerierbares Minimum reduzieren und sich teilweise auf das Unterstützungssetting einlassen können, sodass eine Zusammenarbeit im Großen und Ganzen möglich gewesen sei.

Nach wenigen Wochen hätten die Auffälligkeiten jedoch wieder massiv zugenommen. Ihr Verhalten sei von den Bezugspersonen zunehmend als grenzüberschreitend beschrieben worden; sie halte sich an keinerlei Abmachungen, verweigere jegliche Kommunikation mit den Fachpersonen, drohe im Wohnsetting und in der internen Schule diversen Interaktionspartnern Schläge an. Florence sei regelmäßig, auch nachts, unterwegs. Es sei unklar, wo sie sich aufhalte. Und weiter: Sie verweigere seit einiger Zeit die Abgabe von Urinproben, der Konsum von Drogen könne daher nicht ausgeschlossen werden. Aufgrund ihres Verhaltens sei Florence in der internen Schule nicht mehr tragbar resp. beschulbar, weshalb sie von diesem Angebot ausgeschlossen worden sei. Die vorherige Einrichtung ist deshalb zu dem Schluss gekommen, dass die Teenagerin im offenen Rahmen nicht mehr tragbar sei, die Möglichkeiten der Institution seien ausgeschöpft. Die Zielsetzung der Stabilisierung und Zusammenarbeit von und mit Florence habe nicht erreicht werden können. Im offenen Rahmen könne sie sich auf keine Unterstützung einlassen.

Zur Situation im engsten sozialen Umfeld ist festzustellen: Die Mutter würde Florence gerne wieder selbst betreuen, realisiert aber auch, dass sie es in der aktuellen Situation nicht schafft, Florence Grenzen zu setzen. Die Erwachsene sieht keine Einflussmöglichkeiten mehr. Die Behörden kommen zum Schluss, dass das Wohl von Florence akut gefährdet ist. Eine Rückkehr nach Hause sei aktuell nicht denkbar und die Möglichkeiten im offenen Rahmen seien ausgeschöpft. Deshalb wird die Unterbringung im Lory empfohlen.

Sie tritt in die geschlossene Wohngruppe ein. Auch in diesem Setting kommt es wiederholt zu schwierigen Situationen und Florence offenbart ein forderndes, grenzüberschreitendes und aggressives Verhalten. Nachstehend ein Auszug aus einem Ereignisprotokoll:

Florence kommt trotz ihres gebrochenen Fußes auf Krücken nach draußen, um beim Sport mitzuwirken. Dort beginnen die Jugendlichen bei sommerlichen Temperaturen, sich gegenseitig nass zu spritzen. Florence selbst will keine Tropfen abbekommen, ist aber dann doch an vorderster Front dabei, die anderen Jugendlichen zu bespritzen. Als sie dann doch nass wird, sorgt dies für extremen Frust bei ihr. Mit einer Wasserpistole attackiert sie im Anschluss daran eine andere Jugendliche, die aber derweil ebenfalls temporär als Wasserphobikerin in Erscheinung tritt. Diese Situation eskaliert schnell und führt ad hoc zu einem verbalen Schlagabtausch über mehrere Meter hinweg. Nach einer kleinen Gesprächspause stakst Florence wie auf Knopfdruck auf ihren Krücken bedrohlich auf ihr Gegenüber zu. Als die Lehrperson dazwischen geht, gerät jene ins Fadenkreuz der Beleidigungen. Der Alarmknopf wird nicht betätigt, obwohl Florence massiv aufdreht – aufgrund ihres gebrochenen Fußes, so die Einschätzung des anwesenden Lehrers, gefährdet sie sich in dieser Situation bis hierhin tendenziell selbst (aber noch im tolerierbaren Grenzbereich). Mit dem Auslösen des Alarms hätten die herbeieilenden Mitarbeiter sie noch mehr unter Druck gesetzt und eventuell eskalierend gewirkt.

Florence scheint zur Besinnung zu kommen, setzt sich schließlich wieder auf die Bank. Die Lehrperson eröffnet ihr, dass sie aufgrund des Vorfalls aufs Zimmer zu gehen habe. Florence verweigert jedoch die Aufforderung und tritt gegenüber der Lehrperson weiterhin aggressiv auf, indem sie u. a. Folgendes sagt: „Ich haue Ihnen eine in die Fresse! Passen Sie ja auf, sonst werden Sie zum Arzt gehen müssen!"

Eine Ressource, die sich bei Florence immer wieder zeigt, liegt insbesondere im gestalterisch-kreativen Bereich. Hier blüht sie regelrecht auf (wie eine andere Notiz zeigt): „Ein weiterer Tag, an dem Florence für sich allein an einem Tisch schönste Kreationen von Armbändchen macht. Sie lässt sich kaum auf Gruppengespräche ein, ist für sich, in ihrer Welt und arbeitet pausenlos."

Nach ihrem Übertritt in eine der halbgeschlossenen Wohngruppen ist entsprechend wieder planmäßig der Schulbesuch angedacht. In letztgenanntem Setting, so zeigt sich schnell, agiert jedoch hauptsächlich die *Null-Bock-Florence*, einer ihrer starken Ich-Zustände, wie die Auswertung des Modusfragebogens zeigt. Es gelingt ihr praktisch nie, sich auf schulische Aufgabenstellungen konstruktiv einzulassen, sei es in Form von Einzel-, Partner- oder auch Gruppenarbeitsphasen. Wenn sich einmal eine Situation ergibt, auf die sie sich ansatzweise einlassen könnte, verpufft diese leider sehr schnell in Form von entstehenden herausfordernden Verhaltensweisen. An einen erfolgreichen Schulabschluss ist nicht zu denken.

Auch in der Wohngruppe zeigt sich Florence nach wie vor sehr ungeduldig, wenn es darum geht, ihre Bedürfnisse zu befriedigen. Wenn sie nicht innerhalb einer kurzen Frist bekommt, was sie gerade will, schreit sie zwar nicht mehr wahllos herum wie früher, sie scheint aber „diese Gedanken", wie sie sagt, nicht mehr aus dem Kopf zu bekommen. So kann sie beispielsweise x-mal am Tag fragen, ob denn jetzt „neue Zigaretten gekauft worden seien".

Sie kann sich darauf einlassen, die Fragebögen zur Schemapädagogik und zu EQUALS auszufüllen. Es zeigt sich folgendes Bild: *Anecken wollen/Rebellion* steht an oberster Stelle. In Bezug auf die Modi sind das *Null-Bock-* und das *aggressive Ich* dominierend. Beim EQUALS ergibt die Auswertung des MAYSI-2 (Massachusetts Youth Screening Instrument, 2nd-Version), dass das Risiko „ärgerlich-reizbar" sehr stark ausgeprägt ist.

Allgemeines

Dieses Schema weist hohe Überschneidungen mit dem Konzept des sog. passiv-aggressiven Persönlichkeitsstils auf (Oldham & Morris, 2017; Sachse, 2019). Die von diesem Phänomen betroffenen Personen sind grundsätzlich „dagegen", und zwar gegen Rahmenbedingungen, Vorgaben, Strukturen, Erwartungen und Anforderungen von anderen. Hinsichtlich ihrer rebellischen Grundhaltung können sie sehr

„stachelig" sein und vorauseilend ihre Einstellung ohne ersichtlichen Anlass kundtun, was in Praxisfeldern, in denen die Betreffenden neu aufgenommen werden, für eine grundsätzliche Antipathie sorgen kann. Man will seine eigenen Grenzen verteidigen, seine Autonomie schützen – und übertreibt es dabei mitunter. Die damit einhergehende Selbstschädigung wird bereitwillig in Kauf genommen und man zeigt in solchen Situationen den eisernen Willen, mit dem Kopf durch die Wand gehen bzw. mit den sprichwörtlichen wehenden Fahnen sehenden Auges untergehen zu wollen.

Praxiserfahrungen

Anecken wollen/Rebellion offenbart sich u. a. in einer gering ausgeprägten Frustrationstoleranz. Sobald eigene Bestrebungen kanalisiert bzw. von außen nicht zugelassen werden, weil sie eben gerade unpassend sind, wird *nolens volens* das Schema (negativ) getriggert und die oder der Betreffende switcht in den *Null-Bock-Modus*, anders gesagt ins *bockige Kind* (Young et al., 2008). Nebenbei erwähnt: Positiv würde das Thema durch folgende Ansagen getriggert werden (Vorsicht: Ironie): „Du musst hier gar nichts machen, wenn du nicht willst!"; „Hier hast du einen Schlüssel für dein Zimmer, wenn du mal deine Ruhe haben möchtest!"; „Was können wir heute für dich tun?".

Aufgaben, die mehrere Arbeitsschritte implizieren (z. B. pünktlich aufstehen, Morgendusche, Zähneputzen, anziehen, frühstücken, abräumen usw.) sind in vielen Fällen ein Unding. Das beschriebene Projekt kann schon beim A (wie pünktliches Aufstehen) scheitern. Dass durch diese verneinende Lebensphilosophie das soziale Umfeld im Heimbereich *zwangsweise* in kritische bzw. strafende Eltern-Anteile getriggert wird, wird vom Initiator nicht gesehen.

„Chillen" steht ganz hoch im Kurs. Man meidet Situationen, verbunden mit der Notwendigkeit der eigenen Aktivität, die (S. Freud würde sagen) nicht dem Lustprinzip entsprechen, also keinen Spaß machen, d. h. nicht zur Ausschüttung von Glücksbotenstoffen wie Dopamin, Oxytocin und körpereigenen Opioiden führen (Bauer, 2008a). Dummerweise ist der „normale" Alltag in einer (Leistungs-)Gesellschaft gerade aber (auch) mit solchen Anforderungen verbunden (was aber in der Biografie in vielen Fällen den Heranwachsenden gegenüber verzerrt bzw. gar nicht so vermittelt wurde, s. u.).

In der Schule klingt das hier thematisierte Schema im aktivierten Zustand meistens so: „Wieso sollen wir denn das jetzt abschreiben?!"; „Ich hab nix gelernt und trotzdem ne 4!"; „Sie können mir gar nichts anhaben, ich weiß um meine Rechte!".

Man kann sich leicht vorstellen, dass dieses Lebensmuster in Einbahnstraßen führen kann. Man kämpft an allen Fronten gegen reale und vermeintliche Beeinträchtigungen der Autonomie, ist in manchen Fällen komplett unfähig, sich an Strukturen anzupassen, sich einzugliedern. Ständig geht es um die Rebellion gegen „die da oben".

Kommuniziert wird die Verteidigung der Grenzen meistens, wie schon angedeutet, vorauseilend, und zwar insbesondere durch typische Images, die sinngemäß in etwa folgende Überschrift tragen: „Achtung, hier komme ich, und ihr stört am besten meine Kreise nicht, sonst knallts!" Entsprechende Tests klingen oft wie Drohungen (siehe Fallbeispiel), wobei festzuhalten ist, dass in diesem Fall meistens (nicht immer) die Weisheit zutrifft: Hunde, die bellen, beißen nicht. Es geht lediglich um die Wahrung der persönlichen Grenzen, eben in übertriebenem Maße. Appelle werden, wie auch bei den Narzissten der Fall, nicht offen und authentisch kommuniziert. Im Rahmen der Gegenübertragung empfinden pädagogische Fachkräfte sehr schnell den Impuls, den Interaktionspartner am besten in Ruhe zu lassen. Dann wäre alles gut. Wenn Sie zu einer solchen Wahrnehmung in Bezug auf möglicherweise passiv-aggressiv strukturierte Jugendliche gelangen sollten, dann ist diese Empfindung ein guter Gradmesser bei der folgenden Fragestellung: Liegt hier das Schema *anecken wollen/Rebellion* vor? Die Eindrücke sollten natürlich im Team abgeglichen und schemapädagogisch reflektiert werden, um sie ggf. verifizieren zu können. In Bezug auf die Spiele ist zu sagen: Sehr hoch im Kurs stehen: *Regelsetzer, Immer ich* und *Mords-Molly* (vgl. Abschnitt 4.4.3.).

Mögliche Ursachen

„Ein gebranntes Kind scheut das Feuer" – sie kennen sicher das bekannte Sprichwort, das in vielen Alltagssituationen passend ist, in denen man mit Menschen zu tun hat. Es weist interessanterweise vor dem Hintergrund des aktuellen Themas auch gleichzeitig auf einen möglichen Entstehungsfaktor dieses Lebensmusters hin. In vielen Fällen erlebten die Jugendlichen in ihrer Kindheit Bezugspersonen, die so manches Mal die Grenzen der Autonomie ihres Nachwuchses missachtet und durchbrochen haben. Nachweislich entwickeln nicht wenige Heranwachsende in autoritären, strengen Elternhäusern eine rebellische Grundhaltung, die sich im späteren Leben manifestieren kann – und dann ist man eben gegen jeden und alles, was Ansprüche stellt und Regeln setzt, negativ eingestellt (Riemann, 2019).

Aber auch gegensätzliche Sozialisationserfahrungen können das *Schema anecken wollen/Rebellentum* grundlegen und ausformen, etwa wenn an Kinder überwiegend wenige bis keine Erwartungshaltungen herangetragen werden, die Tagesabläufe und strukturiertes Agieren im Haushalt unterstützen. Die oder der Heranwachsende waltet und schaltet, wie es eben gerade für sie/ihn passt. Daraus können innere Glaubenssätze erwachsen, die später das passiv-aggressive Lebensthema flankierend unterstützen können („Für mich gelten besondere Regeln"; „Ich muss jederzeit meine Grenzen verteidigen!"; „Gar nix muss ich!").

Ressourcen des Schemas

Passiv-aggressive Persönlichkeiten offenbaren auf den ersten Blick eine akkurate Ich-Stärke. Kommt noch ein hoher Intellekt hinzu, so können durchaus in passenden Lebensbereichen massive Erfolge verbucht werden (z. B. Engagement in politisch interessierten Gruppierungen). Die Betreffenden vertreten ihre Rechte in hohem Maß (den Pflichten kommen sie eher weniger nach).

Ankreiden kann man diesem Lebensthema, dass es dazu führt, dass Gruppen, denen die Betreffenden angehören, wiederum gespalten werden. – Die einen sympathisieren mit dem Revoluzzer, die anderen möchten einfach ihre Ruhe haben. Zudem kann die (mit diesem Schema typischerweise einhergehende) schwach ausgeprägte Frustrationstoleranz regelmäßig für Reibungen mit Gleichaltrigen und pädagogischen Fachkräften sorgen, was sich wiederum kontraproduktiv für den Initiator auswirkt.

Ideen zum konstruktiven Umgang

Ganz allgemein können wir zunächst Folgendes empfehlen: Das pädagogische Vorgehen darf durchaus immer mal wieder transparent gemacht werden. Abzuraten ist aber von Diskussionen(!) darüber, warum dies und das so ist, wie es ist. Es gelten die Regeln XY, und zwar für jeden, deshalb ist das so. Fertig. Auf der anderen Seite lohnt sich das Andocken an den „rebellischen" Freizeitbeschäftigungen, die i. d. R. praktiziert werden. Dummerweise werden die Erwachsenen gewöhnlich als potenzielle „Freiheitsbeschränker" gesehen, zumindest in der Anfangszeit ohne Beziehungskredit. Darauf sollte man sich einstellen und sich auf diejenigen Methoden konzentrieren, die mit dieser Personengruppe am ehesten Sinn machen:

- Schemafragebogen (Abschnitt 4.2.1)
- Modusfragebogen (Abschnitt 4.2.2)
- Reise zu den Schemata (Abschnitt 4.3.6)
- Modus-Interview (Abschnitt 4.4.1)
- Psychospiel-Memory (Abschnitt 4.4.3)

3.13 „Kann ich Ihnen helfen?" – *Schema Unterwerfung/Anpassung*

Franziska sind wir bereits bei der Thematisierung des Schemas *Unzulänglichkeit/Scham* begegnet. Jenes korrespondiert oft mit *Unterordnung/Unterwerfung*. In der Praxis ist es so, dass nicht ein einziges Schema „komplett" vorherrscht, sondern dass die Jugendlichen in ihrer Kindheit und Jugend mehrere Schemata ausgebildet haben, die im Alltag immer wieder ausgelöst werden.

Zur Erinnerung: Franziska lebte über mehrere Jahre in einer Pflegefamilie, in der ein sehr autoritärer Erziehungsstil gepflegt wurde. Bei „Regelverstößen" wurde sie u. a. körperlich gezüchtigt usw. (vgl. Abschnitt 3.6.).

Diese Sozialisation führte u. a. gleichwohl zur Ausprägung von *Unterwerfung/Anpassung* (nach unserer Deutung). Denn: Beruflich sieht sich Franziska im sozialen Bereich. Dies ist für sie schon länger klar. Um sich nicht zu überfordern, strebt sie ein Zwischenjahr an, welches sie auf diese Berufslehre vorbereitet. Es kommt zuweilen auch vor, dass sich bei Franziska so viel aufgestaut hat, dass ihr *wütendes Kind* zum Vorschein kommt.

In der Schule ist es ihr ein Kernbedürfnis, einen positiven Eindruck bei den Lehrkräften zu hinterlassen, sie ist zudem sehr hilfsbereit. Wenn das Lernklima während des Unterrichts für sie nicht ideal gewesen ist, sucht sie das Gespräch mit den Erwachsenen und bittet diese, Maßnahmen zu ergreifen. Sie will vermeiden, mit Mitschülerinnen in einen Konflikt zu geraten.

Journal-Eintrag | Wohngruppe, 12. Dezember – Erfasser/in: Kamila Roth

Franziskas Position in der Gruppe ist nicht ganz klar. Nach Aussagen der anderen Jugendlichen zu urteilen, wird Franziska immer wieder geärgert. Trotzdem hat sie die Zeit im Außenaufenthalt durchgehend mit zwei anderen Jugendlichen verbracht. Auf der Gruppe zieht sie sich dann immer wieder für kurze Zeit in ihr Zimmer zurück.

Franziska scheint passiv und eher nachdenklich. Als die Fachkraft sie darauf anspricht, reagiert sie prompt mit einem aufgesetzten Lächeln, wie es scheint.

Allgemeines

Unterwerfung/Anpassung impliziert die Motivation, die Kontrolle und Entscheidungsgewalt an die Mitmenschen abzugeben. Übt dieses Schema einen starken Einfluss auf die Persönlichkeit aus, so wirkt die oder der Betreffende unterwürfig bis devot. Man will darüber hinaus nicht (negativ) auffallen, fühlt sich ausschließlich in Beziehungen wohl, in denen eine gewisse „Friedhöflichkeit" (Schulz von Thun, 2007) praktiziert wird. Konflikte und Ärger sollen vermieden werden. Ein solcher Lebensstil baut und staut zwangsweise Ärger auf; dieser kann sich in dysfunktionaler Weise Bahn brechen und sich etwa in Form von psychosomatischen Phänomenen, passiver Aggressivität und auch Wutausbrüchen offenbaren. Nach Young et al. (2008) tritt *Unterwerfung/Anpassung* in zwei verschiedenen Varianten auf. Die eine Möglichkeit: eigene Bedürfnisse werden unterdrückt (Wünsche, Vorlieben, Entscheidungen); die andere: der emotionale Ausdruck wird gedeckelt, insbesondere Frustration und Ärger.

Praxiserfahrungen

Jugendliche mit diesem Lebensmuster finden nach der Aufnahme sehr schnell Interaktions- und Beziehungspartner, mit denen „passende" (unausgesprochene) Arrangements getroffen werden, die die Übernahme der Rollen implizieren. Kurz gesagt lassen sich die Betreffenden schnell gefügig machen und in dominanter Weise „führen". Seitens der pädagogischen Fachkräfte bleiben typische Gegenübertragungsphänomene i. d. R. nicht außen vor. Schnell fühlt man sich in fürsorgliche bzw. autoritäre elterliche Modi getriggert und nimmt entsprechende Impulse wahr, denen man u. U. folgt („Kann ich dir helfen?" bzw. „Komm jetzt her und führe deine Aufgabe aus!").

Der dysfunktionale Umgang mit Ärger fällt zudem auf. Man kann sich schon darüber wundern, dass die betreffenden Jugendlichen in Situationen, in denen sie mal auf den sprichwörtlichen Tisch hauen müssten, z. B. weil sie offensichtlich benachteiligt oder gar genötigt werden, die Emotionen scheinbar „runterschlucken“.

Entsprechende Images können in diesem Fall sehr gut nonverbal (gesenkter Blick, schüchternes Agieren), aber auch sprachlich kommuniziert werden („Ich möchte, dass sich alle gut verstehen, besonders wünsche ich mir, dass ich gut mit Ihnen auskomme!“). Die typischen Tests zielen ebenfalls darauf ab, den Interaktionspartner in eine Kollusion hineinzumanövrieren („Habe ich das heute aus Ihrer Sicht gut gemacht bzw. was kann ich verbessern?“). Typische Psychospiele sind: *Armes Schwein* und *Blöd*. Die Appellebene schwingt maßgeblich mit, wird aber i. d. R. nicht offen dargelegt. Durch die sprichwörtliche Blume wird kommuniziert: „Entscheide für mich, gib mir Vorgaben!“

Es ist uns wichtig darauf hinzuweisen, dass im Umgang mit diesem Lebensmuster irgendwann auch sadistische Impulse seitens der Interaktionspartner getriggert werden können. Nicht selten geraten nach unseren Erfahrungen Jugendliche unter dem Einfluss von *Unterwerfung/Anpassung* ins Fadenkreuz von Mobbern und solchen Gleichaltrigen, die ein Machtgefälle in Beziehungen (in der dominanten Rolle) gewohnt sind.

Mögliche Ursachen
Kinder, die über Jahre hinweg bei strengen, kontrollierenden Bezugspersonen aufwachsen, können leicht *Unterwerfung/Anpassung* entwickeln, denn hier muss man täglich funktionieren, sich unterordnen und darf sich keine Fehler erlauben. Unter solchen Bedingungen entsteht auch häufig schrittweise die Motivation, möglichst alles, was man (für andere) tut, gut bis perfekt zu machen. Damit einhergehend kann sich eine ausgeprägte Furcht vor dem Versagen entwickeln.

Die eigenen, teilweise widerstrebenden Anliegen und Wünsche sind sozial nicht erwünscht. Möglicherweise richten die Betreffenden irgendwann typischerweise die Aufmerksamkeit nach außen, hin zu den Bedürfnissen und Anliegen der anderen. So gesehen sorgt dieses Lebensmuster für einen Selbstentfremdungsprozess, der darin gipfeln kann, dass man irgendwann keinen Bezug mehr zu seinem Bedürfnissystem hat und nicht mehr weiß, was man wirklich braucht, fühlt usw.

Ressourcen des Schemas
Dieses Lebensmuster sorgt dafür, dass man sich vorauseilend reibungslos in hierarchische Strukturen eingliedert, Regeln befolgt, „spurt“. Man kritisiert nicht, hinterfragt nicht. Nicht selten wird man demzufolge eher als „harmlos“ eingeschätzt. Manchmal erspart man sich dadurch Auseinandersetzungen. Die Kehrseite der Medaille: Andere aus der Gruppe nutzen den Betreffenden und sein Interesse am „friedhöflichen“ Umgang schnell aus.

Ideen zum konstruktiven Umgang
Der Beziehungsaufbau gelingt in diesem Fall recht einfach, da die von diesem Sche-

ma beeinflussten Jugendlichen zunächst sehr beziehungsmotiviert sind und viele Ansatzpunkte kommunizieren, die die pädagogische Fachkraft als Steilvorlagen annehmen kann. Viel Persönliches wird preisgegeben, man stellt sich bestmöglich dar, passt sich, wie oben schon erwähnt, vorauseilend an.

Der Beziehungsaufbau ist nicht das Problem, sondern eher die Stärkung des Modus des gesunden Erwachsenen sowie die zeitgleiche Bearbeitung derjenigen Schemata, die dieses Lebensmuster typischerweise begleiten: *Überhöhte Standards/Perfektionismusstreben, anecken wollen/Rebellion*.

Unterwerfung/Anpassung kann nur schwer von Betreffenden reflektiert werden, da es sich über Jahre hinweg im engeren sozialen Umfeld so sehr bewährt hat. Das Ziel kann in diesem Fall nach unserer Erfahrung nur so aussehen, dass die Jugendlichen realitätsbasierter mit ihrem Schema umgehen lernen (was i. d. R. nur sehr kleinschrittig umsetzbar ist). Folgende sechs Methoden haben sich bisher als effizient herausgestellt:

- Schemafragebogen (Abschnitt 4.2.1)
- Modusfragebogen (Abschnitt 4.2.2)
- Einsatz von Modus-Karten (Abschnitt 4.3.2)
- Reise zu den Schemata (Abschnitt 4.3.6)
- Modus-Interview (Abschnitt 4.4.1)
- Psychospiel-Memory (Abschnitt 4.4.3)

3.14 „Dir gehts heute nicht so gut, hm?" – *Schema Fürsorge für andere*

Hanna (16) wird bereits als Kleinkind fremdplatziert, da ihre Eltern (aufgrund von Suchterkrankungen) zu überfordert sind, um ihren pädagogischen und pflegerischen Verpflichtungen nachzukommen. Anfangs wird sie in Pflegefamilien untergebracht, ab ca. 14 Jahren in institutionellen Einrichtungen. Da die Teenagerin jedoch im Rahmen der jeweiligen Maßnahme früher oder später die Flucht ergreift, und zwar dann, wenn Probleme entstehen oder Anforderungen an sie herangetragen werden, wird sie im Alter von 14½ Jahren schließlich in die geschlossenen Abteilung des Lory aufgenommen.

Hanna hat einen guten Einstieg in der geschlossenen Wohngruppe. Zu Beginn wirkt sie eher zurückhaltend, ohne sich jedoch gänzlich von der Gruppe auszugrenzen. Innerhalb von wenigen Wochen verändert sie sich dahingehend, dass sie eine neutrale, vermittelnde Rolle einnimmt („Ich bin die Schweiz!"). Sie erzählt sehr gerne über ihre Familie, Pflegefamilie(n) und über schöne Erlebnisse aus ihrer Vergangenheit. Dabei drückt sie sich detailliert und präzise aus. Der Kontakt zu ihren Verwandten ist ihr, das kommt in den Schilderungen irgendwann klar heraus, sehr wichtig.

Die junge Frau wirkt im Alltag selbstständig und autonom. Alltagsaufgaben, wie beispielsweise das Erledigen von Hausarbeiten oder sich um die persönliche Hygiene kümmern, macht sie sehr pflichtbewusst und ohne Aufforderung. Sie wirkt organisiert, mitdenkend und überlegt, bevor sie etwas tut oder von sich gibt.

Hanna kann anfangs nicht verstehen, weshalb sie in die geschlossene Wohngruppe des Lory platziert wurde; ihr müssen die Gründe mehr als einmal erklärt werden (schwierige familiäre Situation, Schulabsenzen, Entweichungen usw.).

Die Teenagerin ist bei den meisten Interaktionspartnern sehr beliebt, da sie über sehr ausgeprägte soziale Kompetenzen verfügt: Sie ist hilfsbereit, fürsorglich und empathisch, aber auch anständig, wie man sagt, sowie ordentlich. Teilweise läuft sie jedoch Gefahr, ihre eigenen Bedürfnisse zu vernachlässigen – es scheint für Hanna schwierig zu sein, ihre eigenen Anliegen, Sorgen und Ängste auszudrücken. Dieses Übergehen der eigenen Gefühle wirkt sich mit der Zeit negativ auf ihr Wohlbefinden aus.

In der Gruppe des Jugendheims weiß Hanna sich inzwischen immer besser zu positionieren und scheint zunehmend anerkannt und respektiert zu sein. Sie hat bisher auch keine Tendenzen zum Suchtmittelkonsum gezeigt. In dieser Beziehung unterscheidet sich ihr Verhalten von demjenigen der meisten im Lory platzierten weiblichen Jugendlichen. Auch im schulischen Kontext ist sie im Normalfall sehr diszipliniert, und sie arbeitet zielstrebig und motiviert mit. Ein gutes Verhältnis zu den Lehrpersonen ist ihr wichtig; ganz allgemein redet sie gerne mit den Erwachsenen auf Augenhöhe.

Schemapädagogisch wird mit ihr u. a. auch der Schemafragebogen erarbeitet: Das Resultat des Schemafragebogens ergibt bei Hanna, dass das Schema *Fürsorge für andere* sehr stark ausgeprägt ist. Folgende Journaleinträge verdeutlichen auf sehr eindrückliche Weise, wie sich Hannas Lebensthema im Alltag offenbart:

> „Hanna stürmt regelrecht aufgeregt ins Büro der Sozialpädagoginnen. Sie zittert am ganzen Körper, hat einen roten Kopf und spricht wie ein Wasserfall. Ein Telefonat zuvor hat sie sehr aufgewühlt, sie befürchtet, dass wegen eines Unfalls ihrer Mutter deren beiden Hunde wahrscheinlich allein zu Hause sind und es auch über mehrere Tage hinweg bleiben müssen. Sie möchte zusammen mit einer Vertrauensperson und der Polizei zur mütterlichen Wohnung fahren, um nach den Hunden zu sehen. Den diensthabenden Mitarbeiterinnen gelingt es, die junge Frau etwas zu beruhigen. Die kontaktierte Leitungsperson ist der Ansicht, dass es für Hanna nicht förderlich sei, in einer solchen Situation die Verantwortung übernehmen zu müssen. Es wird auf telefonischem Wege versucht, die Situation zu klären, was schließlich auch gelingt: Ein Freund der Mutter hat zwischenzeitlich nach den Tieren geschaut und ihre Patin wird, so beschließt man, die Vierbeiner in den nächsten Tagen in ihre Obhut nehmen. Hanna wirkt zunehmend entspannter, obwohl sie sich

nach wie vor sehr verantwortlich für das Wohlergehen der beiden Tiere fühlt."

„Federica, eine Jugendliche, die in der gleichen Gruppe wie Hanna wohnt, kommt nach dem Mittagessen weinend ins Büro. [...] Sie habe Geld von Hanna gestohlen. Im Büro beginnt sie zu schluchzen und zu zittern. Sie sei ‚wie ihr Vater', das wollte sie nie, doch nun sei es doch so weit gekommen. Hanna, die Geschädigte, kommt hinzu und umarmt Federica. Letztere beteuert, dass es ihr leidtue und sie das Geld gar nicht habe wirklich nehmen wollen. Sie wisse nicht, weshalb sie solche Dinge mache. Schließlich begleitet Hanna, wohlgemerkt Nichtraucherin, Federica mit anderen Jugendlichen nach draußen und zündet sich und den anderen eine Zigarette an. Sie sagt zu Federica, dass sie ihr verzeihe – diese ist noch traurig, kann sich aber in den nächsten Minuten wieder fangen."

Allgemeines
Auch bei diesem Lebensthema spielen die Bedürfnisse der anderen eine große Rolle. Man fühlt sich dazu berufen, sie auch in aktiver Art und Weise zu erfüllen und agiert zuvorkommend in entsprechend aktiver Art. Jedoch: Im Unterschied zum Schema *Unterwerfung/Anpassung* generiert *Fürsorge für andere* innerhalb von Beziehungen ein (verdecktes) Dominanzgefälle zugunsten des Schematrägers.

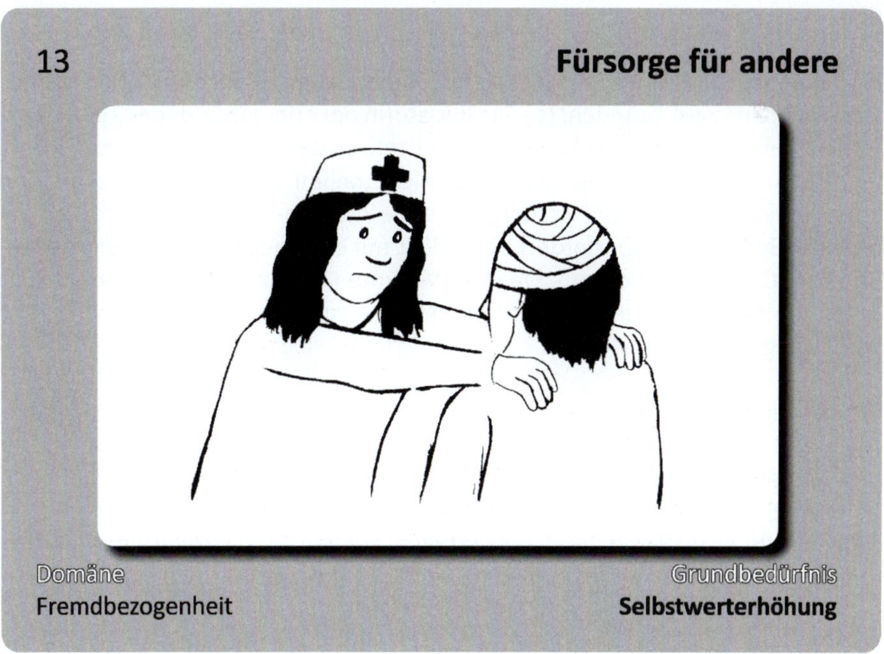

Abb. 1: Schema-Karte (Beispiel)

Die Betreffenden haben in den meisten Fällen sehr feine Antennen für die inneren Vorgänge ihrer Interaktionspartner, anders gesagt eine extrem stark ausgeprägte Empathie, deren Grundlage die sog. Spiegelneuronen sind (Bauer, 2016). Besonders die Personen im „inneren Kreis“ werden infolge dieses Musters umsorgt, verwöhnt, geschont, entlastet, bevorzugt usw.

Man kümmert sich im Allgemeinen gerne um andere. Hierzu müssen jene sich aber gewissermaßen anpassen (unterordnen), Probleme verursachen, „Mist“ bauen, sich verletzten usw., d. h. in irgendeiner Art offen sein für diese Art der Top-down-Beziehungsgestaltung.

Praxiserfahrungen

Jugendliche mit diesem Muster gestalten Beziehungen sehr persönlich, eng, manchmal erschaffen sie, von außen betrachtet, den Eindruck von symbiotischen Konstellationen. Das Fühlen der einen Partei ist dann das Empfinden der anderen, es existiert ein unsichtbares Band zwischen beiden.

Es kann sein, dass sehr fürsorglich-strukturierte Jugendliche ganze Gruppen um sich scharen, die sie, quasi als „Übermutter“ managen, es werden Rollen und Aufgaben verteilt, Konflikte geschlichtet usw. In solchen Konstellationen geben sie zudem anderen Ratschläge und Empfehlungen in Bezug auf die Bewältigung des Heimalltages. Solange die Beziehungen in Bezug auf das Engagement im mittleren Anspruchsniveau liegen, kann *Fürsorge für andere* als positives Arrangement für alle Beteiligten walten und schalten, d. h. es handelt sich um eine Win-win-Konstellation.

Problematisch wird es im Fall einer *extrem* vorhandenen Helfer-Motivation irgendwann aber aus zwei Gründen: (1.) Die Initiatorin oder der Initiator des Themas *Ich kümmere mich um dich/euch!* kommt an die Grenzen des selbst erschaffenen Ideals (manche Interaktionspartner lassen sich nicht „helfen“ bzw. retten – und müssen entsprechend „losgelassen“ werden, was ein echtes No-Go ist); oder aber (2.) die oder der Betreffende überfordert sich selbst mit seinen zahlreichen „Baustellen“ und wird Opfer eines Burnout. Ob es zu Variante 1 oder 2 letztendlich in solchen Fällen kommt, ist nach unseren Erfahrungen zu Beginn der Zusammenarbeit so gut wie unmöglich vorherzusagen.

Typische Images dienen dazu, das Hauptthema dieses Lebensmusters zu suggerieren, sie werden meistens offen kommuniziert („Ich engagiere mich für Tierschutz und Menschenrechte!“; „Ich kann Ungerechtigkeit nicht ausstehen!“; „Ich helfe halt gerne, so war ich schon immer!“). Auch die Tests kommen nach unseren Erfahrungen recht schnell und unmissverständlich auf den Tisch: „Soll ich das für dich erledigen?“; „Erzähle ruhig davon, du kannst mir alles sagen!“; „Ich kann mich um dich kümmern!“ usw. Entsprechende Psychospiele sind: *Der Barmherzige Samariter* und *Heal the world*, vgl. Abschnitt 4.4.2. Im Hinblick auf die Appelle ist zweierlei festzustellen: Einerseits (a) wird erwartet, dass sich der Interaktionspartner zu den

Helfer-Impulsen passend verhält, sich also öffnet und an die Hand nehmen lässt, andererseits (b) geht mit den neuen Freundschaften das anwachsende Bedürfnis nach Anerkennung und Wertschätzung der Empathie und Fürsorge des aktiven Parts einher.

Mögliche Ursachen

Im schematherapeutischen Setting (Roediger, 2016) wird davon ausgegangen, dass dieses Muster bei Kindern durch überforderte, schwache Bezugspersonen grundgelegt wird. Die andere Möglichkeit wird in der sog. Parentifizierung gesehen, im Rahmen derer der Nachwuchs viel zu früh Aufgaben und Rollen in der Familie übernehmen muss, die eigentlich den Erwachsenen vorbehalten sein sollten. Durch Parentifizierung werden Kinder, ganz einfach formuliert, zu früh *erwachsen*.

Nach unseren Erfahrungen lassen sich zudem andere Ursachen benennen. Es finden sich in Haushalten von Jugendlichen, die das Schema im mittleren Niveau ausleben, hier und da Personen mit hauswirtschaftlichen, sozialen und auch pflegerischen Berufen (Hauswirtschaftskraft, Lehrer, Kinderpflegerin, Erzieher, Krankenpfleger), was dafür sprechen kann, dass auch entsprechende Schemagrundlegungen durch Vorbilder bedingt werden, die naturgemäß prosoziales kindliches Verhalten positiv spiegeln (Stichwort: Lernen am Modell, vgl. Bandura, 1994). Auch berichten viele, von diesem Schema beeinflusste Jugendliche von Bezugspersonen zu Hause, die symbiotische Beziehungsqualitäten mit ihnen (noch immer) inszenieren. Diese gestalten sich etwa in der Art, dass z. B. selbst Teenager noch in bestimmten Alltagssituationen als „kleine Kinder" gesehen werden, die mütterlich bzw. väterlich in einem emotionalen Abhängigkeitsverhältnis umsorgt werden. Infolgedessen kann es sein, dass man seine Erfahrungen einfach weitergibt, dieses Mal aber in einer aktiven Rolle.

Ressourcen des Schemas

Fürsorgliche Teenager mit den entsprechenden aktiven elterlichen Persönlichkeitsanteilen sind im Allgemeinen im Praxisfeld Heimerziehung beliebt. Interessanterweise haben sie meistens einen hohen Bekanntheitsgrad in der Einrichtung („Unsere Privat-Therapeutin!"). Hilfsbereitschaft spricht sich schnell herum. Ihr empathisches Wesen sorgt für schnellen Gleichklang in der Gruppe. Kurzum: Die Betreffenden können sich sehr schnell integrieren und positive Impulse setzen.

Die Fürsorglichkeit kommt schon in der Phase des Kennenlernens gut an. Man hat stets ein offenes Ohr für die kleinen und größeren Probleme und Anliegen der anderen; erste (orale) Kollusionen lassen sich inszenieren (Willi, 2012). Konflikte können dann entstehen, wenn man selbst (und die anderen) unter einer zunehmend erstarrenden Helfer-Mentalität leidet, weil das Thema dann ein Stresslevel produzieren kann („Dir geht's nicht gut, das sehe ich dir an!"). Der Helfer *muss* dann aktiv sein Hauptthema ausleben („Ich kann dich heute Abend beim Lernen für die Schule unterstützen!"), die anderen müssen sich entsprechend anpassen und die Unterstützungsangebote annehmen, ansonsten „passt" es nicht (mehr). Das kann dann zu den schon oben erwähnten Reibungen führen – und spätestens dann muss das Personal schemapädagogisch eingreifen (s. u.).

Ideen zum konstruktiven Umgang

Zunächst ist es gerade bei diesem Lebensmuster wichtig, Beziehungskredit zu der Schematrägerin aufzubauen (durch Wertschätzung der jeweiligen Kultivierung des hervorstechenden Helfer-Themas). Diesen Beziehungskredit wird man bei Bedarf während der Modus-Bearbeitung (Abschnitt 4.4) belasten müssen („Lass uns mal deinen fürsorglichen Persönlichkeitsanteil betrachten!"). Denn auch hier gilt: Die oder der Betreffende weiß nicht und man will i. d. R. gar nicht wissen, dass man auch einen Eigenanteil an entstehenden Konflikten mit seiner „Herde" hat („Ich meine es doch mit allen nur gut!").

Besonders aufpassen sollte man darauf, dass man sich nicht als Fachkraft das umgangssprachliche Wasser von engagierten Helfertypen abgraben lässt. D. h., es ist auf die Wahrung der Zuständigkeitsbereiche zu achten, die Empathen eventuell gerne für sich beanspruchen. Grenzen müssen dann gesetzt werden, wenn sich die betreffenden Jugendlichen über ihren Tellerrand hinauswagen und quasi Co-Pädagogen sein wollen.

Ebenfalls haben sich in Bezug auf die Modus-Bearbeitung Perspektivwechsel-Methoden bewährt. Sie zeigen Personen mit diesem Schema, dass sich der Interaktionspartner bis zu einem bestimmten Punkt wohlfühlt, dann aber infolge von Triggern wie „Ich mach das für dich, das kannst du noch nicht!" u. U. unangenehme Kind-Modi-Aktivierungen „ertragen" muss.

Folgende Methoden sind es wert, ausprobiert zu werden, um den gesunden Erwachsenenmodus bzw. die Selbstkontrolle zu fördern:

- Schemafragebogen (Abschnitt 4.2.1)
- Einsatz von Modus-Karten (Abschnitt 4.3.2)
- Innere Teile Arbeit: Flipchart (Abschnitt 4.3.3)
- Modus-Interview (Abschnitt 4.4.1)
- Modus-Rollenspiele (Abschnitt 4.4.5)
- Zielformulierung nach dem SMART-Prinzip (Abschnitt 4.5.2)

3.15 „Finden Sie das echt gut?" – *Schema Streben nach Zustimmung und Anerkennung*

Francesca (18) hat einen zwei Jahre jüngeren und einen ein Jahr älteren Bruder. Der Jüngere ist, ebenso wie sie, auch in einer stationären Einrichtung platziert, der Ältere ist ebenfalls bereits volljährig. Die Mutter hat das alleinige Sorgerecht, Francescas Vater wohnt im Ausland und ist nicht verfügbar. Die 18-Jährige hat in ihrer Kindheit einschneidende und traumatische Erfahrungen machen müssen (mangelnde Sicherstellung der Kernbedürfnisse, häusliche Gewalt, physischer

Missbrauch, fehlende verlässliche Bezugspersonen, verfrühte Selbstbestimmung durch fehlende Orientierung und Führung der Erwachsenen). In einer früheren „gewissen Phase", so der in der Familie gebräuchliche, wohl mit Absicht nicht weiter in die Tiefe gehende Titel, hat eine Entfremdung von ihrer Mutter stattgefunden. Francesca ist es jedoch gelungen, die Beziehung zu ihr wiederaufzubauen und zu festigen. Näheres ist nicht bekannt.

Im Alter von 14 Jahren wird Francesca erstmals fremdplatziert. Die Interventionen zeigen aber nur einen mäßigen Erfolg. In der Anfangsphase erbringt Francesca jeweils eine hohe Anpassungsleistung, mit der Zeit beginnt sie aber, der Schule fernzubleiben bzw. abgängig zu werden. In einer geschlossenen Einrichtung kann sie sich seit langem wieder auf Rahmenbedingungen und die Schule einlassen. Deshalb wird sie schließlich im Alter von etwas mehr als 16 Jahren in die halbgeschlossene Wohngruppe des Jugendheims Lory eingewiesen, u. a. mit dem Ziel, die obligatorische Schulzeit abzuschließen.

Francesca wird im Allgemeinen als sympathische, fröhliche junge Frau wahrgenommen. Sie ist im Alltag verbindlich, wenn sie es sein muss, und hilfsbereit. Ihre Art ist angenehm einnehmend und vor allem gestaltet sie sich als kooperativ. Sie integriert sich schnell in die Gruppe und ist bei den anderen Jugendlichen angesehen. Ihre Gruppeaufgaben erledigt sie gründlich und zuverlässig. So ist z. B. ihr Zimmer zweckdienlich eingerichtet und stets ordentlich. Lebenspraktische Tätigkeiten fallen ihr leicht und sie macht sie gerne; auch deshalb, das wird uns schnell klar, weil sie danach gewöhnlich viele positive Rückmeldungen erhält. In Konflikten innerhalb der Gruppe gelingt es ihr, die Rolle der „Chef-Vermittlerin" einzunehmen.

In der Schule liegen die Dinge ähnlich. Francesca ist sehr gewissenhaft und erledigt die ihr aufgetragenen Aufgaben meistens zur vollsten Zufriedenheit. Sie zeigt sich zudem sehr leistungsbewusst. Bei Prüfungen legt sie sehr viel Wert darauf, unverzüglich eine (positive) Rückmeldung zu erhalten („War das *echt* so gut?") und vergleicht sich anschließend auch gerne mit ihren Mitschülerinnen.

Im Umgang mit den Lehrpersonen ist sie sehr darum bemüht, es ihnen in allen Belangen recht machen zu wollen. Es ist beeindruckend zu sehen, wie sie aus diesem Grund auch bei Themen, die sie nicht bzw. „nicht so" interessieren, äußerst ausdauernd arbeitet und sich dabei kaum ablenken lässt. Diese vom Umfeld meistens honorierenden Reaktionen sind natürlich einkalkuliert und quasi gewolltes Endprodukt ihres Vorgehens. Mit dieser Strategie versucht sie nämlich, was sich im Verlaufe des Aufenthalts herauskristallisiert, sich der Auseinandersetzung mit ihrer Vergangenheit zu entziehen, was ihr übrigens in den bisherigen Settings mehrheitlich gelungen ist.

Francesca fühlt sich insgesamt wohl im Lory und schätzt ihre Zufriedenheit als hoch bis sehr hoch ein. Während ihres Aufenthalts gelingt es, die mit dem Schema *Streben nach Zustimmung und Anerkennung* korrelierenden Ich-Anteile, u. a. der *zwang-*

hafte Kontrolleur bzw. das *Perfektionismus-Ich*, zu thematisieren. Auch über ihre traumatischen Erfahrungen kann sie mit wachsender Vertrautheit sprechen.

Die junge Frau hat recht hochgesteckte Ziele. Es ist ihr wichtig, ein gutes Ausbildungsniveau zu erreichen. Sie ist sich auch darüber bewusst, dass sie aufgrund ihres früher gezeigten Schulabsentismus die eine oder andere „Ehrenrunde" wird in Kauf nehmen müssen. Aber ein gewisses Prestige resp. ein gewisser Status ist für Francesca essenziell relevant.

Allgemeines

Dieses Muster hat Ähnlichkeiten mit *Unterwerfung/Anpassung*. Auch bei *Streben nach Zustimmung und Anerkennung* (vgl. Young, Klosko & Weishaar, 2008, S. 314 ff.) geht es dem Betreffenden darum, bei anderen – vor dem Hintergrund der Schemathematik – einen möglichst adäquaten Eindruck zu hinterlassen und sie zu entsprechenden Reaktionen zu animieren. In beiden Fällen wird *agiert*.

Im vorliegenden Fall wird übermäßig Aufmerksamkeit und (wie der Name sagt) Anerkennung angestrebt, psychoanalytisch gesagt: eine positive Gegenübertragung provoziert (König, 2007). Die Mittel, um dieses Ziel zu erreichen, sind insbesondere ein starkes Bemühen um Anpassung sowie eine hohe Erfüllungsbereitschaft bezüglich der vermuteten und tatsächlichen Erwartungen der anderen. Es versteht sich von selbst, dass die damit verbundene, nach außen verlagerte Aufmerksamkeit des Betreffenden zulasten von autonomen Impulsen und des Selbstwertgefühls insgesamt gehen muss.

Gerade das Selbstwertgefühl ist hochgradig abhängig vom sozialen Feedback und somit im Alltag permanent gefährdet, erschüttert zu werden. Deswegen betreibt man einen sehr hohen Aufwand, es jeder und jedem möglichst recht zu machen – was natürlich, objektiv festgestellt, einerseits nicht machbar ist, andererseits auch nicht Sinn und Zweck eines ausgewogenen, sinnstiftenden Daseins für einen selbst sein kann. Jugendliche, die von diesem Muster beeinflusst werden, sind vom Gegenteil überzeugt.

Praxiserfahrungen

Anfangs kann es sehr charmant und zusagend wirken, wenn man es mit Jugendlichen zu tun hat, die im Alltag viel Engagement und Motivation zeigen und sich einbringen wollen. Sie warten mit Gefälligkeiten auf, sind zuverlässig und können tatsächlich den einen oder anderen Wunsch des Interaktionspartners von den Augen ablesen. Chamäleonartig passen sie sich diesem oder jeden Interaktionspartner und seinen Bedürfnissen und vor allem Meinungen an; es kann eine vorauseilende Ja-Sager-Mentalität vorliegen.

Nach und nach kann die allgemeine positive Gegenübertragung aber kippen. Dies passiert i. d. R. dann, wenn die anderen irgendwann merken, dass sie es im Extremfall mit einem „Fähnlein im Winde" zu tun haben. Der Betreffende scheint keine eigene Neigungen, Interessen und Bedürfnisse zu haben – dieser Eindruck kann zu Beziehungsstörungen und schließlich auch zu handfesten Konflikten führen. Da Konflikte zumeist auch Kritik, auch mal negative, implizieren, werden in deren Rahmen sehr negative Schema-Trigger gesetzt, die das Schema *Streben nach Zustimmung und Anerkennung* aktivieren und gleichzeitig mit nachteiligen Gefühlen aufladen.

Aus diesen Gründen sollten Fachkräfte bereits zu Beginn der Zusammenarbeit den Fokus auf die Modus-Erkennung und -bearbeitung legen (s. u.). Sprechen Jugendliche zu Beginn der Zusammenarbeit in übertriebener Weise vor Fachkräften oder Gleichaltrigen von ihren Erfolgen und Statussymbolen und legen sie stets großen Wert auf ein tadelloses attraktives Äußeres, so können dies Anzeichen von *Streben nach Zustimmung und Anerkennung* sein (was aber im Einzelfall weiter zu klären ist).

Weitere Hinweise auf dieses Schema liefern typische Images, die bereits kurz nach der Aufnahme in der Einrichtung kommuniziert werden („Ich mache Ihnen hier keine Probleme, das kann ich Ihnen schon mal vorab versprechen!"; „Ich werde alles dafür tun, um hier einen guten Eindruck zu hinterlassen!"). Auf der Test-Ebene regiert meistens das Prinzip „Fishing for Compliments" („Meinen Sie wirklich, dass das eine sehr gute Leistung war?"; „Ach, ich glaube, ich habe zugenommen!"). Präferierte Spiele, mit denen man entsprechende zwischenmenschliche Resultate erzielt, sind *Unterhaltsam sein* und *Friede, Freude, Eierkuchen* (vgl. Abschnitt 4.4.3). Die Appell-Ebene dominiert in diesem Fall in aller Regel. Auf möglichst vielen Kanälen wird kommuniziert: „Gib mir positives Feedback, finde mich gut, inszeniere bitte keine Konflikte mit mir!"

Mögliche Ursachen

Warum sorgt dieses Muster maßgeblich dafür, dass Betreffende den Wahrnehmungsfokus auf das soziale Umfeld richten und ihr Handeln daran orientieren? Man muss sich klarmachen – wie bei den beiden anderen Schemata der Domäne „Fremdbezogenheit" auch der Fall –, dass Beziehungen vorauseilend in der Art schemaspezifisch beeinflusst werden, sodass sie den Konstellationen entsprechen, die man in der Kindheit über einen längeren Zeitraum hinweg erlebt hat.

So finden sich in Gesprächen mit Betreffenden nicht aus Zufall in biografischer Hinsicht frühkindliche Verhältnisse, in denen es positives Feedback (Zuwendung, Lob, Anerkennung, Wertschätzung usw.) überwiegend für solche Verhaltensweisen gab, die entsprechend in der Herkunftsfamilie sozial erwünscht waren; Beispiele: Leistungsbereitschaft im Haushalt, in der Schule, vorauseilendes Entgegenkommen bei größeren Anlässen usw. Tendenziell eher weniger beachtet wurden in vielen Fällen Eigeninitiative in alternativen Freizeitbereichen, autonome Impulse, Experimentier- und frühkindliche Gestaltungsfreude (Hüther & Hauser, 2014).

Auf der anderen Seite kann auch übermäßiges Drängen auf sozial erwünschtes Verhalten als aktiver Akt das Schema *Streben nach Zustimmung und Anerkennung* generieren.

Ressourcen des Schemas

Die Betreffenden zeigen schemagemäß Aufmerksamkeit und bedürfnisorientierte Aktionsbereitschaft anderen gegenüber. Dies erleichtert etwa die Integration in eine neue Gruppe. Man geht konzentriert auf die einzelnen Interaktionspartner ein und erzeugt auf diese Weise Gleichklang. Die mit diesem Muster typischerweise einhergehende Leistungsmotivation sorgt andererseits für zahlreiche Erfolgserlebnisse in der Einrichtung wie auch im Bereich Schule (Damm, 2019a). Aus den genannten Gründen sind zunächst einmal Stärken mit *Streben nach Zustimmung und Anerkennung* in Bezug auf die Alltagsbewältigung in Einrichtung und Schule verbunden. In intimen Beziehungen andererseits kann es sehr enge Freunde schrittweise abschrecken, wenn der Betreffende den „seelischen Schwerpunkt" nicht oder nur sehr wenig auf die eigene Person, die eigenen Bedürfnisse, Ansichten und Meinungen ausrichten kann.

Ideen zum konstruktiven Umgang

Jugendliche mit diesem Lebensmuster triggern bei Fachkräften meistens rasch Impulse der Sympathie, was nicht verwundert. Die Betreffenden sind beziehungsmotiviert und haben viele Strategien in petto, die auf der Gegenseite eine positive Gegenübertragung generieren. Es wird Fachkräften empfohlen, genau diese Impulse, die in ihnen aktiviert werden, im (inneren) Auge zu behalten. Am besten tauscht man sich im Team ebenfalls über dieses Thema aus. Wenn etwa im Umgang mit der oder dem Jugendlichen häufig die *fürsorglichen* bzw. auch die *stolzen Eltern* getriggert werden, dann sollten Interventionen besprochen werden, die die (wahrscheinlich) entstehende Kollusion „Braves Kind – beeindruckte Eltern" reduzieren. Diese Kollusion birgt nämlich die Gefahr, dass lediglich *Streben nach Zustimmung und Anerkennung* gefestigt wird.

Ein Ziel in der Zusammenarbeit ist etwa die Stärkung des Bewusstseins für die eigenen Bedürfnisse und autonomen Impulse (es versteht sich von selbst, dass man den wertschätzenden Blick auf die Ressourcen des Schemas nicht verlieren darf). Um den Modus des *gesunden Erwachsenen* aufseiten des oder der Jugendlichen zu stärken, ist ein besonderer Mix aus Methoden erforderlich. Hier ein Vorschlag, der auf entsprechenden positiven Erfahrungen basiert:

- Schemafragebogen (Abschnitt 4.2.1)
- Modus-Karten (Abschnitt 4.3.2)
- Modus-Interview (Abschnitt 4.4.1)
- Modus-Rollenspiele (Abschnitt 4.4.5)
- Zielformulierung nach dem SMART-Prinzip (Abschnitt 4.5.2)

3.16 „Das ist mir jetzt zu persönlich, dazu sage ich nichts!" – *Schema emotionale Selbst- und Fremdkontrolle*

Emilia (15) hat bis zum Alter von 13 Jahren zusammen mit ihren drei jüngeren Geschwistern bei ihren Eltern gelebt. Im selben Lebensjahr wird erstmals ein stationärer Aufenthalt verfügt. Zwischenzeitlich wohnt sie bei ihrer Patentante. Wiederholt gefährdet sie sich aufgrund von Entweichungen, Kontakten zu zwielichtigen Personen aus dem Milieu und Konsum verbotener Substanzen. Im Rahmen einer dieser Abgänge wird sie Opfer eines versuchten Tötungsdelikts, kann aber glücklicherweise durch entschlossenes Eingreifen von Dritten gerettet werden.

Das Verhältnis zur Mutter ist distanziert. Die Teenagerin weist die Bemühungen ihrer frühkindlichen Hauptbezugsperson regelmäßig zurück und tritt von sich aus wenig bis gar nicht mit ihr in Kontakt. Ausnahme: sobald sie etwas von ihr braucht, stellt sie eine Verbindung her.

Der Mutter andererseits fällt es im Umgang mit ihrer Tochter schwer, für sie problematische Themen im Speziellen sowie Emotionen im Allgemeinen direkt anzusprechen. Wenn ihr etwas missfällt, lässt sie Emilia dies durch distanziertes Verhalten „wissen". Diese Strategie nervt Emilia nach eigenen Aussagen ungemein; sie fühlt sich abgewiesen und zieht sich in der Folge zurück. Beide zeigen eine gewisse Scheu, sich Emotionen zu stellen.

Auffallend ist zudem, dass die junge Frau ihre Eltern nicht in ihre Zukunftsplanung miteinbezieht und auch keine Besuche zu Hause planen will. Sie möchte irgendwann wieder bei ihrer Patentante wohnen, obwohl es mit dieser noch viel Ungeklärtes aufzuarbeiten gibt: In Emilias Wahrnehmung ist ihr damaliges problematisches Verhalten (Diebstahl, Lügen usw.) vollumfänglich geklärt. Laut der Patentante wurden diese Themen jedoch nie mit Emilia aufgearbeitet. Auch hier zeigt sich die Tendenz, über Schwierigkeiten hinwegzugehen bzw. diese bestmöglich zu vermeiden.

Emilia pflegt während der Zeit in der geschlossenen Abteilung Briefkontakte – vorwiegend zu jungen Männern. Tendenziell scheint sie schnell Beziehungen einzugehen, beendet diese aber nach kurzer Zeit wieder. Die Beziehungen wirken oberflächlich.

In der Gruppe ist sie anfangs eher eine Außenseiterin und Beobachterin des Geschehens, die nur mit Einzelnen näher in Kontakt tritt. Die Gespräche mit ihrer Bezugsperson nimmt sie wahr und kann diese auch gut bewältigen, solange es um sachliche Themen geht. Sobald die Themen persönlicher werden, mauert sie automatisch und verharrt in Schweigen bzw. entzieht sich räumlich. Klassische Gesprächssituationen bereiten ihr Mühe.

Nachdem Emilia in die halboffene Wohngruppe wechseln konnte, beginnt sie in den Lory-internen Betrieben zu arbeiten. Sie erweist sich als pünktliche und zuverlässige Mitarbeiterin. Sie eckt selten an und kann sich auf die ihr erteilten Aufgaben einlassen und fokussieren; dafür braucht sie jedoch ganz klare Anweisungen.

In den Journal-Einträgen stehen häufig Formulierungen wie folgende: „Emilia startete pünktlich um 8 Uhr und setzte sich an die Arbeit. Bis zum Arbeitsschluss strickte sie an der Mütze. Sie erreichte ihr Ziel und strickte dieses Produkt fertig. Emilia zeigte insgesamt ein freundliches Verhalten. Sie machte mich darauf aufmerksam, dass die Uhr umgestellt werden muss."

Emilia hat das Schema *emotionale Selbst- und Fremdkontrolle* möglicherweise dadurch entwickelt, weil in ihrem Elternhaus nur selten über Emotionen gesprochen wurde; eventuell gingen die Erziehungsberechtigten selbst sehr gefühlskontrolliert durchs Leben. Sie könnte auch gelernt haben, dass der spontane Ausdruck von Lebendigkeit, Affekten und Emotionen nicht erwünscht ist und hingegen das „Brav-Sein" (z. B. still am Tisch sitzen, Teller leer essen) übermäßig mit Aufmerksamkeit und Wertschätzung belohnt wurde. Mit der Zeit hat sich durch die Sozialisierungserfahrungen, so die Vermutung, ein innerpsychischer emotionaler Hemm-Automatismus entwickelt.

Journal-Eintrag | Praktikum, 10. Oktober – Erfasser/in: Tonia Frieden

Nach Emilias Schnupper-Praktikum im Altenheim findet ein telefonischer Austausch mit der Geschäftsleitung statt. Sie meldet zurück, dass Emilia sich insgesamt gut dargestellt hätte. Sie sei auch pünktlich gewesen. Die Leitung habe sich jedoch des Öfteren gefragt, ob Emilia sie vielleicht nicht leiden könne, da sie sich kaum auf einen Dialog eingelassen habe. Auch ihre Dialogfähigkeit im Team sei sehr beschränkt gewesen. [...] Sie interpretiert Emilias Verhalten gegenüber dem Geschäftsleitungsmitglied nicht als Antipathie, sondern als Schüchternheit infolge des Musters *emotionale Selbst- und Fremdkontrolle*. [...]

Allgemeines

Dieses Schema sorgt für eine gewisse Kopflastigkeit, d. h. für einen „rationalen Habitus" und ein Grundinteresse an Strukturen. *Emotionale Selbst- und Fremdkontrolle* wird in unserer Gesellschaft durchaus geschätzt, und zwar z. B. in bestimmten Berufsbranchen, in denen es diese Kompetenz braucht (Bildungs- und Bankwesen, Verwaltung, Wirtschaft, exakte Wissenschaften, Militär usw.). In der Tradition der Psychoanalyse (vgl. König 2010) und Tiefenpsychologie (vgl. Riemann 2019) ist dieses Gesamtphänomen auch unter dem Namen „zwanghafter Persönlichkeitsstil" schon länger bekannt und bestens erforscht.

Das mit diesem Schema einhergehende kognitive Potenzial geht zumeist zulasten der emotionalen Kompetenzen. Meistens herrscht eine gewisse (wie der Name des Schemas schon andeutet) Hemmung vor, spontanes Fühlen, Denken und Verhalten im Alltag zuzulassen, und zwar vor sich selbst und anderen. D. h. man ist, falls das Muster dominante Züge annimmt, zudem nicht oder nur schwer dazu in der Lage, von eigenen Gefühlen, Bedürfnissen oder (noch schlimmer) von psychischen/physischen Verletzungen zu sprechen. Diese Themen sind i. d. R. angst- bzw. schambesetzt. Des Weiteren möchte man durch „Gefühlsduselei" nicht negativ auffallen.

Praxiserfahrungen
Jugendliche mit diesem Schema ordnen sich meistens gut in Hierarchien ein (vgl. Abschnitt 3.13), sind unauffällig und gerade am Anfang eher im passiven Beobachtungsmodus, um sich zu orientieren. Sie brauchen, wie auch in dem Beispiel oben beschrieben wurde, in Einrichtungen klare, strukturierte Arbeitsaufträge, die dann erfahrungsgemäß von A bis Z schrittweise ordentlich bearbeitet werden. In dieser Art von Leistungsverhalten steckt eine große Ressource, die zu berücksichtigen ist.

Kreative Aktivitäten, die zudem künstlerisch-ästhetischer Ausdrucksmöglichkeiten bedürfen, korrelieren mit dieser Persönlichkeitsfacette nicht. Der Grund hierfür liegt gerade in der verinnerlichten Emotionskontrolle, die biografische Ursachen hat (s. u.). Auch findet man solche Charaktere nicht in Theater-AGs oder bei Improvisationsevents jeglicher Art. In Bezug auf das Spielverhalten ergeben sich meistens auch Besonderheiten. So werden etwa Brett- oder Kartenspiele mit einem eindeutigen Regelwerk bevorzugt, falls überhaupt (noch) eine Art Spielmotivation im Jugend- bzw. jungen Erwachsenenalter besteht.

Emotionale Selbst- und Fremdkontrolle wird positiv durch klare Regeln und feststehende Tagesstrukturen getriggert, und das Schema fühlt sich gut an, wenn es sich gewissermaßen psychosozial entfalten darf. Die Betreffenden kommunizieren schemakonforme Images, auf die Fachkräfte gemäß ihres pädagogischen Auftrages positiv reagieren können, sie klingen zumeist sinngemäß so: „Ich kann mich gut auf Tätigkeiten konzentrieren!“; „Ich habe mein Zimmer gestern Abend noch aufgeräumt!“ usw. Die Tests weisen oft direkt auf das zugrundeliegende Lebensmuster hin: „Was sind heute meine Aufgaben?“; „Erklären Sie mir bitte, wie [...]?“; „Was kann ich tun, um [...]?“.

Im Umgang mit entsprechend geprägten Heranwachsenden kann man zudem manchmal folgende Spiele beobachten, die infolge einer *negativen* Schema-Aktivierung getriggert werden (vgl. Abschnitt 4.4.3): *Regelsetzer* („Sie haben mir gar nichts vorzuschreiben: Wenn ich meine Mutter nicht sehen will, dann will ich sie nicht sehen!“; „Ich kenne meine Rechte, ich werde mich über Sie beschweren!“) und *Diskussion*: „Nein, das muss jetzt erst bis zum Ende besprochen werden, ich bin noch nicht fertig!“ usw. Appelle werden sowohl offen („Was soll ich tun?“) als auch verdeckt vermittelt („Sie sind bestimmt eine Mutter [ein Vater], bei der [bei dem] eine Ansage eine Ansage ist und bleibt, oder?“).

Mögliche Ursachen
Auch in Bezug auf die Entstehungszusammenhänge von *emotionale Selbst- und Fremdkontrolle* sind Sozialisationseinflüsse anzuführen, die einander gegenüberstehen. Zum einen (a) finden sich in der Biografie von Betreffenden tendenziell gefühlskalte Bezugspersonen, die zudem wenig Interesse hatten bzw. nicht dazu imstande waren, die emotionalen Ausdrucksformen ihres Nachwuchses empathisch zu spiegeln. Im Rahmen eines solchen Settings werden Ausgelassenheit und spielerische Experimentierversuche von Kindern eher negativ wahrgenommen

oder auch sanktioniert. Harte Grenzsetzungen, die im Erziehungsalltag häufig und ausführlich zum Thema gemacht werden, können außerdem dieses Lebensmuster bei Heranwachsenden grundlegen. Zum anderen (b) kann *emotionale Selbst- und Fremdkontrolle* auch in unsortierten, eher regellosen Elternhäusern auf kindlicher Seite entstehen, in diesem Fall dann als kompensatorischer Reflex. Dann lautet das Prinzip entsprechend nicht mehr „Anpassung an ein Laissez-faire-Elternhaus", sondern gewissermaßen „reflexhaft in die Zwanghaftigkeit".

Ressourcen des Schemas

Wie oben schon angedeutet sorgt dieses Muster dafür, dass man sich auf betreffende Jugendliche meistens verlassen kann. Sie sind pünktlich, erledigen Arbeitsaufträge – sie funktionieren in Abläufen. Sie widmen Prozessen, die sie angehen, viel Aufmerksamkeit, starten diese und führen sie zu Ende. Diesbezüglich ist zu überlegen, wie diese Ressourcen in der Einrichtung, in Tagesabläufe, in der Gruppe integriert werden können. Eventuell bietet man Aktivitäten an, die entsprechende kognitive Potenziale triggern. Gerade in diesem Fall sollten Potenziale weiter gefördert werden, und zwar als eine Art Coaching für die Zeit nach der jeweiligen Maßnahme.

Ideen zum konstruktiven Umgang

Andocken können Fachkräfte auf der Beziehungsebene meistens optimal, indem sie geradewegs die schemaspezifischen Stärken wertschätzen („Schön, dass du immer pünktlich erscheinst!"; „Du hast deine Zimmerordnung fest im Griff, top!" usw.). Dies führt nicht nur zum Aufbau von Beziehungskredit, sondern auch zur Aktivierung des Modus des *gesunden Erwachsenen*.

Es kann in der Betreuung von zwanghaft strukturieren Jugendlichen im Kontext Heimerziehung erfahrungsgemäß schnell passieren, dass eine „positive Übertragung" generiert wird, wie es im psychoanalytischen Kontext heißt (König, 2007). Im Rahmen dieses (unbewussten) Prozesses projiziert die oder der Jugendliche angenehme Gefühlsregung auf die pädagogische Fachkraft, weil sie oder er etwas „Elterliches" an ihr wahrnimmt, das einen angenehmen biografischen Bezug hat („Sie sind wir meine Mutter [mein Vater] früher!"). Solche Impulse sollten nicht gleich sofort aufdeckend bearbeitet, sondern entsprechend genutzt werden.

Mithilfe der durch die positive Übertragung entstehenden Motivation zur schemapädagogischen Zusammenarbeit ist die weitere Praxis von Methoden i. d. R. völlig unkompliziert umzusetzen. Diese Interventionen erzielen nach unserer Erfahrung gute Ergebnisse in Bezug auf Selbsterkenntnis und die „Erweckung" von emotionalen Ressourcen, wobei man diesbezüglich sehr vorsichtig sein bzw. nach entsprechenden Rückmeldungen am besten die „methodischen Finger" lassen sollte):

- Schemafragebogen (Abschnitt 4.2.1)
- Modus-Wochenprotokoll (Abschnitt 4.2.3)
- Expertenrolle (4.3.1)

- Modus-Karten (Abschnitt 4.3.2)
- Reise zu den Schemata (Abschnitt 4.3.6)
- Zirkuläre Fragen mit Modus-Fokussierung (Abschnitt 4.4.4)
- Modus-Rollenspiele (Abschnitt 4.4.5)

3.17 „Genug ist noch nicht gut genug!" – *Schema überhöhte Standards/Perfektionismusstreben*

Ayana (17) wurde schon in Abschnitt 3.9 (Lebensmuster *Verletzbarkeit*) beschrieben. Warum sie an dieser Stelle wieder auftaucht, ist der Tatsache geschuldet, dass die meisten Menschen mehrere Schemata offenbaren, die je nach Situation, bei länger andauernder sozialer Konstellation und Umgebung aktiviert werden können. Bei Ayana ist neben *Verletzbarkeit* das Schema *überhöhte Standards/Perfektionismusstreben* stark ausgeprägt, weshalb sich an dieser Stelle ein weiterer genauer Blick auf die Teenagerin lohnt.

Ayana tritt – wie weiter oben schon detailliert ausgeführt – wegen massiver Selbstgefährdung im Alter von 15 Jahren ins Lory ein. Neben der Selbstgefährdung stellten auch die hohen Erwartungen des Umfelds an die junge Frau ein Problem dar, vor allem deshalb, weil sie diesen Erwartungen nicht immer entsprochen hat und sie deswegen übermäßig stark sanktioniert resp. bestraft wurde. Sie verbringt die ersten 10 Wochen in der geschlossenen Abteilung, bevor sie in die halbgeschlossene Wohngruppe übertreten kann.

Die Teenagerin legt großen Wert auf ihr Äußeres und ist stets sehr gepflegt gekleidet. Sie äußert sich einmal dahingehend, dass ihre Freundinnen sie als etwas eitel empfinden und sie es sich durchaus vorstellen könnte, mit medizinischen Maßnahmen noch weiter nachzuhelfen. Körper und Gesundheit spielen in ihrem Leben insgesamt eine wichtige Rolle. So ist sie beispielsweise eine der wenigen nichtrauchenden Jugendlichen.

Im schulischen Kontext ist sie eine ruhige Arbeiterin, wobei sie es vorzieht, in der Komfortzone zu bleiben. Ihr Wunsch, *alles* gut zu können, hindert sie zuweilen, sich auf Unbekanntes einzulassen. Aufgabenstellungen, die sie nicht auf Anhieb verstehen oder bearbeiten kann, „umschifft" sie bestmöglich, indem sie einen anderen, weniger fordernden Auftrag zu lösen beginnt. Dies fällt im ersten Moment meist gar nicht auf. Im Allgemeinen zeigt sie sich stets „beschäftigt", es gibt immer was zu tun.

Dieses rastlose Immer-etwas-am-Machen-Sein zeigt sich auch in der Freizeit: Sie ist eine sehr disziplinierte und fleißige Fitness-Center-Besucherin. Das Streben nach Perfektionismus zeigt sich auf zweierlei Arten: Dort, wo sie auf Erfolge hoffen darf, legt sie sich vollumfänglich ins Zeug und ist motiviert und ausdauernd, um ihre Ziele zu erreichen. In anderen Bereichen, in denen sie sich mit Schwierigkeiten konfrontiert sieht, ist vieles mehr Schein als Sein. Wenn sie meint, die Erwartungen nicht erfüllen zu können, dann offenbart sie einen Aktivismus, hinter dem sie sich – zumindest für eine gewisse Zeit – verstecken kann und vermeidet so die Konfrontation mit ihren Defiziten. Diese passen nämlich nicht in ihr Selbstbild.

Situationen und Projekte, die sich nicht nach ihrem „Gusto" entwickeln, führen bei ihr oft zu einer Krise, in der sie an sich zu zweifeln beginnt.

Auch im Zwischenmenschlichen will sie sich von ihrer besten Seite zeigen. Sie ist beharrlich anständig im Umgang und macht einen vernünftigen Eindruck, wie man sagt. Sie ist eine der wenigen Jugendlichen, die immer schon einige Minuten vor Schulbeginn vor der Schulzimmertür warten. Dieses Verhalten, Etikette zeigen zu müssen, wurde ihr vom familiären Umfeld so antrainiert und wird von diesem System, das erst seit einigen Jahren in der Schweiz lebt, auch erwartet. So muss Ayana z. B. oft die Vermittler- und Übersetzerinnenrolle übernehmen, da sie am besten Deutsch spricht, obwohl sie die Jüngste ist.

Sie macht bei der Arbeit mit den Sozialpädagoginnen und Sozialpädagogen gut mit: So lässt sie sich auch gut auf die Schemapädagogik-Tools ein. Diese zeigen in Bezug auf die Schemata, wie oben schon angedeutet, Ausprägungen bei *Verletzbarkeit* und *überhöhte Standards/Perfektionismusstreben* und in Bezug auf die Modi passenderweise die *Perfektionistin* und *Antreiberin (nach innen gerichtet)*.

Das Schema *überhöhte Standards* ist übrigens bei unseren Jugendlichen eher selten stark ausgeprägt, andere Lebensmuster stehen deutlich mehr im Vordergrund, besonders die aus der Domäne 1 (vgl. Abschnitt 2.2.2). Dieses Muster mag im beruflichen Kontext durchaus gewisse Vorteile bringen, wie etwa *emotionale Selbst und Fremdkontrolle*. In der pädagogischen Arbeit mit Ayana zeigte sich dieses Schema aber eher als hinderlich, da sich Personen mit überhöhten Erwartungen an sich selbst und andere entweder voll und ganz nach dem „Perfekten" ausrichten oder aber – falls Schwierigkeiten auftauchen – stark mit sich zu hadern beginnen. D. h. die Ambivalenzen, die mit diesem Schema im stationären Bereich einhergehen, sind eher kontraproduktiv in Bezug auf die Ressourcenförderung (vgl. Abschnitt 4.6). Ayana zeigte in entsprechenden unliebsamen Situationen daher vermehrt auch ihre aggressive Seite.

Journal-Eintrag | Tagesstruktur/Schule, 22. August – Erfasser/in: Dagmar Fricker

[...] Ayana berichtet, dass die Situation zu Hause zurzeit nicht gut sei; die Platzverhältnisse seien sehr eng. Zudem müsse sie häufig putzen und es sei so oft Besuch da, sodass sie nie Ruhe habe. Im Weiteren habe sie seit kurzem wieder Streit mit der Schwester.

Allgemeines

Überhöhte Standards/Perfektionismus geht mit einem verinnerlichten hohen bis sehr hohen Anspruch an die eigenen Leistungs- und Verhaltensstandards einher. Die Betreffenden sind darum bemüht, in möglichst allen Lebenslagen zu glänzen bzw. hervorzustechen (je nach Schemastärke). Maßgebliches Ziel ist dabei die Vermeidung von negativer Kritik. Auffallend ist des Weiteren ein akkurates Stresserleben, unter dem Jugendliche mit diesem Schema stehen (König, 2010). Man kann selten abschalten, „runterkommen" (Gelassenheit ist nicht ihre Stärke), zumal i. d. R. eine überkritische Haltung sich selbst und anderen Gegenüber besteht. Vor allem letzteres Phänomen kann zu Konflikten mit dem sozialen Umfeld führen, da man immer wieder als „Antreiber" und somit mit elterlichen Modi rüberkommt („Du musst dich mehr anstrengen!"), was insbesondere bei Jugendlichen in Einrichtungen i. d. R. negative Trigger sind, weil dadurch schlicht und einfach eigene Muster ausgelöst werden.

Praxiserfahrungen

Jugendliche mit dem Schema *überhöhte Standards/Perfektionismus* sind „unermüdliche Hamster im Rad". Sie haben entsprechend keine Probleme mit Arbeitsaufträgen und -abläufen. Solange sie beschäftigt sind, können sie ihre Motivationen ausleben, die mit diesem Muster einhergehen. Autoritäten werden nicht infrage gestellt, im Gegenteil, die Teenager wollen ja vor ihnen glänzen, um Anerkennung und Wertschätzung zu provozieren.

Erfahrungsgemäß werden recht eindeutige Images kommuniziert, die direkt auf das zugrundeliegende Schema schließen lassen („Auf mich können Sie sich immer verlassen!"; „Das ist kein Problem für mich!"). Auch die Tests verraten viel über die entsprechende Charakterstruktur: „Können Sie mir morgen noch zwei, drei Zusatzaufgaben geben, ich bin schon fertig!"; „Haben Sie jemals ein so gutes Arbeitsergebnis gesehen?" usw. Im Hinblick auf die Psychospiele ist zu sagen, dass die Strategien darauf abzielen, den Interaktionspartner positiv zu beeindrucken (*Unterhaltsam sein, Moses, Heroisches armes Schwein*). Appelle wiederum werden nach unserer Erfahrung mit Betreffenden nicht offen ausgesprochen. Sie schwingen eher auf der Beziehungsebene mit. Im Rahmen der Gegenübertragung spüren Fachkräfte jedoch öfter den Impuls (was schon öfter in Team-Besprechungen thematisiert wurde), den Jugendlichen zu loben, für seine Arbeitsergebnisse wertzuschätzen usw.

Die Ruhephasen, Pausen, Freizeiten generieren hingegen zahlreiche Probleme. Die Betreffenden sind häufig nicht dazu in der Lage zu entspannen, zu „chillen"; man ist andauernd unter „Strom" und spürt einen gewissen Druck, der hausgemacht ist (was man aber nicht sieht); demzufolge kann sich auch keine temporäre Zufriedenheit breitmachen. Ein anderes Problemfeld tut sich hinsichtlich der Freizeitaktivitäten auf. Da man wenig mit typischen Peergroup-Aktivitäten im Jugendalter anfangen kann, die zur Persönlichkeitsentwicklung beitragen (gemeinsame Unternehmungen, Ausflüge, philosophieren usw.), bugsiert man sich nicht selten ins soziale Abseits und wird entsprechend ausgegrenzt. Die genannten Aktivitäten erscheinen

Teenagern mit dem Muster *überhöhte Standards/Perfektionismusstreben* sinnlos, sie dienen keinem weiteren Zweck.

Mögliche Ursachen
Warum eine derart ausgeprägte Außenorientierung mit diesem Schema zusammenhängt, ist leicht herleitbar: Schon früher gab es für den Betreffenden vonseiten des sozialen Umfeldes wahrscheinlich Zuwendungen, die eher leistungsbezogen waren. Meistens gehen mit dieser Konstellation zudem übermäßige Leistungserwartungen von Bezugspersonen einher.

Wenn Kinder in solchen Verhältnissen heranwachsen, wird häufig aus der Selbstschrittweise eine stark ausgeprägte Fremdfokussierung.

Ressourcen des Schemas
Dieses Muster sorgt in Kontexten, in denen es auf Motivation und Arbeitsergebnisse ankommt, für den erwünschten Effekt. Wie selbstverständlich erreicht man gute bis sehr gute Ergebnisse. Zu Beginn des Aufenthalts wird dadurch aufseiten des Fachpersonals überwiegend eine positive Gegenübertragung generiert. Dies ist eine gute Voraussetzung für den komplementären Beziehungsaufbau (s. Abschnitt 4.3).

Ideen zum konstruktiven Umgang
Jugendliche mit diesem Schema offenbaren eine hohe Beziehungsmotivation, sie möchten zudem von den Erwachsenen positiv wahrgenommen werden. Die Mittel, um dieses Ziel zu erreichen, liegen geradewegs in den oben beschriebenen Ressourcen.

Da das typische Streben nach Perfektion meistens ein sehr wichtiges Thema für den Betreffenden ist, ist man als Fachkraft gut damit beraten, es nicht auf den Prüfstand zu stellen und zu „neurotisieren". Wir haben die Erfahrung gemacht, dass es hilfreicher ist, andere Schemata/Persönlichkeitsfacetten zu stärken bzw. „herauszukitzeln".

Wir empfehlen folgenden Methodenmix:

- Schemafragebogen (Abschnitt 4.2.1)
- Expertenrolle (Abschnitt 4.3.1)
- Modus-Karten (Abschnitt 4.3.2)
- Reise zu den Schemata (Abschnitt 4.3.6)
- Modus-Rollenspiele (Abschnitt 4.4.5)
- Das Erfolgs-Tagebuch (Abschnitt 4.6.2)

3.18 „Ach, es bringt doch eh alles nix!" – *Schema Negatives hervorheben*

Rund eineinhalb Jahre vor Beginn der Platzierung im Lory begann Hermine (16) mit älteren Jugendlichen abzuhängen und sich verstärkt gegen Regeln in Schule und

Privatbereich aufzulehnen bzw. sie zu brechen. Dieser Prozess wurde direkt nach der Trennung ihrer Eltern angestoßen. In der Klasse berichtete Hermine damals den anderen Teenagern und auch Lehrkräften, dass sie häusliche Gewalt durch ihren Vater erlebt hat und die Beziehung zu ihm problematisch sei.

Die Mutter verneint nunmehr die Vorfälle bzw. bagatellisiert diese mit Blick auf die Vergangenheit. Wenig später traten vermehrt Schwierigkeiten auf und in der Schule verlor Hermine mehr und mehr den Anschluss an die Mitschülerinnen. Ein therapeutisches Angebot und ein Schul-Timeout brachten nur kurzfristig eine Verbesserung: Nach ihrer Rückkehr in die Stammklasse nahmen die Probleme noch zu (schwänzen, provozieren, stören, regelmäßig zu spät kommen usw.).

Rückblende: Im Alter von etwas mehr als 14 Jahren tritt Hermine in die halbgeschlossene Wohngruppe ein. Ihre Erscheinung ist reifer und älter als ihr biologisches Alter vermuten lässt. Oft tritt die niedrige Frustrationstoleranz von Hermine zutage: In solchen Momenten wird sie häufig sehr laut und trägt Diskussionen und Konflikte sehr heftig aus. Solche Ausbrüche kreisen rund um folgende Statements: „Immer ich!"; „Ich bin jedes Mal schuld!"; „Immer ich, nur ich!"; „Immer wegen Ihnen muss ich […]!" usw.

Insgesamt fällt Hermine dadurch auf, dass sie im Alltag sehr „stachelig" ist und selbst gut gemeinte Kommentare und Anregungen manchmal als Angriffe auffasst. In der Folge sucht sie die Schuld für ihr emotionales Erleben bei den anderen und hat subjektiv das Empfinden, sehr ungerecht behandelt worden zu sein.

Im Allgemeinen ist für sie klar, dass vor allem die pädagogischen Fachkräfte explizit auf ihr herumhacken und dass die anderen Jugendlichen bei gleichen oder ähnlichen Verfehlungen ungleich weniger kritisiert bzw. sanktioniert würden.

In der Anfangsphase im Lory sind ihre Ausdauer und Frustrationstoleranz doch sehr reduziert, und sie verfällt noch oft in den Modus *distanzierter Beschützer*, d. h. ins Erstarren, Nichts-Tun. Spricht man sie darauf an, reagiert sie i. d. R. mit ihrem *Personal* Totschlagargument: „Seien Sie zufrieden, dass ich überhaupt etwas gemacht habe!"

Hermine ist eine Spezialistin darin, die pädagogischen Fachkräfte in Diskussionen zu verwickeln und ihnen dabei immer wieder vorzuwerfen, wie einseitig diese speziell auf ihre (Hermines) Verfehlungen reagieren, währendessen diejenigen von anderen Jugendlichen „großzügig" übersehen würden. Wenn sie dann so „in ihrem Film" drin ist, ist es unmöglich, sie zu unterbrechen – es ist, als würde man versuchen, bei einer laufenden Nähmaschine einfädeln zu wollen. Jede Wortmeldung der pädagogischen Fachkräfte, etwa „Entschuldige, Hermine, aber […]!", wird folgendermaßen quittiert: *„Jetzt hören Sie mir zu*! Sie kapieren das einfach nicht! Sind Sie dumm oder was?"

In stilleren Momenten gestattet sich Hermine Zeit, auch ihre sensiblen, verletzlichen und feinfühligen Facetten zu zeigen. So kann schließlich auch mit der pädagogischen Arbeit begonnen werden. Sie lässt sich darauf ein, die EQUALS- und schemapädagogischen Fragebögen auszufüllen. Diese zeigen im Bereich emotionaler Missbrauch (CTQ) einen starken Impuls.

Zudem sind folgende Risikofaktoren zu erkennen: ärgerlich-reizbar, depressiv-ängstlich, suizidale Gedanken. Im Weiteren hat Hermine eine sehr niedrige Selbstwirksamkeitserwartung: 10 Punkte von 100. Beim Schemafragebogen ist *Negatives hervorheben* in der Domäne „Übertriebene Wachsamkeit und Gehemmtheit" mit dem korrelierenden Grundbedürfnis Lust/Unlustvermeidung das am stärksten ausgeprägte Schema.

Während ihres Aufenthalts im Lory macht Hermine nichtsdestotrotz große Fortschritte. So wird ihre Frustrationstoleranz stabiler und es gelingt ihr nach und nach besser, Kritik anzunehmen. Sie reagiert insbesondere auf Interventionen seitens der pädagogischen Fachkräfte, die sie zum Lachen bringen (Methode *Öl-ins-Feuer-gießen-bis-beide-lachen*), sehr gut. Im letzten Halbjahr vor ihrem Austritt arbeitet sie recht zielstrebig an ihrem Schulabschluss und schafft es schließlich, in ein Brückenangebot einzusteigen.

Journal-Einträge | Tagesstruktur/Schule, 20. Februar – Erfasser/in: Hilda Moosmann

[...] Was ihre Selbstständigkeit und ihre Motivation anbelangt, hat Hermine noch viel Luft nach oben. Immer wieder stellen wir fest, dass sie sehr schnell kapituliert, wenn sie eine Aufgabe nicht gerade auf Anhieb bewältigen kann und sie ist dann außerdem auch oft nicht dazu bereit, den Erklärungsversuchen der Lehrpersonen zu folgen. [...]

21. Februar

Hermine hat zu Beginn der ersten Doppellektion ihren Vortrag zum Thema *Türkei und Atatürk* gehalten. Sie hat das recht gut gemacht und die Mitschülerinnen haben den Vortrag aufmerksam verfolgt. Bei der anschließenden Diskussion und den weiteren Ausführungen versuchte die Lehrperson dann, einen Übergang zum ordentlichen Unterricht zu gestalten. Dies wurde von Hermine als Angriff gewertet und sie verlor dann die Fassung und war in der Folge nicht mehr motiviert. [...]

25. Februar

Hermine war heute nicht sehr produktiv und nahm eine eher abwertend kritische Haltung ein. [...]

Allgemeines
Negatives hervorheben ist *der* Grundpfeiler eines fundamentalen Pessimismus sich selbst, den anderen und dem Dasein insgesamt gegenüber. Die Betreffenden sind wahre Meister darin, im Alltag Stimmungen nachteilig beeinflussen zu können und selbst in angenehmen Momenten das sprichwörtliche Haar in der Suppe zu finden (was dann die kollektive Wahrnehmung „zugrundegehen" lässt). In Einrichtungen der Heimerziehung fallen sie durch ihre „Das Glas ist halbleer"-Mentalität auf. Ihre Kompetenz liegt u. a. darin (s. u.), ihre Sicht der Dinge auf das Wesentliche zu lenken, und zwar in der Art, wie es der Name des Schemas schon verrät, dass das *Negative* in all seinen möglichen Facetten zum Tragen kommt. Das Wahrnehmungs-Spektrum, das mit der „Minus-Mentalität" vor dem Hintergrund dieses Musters einhergeht, ist gewaltig. Große Themen wie Schmerz, Schuld, Konflikt, Fehler, Missgeschicke, Enttäuschungen werden in den Tagesablauf bzw. in Unterhaltungen in passenden wie auch unpassenden Momenten eingeflochten.

Praxiserfahrungen
Den Betreffenden, die vorauseilend schon viele Alltagsituationen negativ bewerten, ist gerade in diesem Fall nicht bewusst, dass sie lediglich ihr Schema mit sich selbst und den anderen inszenieren, weshalb sich auch bezüglich der ausgewählten schemapädagogischen Methoden gezwungenermaßen ein ganz bestimmter „erlebnisbasierter Mix" ergibt, um Möglichkeiten der Perspektivübernahme ins Feld zu führen, damit der eigene „düstere" Wertehorizont auf Augenhöhe auf den Prüfstand gestellt werden kann. Interventionen, die rein auf die Veränderung von kognitiven Strukturen abzielen, verpuffen i. d. R. schlicht und einfach (Leahy, 2007). D. h., Diskussionen über positive Aspekte des Daseins etwa führen zu nichts und, nebenbei erwähnt, übrigens auch die ansonsten wirkungsvollen Methoden des Reframing (s. Abschnitt 4.6.1).

Erfahrungsgemäß gestaltet sich der Beziehungsaufbau bei Jugendlichen mit dem Muster *Negatives hervorheben* nicht so einfach, man stößt öfter auf Granit. Fachkräfte sollten sich auf die Intervention *Expertenrolle* konzentrieren, um verdeckt Beziehungskredit zu erwirtschaften. In dieser Hinsicht relevante Themen kommen vonseiten der oder des Jugendlichen von ganz allein; aber es braucht manchmal eben eine gewisse Zeit.

Teenager und junge Erwachsene mit dem Muster *Negatives hervorheben* sind nur in seltenen Fällen Teamplayer und entsprechend wenig gewillt, sich in Gruppen zu integrieren und entsprechend zu agieren. Meistens kultivieren sie Einzelgänger-Kompetenzen. Dieser Punkt ist wichtig zu berücksichtigen.

Passende Images, die von Betreffenden kommuniziert werden, klingen schemagemäß tendenziell so: „Ich finde es hier scheiße!"; „Ich konnte Heime noch nie ausstehen!"; „Ich scheiß' auf alles – es ist eh alles sinnlos!" usw. Mithilfe spezifischer Tests wird abgecheckt, ob die Fachkraft auf der Beziehungsebene am Ball bleibt bzw. ob sie das Bedürfnis nach Autonomie berücksichtigen wird: „Sie können mir nicht helfen, Sie sind wie all die anderen auch!"; „Sie dürfen mich vor allem eins nicht: kritisieren!" usw. Schemagetriebene Spiele werden natürlich auch praktiziert, und zwar meistens *Armes Schwein, Heroisches armes Schwein, Diskussion* (s. Abschnitt 4.4.3). Die Appell-Ebene bleibt i. d. R. eher im Verborgenen.

Die Betreffenden haben auf der einen Seite das Bedürfnis nach Abstand, das aber erfahrungsgemäß immer mal wieder mit dem Wunsch nach zwischenmenschlicher Nähe konkurriert. Aus diesem Grund (ambivalente Psychodynamik) ist der Umgang mit Teenagern mit diesem Muster beziehungstechnisch gesehen ein Drahtseilakt, der viel Professionalität und vor allem Geduld bedarf. Wichtig ist, diejenigen Situationen nicht persönlich zu nehmen, in denen die oder der Jugendliche die Fachkraft diskreditiert, vor den Kopf stößt usw. – derartige Aktionen sind nicht persönlich gemeint.

Mögliche Ursachen

Die bis hierhin beschriebene immense Abwehrhaltung gegenüber positiven Erlebnissen im Alltag (bezüglich sich selbst und im Umgang mit anderen) resultiert in den meisten Fällen aus einer Sozialisation, die maßgeblich von besorgten, (über-) ängstlichen und (über-)vorsichtigen Bezugspersonen geprägt wurde. Eventuell wurden dem Kleinkind bzw. pubertierenden Menschen ein extrem negatives Weltbild vermittelt (ohne realitätsbasierten Beweis desselben).

Auf der anderen Seite können aber auch tatsächliche nachteilige Erfahrungen mit dem sozialen Umfeld und/oder der „Welt", die sich fortwährend über Jahre hinweg wiederholt haben, zur Ausprägung von *Negatives hervorheben* beitragen. Das wäre im Einzelfall abzuklären, um darauf aufbauend schemapädagogische Interventionen ins Auge zu fassen.

Ressourcen des Schemas

Negatives hervorheben schärft im Alltag – und das sollte stets als Stärke bedacht werden – sehr genau den Blick für die kleinen und großen Unvollkommenheiten in Bezug auf sich selbst, die Mitmenschen, die Einrichtung, den Tagesablaufs usw. Daran ist jetzt erstmal prinzipiell nichts auszusetzen; im Gegenteil: Am konstruktiven Part der Kritik kann man anknüpfen, um Dinge, Abläufe zu verbessern usw.

Auf der anderen Seite liefert das Muster auch (unfreiwillig) viele „Steilvorlagen" bezüglich des Beziehungsaufbaus. Die Betreffenden sind meistens auch sehr kommunikationsfreudig, was die Sache vereinfacht. Unsere Empfehlung: Einfach mal herausfordernde Images („Beziehungen sind eh für den Arsch!"; „Wir sind in 100 Jahren eh alle tot!" usw.) aufnehmen und gemeinsam (niedrigschwellig) psychologisch bzw. philosophisch reflektieren. Es geht ja im Rahmen des komplementären Beziehungsaufbaus gerade darum, Gesprächsanlässe zu generieren.

Ideen zum konstruktiven Umgang

Wir haben bisher stets die Erfahrung gemacht, dass es bezüglich dieses Musters

Sinn macht, direkt mit dem komplementären Beziehungsaufbau zu beginnen und die üblichen konfrontativen Images, Tests und Spiele (s. o.) in diesem Kontext erstmal auszublenden. Dies kann das Gegenüber mit diesem Schema kognitiv irritieren, aber, und das ist das Gute daran, in diesem Fall tendenziell im *positiven Sinne*. Hierzu muss die Fachkraft aber eine gewisse Bereitschaft aufbringen, sich mit Themen auseinanderzusetzen, die überwiegend auf der „Schattenseite" des Lebens verortet sind.

Auf einen Punkt wollen wir in diesem Zusammenhang hinweisen: Es geht nicht darum, das pessimistische Weltbild des Interaktionspartners in ein positives zu verwandeln (das ist unmöglich). Es geht darum, kleinschrittig die Selbstwirksamkeit von Jugendlichen zu stärken, um adaptive Modi zu generieren bzw. vorhandene gesunde Anteile zu fördern, um die Wahrnehmung zu erweitern.

In Bezug auf das Schema *Negatives hervorheben* bevorzugen wir folgende Interventionen:

- Schemafragebogen (Abschnitt 4.2.1)
- Modus-Wochenprotokoll (Abschnitt 4.2.3)
- Expertenrolle (Abschnitt 4.3.1)
- Reise zu den Schemata (Abschnitt 4.3.6)
- Stühlearbeit – einfache, komplexe und konfrontative (Abschnitt 4.4.2)
- „Grüne Punkte"-Karten (Abschnitt 4.6.1)

3.19 „Verpiss dich, du hässliche, alte Bitch!" – *Schema Bestrafungsneigung*

Jennifer wird kurz vor ihrem 14. Geburtstag in einer Durchgangsstation in der Region ihres Wohnorts platziert. Zuvor lebte sie in einem Kinderhaus, von wo aus sie mehrmals entwichen ist und deshalb in die geschlossene Abteilung der Durchgangsstation eingewiesen wurde. Rund viereinhalb Monate später beantragt die Beistandschaft, die Unterbringung in der Durchgangsstation aufzuheben und Jennifer zu ihrem Schutz ins Lory zu überführen. Als Gründe nennen die einweisenden Behörden, dass es nach einer anfänglich guten Eintrittsphase immer häufiger zu Regelverletzungen, Disziplinarproblemen, Substanzmittelkonsum und Entweichungen gekommen sei. Hinzu kommt erschwerend, dass die Schule in ihrem Wohnort einen dreimonatigen Schulausschluss verfügt hat und diese wohl auch nach Ablauf dieser Zeit nicht mehr bereit ist, die junge Frau wieder aufzunehmen.

Vor dem Kinderhaus-Aufenthalt hat Jennifer bei ihrer Mutter gelebt. Der Vater wohnt seit Jahren nicht mehr im gemeinsamen Haushalt; in Bezug auf ihn sind Delinquenz und Gewalttätigkeit aktenkundig.

Zu Hause sind körperliche Gewalt und prekäre finanzielle Umstände seit Jahren ständige Begleiter. Jennifer hat drei Geschwister: Ihre ältere Schwester scheint mit ihrem Leben recht gut klarzukommen, der ältere Bruder war als Jugendlicher ebenfalls fremdplatziert und hat zudem auch schon im Gefängnis gesessen.

Im Lory offenbart Jennifer das Schema *Bestrafungsneigung*. Sie überwacht entsprechend in pedantischer Art und Weise, ob und wie genau Regeln oder Abmachungen – vor allem aufseiten der pädagogischen Fachkräfte – eingehalten werden. Ausnahmen, etwa Verspätungen, Abweichungen vom Tagesablauf usw., kann sie kaum akzeptieren. Wenn sie ein solches Nicht-Einhalten der Regeln oder Abmachungen registriert – bzw. von ihr als solches so wahrgenommen oder interpretiert wird –, echauffiert sich die Teenagerin sehr und spielt *Regelsetzer*. Sie zeigt in solchen Situationen überhaupt kein Verständnis für Begründungen der betreffenden Regelabweichung.

Sie zeigt in der Folge von solchen Trigger-Situationen wie auch im Allgemeinen nicht mehr tolerierbare Verhaltensweisen. Sie steigert sich z. B. im Übermaß in Angelegenheiten hinein, die sie eigentlich gar nicht betreffen und legt dann einen „fundamentalen Altruismus" an den Tag, indem sie sich dann völlig unangemessen für die Rechte der anderen Jugendlichen im Stile einer Märtyrerin einsetzt. Jennifer ist in diesen Momenten für die pädagogischen Fachkräfte nicht mehr erreichbar und verfällt in eine Art Daueraktivierung ihres Modus *Regelsetzer* (zudem spielt sie dann auch meistens *Das letzte Wort gehört mir*).

Sie verliert in ganz alltäglichen Situationen wie auf Knopfdruck jeglichen Anstand und Respekt („Verpiss dich, du hässliche, alte Bitch!") und/oder beginnt zu drohen („Geh weg, du Spast, sonst kann ich für nichts mehr garantieren!").

Des Weiteren, und das sollte in Bezug auf die Trigger-Situationen nicht unerwähnt bleiben, beharrt Jennifer darauf, dass diese eine Person, die einen Regelverstoß im oben beschrieben Sinn zu verantworten hat, *direkt* konsequent bestraft werden muss. Dabei zitiert sie auch gerne Beispiele, wie sie selbst oder andere für dasselbe „Vergehen" reglementiert werden müssten und dass ihr Strafkatalog dann für alle gelten solle. Dem Team fällt auf, dass das Thema *Bestrafung* in den genannten Situationen ein gewisses „Lustgefühl" in ihr auslöst, das mit einer gewissen Genugtuung korreliert, sobald es jemanden „trifft".

Sie selbst nimmt sich sehr viele Freiheiten bei der Interpretation der Regeln im Lory heraus, ja, sie meint sogar, die Interpretationshoheit bezüglich der Abmachungen zu haben und kommuniziert diese in aggressiver Art und Weise. Ihr Umgangsstil wirkt diktatorisch, wobei es ihr überhaupt nichts ausmacht, wenn sie damit aneckt.

Ihr Verhalten insgesamt kann als „sehr unberechenbar" bezeichnet werden: So kann sie z. B. gut in den Tag starten und dann unvermittelt und für die pädagogischen Fachkräfte häufig nur schwer nachvollziehbar in einen maladaptiven Ich-Zustand switchen, der kaum kontrollierbar ist.

In ihrem Verhalten ist Jennifer sehr manipulativ, gruppiert immer wieder andere Jugendliche um sich, um gegen die eine oder mehrere andere Jugendlichen oder die pädagogischen Fachkräfte Stimmung zu machen. Zuweilen nimmt ihr Verhalten auch sadistische Züge an – Jennifer will sich so Respekt verschaffen. Sie hat auf diese Weise schon sog. „Gruppentrennungen" oder gar einen disziplinarischen Einschluss provoziert.

Das Schema *Bestrafungsneigung* entstand bei Jennifer wahrscheinlich dadurch, dass im elterlichen Umfeld ein Klima des Gehorsams und der Sanktionierung vorherrschte. Zudem musste sie früher häufig die Erfahrung machen (so erzählt sie), rückblickend aus Willkür bestraft worden zu sein. Einer pädagogischen Fachkraft gegenüber hat sie einmal erwähnt, dass sie als Kind oft nicht wusste, weshalb sie bestraft wurde. In der Folge habe sie sich dann teilbewusst irgendwann so verhalten, dass es für die Erziehungsberechtigten einen Grund gab, sie zu bestrafen. Sie passte sich also in aktiver Weise an ein Hauptthema im Elternhaus an.

Journal-Eintrag | Tagesstruktur/Schule, 29. September – Erfasser/in: Donat Ecker

Jennifer wäre heute für eine Schulsequenz in der geschlossenen Abteilung eingeteilt gewesen. Sie meinte, dass die Jugendliche XY ebenfalls im Schulbereich sei, was aber nicht der Fall war – darüber wurde Jennifer dann umgehend in Kenntnis gesetzt. Diese für sie eigentlich nicht relevante Information aktivierte in ihr das *impulsiv-undisziplinierte Kind* („Dann werde ich nicht in den Unterricht gehen und den Vormittag über im Atelier bleiben!"). Zum wiederholten Male reagierte sie unverhältnismäßig aggressiv auf eine vermeintliche „Abmachung". Im Hintergrund wirkte wahrscheinlich noch der Modus *strafende Eltern*. Denn während die Lehrperson sie vor die Alternative stellte, entweder zur Schule zu gehen oder direkt aufs Zimmer (und dabei gleichzeitig die Hand „väterlich-fürsorglich" auf Jennifers Schulter legen wollte), wurde direkt der *Angreifer* getriggert: „Rühr mich nicht an, du Spast, sonst kann ich für nichts mehr garantieren!" Die Lehrperson wiederholte ruhig und standhaft die beiden erwähnten Optionen; die anwesende Sozialpädagogin schaltete sich ebenfalls dazu, und als die Lehrperson registrierte, dass Jennifer auf ihre Interventionen zu reagieren begann, zog sich diese etwas zurück. Letzten Endes ging Jennifer schließlich gemeinsam mit der Sozialpädagogin auf die Gruppe, ohne dass sie das Gesicht verlieren musste.

Allgemeines

Das Phänomen *Sadismus* wird seit Jahrzehnten wissenschaftlich gut untersucht, auch S. Freud beschäftigte sich schon damit und er verwies schon diesbezüglich auf die Relevanz von biografischen Erfahrungen.

Milgram (1982) wies in einem klassischen Experiment einen Autoritätsreflex nach, im Rahmen dessen viele Menschen mit einem gewissen Druck vonseiten einer Autorität zur Fremdschädigung neigen, wenn es die aktuelle Umgebung zulässt.

Besteht dann in diesem Kontext die Möglichkeit, die Verantwortung an eben diese Obrigkeit abzugeben, gehen knapp 65 Prozent der Normalos bis ans Ende der Fahnenstange. Milgram konnte nachweisen, dass etwa zwei Drittel der „Normalbürger“ aufgrund dieses Reflexes einem anderen Menschen „tödliche Stromstöße“ in seiner Versuchsanordnung verabreichen können, wenn es entsprechend befohlen wird. Es leuchtet schnell ein, dass Diktaturen aus diesen Gründen sehr gut funktionieren können.

Wissenschaftsgeschichte schrieb ebenfalls Zimbardo (2016) – mit seinem *Stanford Prison Experiment*. Der Psychologe konnte feststellen, dass es zwischen Gruppen, die in einem machtspezifischen Verhältnis „Top-Down“ zueinander stehen und in einem „geschützten“, d. h. rechtsfreien Raum frei agieren können, ebenfalls nach wenigen Tagen des Settings zu sadistischen Impulsen kommt – zum Leidwesen der untergebenen Gruppe, versteht sich.

Haller (2020) sieht ebenfalls sadistische Impulse im Seelenleben, die ganz normal sind, aber in pathologischer Ausformung mit dem sog. „malignen Narzissmus“ zusammenhängen.

Vor dem Hintergrund der Schematherapie (Young et al., 2008) wird bezüglich des Musters *Bestrafungsneigung*, wie auch im Beispiel oben ersichtlich, von einer intrinsischen Motivation ausgegangen (im Fall des Mechanismus Erduldung). D. h., die Betreffenden agieren eben im Sinne des Lebensmusters, weil sie es für richtig und angebracht halten. Aus ihrer Sicht besteht auch diesbezüglich kein moralisches Dilemma: Es gibt *nur* „richtig“ oder „falsch“.

Praxiserfahrungen

Im Setting Heimerziehung tritt das Schema *Bestrafungsneigung* meistens unvermittelt auf, im schulischen Kontext (M.D.) nicht unbedingt; so ist etwa Mobbing in klassischen Bildungseinrichtungen nicht immer gleich für die Lehrkraft ersichtlich, besonders dann, wenn die Täterinnen und Täter professionell unterwegs sind, was bei diesem Lebensmuster nicht selten der Fall ist.

In der Heimerziehung fallen die von diesem Schema betroffenen Jugendlichen hingegen i. d. R. mit der sprichwörtlichen Tür ins Haus, es geht gar nicht anders. Dies ist schlicht und einfach der Tatsache geschuldet, dass Fachkräfte und die Peergroup „24/7“ mit den Schematrägerinnen/n zu tun haben. Deshalb können die Betreffenden nur sehr schwer auf Dauer im Verborgenen operieren, falls dies in ihrem Interesse sein sollte.

Angriffe gegen andere in der Gruppe im Allgemeinen oder gegen Fachkräfte im Speziellen, die zudem eventuell mit dem Schema *Verletzbarkeit* behaftet sind, sind keine Seltenheit, sondern in diesem Fall ein Indiz für das relevante Muster bei der Initiatorin bzw. dem Initiator. Das Gute an diesem Schema ist aus ressourcenorientierter Sicht, dass man mit ihm im Vergleich zu anderen Stilen konkret und bei

Bedarf offensiv-konfrontativ mit den Betreffenden arbeiten kann. Auf psychoedukative Elemente (Schema- bzw. Modus-Fragebogen, Stühlearbeit) wird meistens sehr gut reagiert.

Auswirkungen dieses Schemas können sich in folgenden Themen zeigen: Mobbing (wie erwähnt), Dominanzstreben, Diskreditierungen, starkes Interesse an der Ahndung von Regelverstößen jeglicher Art usw.

Mögliche Ursachen

Das Muster *Bestrafungsneigung* beruht i. d. R., wie auch im einführenden Fallbeispiel schon faktisch beschrieben wurde, auf einer Sozialisation, die maßgeblich auf den Themen *Regeln*, *Gehorsam* und *Sanktionen* basiert. Meistens sind entsprechende Initiatoren dieser Angelegenheiten auf Elternseite auszumachen, die ebendiese Angelegenheiten früher (und auch heute noch) zu Hauptangelegenheiten während der Zeit miteinander machen. Entsprechend stehen im Alltag die Einhaltung von Regeln, Gehorsam und „Brav-Sein" im Vordergrund. Eine solche „Dauerbefeuerung" prägt natürlich die kindliche Psyche entsprechend.

Ressourcen des Schemas

Wie auch bei vorherigem Muster der Fall, führt auch das vorliegende Thema zu einer verstärkten Aufmerksamkeit, die nach außen gerichtet ist, hin zum sozialen Umfeld, zur Einrichtung, zum Regelwerk. Dies bringt tatsächlich den Vorteil mit sich, dass von dem Muster *Bestrafungsneigung* betroffene Teenager die eine oder andere konstruktive Idee bezüglich der genannten Themen durchaus generieren könnten – wenn man den Raum hierzu geben würde. Aber diese Idee funktioniert nach unseren Erfahrungen nicht immer.

Ideen zum konstruktiven Umgang

Wie oben schon erwähnt, ist eine gewisse Extrovertiertheit mit diesem Muster verbunden, und in vielen Fällen sind die Betreffenden wirklich mit allen Wassern gewaschen; sie wurden jahrelang kontrolliert, „gläsern" gemacht, ins Eck gedrängt usw.; wer so heranwächst, kann dasselbe mit anderen machen. Manchmal gibt es zu diesem Impuls gar keine andere Alternative.

Aus diesem Grund wird empfohlen, sich als Fachkraft, die jederzeit konfrontativ zu reagieren im Stande sein sollte (sollte es zu Akten der Fremdschädigung kommen) (Damm, 2012b), insbesondere auf den Beziehungsaufbau zu konzentrieren. Macht *Bestrafungsneigung* einen großen Teil der jeweiligen Persönlichkeit aus, fallen mögliche Themen zum „Andocken" eher spärlich aus; dann sollte man auf Alltagsgelegenheiten warten, die thematisch unproblematisch sind.

Die Phasen der Schema-Aktivierungen seitens der oder des Jugendlichen sind für die Fachkräfte erfahrungsgemäß herausfordernd: „Rühr mich nicht an, du Spast, sonst kann ich für nichts mehr garantieren!" – dennoch gilt die Maxime: Bleiben Sie bestmöglich im Modus des *gesunden Erwachsenen* und arbeiten sie im Anschluss an solche Situationen nach einer gewissen Zeit der kollektiven Beruhigung das Ganze schemapädagogisch mit der oder dem Betreffenden noch einmal auf.

Folgende Interventionen kommen im Allgemeinen infrage:

- Schemafragebogen (Abschnitt 4.2.1)
- Modus-Wochenprotokoll (Abschnitt 4.2.3)
- Expertenrolle (Abschnitt 4.3.1)
- Reise zu den Schemata (Abschnitt 4.3.6)
- Stühlearbeit – einfache, komplexe und konfrontative (Abschnitt 4.4.2)
- „Grüne Punkte"-Karten (Abschnitt 4.6.1)

3.20 FAQs – Frequently Asked Questions

Auch an dieser Stelle möchten wir zu diversen Fragen Stellung nehmen, die uns im Rahmen von Seminaren und Weiterbildungen immer wieder begegnen, wenn wir die Inhalte, die in diesem Abschnitt dargelegt wurden, thematisieren.

- **Sind Schemata im Allgemeinen als pathologisch zu verstehen?**
  Nein. Jeder von uns (auch unsere Klientel) hat im Rahmen der Sozialisation Schemata entwickelt, die im Hinblick auf ihre Ausprägung im schwachen, durchschnittlichen bis erhöhten Bereich liegen. Diese Muster haben zahlreiche gesunde, gewinnbringende Ausprägungen hinsichtlich der Beziehung zu sich selbst und anderen, und zwar privat wie auch beruflich. Beispielhaft sind hier, wenn wir von mittlerer bis starker Ausprägung sprechen, die Schemata *Fürsorge für andere*, *Streben nach Zustimmung und Anerkennung* oder *Anspruchshaltung/Grandiosität* zu nennen. Natürlich muss man aber auch sagen, dass die Schemata der Domäne 1 überwiegend mit pathologischen Phänomenen einhergehen, die im späteren Leben zu schwerwiegenden Auswirkungen/Problemen führen. Wenn man von einem maladaptiven Muster spricht, fällt die Gewichtung desselben jenseits von Gut und Böse aus. Ein maladaptives Muster entspricht einer Anpassungsleistung in der frühen (problematischen) Kindheit, die inzwischen unzeitgemäß ist.

- **Handelt es sich bei den o. g. Praxisbeispielen um idealtypische Fälle?**
  Für die Fallbeispiele wurden anonymisierte Jugendliche im Lory ausgewählt, die in Bezug auf den allgemeinen Lifestyle wie auch im Hinblick auf viele Alltagssituationen typischerweise tatsächlich ein bestimmtes Muster zeigten. Natürlich hatten und haben die Betreffenden auch diverse andere Persönlichkeitsanteile; jedoch wurde in den Beschreibungen das jeweilige Schema, um das es jeweils ging, fokussiert, um die damit verbundenen möglichen Problematiken und Ursachenzusammenhänge zu verdeutlichen.

- **Wieso klingen die Betitelungen der Lebensmuster in der Schemapädagogik etwas anders als in der Schematherapie?**
  Die Schema-Begriffe in der Schematherapie beziehen sich direkt auf Erfah-

rungen im klinischen Alltag, in dem Psychotherapeuten es i. d. R. mit Klienten zu tun haben, die Schemata in maladaptiver Stärke aufweisen. In den meisten (sozial-)pädagogischen Praxisfeldern sowie auch in der Bildung treffen Fachkräfte eher auf „weichere" Fälle. Schemapädagogik richtet sich bekanntlich an Erzieher, Sozialpädagogen, Berufsbegleiter, Berater, Lehrer aller Schularten, Sozialarbeiter usw. Nachweislich haben wir es diesbezüglich tendenziell leichter – da uns die Schemata eben in mittlerer bis stärkerer, selten aber direkt und regelmäßig in maladaptiver Struktur entgegentreten. Dieser Tatsache wurde entsprechend Rechnung getragen, und wir machen immer wieder die Erfahrung, dass auch unsere Adressaten (und die Fachkräfte!) mit den „weicheren" Begriffen besser hantieren und arbeiten können (vgl. auch Fußnote in Abschnitt 2.2.1).

- **Kann man maladaptive Schemata von Jugendlichen dauerhaft verändern bzw. sogar heilen?**
  Nein. Das schafft man auch nicht in der Schematherapie. Der Grund liegt schlicht und einfach darin, dass sich, etwas salopp formuliert, die sich schritthaft verschaltenden neuronalen Netzwerke (sinnbildlich: „Straßen") in der Kindheit bereits durch die jahrelange Prägungen zu massiv entwickelt haben (zu „Autobahnen"), bevor die Betreffenden entsprechend eine Schematherapie in Anspruch nehmen oder eben Einrichtungen besuchen, die schemapädagogisch arbeiten.

  Dann ist das „Kind schon in den Brunnen gefallen". Was „geht" (in beiden Schema-Ansätzen), das ist die Förderung von Selbsterkenntnis durch Psychoedukation („Wer bin ich – und wenn ja: wie viele?"). In der Schematherapie ist es des Weiteren möglich, dass *verletzte Kind* zu aktivieren und entsprechend „nachzubeeltern" (Roediger, 2016); das geht im schemapädagogischen Setting natürlich nicht.

  Ein weiteres gemeinsames Ziel ist die Erschaffung von Freiheitsgraden, frei nach dem Motto: Zwischen Reiz und Reaktion liegt eine „Antwort", nämlich die Wahl – reagiere ich wie immer oder nicht (Kayser-Laubenstein 2020)? Anders gesagt: Wir möchten unsere Kinder, Jugendlichen und jungen Erwachsenen dazu befähigen, mehr Selbstbestimmung ins Leben zu bringen – und weniger schemagetriebene Fremdbestimmung. Wie das funktionieren kann, wird im nächsten Abschnitt ausführlich beschrieben.

Ausblick

Wer schemapädagogisch im Praxisfeld agiert, folgt je nach Herausforderungsgrad mal mehr, mal weniger verbindlich einer Struktur, um die es im Folgenden schwerpunktmäßig didaktisch und vor allem methodisch gehen soll. Die Beobachtungsphase (a) kann bereits mit Elementen des (b) komplementären Beziehungsaufbaus einhergehen oder auch, je nach Fall bzw. Gruppe, getrennt voneinander angegangen werden. Es schließt sich (c) die Phase der Modus-Bearbeitung an, danach folgt

(d) der Transfer der erarbeiteten Lösungen in den Alltag, und die (e) Ressourcenorientierung rundet den Prozess bei Bedarf ab (ist manchmal nicht mehr notwendig).

Jede genannte Phase wird nachstehend kurz beschrieben. Zudem findet i. d. R. jeweils eine praktische Anreicherung der ebenso ausgeführten, jeweils passenden Methoden statt. Die Praxis- und Erfahrungsberichte bezüglich der jeweiligen Interventionen stammen wieder aus dem Jugendheim Lory.

4. Phasen der Schemapädagogik und implizierte Methoden

Die im Folgenden ausgeführten Interventionen[8] sind den einzelnen Phasen der Praxis der Schemapädagogik zugeordnet (auf die ebenfalls noch einmal etwas ausführlicher eingegangen wird).

In der **(Beobachtungs-)Phase** (Abschnitt 4.2), die in die erste Zeit des Kennenlernens fällt, legen wir größten Wert auf das Registrieren von Anzeichen von Schemata, Modi, Interaktionsstrategien (Image, Test, Psychospiel und Appell) der neu platzierten Jugendlichen. Daten und Berichte der abgebenden Einrichtungen fließen tendenziell auch mit ein in die anwachsende Ansammlung von Beobachtungen und Dokumentationen, aber sie dienen lediglich als potenzielle weitere Orientierungsperspektive, die, über den Tellerrand hinausblickend, berücksichtigt werden kann.

Möglichst alle im Team gehen in Kontakt mit dem Neuzugang, eine „Reizüberflutung" wird dabei nicht riskiert. Man spricht sich ab. Die Eindrücke werden entsprechend reflektiert, zudem gemeinsame Ideen gesammelt und umgesetzt, insbesondere auch im Hinblick auf den komplementären Beziehungsaufbau (s.u). Im „Beschnupperungszeitraum" werden je nach Fall schon typische Tools eingeführt, ausprobiert und im Rahmen einer didaktisch angepassten Besprechung im 1:1-Setting mit dem Betreffenden, je nach kognitivem Leistungsniveau, gemeinsam bearbeitet. Relevant in dieser Phase sind u. a. die nachfolgenden Methoden:

- Der **Schemafragebogen** (Abschnitt 4.2.1) bringt Licht in die innere Schemalandschaft. Die Formulierungen wurden im Vergleich zum Original (vgl. Damm, 2019a) z. T. überarbeitet und an die „Sprache" der Lory-Jugendlichen angepasst. Die Ergebnisse des Fragebogens liefern gute Grundlagen für die weitere Zusammenarbeit.
- Dasselbe gilt für den **Modus-** (Abschnitt 4.2.2) und **Bewältigungsmodusfragebogen** (Download-Material 9), die entsprechend niedrigschwellig die schemagetriebenen (aktivierten) Ich-Anteile der Jugendlichen fokussieren und in Zusammenhang mit positiven wie negativen Alltagserlebnissen setzen können.
- Das **Modus-Wochenprotokoll** (Abschnitt 4.2.3) geht über die zuvor erarbeiteten Grundlagen hinaus und nimmt die Jugendlichen nunmehr in die Verantwortung, selbst den Modus des *gesunden Erwachsenen* zu fördern. Der Arbeitsauftrag lautet: „Reflektiere nach jedem Tag wichtige Modus-Aktivierungen und notiere sie in das Protokoll! Am Ende der Woche besprechen wir deine Aufzeichnungen!"

---

8 Die entsprechenden Tools finden Sie entweder als Anlage am Ende des Buches und/oder stehen Ihnen als Download zur Verfügung (s. Anhang).

- Der **Beobachtungsbogen für pädagogische Fachkräfte** (Abschnitt 4.2.4) unterstützt die erste Phase des Schemapädagogik-Prozesses bezüglich der Schemata- und Modi-Einschätzungen maßgeblich. Die Methode ist für das Team sehr gewinnbringend. Die Eindrücke, die im Umgang mit der oder dem „Neuen" entstehen, werden durch die Dokumentation zu einer doch sehr wichtigen Grundlage der schemapädagogischen Diagnostik.

Die **komplementäre Beziehungsgestaltung** (Abschnitt 4.3) ist, und hier erlauben wir uns eine Prise Pathos, das *Feuer, in dem Selbsterkenntnisse und Verhaltensänderungen gemeinsam geschmiedet und erst möglich werden*. Es gilt (auch) in unserem Arbeitskonzept das schemapädagogische Grundaxiom: *Ohne Beziehung keine Erziehung*.

Keine Therapie, keine Pädagogik funktioniert auch nur ansatzweise, wenn Jugendliche keinen Bezug, kein Band, kein „Verhältnis" zur Fachkraft in irgendeiner emotionalen Hinsicht haben (akkurate Sympathie wäre natürlich optimal, ist aber kein Muss). Mit den folgenden schemapädagogischen Tools (vgl. Damm, 2013) möchten wir in Phase 2 sowohl positive Impulse auf der Beziehungsebene generieren als auch das Modus-Bewusstsein parallel hierzu fördern:

- Im Rahmen der Methode **Expertenrolle** (Abschnitt 4.3.1) wird angestrebt, das Gegenüber wechselweise in den *gesunden Erwachsenenmodus* und ins *glückliche Kind* zu triggern. Hierzu braucht es Gesprächsthemen, mit denen das Gegenüber in gefühlsspezifischer Sicht etwas anfangen kann, die es mehr oder weniger stark interessieren. Darüber hinaus muss der Teenager in gewisser Weise Experte für das jeweilige Thema sein. Die Fachkraft kommuniziert im Rahmen dieser Methode zunächst das Bedürfnis nach Informationen, fragt um Rat – das Gegenüber switcht bestenfalls in den Expertenmodus und „coacht" die Fachkraft. Währenddessen werden automatisch positive Impulse generiert, die zum Aufbau von Beziehungskredit führen. Grundvoraussetzung ist, dass die Situation für beide Parteien gerade geeignet ist für einen solchen Austausch (was nicht immer der Fall ist).
- Die **Modus-Karten** (Abschnitt 4.3.2) erschaffen ebenfalls zwischen Fachkraft und dem Gegenüber eine gemeinsame Perspektive, die über eine kurze Zeitspanne verbinden soll. In diesem Fall geht es um den Aufbau von Beziehungskredit mittels der Thematisierung der vorhandenen Modus-Landschaft der jungen Erwachsenen. Die Karten symbolisieren relevante Modi, sie werden reflexiv berücksichtigt und in unterschiedlicher Weise in die Kommunikation miteinbezogen, gleichzeitig wird das Modus-Bewusstsein gefördert und somit wiederum der Modus des *gesunden Erwachsenen*.
- Die **Innere Teile-Arbeit** (Abschnitt 4.3.3) dient u. a. der zusammenfassenden Veranschaulichung der Ergebnisse der Arbeit mit den Modus-Karten. Diese können z. B. in die Persönlichkeitsskizze des Teenagers gepinnt und mit weiteren Begriffen angereichert werden, die während der gemeinsamen Reflexionen gefunden werden.
- Eine geradezu klassische Beziehungsaufbau-Methode in der Arbeit mit Gruppen ist das Tool **Eddie Murphy** (Abschnitt 4.3.4). Entwickelt hat es And-

ré Kotecki (2020). In einem spielerischen „Battle" treten Jugendliche gegeneinander in einer Art „Verbalgefecht" an. Es geht vor allem um Kommunikation, genauer gesagt um die Kompetenz, sich extrovertiert darzustellen. Der Sieger von Eddie Murphy sagt natürlich dadurch etwas über seine Schema-Landschaft aus, was wiederum in Einzelgesprächen aufgegriffen werden kann.
- Auch **Geiselnahme** (Abschnitt 4.3.5) ist ein schemapädagogisches Gruppenangebot. Es hat einen hohen spielerischen Anteil sowie Wettbewerbscharakter. Ziel ist eine positive emotionale Aktivierung der Gruppe insgesamt mit anschließender Reflexion über die in dem Spiel ausgelösten Modi.
- Die **Reise zu den Schemata** (Abschnitt 4.3.6) gibt es in zwei verschiedenen Varianten. Ziel dieser Methode ist es, die Jugendlichen dazu zu befähigen, Parallelen zwischen Erlebnissen in der Vergangenheit und der Gegenwart zu erkennen (die ja schemagetrieben immer vorliegen), um wiederum mehr Selbsterkenntnis zu generieren.

In der nächsten Phase (**Modus-Bearbeitung**) (Abschnitt 4.4) werden vonseiten der Fachkraft nun diejenigen Ich-Anteile seitens des Teenagers angesprochen, die schon seit geraumer Zeit (und auch jetzt) für Kosten gesorgt haben (bzw. sorgen). Selbstverständlich wird auch hier schon auf die Ressourcen des betreffenden Modus geschaut, die natürlich immer vorliegen und zukünftig nutzbar gemacht werden können. Außerdem werden auch gezielt Modi in Augenschein genommen, die „gesund", „angepasst" und stärkenorientiert definiert sind. Wir berücksichtigen in Bezug auf diese Phase i. d. R. folgende Methoden:
- Das sog. **Modus-Interview** (Abschnitt 4.4.1) stellt einen ganz konkreten Ich-Anteil auf den Prüfstand, der für „harte" Entgleisungen, Regelverletzungen usw. verantwortlich ist. Diese Methode gestaltet sich als Arbeitsblatt und kann vom Teenager allein (als Arbeitsauftrag) oder aber im Beisein der Fachkraft ausgefüllt und dann gemeinsam reflektiert werden. Wichtig ist dabei, auch die andere Seite der Medaille des betreffenden Schemamodus zu betrachten, sprich: die ressourcenorientierte.
- Ein zentrales Element dieser Phase ist die **einfache**, **komplexe** und **konfrontative Stühlearbeit** (Abschnitt 4.4.2). Im Rahmen dieser Arrangements werden herausfordernde Schemamodi sowie auch diejenigen mit Potenzial thematisiert und sinnbildlich auf Stühle „gesetzt" und entsprechend aktiviert. Diese Interventionen eröffnen einen Raum für Veranschaulichung und Präsenz sowie für emotional aktivierte Reflexionen.
- Das **Psychospiel-Memory** (Abschnitt 4.4.3) gibt den Jugendlichen in sehr eindrucksvoller Art und Weise die Möglichkeit, sich mit den eigenen Interaktionsstrategien mit hohem Manipulationspotenzial auseinanderzusetzen. In aktiver Art werden sie dazu angehalten, bekannte herausfordernde Situationen zu inszenieren, und zwar in der Form, dass sie zunächst in ihre eigene Rolle als Teenager, dann aber auch in die Rolle der Fachkraft switchen und entsprechend interagieren sollen. Erfahrungsgemäß setzt vor allem diese Methode viele neue Erkenntnisprozesse in Gang und sorgt für einen akku-

raten Nachhaltigkeitseffekt. Zudem kann man danach auch die Begriffe der gängigen Psychospiele im ganz normalen Alltag gebrauchen, man kennt dann deren Bedeutungen.

- Mithilfe von **zirkulären Fragen mit Modus-Fokussierung** (Abschnitt 4.4.4) soll weiterhin das Modus-Bewusstsein gestärkt werden. Systemische Fragen im schemapädagogischen Setting (vgl. Damm, 2019c, S. 134 ff.) provozieren, und das ist der wesentliche Vorteil, die Perspektivübernahme. Der bzw. die Jugendliche setzt sich mit den Anliegen eines bestimmten Ich-Anteils genauer auseinander und bringt auf diese Weise mehr Realität in die ansonsten verzerrte Wahrnehmung bezüglich des eigentlichen Bedürfnisses, die ein maladaptiver Modus generiert („Ich werde provoziert!"; „Ich werde angegriffen und muss mich wehren!" usw.).
- Letztlich können auch **Modus-Rollenspiele** (Abschnitt 4.4.5) dem Teenager XY zu mehr Selbsterkenntnis verhelfen. Im Rahmen dieser Methode ist es notwendig, in verschiedene Modi zu switchen und aus der jeweiligen Sicht zu bestimmten Anliegen Stellung zu beziehen, die bestenfalls einen starken Alltagsbezug haben. Es müssen nicht notwendigerweise problematische Situationen sein, die inszeniert werden.

Die nächste Phase (**Transfer der erarbeiteten Lösungen in den Praxisalltag**) dient der Unterstützung der angestrebten Nachhaltigkeit von Erkenntnisprozessen, die in den vorherigen Abschnitten angeregt und gefestigt werden sollen. Es geht dabei um folgende Tools:

- Das **Modus-Memo** (Abschnitt 4.5.1) entstammt der schematherapeutischen Methodik (Roediger, 2016). Es bringt klar auf den Punkt, welche aktuelle Situation (bzw. mehrere) einen maladaptiven Modus mitsamt den damit einhergehenden Auswirkungen aktiviert und wie zukünftig besser mit diesem negativen Reiz-Reaktions-Muster umgegangen werden kann.
- Mit der konkreten **Formulierung eines Zwischenziels nach dem sog. SMART-Prinzip** (Abschnitt 4.5.2) kann der Teenager nach einer gewissen Zeit abchecken, ob ihm die angestrebte Selbstkontrolle in Bereich XY gelingt bzw. ob es diesbezüglich Nachbesserungsbedarf gibt.
- Am **schemapädagogischen Hilfeplan** (Abschnitt 4.5.3) wirken mehrere Personen mit; neben dem Teenager, um den es geht, und seinen Bezugspersonen auch Lehrkräfte und andere Professionelle. Gemeinsam wird u. a. ressourcenorientiert auf die vorhandenen gesunden Ich-Anteile geschaut, wobei die bisherigen Dokumentationen, angewandten Methoden usw. miteinbezogen werden. Der Hilfeplan dokumentiert die Entwicklung des Jugendlichen. Auf dieser Grundlage werden unter der Berücksichtigung der Bedürfnisse auch Haupt- und Zwischenziele formuliert, die beim nächsten Termin dann im Hinblick auf ihre Realisierung gemeinsam reflektiert werden.
- **Modus-Trigger-Rollenspiele** (Abschnitt 4.5.4) können sehr effiziente Übungen sein, d. h. wahre Selbstkontroll-Trainings. Allerdings bedarf es hierzu einiger Kompetenzen, z. B. Frustrationstoleranz und Emotionskontrolle, sowie

einen starken Modus des *gesunden Erwachsenen*. Bei dieser Intervention geht es darum, gegenüber dem Teenager solche Trigger darzulegen, die bisher gewöhnlich direkt zur Auslösung von maladaptiven Modi geführt haben. Insofern die Methoden in den vorherigen Phasen gefruchtet haben, sollte es nunmehr möglich sein, stabil und souverän zu bleiben.

Die Phase **Stärkung der Ressourcen** (Abschnitt 4.6) ist zwar, wenn man die chronologische Reihenfolge in Augenschein nimmt, der letzte Abschnitt im schemapädagogischen Prozess, aber die entsprechenden Methoden in diesem Part sollten, wie wir sehr empfehlen, den gesamten Aufenthalt des Jugendlichen in der Einrichtung begleiten. Es dreht sich dabei um folgende Tools:

- Mit den **„Grüne Punkte"-Karten** (Abschnitt 4.6.1) wird der Fokus auf ressourcenorientierte innerpsychische Prozesse gelegt (Selbstwirksamkeit, Ich-Kompetenz, *gesunder Erwachsenenmodus*, *glückliches Kind* usw.), die naturgemäß den „roten Punkten" (= negative Schematrigger) gegenüberstehen. In Bezug auf diese Methode ergeben sich unterschiedliche Vorgehensweisen, auf die unten eingegangen wird.
- Das **Erfolgs-Tagebuch** (Abschnitt 4.6.2) liefert den eindeutigen „Beweis" dafür, dass der junge Mensch, entgegen so mancher schemagetriebenen Selbstwahrnehmung („Ich bin scheiße!"; Ich bin nicht liebenswert!" usw.) durchaus über zahlreiche Kompetenzen verfügt, im Hinblick auf den Umgang mit sich selbst und anderen. Niedergeschrieben werden entsprechend positive Alltagserlebnisse, die wiederum dem Modus des *gesunden Erwachsenen* wie auch dem *glücklichen Kind* zugeschrieben werden können.
- Die **schemapädagogische Teamarbeit** (Abschnitt 4.6.3) hat das Ziel, gemeinsame Interventionen zur Förderung der Kompetenzen des Teenagers zu generieren, die kurzfristig umsetzbar sind. Hierzu sind regelmäßige Teambesprechungen notwendig, die aber im Rahmen des Praxisfeldes Heimerziehung ohnehin in der Art schon stattfinden.

4.1 Allgemeines

Damit erfolgreich schemapädagogisch gearbeitet werden kann, müssen bestimmte Voraussetzungen erfüllt sein (vgl. auch Estermann & Aebersold, 2020):

1. Dem kompletten Team muss nicht nur die schemapädagogische Terminologie *bekannt* sein, sie sollte auch entsprechend prozesshaft irgendwann „in Fleisch und Blut" *übergehen* (vgl. Anlage 1). Hierzu bedarf es neben dem Selbststudium auch der Fortbildung bzw. begleitenden Weiterbildung (vgl. Abschnitt 5.3 f.).
2. Die Kompetenz in der Anwendung der in Abschnitt 4 vorgestellten und beschriebenen Methoden muss irgendwann (mindestens) ausreichend vorhanden sein. Hierzu ist es wichtig, die Tools in internen Fortbildungen auszuprobieren, entsprechend zu erlernen und ggf. praktisch immer wieder anzuwenden.
3. Selbsterfahrung und -erkenntnis sind unerlässlich im Hinblick auf die eigene innere Schemalandschaft, die eigenen Modi und Interaktionsstrategien. Hier-

zu braucht es die entsprechende Bereitschaft zur Innenschau. Zudem werden Team-Sitzungen empfohlen, in denen schemapädagogische Fallanalysen stattfinden (sog. „Schemazirkel“[9]). Offenheit, Selbsteinsicht und -ironie, Humor und Authentizität sind hierzu zwingend erforderlich.

4. Die Bereitschaft zur Weiterentwicklung von angewandten Methoden sollte ebenfalls vorhanden sein. In Bezug auf die jeweiligen individuellen Rahmenbedingungen und Schwerpunkte der eigenen Einrichtung kann eine Notwendigkeit diesbezüglich vorhanden sein.

4.2 Beobachtung

Da es glücklicherweise in unserer, eigentlich grundsätzlich sozialen Natur liegt, im zwischenmenschlichen Kontext Aspekte von uns selbst den anderen darzulegen (Bauer, 2008) und wir zudem gar nicht *nicht* kommunizieren können (Watzlawick, 2005), sind auch wir pädagogischen Fachkräfte in der vorteilhaften Situation, dass wir mit Jugendlichen zu tun haben, die eben jenen Gegebenheiten ebenso unterworfen sind (wie wir selbst auch). Anders gesagt: Interaktion entsteht – so oder so.

Auf den schemapädagogischen Punkt gebracht: Der professionelle Blick sollte geschärft sein für die Outputs, die uns auf allen möglichen Kommunikationskanälen seitens unserer Klientel gesendet werden. Vor dem Hintergrund des Schemapädagogik-Konzepts achten wir also auf Images, Tests, Psychospiele und Appelle – und vor allem auf Modi.

Beobachtungssequenzen können gezielt inszeniert werden, nämlich als teilnehmende bzw. nicht-teilnehmende Beobachtung.

Zudem müssen potenzielle Beurteilungsfehler in der Personenwahrnehmung, wie z. B. der Halo- oder Rosenthal-Effekt bzw. die Projektion (Förster, 2020; König, 2010), beachtet und im Team mittels Austausch und ggf. Abgleichungen bei Bedarf „kleingehäckselt“ werden – zum Wohle einer möglichst objektiven Beobachtungsphase, in der Daten über die Jugendlichen gesammelt und dokumentiert werden. Zudem muss auch immer wieder regelmäßig die „Ressourcenbrille“ aufgesetzt werden, damit die Potenziale der Teenager nicht aufgrund einer, sicherlich verführerisch erscheinenden, Pathologisierungstendenz bezüglich ihrer Persönlichkeitsstruktur ausgeblendet werden.

Im Folgenden möchten wir Ihnen die Methoden beschreiben, die nach unserer Erfahrung einen guten Effekt in der Beobachtungsphase erzielen.

---

9 Anlage 12

Im Lory hat sich gezeigt, dass sich eine erfolgreiche schemapädagogische Arbeit verwirklichen lässt, wenn ein besonderer Fokus auf die Beobachtung der Jugendlichen gelegt wird. Ohne diese Beobachtungen können beispielsweise Trigger nicht eruiert und entsprechend auch nicht angesprochen resp. bearbeitet werden.

Es gilt zudem zu bedenken, dass der Körpersprache besondere Aufmerksamkeit zu widmen ist, denn der Körper reagiert, etwas salopp formuliert, immer *vor* dem Verstand (Molcho, 2020). Daher geben ein unmerklich vorgeschobenes Kinn, ein gesenkter Blick, ein herausgestreckter Brustkorb, ein Schmollmund etc. oft schon wertvolle Reaktionshinweise auf verbale oder nonverbale Aussagen resp. Handlungen und darin versteckte, mögliche Trigger. Auch somatische Beschwerden müssen festgehalten werden. Gerade in der Langzeitbeobachtung können diese Beschwerden wichtige Hinweise und Aufschlüsse auf psychodynamische Prozesse seitens des Betreffenden geben.

Aber auch – und das kann man gar nicht oft genug betonen – die pädagogischen Fachkräfte sind angehalten, sich und ihr Verhalten zu reflektieren, und zwar regelmäßig. Oft betreten Professionelle innerhalb eines Psychospiels nichtwissend den „roten Teppich".

Werden wichtige Teile der Beobachtungsanalyse ausgelassen, so ist die erfolgreiche Zusammenarbeit gefährdet. Geht die Fachkraft aber z. B. nach einer Auseinandersetzung auf das Gegenüber zu und legt das „Fehlverhalten" der Fachperson offen, kann dies ein wichtiger Baustein in Bezug auf den Aufbau von Beziehungskredit sein.

Die Beobachtungen werden im Lory in jedem Fall wertfrei festgehalten und allen Mitarbeitenden zugänglich gemacht. Zu diesem Zweck werden die Beobachtungen und Erfahrungen im Lory mittels Journal-Einträgen festgehalten und mit der Markierung „Schemapädagogik" versehen. Selbstverständlich muss die Klientel über dokumentierte Beobachtungen in geeigneter Form in Kenntnis gesetzt werden. Ein Medium hierfür ist u. a. das pädagogische Bezugspersonengespräch, bei dem die Jugendlichen im 1:1-Setting Zeit für den Austausch zur Verfügung gestellt bekommen.

Wie sollten Teenager und (auch) die pädagogischen Fachkräfte Verhaltensweisen analysieren können, wenn sie sich über ihre inneren Vorgänge nicht bewusst sind? Gerade im Jugendalter können die Emotionen zwischendurch so hochkochen, dass die Betreffenden von ihren „Hormoncocktails" so benebelt sind, dass sie von der Heftigkeit ihres Gefühlsausbruches währenddessen nur Bruchteile mitbekommen.

4.2.1 Schemafragebogen

Der in unserem Kontext relevante Schemafragebogen[10] ist auch in der Schematherapie ein wichtiges diagnostisches Instrument (Jacob & Melchers, 2017). Unsere Version wurde entsprechend für pädagogische Praxisfelder und in Bezug auf das Jugendalter angepasst. Der Fragebogen (Damm, 2019a) wird vom Jugendlichen in Begleitung des Fachpersonals ausgefüllt, anschließend werden gemeinsam die Fragen und Antworten reflektiert.

Die 18 Schemata nach Young et al. (2008) sind entsprechend kodiert abgebildet als „Aussageblöcke". Diese bestehen jeweils aus 5 Items, die von den Probanden bewertet werden. Die Einschätzung ihrerseits folgt einer Skala von 0 (= trifft gar nicht auf mich zu) bis 5 (= trifft voll auf mich zu).

Je mehr Zustimmung ein jeweiliger Aussageblock erhält, desto mehr entspricht die Gesamtsumme der Ausprägung des jeweiligen Lebensmusters, das (wichtig!) *aktuell* eine große Rolle spielt. Die Ergebnisse der Auswertung des Fragebogens werden am Ende in einer Tabelle mit angepassten Schema-Begriffen zusammengefasst und thematisiert, entweder zeitgleich oder etwa im Rahmen einer späteren Sequenz, in der auf einem Flipchartpapier die innere Schemalandschaft veranschaulicht und besprochen wird (Abschnitt 4.3.3).

Die Ergebnisse dienen als Grundlage für weitere Gesprächsanlässe und gemeinsame Reflexionen. Zudem kann regelmäßig auf mögliche Veränderungen im Hinblick auf die Stärke der einzelnen Schemata geschaut werden.

Der Schemafragebogen ist ein 90 Aussagen umfassendes Tool, mit welchem die maladaptiven Schemata eruiert werden können. Inzwischen wurde der Fragebogen – wie oben erwähnt – digitalisiert. Die Jugendlichen sprechen gut auf diese Variante an. In der digitalen Version erscheinen die Fragen nicht nach Schemata geordnet, sondern nach dem Zufallsprinzip gemischt, was eine Manipulation der möglichen Resultate erschwert.

Sobald Jugendliche ein Laptop, Smartphone oder Tablet in die Hände kriegen, wird das Ausfüllen zur Formsache. Es ist sinnvoll, dass die Fachkraft beim Ausfüllen des Fragebogens in der Nähe bleibt, sich aber diskret im Hintergrund hält und tunlichst auf Kommentare aller Art verzichtet. Es kommt durchaus vor, dass Jugendliche nicht alle Fragestellungen verstehen und sie deshalb um eine Erklärung und Beispiele bitten. I. d. R. führt das gemeinsame Ausfüllen des Schemafragebogens zum Aufbau von Beziehungskredit.

10 Anlage 1 bzw. Download-Material 2

Die Jugendlichen fühlen sich in diesem Moment wichtig, da es um sie und nur um sie geht. Wenn sich eine Fachkraft hier Raum und Zeit für die Jugendliche nimmt, kann sie zum einen anhand der Mimik und Gestik, die bei der Jugendlichen während des Ausfüllens unweigerlich auftreten, viel über diese erfahren. Zum anderen beginnen die Jugendlichen sehr häufig während des Ausfüllens von sich und ihrem Leben zu erzählen. Diese Interaktionsmomente sind in der pädagogischen Arbeit schlicht unbezahlbar (s. folgendes Fallbeispiel).

Tatjana (17) wurde durch die Behörden in die geschlossene Wohngruppe platziert. Tatjana verstand nicht, warum sie eingewiesen worden war. Nach ihrem Empfinden war sie ja doch nur einmal zu spät nach Hause gekommen, zwar in angetrunkenem Zustand und leicht bekifft, aber das war ihrer Meinung nach noch lange kein Grund, von den Behörden in eine geschlossene Wohngruppe eingewiesen zu werden. Entsprechend wütend und verstockt trat sie auf. Alle Angebote, die ihr entgegengebracht wurden, lehnte sie tobend ab. Man solle sie in Ruhe lassen, hier seien alle verf*** A*** etc.
Es war für die Fachkräfte nicht einfach, Beziehungskredit bei ihr aufzubauen. Egal womit Tatjana konfrontiert wurde, sie flippte aus und deckte die Fachkräfte mit Schimpftiraden und Drohungen ein. Entsprechend zurückhaltend waren die Fachkräfte, um mit Tatjana den Schemafragebogen auszufüllen. Da der Schemafragebogen im Lory aber die Grundlage für die weitere Zusammenarbeit darstellt, versuchte nach mehreren erfolglosen Anläufen eine Fachkraft, mit einem Trick Tatjana dazu zu motivieren, den Fragebogen doch noch auszufüllen.
Mit zwei Tablets ausgerüstet ging der Pädagoge in die geschlossene Wohngruppe, in welcher die Benutzung von digitalen Geräten stark reduziert ist. Er passte einen Moment ab, in dem Tatjana alleine mit einer anderen Jugendlichen am Tisch saß und legte die Tablets auf den Tisch. Sofort wollten die beiden Mädchen dieser habhaft werden. Die Fachkraft lachte und sagte ihnen, dass er ihre Hilfe bräuchte und dass er kompetente Jugendliche suche, die ein Feedback über die digitalisierten Schemafragebögen abgeben könnten. Das eine Mädchen willigte sofort ein und begann voller Elan, den Fragebogen auszufüllen. Tatjana blieb noch etwas mürrisch am Tisch sitzen, schielte aber andauernd zum Tablet hin. Die Fachkraft schob daraufhin beiläufig das Tablet zu ihr hinüber, während jene dem anderen Teenager einige Fragen beantwortete. Tatjana nahm das nonverbale Angebot an und begann damit, zuerst zögerlich, dann immer interessierter, den Fragebogen auszufüllen. Da sie nicht alle Texte verstand, fragte sie bei der Fachkraft nach, genauso, wie es das andere Mädchen neben ihr getan hatte. Es wurde eine sehr friedliche halbe Stunde generiert, in der Tatjana ihre zugängliche Seite zeigen konnte.
Nachdem sie den Fragebogen fertig ausgefüllt hatte, fragte sie die Fachkraft, ob sie die Auswertung sehen dürfe und wann sie denn das Resultat erhalten könne. Die Fachkraft versprach ihr, die Auswertung sofort vorzunehmen und

noch am selben Tag zu ihr kommen zu wollen, um mit ihr die Schemata anzusehen. Gesagt, getan. Tatjana ließ sich ihre Schemata erklären, grinste ab und zu, wirkte aber insgesamt sehr nachdenklich. Schlussendlich richtete sie ihren Blick auf die Fachkraft und sagte: „Nicht wahr, ich habe die krassesten Schemata von allen, oder?“ Die Fachkraft erkannte, dass es für die Jugendliche in diesem Moment sehr wichtig war, dass sie „besondere“ Schemata hatte. Tatjana hatte in diesem Moment eine Erklärung erhalten, warum sie eingewiesen worden war, was sie mit der Situation, in der sie steckte, für den Moment versöhnte und ihr die Möglichkeit gab, im positiven Sinne aktiv zu werden.

4.2.2 Modusfragebogen

Die Innere Teile-Arbeit wird massiv durch den Modus-[11] sowie den Bewältigungsmodusfragebogen[12] unterstützt; beide eignen sich nach unserer Erfahrung aber auch als entsprechende erste Einstiege in die Innere Teile-Arbeit. Viele Jugendliche nehmen diese Methoden sogar besser an als den Schemafragebogen. Das muss je nach Einzelfall vom Team entschieden und getragen werden.

Das vorliegende Tool thematisiert zahlreiche Modi, die in unserem Praxisfeld häufig aktiviert werden (vor dem Hintergrund eines bestimmten Schemas) und aus diesem Grund im Alltag eine große Rolle spielen, z. B. folgende Ich-Anteile: *Mobber*, *Null-Bock-Modus*, *glückliches Kind*, *Aggro-Ich* usw.

Auch mit beiden erwähnten Bögen lassen sich viele Gesprächsanlasse generieren, die wiederum dem Beziehungsaufbau dienlich sind (vgl. Abschnitt 4.3). Es geht dann um Fragen wie etwa die folgenden:

- „Warum macht es dich wütend, wenn [...]?“
- „Weshalb kommt dann dein wütender Anteil aus dir raus?“
- „Und der Aggro-Teil wird genau ausgelöst durch was?“
- „Dein Anteil *glückliches Kind* – welche Bedeutung hat er für dich? Und was brauchst du dafür, dass dieser Teil hier öfter eine Rolle spielt?“

Auf diese Art und Weise lassen sich auch Bezüge zur Vergangenheit des Teenagers herstellen, genauer gesagt: Es können Ursachenzusammenhänge gefunden werden, die das Hier und Jetzt betreffen. Wenn es der Fachkraft gelingt, wertungsfrei mit diesem Tool und dem beteiligten Teenager umzugehen, so wird während der Bearbeitung und Reflexion gleichzeitig Beziehungsarbeit geleistet, auf der man zukünftig aufbauen kann.

---

11 Anlage 3 bzw. Download-Material 4

12 Download-Material 9

Im Lory werden Schema- wie auch die Modusfragebögen gleichsam mit dem erwähnten digitalen Tool bearbeitet. Der Modusfragebogen ist relativ kurz gehalten – er besteht lediglich aus 40 Items – und eignet sich deshalb besonders als Einstieg oder als Intervention für kurze Sequenzen. Meistens werden die erwähnten Methoden in Anwesenheit der Fachkraft bearbeitet, damit der Teenager das Gefühl generieren kann, dass er wichtig und dass jemand „da" ist.

Bei der Auswertungsbesprechung ist es wichtig, dass dem Gegenüber anhand von persönlichen Beispielen aufgezeigt wird, wann und wie genau sich der jeweilige (Bewältigungs-)Modus im Alltag aus Sicht des Fachpersonals zeigt. Hier sollte nach Möglichkeit, aus Gründen der Nachvollziehbarkeit, die Ausdrucksweise der Jugendlichen verwendet werden. In diesem Kontext wird auch gemeinsam nach möglichen Betitelungen von relevanten Persönlichkeitsfacetten geforscht, z. B. die „Aggro-Queen" oder „Lucy Luck, die Polizistin". Es ist zentral, dass sich der Teenager diesbezüglich selbst Namen gibt, also eine eigene Wahl(!) trifft, wie er seine Facetten benannt haben möchten, damit diese in der Folge in der schemapädagogischen Arbeit verwendet werden können. Tritt im Alltag dann in Zukunft ein bereits reflektierter Bewältigungsmodus auf, kann der Jugendliche *in* der jeweiligen Situation mit dem entsprechenden Label angesprochen werden. Im besten Fall reagiert er darauf so, dass es ihm möglich wird, aus dem aktivierten (potenziell maladaptiven) Geschehen auszusteigen und alternative Handlungsweisen zu wählen.

4.2.3 Modus-Wochenprotokoll

Auf den Erkenntnissen aufbauend, die mittels des Schema- und Modusfragebogens gewonnen werden, lässt sich auch eine erste konkrete „schemapädagogische Hausaufgabe" formulieren, falls es die Rahmenbedingungen hergeben und der betreffende Fall hierzu motiviert ist.

Das Modus-Wochenprotokoll[13] ist in Tabellenform konzipiert und beinhaltet alle Wochentage sowie die Tageszeiten. Der Plan: Am Ende eines Tages trägt der Teenager, nachdem er den Ablauf hat Revue passieren lassen, Schema- bzw. Modi-Begriffe in die Tagestabelle ein. Dadurch werden ihm möglicherweise wieder Ursache-Wirkungs-Zusammenhänge bewusst(er). Diese können dann wieder gemeinsam reflektiert und geordnet werden.

4.2.4 Beobachtungsbogen für pädagogische Fachkräfte

Damit die Beobachtungsphase intensiv und möglichst objektiv verlaufen kann, werden u. a. auch die Wahrnehmungen und Dokumentationen von mehreren Fachpersonen, die mit Teenager XY regelmäßig zu tun haben, miteinbezogen. Es

---

13 Download-Material 5

geht schwerpunktmäßig um das Abgleichen der Eindrücke vor dem Hintergrund des Schemapädagogik-Modells.

Der Beobachtungsbogen für pädagogische Fachkräfte[14] beinhaltet entsprechend Einschätzungen bezüglich des schemagetriebenen Erlebens, der Modi-Aktivierungen, typischer Interaktionsstrategien und Ressourcen. Die ausgefüllten Bögen dienen außerdem als Grundlage für die Fallbesprechungen im Rahmen von Team-Besprechungen und Schemazirkeln.[15]

Auf der anderen Seite können auch offene und unstrukturierte Dokumentationen von Vorfällen, sog. *Journal-Einträge*, in denen die Modus-Perspektive eingenommen wird, ebenso hilfreich sein. Die Einträge dienen gleichzeitig der Implementierung der Fachsprache und fördern somit auch die Fachkompetenz des Personals.

Journal-Eintrag| Wohngruppe, 10. November – Erfasser: Boris Gromow

Nach dem Abendessen sitzen Jennifer, Heidi, Jamila und die Sozialpädagogin Frau Weber in der Küche. Herr Gromow betritt den Raum, um sich etwas zu trinken zu holen. Jennifer und Heidi beginnen, sich in Form von Beleidigungen gegenüber Herrn Gromow gegenseitig überbieten zu wollen; beiden ist der *Schikanierer-/Angreifer*-Modus deutlich anzusehen. Es wird ein Psychospiel inszeniert (*Dissen*), im Rahmen dessen der Sozialpädagoge auf sehr kreative Weise diskreditiert wird. Von Jennifer ist u. a. – völlig distanzlos – zu hören: „Du Missgeburt, schieb dir deine Biere in den Arsch!" Herr Gromow bleibt äußerlich ruhig und versucht deeskalierend über innovative Rückfragen Zugang zu den Jugendlichen zu finden: „Meint ihr das wirklich ernst? Oder wollt ihr nur schauen, wie ich reagiere?" Jennifer und Heidi sind jedoch voll in ihrem Film und es ist aufgrund der starken emotionalen Aktivierung kein Zugang mehr möglich, der vorherrschende Ich-Anteil ist zu dominant. Jennifer sagt gegenüber Frau Weber: „Wenn Sie weg sind, wird er sein wahres Gesicht zeigen." Heidi provoziert subversiv weiter, indem sie mehrfach halblaut „Gulag" zischt. Es folgen weitere rassistische Andeutungen auf unterstem Niveau, anspielend auf die russische Geschichte resp. auf die Stalin-Herrschaft.
Die Jugendlichen verlassen schließlich den Raum. Sie verlangen wenig später nach dem Internetkabel, angeblich, um einen russischen Song downzuloaden. Dies wird aufgrund des massiven Verhaltens zuvor ganz ruhig verneint. Erneut werden Beleidigungen in ähnlicher Manier wie vorher formuliert. Aus diesem Grund werden die beiden Teenager aufgefordert, das Büro zu verlassen. Jennifer wendet sich Frau Weber zu und teilt ihr mit, dass sie dieser Aufforderung nicht Folge leisten werde – augenscheinlich im Modus des *aggressiven Beschüt-*

---

14 Download-Material 6

15 Anlage 12

zers. Sie schaut zu Herrn Gromow, switcht wieder in den *Schikanierer-/Angreifer*, möglicherweise ist es aber auch der *Zerstörer-/Killer*-Modus: „Ich schlag dich!"; „Verpiss dich!". Schließlich spuckt sie ihren Kaugummi am Pädagogen vorbei und über den Tresen im Büro. Aufgrund des gezeigten Verhaltens wird telefonisch mit dem Leitungsteam Kontakt aufgenommen. Es wird entschieden, dass am Folgetag das Geschehen beurteilt und aufgearbeitet werden soll. Außerdem wird vereinbart, weiterhin eine deeskalierende Strategie zu fahren. Falls weiterhin keine Kooperationsbereitschaft gezeigt werden und sich die Situation weiter zuspitzen sollte, wird in Betracht gezogen, Jennifer und Heidi notfalls mit Hilfe der Polizei ins Disziplinarzimmer zu verlegen.
Rund eineinhalb Stunden nachdem die beiden Jugendlichen Jennifer und Heidi aus ihrem *Schikanierer-/Angreifer* resp. *Zerstörer-/Killer* wieder ausgestiegen sind, betreten sie die Küche. Sie scheinen sich offensichtlich (wieder) im Modus des *gesunden Erwachsenen* zu befinden. Sie fühlen sich unwohl. Jennifer sagt schuldbewusst (gerichtet an Herrn Gromow): „Wir möchten uns bei Ihnen entschuldigen, es tut uns leid, wir sind zu weit gegangen." Heidi fügt hinzu: „Viel, viel zu weit." Der Pädagoge steht mit beiden einen Moment einfach nur da, in ruhiger Stille. Die Entschuldigung wirkt aufrichtig. Er teilt den beiden mit, dass ihm die Situation wirklich nachgegangen sei und es ihm auch leidtue, dass sie so weit gehen mussten. Jennifer meint, dass sie Aggressionsprobleme habe sowie ADHS und dass sie manche Zustände halt nicht kontrollieren könne. Im Nachhinein schäme sie sich jedenfalls sehr für ihr Verhalten (Bestätigung der vermuteten Reflexionsfähigkeit). Herr Gromow erwidert, dass er das auch so wahrnehme und glaube, dass beide im Nachhinein ihr Verhalten reflektieren und sich rückblickend anders entschieden hätten. Zu Jennifer sagt der Sozialpädagoge, dass er spüre, dass er bei ihr bestimmte Bilder auszulösen scheint und er das aber nicht unterbinden könne, was sie in ihm zu sehen glaubt [Übertragungen]. Jennifer meint, es fühle sich an, als haben sich ein großer Druck und eine starke Anspannung bei ihr in der besagten Situation entladen.
Herr Gromow nimmt die Entschuldigung an und resümiert, dass er sie nichtdestotrotz gut leiden könne und das gezeigte Verhalten daran nichts ändern würde. – Ungläubige, erstaunte Gesichter sind die Folge. Er fügt an, dass er jedoch trotzdem ein Ereignisprotokoll über das Geschehene anfertigen werde, das Ganze könne nicht „unter den Teppich gekehrt werden". Gleichzeitig sieht er den Gesamtzusammenhang des gezeigten Verhaltens (Überwältigung von innerpsychischen Verletzungsmustern und resultierenden Kompensationsstrategien) und glaubt ihnen deshalb die Entschuldigung. Jennifer sagt, dass sie wüssten, dass ihre Aktion Konsequenzen haben wird, dass es ihnen aber trotzdem ein ehrliches Anliegen gewesen sei, sich persönlich zu entschuldigen. Schließlich wünscht Herr Gromow den beiden eine gute, erholsame Nacht. Der Konflikt scheint hier gelöst, und für den Moment ist ein neuer Beziehungsbaustein erschaffen worden.

4.3 Komplementärer Beziehungsaufbau

Mit der Tatsache, dass wir Menschen soziale Wesen sind (Bauer, 2008) und dass es entsprechend vorwiegend um Beziehungsaspekte geht (Haney, 2020; Schulz von Thun, 2007), werden wir insbesondere in pädagogischen Praxisfeldern konfrontiert. Auch „unsere" Jugendlichen wollen Aufmerksamkeit in Bezug auf ihre Persönlichkeit und vor allem ihre subjektiven Bedürfnisse sollen wahrgenommen werden.

Die Herausforderung für uns pädagogische Fachkräfte liegt nun vor allem darin, das mitunter „stachelige" schemagetriebene Auftreten und Verhalten der Jugendlichen schrittweise zu durchschauen und zwischenmenschliche Bedürfnisse dahinter auszumachen und auf diese angepasst einzugehen. Nur auf diese Weise ist es möglich, auf der Beziehungsebene „einen Fuß in die Tür zu kriegen". Erfahrungsgemäß kann sich dieses Projekt als sehr kompliziert darstellen, da maladaptiv ausgeprägte Lebensmuster in vielen Fällen gar kein Interesse an positiv eingefärbten Beziehungen zu Professionellen implizieren.

Erfreulicherweise offenbaren sich die Erkenntnisse von Young et al. (2008) u. a. als eine Art Kompass, mit dem wir uns in Bezug auf den Beziehungsaufbau orientieren können. Hervorstechende Schemata von Jugendlichen, die in der Beobachtungsphase zutage treten und dokumentiert werden, liefern geradewegs Ansatzpunkte auf der Beziehungsebene. Die Kunst liegt nun darin, schemaspezifische Bedürfnisse, die eine ambivalente Struktur aufweisen können, z. B. Nähe vs. Distanz, „vorsichtig" zu erfüllen (Prinzip der Nachbeelterung).

Das Lebensmuster *Misstrauen/Missbrauch* beispielsweise beinhaltet ein Interesse an Distanz, weil sich die oder der Betreffende vor erneuten Verletzungen schützen möchte. Auf der anderen Seite besteht natürlich die Motivation, stabile Beziehungen erfahren zu wollen. Die pädagogische Fachkraft muss beide Seiten der Medaille im Hinterkopf behalten und die Methoden, die im Folgenden beschrieben werden, auf den Einzelfall komplementär zum korrelierenden Bedürfnis abstimmen (vgl. Kotecki, 2020).

Dieses Prinzip gilt natürlich auch für alle anderen Schemata. Im Hinblick auf die Auswahl der Methoden zum Beziehungsaufbau sind auch die Beschreibungen der Schema-Domänen hilfreich (Abschnitt 2.2.2), in die die einzelnen Lebensthemen bekanntlich eingeordnet sind (Young et al., 2008).

In Bezug auf die Auswahl der Tools zum Beziehungsaufbau, zur Modus-Bearbeitung, zum Transfer der erarbeiteten Erkenntnisse in den Praxisalltag und zur Stärkung der Ressourcen gibt es kein Patentrezept. In den nachfolgenden Ausführungen haben wir diejenigen Methoden berücksichtigt, mit denen wir bisher die größten Erfolge beim Beziehungsaufbau und bei der Förderung der Selbsterkenntnis und -steuerung erzielt haben.

Im Lory hat sich für den Beziehungsaufbau insbesondere das „Füttern zwischen

Tür und Angel" sehr bewährt. Ebenfalls hilfreich sind Besuche im Atelier oder in der Schule, bei denen sich die pädagogische Fachkraft Zeit nimmt, um die Arbeit und Produkte der Jugendlichen zu würdigen bzw. mit echtem Interesse nach dem Ablauf des Entstehungsprozesses zu fragen. Häufig sind es die scheinbar „kleinen Momente" im Alltag, die für einen gelingenden Beziehungsaufbau entscheidend sind, z. B. ein kurzes Gespräch in der Pause, wenn die Fachkraft bemerkt, dass ein Teenager in sich gekehrt ist, etwa beim Wäschefalten oder Zimmeraufräumen, oder wenn er sich über ein erreichtes Ziel freut usw.

Entscheidend ist außerdem auch das offene, versöhnliche Herantreten der pädagogischen Fachkraft an die Jugendlichen am „Tag danach". Hat ein Teenager infolge eines negativ empfundenen Triggers seine „5 Minuten", wird die Fachkraft i. d. R. ordentlich mit Schimpftiraden und Drohungen eingedeckt. Wie oben im beispielhaften Journal-Eintrag zu Jennifer und Heidi beschrieben, bereuen am „Tag danach" die Jugendlichen meist ihre Aussetzer – was sie jedoch nicht immer zeigen können – und sind sehr dankbar, wenn die Fachkraft ihnen diese nicht nachträgt, sondern einen normalen Umgang mit ihnen pflegt.

Wird dann noch ein authentisches Augenzwinkern oder ein kleiner Scherz eingestreut, steht dem Wiederaufbau des Beziehungskredits nichts im Weg. Allgemein soll hier auch erwähnt sein, dass die Jugendlichen sehr gut auf Humor reagieren, solange er nicht sarkastisch ist.

4.3.1 Expertenrolle

Mithilfe dieser Technik, die sich trotz der männlichen Schreibweise natürlich auch an weibliche Jugendliche richtet, wird, wenn sie aufseiten des Gegenübers auf Inte-

Abb. 2: Gesunder Erwachsener

Abb. 3: Glückliches Kind

resse stößt und von einigem Erfolg gekrönt sein sollte, das Selbstwirksamkeitskonzept *ad hoc* aktiviert, anders gesagt die Ich-Kompetenz. Unsere Teenager sind hinsichtlich vieler Themen Experten, die die pädagogischen Fachkräfte niedrigschwellig ansprechen und so den Modus des *gesunden Erwachsenen* bzw. das *glückliche Kind* beim Teenager triggern können.

Im Rahmen von gelingenden „Experten-Gesprächen" kommt es nachweislich zu Veränderungen des Gehirnstoffwechsels und zu neuen Verknüpfungen von neuronalen Netzwerken (Bauer, 2008b). Konkret gesagt: Durch die damit einhergehende Ausschüttung von Glücksbotenstoffen (Dopamin, Oxytocin und körpereigene Opioide) werden angenehme Impulse (Sympathie) erlebt, die dazu führen, dass positive Bindungsmuster zwischen Jugendlichen und den aktuell verfügbaren pädagogischen Fachkräften entstehen können.

Wir haben in unserem Praxisfeld schon öfter die Erfahrung gemacht, dass derartige Situationen im Alltag, in denen man temporär auf „derselben Wellenlänge" liegt, fast schon wundersame Modi-Landschafts-Entwicklungen bzw. -Veränderungen eingeleitet haben (s. Abschnitt 4.3.3). Aber das ist nicht immer so: Viele Jugendliche, die schwerpunktmäßig Lebensthemen der Domäne 1 offenbaren, geraten aufgrund von eventuell entstehenden positiven sozialen Erfahrungen schnell in eine Art kognitive Dissonanz („Jetzt finde ich die Leute hier auch noch sympathisch – da stimmt was nicht!"), weshalb in den nächsten Tagen dann oft unbewusst versucht wird, die bekannte (Schema-)Konstellation („Niemand kann mich leiden!") durch eigenes interaktionstoxisches Verhalten wiederherzustellen. Aber auch die letztgenannte mögliche Reaktion ist mit den in Abschnitt 4.3.2 ff. dargelegten Tools thematisier- und reflektierbar, d. h., man kann sie schemapädagogisch aufgreifen. Dennoch: Es braucht auch einfach mal Geduld, d. h. einen langen Atem, bis die Interaktionspersonen auftauen und die Mauer, die sie seit Jahren mit sich „herumtragen", wenigstens ansatzweise einreißen können.

Welche Themen eignen sich nun für die Methode *Expertenrolle*? Zunächst einmal können in Aufnahmegesprächen oder auch anlässlich von kurzen Tür-und-Angel-Sequenzen **(a) ausgewählte biografische Aspekte**, die den Jugendlichen betreffen, neutral und unstrukturiert erfragt werden (Geburtsort, Familienkonstellation, angenehme Bezugspersonen, angenehme Erlebnisse). Es geht um die Etablierung von kurzen Interaktionssequenzen, die das Gegenüber nicht negativ, sondern positiv triggern sollen, um einen persönlichen Bezug herzustellen (Vorabinformationen zur jeweiligen Person können hierbei sehr hilfreich sein, um „rote Punkte" zu vermeiden). Hierzu muss der Moment des Impulses natürlich passen! Falls sich dann Gemeinsamkeiten im positiven wie auch negativen Sinn herauskristallisieren, kann man diese durchaus kurz ansprechen. Es liegt in der Professionalität, solche Situationen souverän zu meistern. Rückschläge sind natürlich unvermeidbar.

Ein weiterer möglicher Ansatzpunkt ist mit dem **(b) Themenkomplex *Vorlieben*, *Hobbys*, *Ressourcen*** verbunden. Erfahrungsgemäß braucht es diesbezüglich seine

Zeit, bis man in dieser Richtung fündig wird und entsprechend plausibel „andocken" kann. In passenden Augenblicken (Übung macht den Meister) sind dann Impulse wie diese denkbar:

- „Das Plakat von *Fler* in deinem Zimmer hat doch sicher eine bestimmte Bedeutung für dich? Warste mal auf nem Konzert von dem?"
- „Ist das Handy da das neue Samsung-Modell?"
- „Du hast ne neue Frisur!"
- „Hypnotic Poison? Dein Parfüm meine ich!"
- „Was bedeutet das Tattoo da am Arm für dich?"

Solche Interventionen sollten mit einer gewissen „Lässigkeit" und bestenfalls mit einem grundlegenden Interesse an der jeweiligen Sache einhergehen, das erleichtert dem Gegenüber den Einstieg in den *gesunden Erwachsenenmodus* bzw. ins *glückliche Kind*. Wenn sich daraufhin ein kurzer Austausch ergeben sollte, der von Neutralität oder auch zusagenden Gefühlslagen untermalt ist, wird dezentes emotionales bzw. verbales Spiegeln in Form des aktiven Zuhörens empfohlen.[16] Es ist des Weiteren förderlich, auch etwas von sich bezüglich des angesprochenen Themas preiszugeben. Hauptsache man ist und bleibt authentisch! Die Antennen des Gegenübers sind sehr, sehr fein eingestellt und registrieren sofort Unstimmigkeiten auf den verschiedenen Kommunikationskanälen (Schulz von Thun, 2007), das muss man sich immer mal wieder bewusst machen.

Natürlich ist es vor dem Hintergrund dieser Methode im Speziellen und des Beziehungsaufbaus im Allgemeinen nötig, mit der Lebenswelt der oder des Jugendlichen vertraut zu sein, was sich eigentlich in unseren Praxisfeldern von selbst verstehen sollte.

Um die Methode *Expertenrolle* bei entsprechenden Gesprächsanlässen gänzlich in unserem Sinne umzusetzen, braucht es schlussendlich **(c) ein niedrigschwelliges „Problem"** seitens der pädagogischen Fachkraft, welches der Teenager mit an Sicherheit grenzender Wahrscheinlichkeit „als Experte" lösen kann (weil es aus seiner Lebenswirklichkeit stammt) – wenn seinerseits die Bereitschaft hierzu vorhanden ist. Einige Beispiele:

---

16 Im Rahmen der schemapädagogischen Teamarbeit (Abschnitt 4.7) können solche Gesprächseröffnungssequenzen und fiktiven positiven Weiterentwicklungen auch in Form von Rollenspielen getestet werden, bevor man reale Versuche praktiziert. Wir haben in Fortbildungen immer wieder die Erfahrung gemacht, dass ein derartiger reflexiver und methodischer Austausch über bestimmte Problem- und Härtefälle in der Gruppe, die man mit dem Tool *Expertenrolle* „knacken" will, irgendwann zu positiven Gefühlsausbrüchen (ein solcher Austausch tut einfach gut) und weiteren strategisch wichtigen Erkenntnissen führt.

- „Ich möchte meiner Tochter ein Streamingdienst-Abo schenken, bin mir aber unsicher, welches ich auswählen soll. Hast du ne Idee? Und wenn ja: warum?"
- „Hey, mein Cousin ist genauso alt wie du und hat bald Geburtstag – und ich habe noch keine Idee für ein Geschenk."
- „Du kommst aus Montenegro, gell? Wo gibt's denn da schöne Ecken? Vielleicht führts mich da mal hin."

Funktionieren solche Interventionen, so werden aufseiten des Gesprächspartners mentale Bilder generiert, die sowohl aus seiner Lebenswirklichkeit stammen als auch mit positiven Stimmungen verknüpft sind. Bestenfalls werden so das *glückliche Kind* und der *gesunde Erwachsenenmodus* getriggert. Beziehungskredit entsteht, die Grundlage für die Modus-Bearbeitung (vgl. Abschnitt 4.4 ff.).

Im Lory-Alltag bieten sich immer wieder Momente, die für Expertenrollen genutzt werden können. Viele Jugendliche haben beispielsweise eine zweite Mutter- bzw. „Vatersprache". Hier kann man in Alltagssituationen an dieses Zusatzwissen anknüpfen und dieses gar sichtbar machen. So finden sich in den Wohngruppen Plakate, auf denen beispielweise Begrüßungen, Wünsche oder Sprichwörter in allen Sprachen aufgeschrieben sind. Auch bei Tischsituationen oder dem gemeinsamen Kochen finden sich immer wieder Momente, in denen Jugendlichen an ihr Wissen und ihren kulturellen Background andocken und so ihr Expertentum unter Beweis stellen können.

Zu beachten gilt es, dass die Jugendlichen innerhalb des Alltages bei vielen Gelegenheiten durchblicken lassen, wo genau sie sich als Experten sehen (möchten). Es gilt für die Fachkraft, die nötige Aufmerksamkeit walten zu lassen, um diese zuweilen leisen Offerten auch zu hören und zu nutzen.

4.3.2 Einsatz von Modus-Karten

Mit Modus-Karten[17] wird traditionellerweise (auch) im schematherapeutischen Setting mit Kindern und Jugendlichen gearbeitet (Graaf, 2016). Diese Karten bilden relevante Kind-, Eltern- und auch kompensatorische Modi ab (natürlich auch den *gesunden Erwachsenen*) und dienen demnach der Veranschaulichung von inneren Erlebniszuständen, die schemagetrieben jederzeit ausgelöst werden können. In unseren Praxisfeldern arbeiten wir mit extra erstellten Karten unseres Zeichners Maurizio Siconolfi[18] (s. Anhang).

---

17 Anlage 4 bzw. Download-Material 7

18 Maurizio Siconolfi (*2005) besucht die Waldorfschule Bern Ittigen Langnau. In seiner Freizeit trommelt, schauspielert und – last, but not least – zeichnet er mit großer Begeisterung.

Die Karten werden i. d. R. sehr gut von Kindern und Jugendlichen angenommen. Ein weiterer Vorteil liegt in der Vielzahl an Einsatzmöglichkeiten:

- Modus-Karten eignen sich etwa zur **Stimmungsabfrage** („Wie fühlt ihr euch? Haltet mal diejenigen Karten hoch, mit denen ihr euch gerade sehr stark verbunden fühlt; jetzt tauscht euch mal mit eurem Nachbarn darüber aus!"). Gleichzeitig wird kommuniziert: „Ich interessiere mich für dich und deine aktuelle Stimmungslage!"
- Die Karten unterstützen auch die **Reflexion von Krisensituationen** im Einzel- und auch im Gruppensetting („Welche Modi waren an Konflikt XY beteiligt, wodurch wurden sie ausgelöst? Was ist dann passiert? Wie reflektierst du das jetzt im Nachhinein? Was braucht dein cleverer Anteil, um das nächste Mal die Kontrolle zu behalten?").
- Weiterhin kann mithilfe der Karten eine **Veranschaulichung von Beziehungsstrukturen**, die gerade in der Einrichtung vorherrschen, praktiziert und reflektiert werden.
- Denkbar wäre auch eine **Implementierung der Karten in die Stühlearbeit** (Abschnitt 4.4.2). So klebt man etwa verschiedene Karten (die für diesen Fall relevanten) auf Stuhllehnen und wechselt dann Stühle, um verschiedene Wahrnehmungen bewusst, transparent und erlebbar zu machen.

Diese ausgewählten Einsatzmöglichkeiten spiegeln lediglich einige unserer praxiserprobten Ideen wider. Wir empfehlen an dieser Stelle, sich auszuprobieren und die Methoden ggf. weiterzuentwickeln, um in die Innere Teile-Arbeit einzuleiten bzw. sie voranzubringen (s. nächsten Abschnitt).

In der Arbeit mit den Jugendlichen im Lory wurde festgestellt, wie wichtig es für sie ist, ihre Bewältigungsmodi sichtbar zu machen. So werden u. a. die Moduskarten in Spielkarten-Form und -Größe regelmäßig miteinbezogen. Nicht selten hüten sie diese Karten wie „einen Schatz". Der junge Mensch kann sie im Alltag beispielsweise mit sich führen. Mit jeder Karte, die sich die Jugendliche „dazuverdient", kann ihr aufgezeigt werden, dass sie in schwierigen Momenten durchaus auch mehrere maladaptive Modi zeigt. Die Betreffende lernt auf diese Weise, dass sich schwierige Situationen mit mehreren „Mitspielern" (z. B. *aggressiver Beschützer* in Kombination mit dem *Manipulierer, Trickser, Lügner*) weitaus kostenintensiver gestalten, was sie unschwer an den dann ergriffenen pädagogischen Maßnahmen erkennen kann („Je mehr Mitspieler, desto potenziell härter die Konsequenzen!"). Auch kann die Fachkraft bei sich anbahnenden Schwierigkeiten auf die Karten verweisen und die Jugendliche auffordern, die Karten hervorzuholen, sodass ein Gespräch über „den Film", der gleich ablaufen könnte, geführt werden kann, um Anspannungszustände herauszunehmen.

Genauso relevant für den persönlichen Prozess der Jugendlichen ist es, dass die pädagogische Fachkraft den Modus des *gesunden Erwachsenen* oder *glückliches Kind* verstärkt. Es zeigt sich, dass unsere Jugendlichen bei diesen beiden Modi sehr unsicher sind und oft nicht richtig einschätzen können, wie sich der *gesunde Erwachse-*

ne anfühlt oder sie, trotz all ihrer Belastungen, das *glückliche Kind* erleben können. Es ist also sehr wichtig, dass sie Anker erhalten, indem sie die positiven Momente gleich gespiegelt bekommen wie auch die negativen.

Im Eingangsbereich des Lehrerzimmers z. B. wurde zudem eine „Schemawand" gestaltet. Auf dieser Wand wurden jeder Jugendlichen ihre „passenden" Moduskarten, die im Alltag sichtbar werden, zugeordnet. Die Jugendlichen stehen oft vor dieser Wand, fragen nach, was denn nun die eine oder andere Karte bedeutet. Die Jugendlichen zeigen sich sehr neugierig und wollen verstehen, wissen, wie sie nach außen wirken. Es kommt durchaus vor, dass dieselbe Jugendliche über einen bestimmten Zeitraum hinweg repetitiv dieselben Fragen stellt und der Fachkraft während deren Ausführungen förmlich an den Lippen hängt. Diese Gespräche zwischen der pädagogischen Fachkraft und der Jugendlichen sind äußerst wertvoll und generieren viel Beziehungskredit.

Abb. 4: Distanzierter Selbstberuhiger

Abb. 5: Glückliches Kind

Abb. 6: Ärgerliches Kind

Abb. 7: Selbsterhöher

Abb. 8: Distanzierter Beschützer

Abb. 9: Gesunder Erwachsener

Abb. 10: Verletzbares Kind

Ich (M.D.) verwende z. B. in meinem Praxisfeld folgenden Arbeitsauftrag, der z. T. auch im Setting der stationären Heimerziehung Anwendung findet:

1. Dreht alle Karten auf die Rückseite. Setzt euch einander gegenüber. Eine Person von euch zieht nun eine Karte, die nur sie sieht. Sie versetzt sich nun körpersprachlich in den Modus, der auf der Karte abgebildet ist. Das Gegenüber muss erraten, welcher Modus gerade aktiv ist – danach tauschen.
2. Nun verteilt ihr die Karten mit der Vorderseite nach oben. Eine/r von euch spricht jetzt folgende Sätze aus Sicht des Modus des gesunden Erwachsenen aus: „Heute ist ein guter Tag!", „Ich bin total müde!", „Kannst du mir einen Kaffee holen?", „Ich mag dich!". Dein Gegenüber tippt nun auf einen Modus nach Wahl und du wiederholst aus Modusperspektive dieselben Sätze. Danach tauschen.
3. Setzt euch jetzt nebeneinander und breitet alle Karten mit dem abgebildeten Modus nach oben vor euch aus. Eine/r von euch erzählt dem anderen zunächst aus der Sicht des *gesunden Erwachsenen*, was er/sie heute Morgen nach dem Aufstehen erlebt hat. Die/der Zuhörende tippt nach jeweils 10 bis 20 Sekunden in einem passenden Moment immer wieder auf einen anderen Modus. Die Person, die erzählt, hat die Aufgabe, bewusst in den dargestellten Modus zu switchen und die Geschichte weiterzuerzählen. Danach tauschen.
4. Nun eine Diskussion. Dein Gegenüber muss permanent im Modus des *gesunden Erwachsenen* bleiben (reflektiert, aufmerksam, rational, bewusst). Er oder sie diskutiert mit dir über ein Thema nach Wahl, zu dem ihr eine unterschiedliche Meinung habt. Das solltet ihr zunächst suchen und finden. Die Gegenpartei vertritt stur ihre Ansicht und bestimmt, in welchem Modus du deine gegensätzliche Meinung kundtun darfst. D. h., bevor du reagieren darfst, tippt das Gegenüber auf einen Modus nach Wahl. Dann musst du switchen und deine Ansicht vertreten.
5. Reflektiert über die Frage: In welchen Alltagssituationen wird (a) mein *glückliches Kind*, (b) strafender Elternmodus, (c) *gesunder Erwachsenenmodus* getriggert?
6. Überlegt euch selbst eine Übung und präsentiert sie vor der Gruppe.

4.3.3 Innere Teile Arbeit: Flipchart

Auf der Grundlage der Arbeit mit den Modus-Karten lassen sich auch weitere Methoden zur Veranschaulichung und Reflexion der inneren Anteile ableiten. So wird empfohlen, Schemata, Modi oder auch Interaktionsstrategien von Jugendlichen auf einem Flipchartpapier „auferstehen" zu lassen und dabei die Wahl der Art und Weise den Jugendlichen zu überlassen (Kotecki, 2020). In der Einstiegsphase sollte dies im 1:1-Setting geschehen. Dabei können die Impulse vom Gegenüber selbst ausgehen oder aber auch von der pädagogischen Fachkraft angeregt werden („Wen bringst du noch von deinen Modi mit in die Einrichtung hier? Stelle mir doch mal ein paar deiner Anteile bitte vor!").

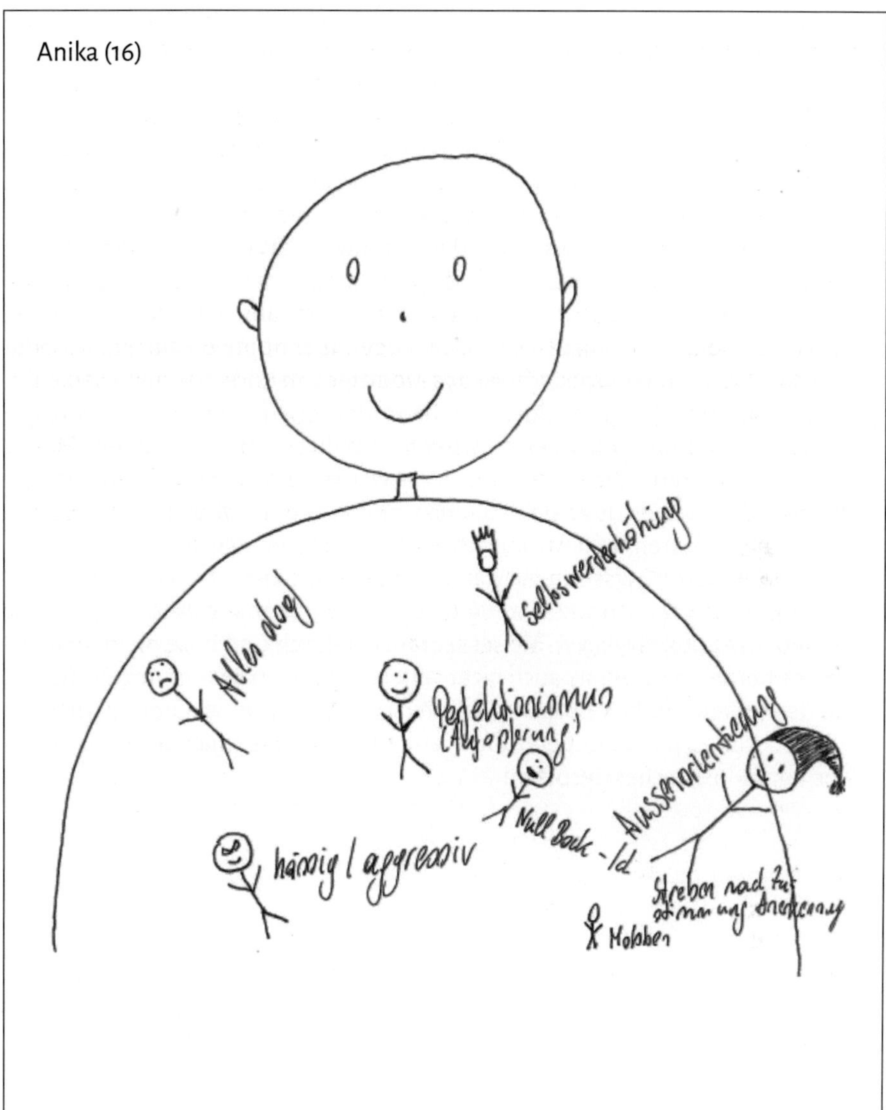

Abb. 11: Innere Teile-Landschaft auf Flipchart-Papier

Im Lory wurde entsprechend vorausschauend agiert und z. B. die digitale Möglichkeit generiert, Modi-Einschätzungen von Jugendlichen zu erfassen und auszuwerten, worüber das folgende Beispiel Aufschluss gibt.

Journal-Eintrag| Tagesstruktur, 03. Dezember – Erfasser/in: Sappo Finke

Ein sehr guter Morgen mit Priska und Veronika! Es ergibt sich mit den beiden Jugendlichen ein gemeinsames Gespräch, in dem die beiden ihre Schemamodi [s.u.] und Persönlichkeitsstile offenlegen. Beide meinen, sie seien sehr perfektionistisch (*zwanghafter Kontrolleur*). Im Weitern äußern sie auch, körperliche Gewalt erlebt zu haben in der Vergangenheit (mögliches Schema: *Misstrauen/Missbrauch*), es geht darüber hinaus auch um die Themen *Religion*, *Haltung* und *Erziehungsstile*. Veronika meint irgendwann, dass sie viel lüge. Priska kann das nicht nachvollziehen, findet das sehr uncool (außer wenn es einen guten Grund gibt). Veronika rechtfertigt sich und kann im Gespräch kommunizieren, dass das Lügen ihre Bewältigungsstrategie war und auch immer noch ist (dem Täuschen liegt der Manipulierer-/Trickser-/Lügner-Modus zugrunde), um z. B. nicht geschlagen zu werden. Sie meint, bei Menschen, die ihr was bedeuten, lüge sie zwar auch, müsse es dann aber meist am selben Tag noch klären, weil es ihr doch leidtue. Priska hingegen kann äußern, dass ihre Bewältigungsstrategie war und immer noch ist, Menschen auf Distanz zu halten oder sich anderweitig abzulenken (*distanzierter Beschützer* bzw. *distanzierter Selbstberuhiger*). Sie sei sehr misstrauisch und lasse niemanden an sich heran, so könne sie auch nicht verletzt und gar nicht erst angegriffen werden (überkritische resp. paranoide Persönlichkeit). Beide hören einander aufmerksam zu und diskutieren die Themen – ein sehr spannendes, ehrliches und aufschlussreiches Gespräch!

Kompetenzzentrum Schemapädagogik
Jugendheim Lory, 3110 Münsingen

Bewältigungsmodi

Kürzel	MOSPR	**Päd. Fachkraft**	toma
Datum	10.11.2020		
Startzeit	13:56:25		
Endzeit	14:02:50		
Dauer	00:06:25		

Bewältigungsmodi

Pte		Rang
15	Angepasster Unterwerfer	**2**
15	Distanzierter Beschützer	**2**
15	Distanzierter Selbstberuhiger	**2**
3	Selbsterhöher	9
7	Schikanierer/ Angreifer	6
11	Aggressiver Beschützer	5
7	Manipulierer/ Trickser/ Lügner	6
7	Zerstörer/ Killer	6
18	Zwanghafter Kontrolleur	**1**

Print: 13.11.2020/14:15
File: 2020_MOSPR_Auswertung_Bewältigungsmodi.xlsx 1/1

Abb. 12: Digitale Auswertung der Modus-Analyse

4.3.4 Eddie Murphy

Diese Methode wurde von Kotecki (2020) konzipiert. Sie trägt den Namen des bekannten US-amerikanischen Schauspielers nicht aus Zufall. Eddie Murphy hat eine Kompetenz, die im Rahmen seiner Stand-up-Comedy und seines Schauspielarrangements stets glänzend zutage tritt: Er kann sehr schnell sprechen und sein Gegenüber entsprechend in extrovertierter Weise an die Wand „labern".

Eddie Murphy ist wie *Geiselnahme* (Abschnitt 4.3.5) ein Gruppen-, genauer gesagt ein Wettkampfspiel. Es liegt in der Einschätzung des Teams, wann und in welcher Konstellation diese Methode praktiziert wird. Im weiteren Verlauf der Beschreibungen wird auch schnell deutlich, warum. Das Tool kann in nicht intendierter Weise für den einen oder anderen Teenager ein negativer Trigger sein – wenn man verliert.

Die jungen Erwachsenen, die sich auf *Eddie Murphy* einlassen, haben i. d. R. großen Spaß und erleben zahlreiche Aktivierungen des *glücklichen Kindes*. Aber es gibt noch mehr Vorteile: Bei dieser Aktivität setzen sich diejenigen Spielenden durch, die extrovertiert sind und das Gegenüber wortschwallmäßig mundtot machen können. Fachlich ausgedrückt: Jugendliche mit ausgeprägten narzisstischen, histrionischen und antisozialen Anteilen (Damm, 2019a) setzen sich am ehesten in diesem Kontext durch – was natürlich von der initiierenden Fachkraft registriert und zeitnah unter vier Augen humorvoll und auch sachlich thematisiert und in Kontext mit der Modus-Klärung gesetzt wird. Nun einige Worte zum Setting und Ablauf.

Die Fachkraft bereitet zwei Stuhlreihen, die einander in einem Abstand von etwa einem Meter gegenüberstehen, zusammen mit der Gruppe vor und erklärt dann den anderen, dass nun ein kleiner Wettbewerb ansteht. Dann labelt die Fachkraft jeden Teenager mit einer aufsteigenden Zahl: „Du bist die eins, du die zwei, du die drei [...]!" Die Jugendlichen, die die geraden Zahlen personifizieren, setzen sich auf die Stühle der einen Reihe, die mit den ungeraden Zahlen auf die gegenüberliegenden.

Nachdem sich alle Heranwachsenden platziert haben, kommt man zum Kern der Methode: „Ihr schaut jetzt eurem Gegenüber in die Augen und fangt an, ohne Punkt und Komma zu reden! Thema egal. Es gewinnt, wer länger dabei durchhält. Es darf keine Redepause eintreten, die länger als drei Sekunden andauert. Bei wem dies jedoch zuerst eintritt, hat verloren und fliegt raus."

Erfahrungsgemäß ist es sinnvoll, dass die Fachkraft mit einer bzw. einem Jugendlichen nach Wahl die Aktivität einmal inszeniert, damit sich die anderen schneller in ihre Rollen einfinden. Dann geht es los: Mit ordentlicher Lautstärke schreiten die Betreffenden voran, das Feld lichtet sich.

Der Sieger oder die Siegerin (Platz 1) resp. die weiteren Sieger*innen (Platz 2 bis 4) bekommen neben einem festen Händedruck noch ein Geschenk mit Symbolcharakter ausgehändigt, auf das im Laufe des Aufenthalts noch einmal eingegangen werden kann, etwa im Falle von auftretenden Konflikten, im Rahmen derer es etwa um Provokationen, Mobbing oder Drohungen geht. Wir denken bezüglich der Siegerpreise etwa an Action-Figuren (Superman, Batman o. Ä.). Es ist weiterhin angeraten, mit den Teilnehmenden des Halbfinales und Finales die Eindrücke in einem persönlichen Gespräch nachzubearbeiten („Ihr vier habt vorhin gezeigt, dass ihr ordentlich austeilen könnt!").

4.3.5 Geiselnahme

Auch *Geiselnahme* hat Trigger-Potenzial und bringt dadurch (extrovertierte) Schemamodi hervor (was in der Planung zu berücksichtigen ist), ebenso auch wieder das *glückliche Kind*. Das Spiel kann nach unseren Erfahrungen mit 6 bis 12 Jugendlichen inszeniert werden.

Alle bis auf zwei Teenager – die insgeheim wohlweislich vorab ausgewählt werden – nehmen Platz in einem Stuhlkreis mit entsprechend abgezählten Stühlen, zwischen denen ein Abstand von etwa einem Meter besteht. Bei dieser Personengruppe handelt es sich nun um „Geiseln", so wird es ihr eröffnet. Hierzu kann die Fachkraft als Hinführung in die Rollenübernahme eine fiktive Geschichte erzählen, die aus Gründen der Auflockerung einen satirischen Humor sowie einen persönlichen Bezug zu regionalen Rahmenbedingungen beinhalten kann.

Die beiden übriggebliebenen Jugendlichen (vielleicht spielt auch die Fachkraft mit, aber das sollte gut durchdacht sein) sind in diesem Setting die „Geiselnehmer", die aufpassen, dass niemand die Flucht ergreift und Hilfe holt. Entsprechend bewacht man die Gruppe, indem man sich aufteilt und von außen den Stuhlkreis genau im Auge behält.

Die Fachkraft erklärt weiter: Es gibt in der „Geiselgruppe" eine (erweiterbar in späteren Runden) Person, die die Fähigkeit hat, andere Geiseln mit einem gezielten Augenblinzeln nonverbal zur Flucht „aufzustacheln". Die Bewachenden wissen natürlich nicht, wer das ist, die „Geiseln" sprechen sich still und leise ab, bevor das Spiel richtig startet. Ist die Auswahl getroffen, werden noch die jeweils persönlichen Grenzen bezüglich Körperkontakt genau besprochen. Dann eröffnet die Fachkraft das Spiel mit einem Signal. Die „Geiselnehmer" müssen zur Flucht animierte „Geiseln" wieder auf ihre jeweiligen Stühle platzieren und dürfen spielerisch dabei Hand anlegen. Nach wenigen Minuten ertönt wieder ein Signal und das Spiel wird reflektiert.

Wie man sich leicht vorstellen kann, bedarf es einer Absprache bezüglich der Frage: Wie viel Enthusiasmus verträgt dieses Spiel in Bezug auf die Ausübung der Rollen der Geisel, die zur Flucht getriggert wird und die der Geiselnehmer? Man sollte schon ein Safewort („STOPP!") vorher ausmachen – für den Fall, dass ein Clinch zu eskalieren droht.

Erfahrungsgemäß kommen die Jugendlichen zeitnah in die Rollenübernahme und zeigen ganz schnell den einen oder anderen Modus. Die Beobachtungen, u. U. neuartige, können nun wiederum für die Erstellung der Modus-Landschaft (Abschnitt 4.3.3) der Jugendlichen sowie die Modus-Arbeit (Abschnitt 4.4) und auch für die Ressourcenfindung (Abschnitt 4.6) genutzt werden.

4.3.6 Reise zu den Schemata

Diese Methode ist variierbar; je nach Setting und Anlass muss aber die Auswahl der Fragekarten angepasst werden. Die *Reise zu den Schemata*[19] eignet sich (a) als Kennenlern-Tool, welches das Eis zwischen neu platzierten Jugendlichen und Fachkräften bricht, als (b) Arbeitsgrundlage für die Findung und Veranschaulichung von Modi und, wie der Name auch sagt, Schemata; außerdem (c) ist es auch möglich, dass Teenager als eine Art „Hausaufgabe" in Einzelarbeit Karten reflektieren, die z. B. sie selbst und die Fachkraft gemeinsam ausgesucht haben.

Das Tool besteht aus 48 Fragekarten, die mal mehr, mal weniger persönlicher Natur sind und die Jugendlichen zum Reflektieren anregen sollen. Einige Beispiele:

- Was wolltest du als Kind später mal werden?
- Was bedeutet dir dein Handy und warum?
- Wenn du ein Tier wärst, welches Tier wäre das?
- Wenn du jetzt einen Wunsch frei hättest, egal welchen, was würdest du dir wünschen?
- Welche drei Dinge würdest du mit auf eine einsame Insel nehmen?
- Was für Menschen hast du bisher in der Schule angezogen?
- Wer war deine Lieblingslehrperson und warum?
- Was war das Dümmste, was du in deinem Leben getan hast?
- Für welche deiner Verhaltensweisen gab es früher vonseiten deiner Familie Lob und Anerkennung?
- Welche Stärken hast du durch deine Familie entwickelt?

Wie oben schon erwähnt, muss die Fachkraft nach bestem Wissen und möglichst passender Einschätzung die Fragen vorab auswählen, die sie in ein 1:1-Setting bzw. in eine Gruppenarbeit einbringt.

Erfahrungsgemäß kann die *Reise zu den Schemata* in allen Phasen des schemapädagogischen Prozesses angewandt werden. Der folgende begleitende (Gruppen-)Arbeitsauftrag ist gleichzeitig ein Beispiel für eine zielgruppengerechte Anwendung der Methode (Reduktion der Karten, die thematisch passen – die Auswahl trifft die Fachkraft). Der folgende Auftrag richtet sich an Jugendliche, die sich schon etwas kennen und denen die Begriffe *Schema* und *Modi* geläufig sind.

---

19 Anlage 5 bzw. Download-Material 8

Modus-Karten-Flaschendrehen

Material: 24 Fragekärtchen, 1 leere PET-Flasche

Arbeitsauftrag 1
Findet euch in Gruppen von mindestens 3 Teilnehmenden zusammen. Legt die 24 Fragekarten vor euch so auf den Tisch, dass sie einen Kreis mit einem Durchmesser von etwa 50 cm ergeben. Die oder der Jüngste von euch beginnt und bringt die Flasche in (Kreis-)Bewegung. Die Flasche zeigt nun auf ein Fragekärtchen. Lest die Frage laut vor. Wer möchte, kann sie beantworten und kommt mit den anderen ins Gespräch. Wer sich nicht äußern möchte, muss das auch nicht. Sobald eine Frage ausreichend besprochen wurde, bringt die nächste Person die Flasche in Drehbewegung (Zeitangabe: ca. 60 Minuten).

Arbeitsauftrag 2
Im nachfolgenden Gespräch wird die Übung anhand folgender Fragen ausgewertet (Zeitangabe: ca. 15 Minuten):
- Wie habe ich mich insgesamt gefühlt?
- Wie erging es mir mit den unterschiedlichen Fragen?
- Was waren „rote Knöpfe"/Schematrigger?
- Haben sich für mich Themen ergeben, denen ich intensiver nachgehen möchte?
- Über welches Thema haben wir als Gruppe besonders intensiv gesprochen?
- Welche inneren Anteile habe ich gespürt?
- Ist mir etwas bewusst(er) geworden? Wenn ja, was genau?"

Anmerkung: Im Lory wird die *Reise zu den Schemata* weitgehend durch das Tool EQUALS ersetzt.

4.4 Modus-Bearbeitung

In dieser („heißen") Phase des schemapädagogischen Prozesses müssen zunächst verschiedene Voraussetzungen erfüllt sein, damit sie effizient durchlaufen werden kann inkl. der damit verbunden Ziele (weitere Förderung der Selbsterkenntnis und des Modus des *gesunden Erwachsenen*). Die Fachkräfte sollten das schemapädagogische Glossar bis spätestens zur Praxis der vorliegenden Phase verinnerlicht haben und im alltäglichen Umgang mit Jugendlichen sowie mit Kolleginnen und Kollegen abrufen können (die Schritte zuvor unterstützen die schemapädagogische Professionalisierung entsprechend). Es hat sich gezeigt, dass es in der Anfangsphase der Implementierung des Konzepts bei neuen Mitarbeitenden didaktisch sinnvoll ist, wenn die Begrifflichkeiten im Praxisalltag regelmäßig auftauchen und diese immer gleich klingen (vgl. Estermann & Aebersold, 2020).

Eine weitere Arbeitsgrundlage stellt die mittlerweile erfasste und veranschaulichte innere Modus-Landschaft des/der jungen Erwachsenen dar; sie liegt in dieser Phase normalerweise zudem in Form von zwei Auswertungen von Modus-Fragebögen vor – einmal aus Innen-, einmal als Außensicht (s. u.).

Während der Beobachtungsphase (Abschnitt 4.2) werden sowohl von den Jugendlichen selbst als auch von den pädagogischen Fachkräften Schemamodus-Fragebögen ausgefüllt. Dabei handelt es sich in der Tat um zwei Perspektiven, bei denen sich lediglich die Art und Weise der Formulierung ändert (Ich- bzw. Sie-/Er-Perspektive). Einfach gesagt, geht es um die Etablierung einer Innensicht seitens des Jugendlichen und um die „Außensicht" (seitens der Fachkräfte).

Das entsprechende Selbstdiagnoseinstrument für unsere Klientel ist bekanntlich der Modus-Fragebogen (4.2.2). In diesem werden die Tendenzen der Kind- und der Eltern-Modi bewusst gemacht, zudem werden auch der *gesunde Erwachsene* wie auch das *glückliche Kind* sichtbar (bestenfalls). Letztere Modi brauchen naturgemäß mehr methodische Unterstützung, um stärker zu werden. Es gibt noch einen weiteren „Kompass" für die Teenager, nämlich den sog. Bewältigungsmodus-Fragebogen[20], der die kostenintensiven (kompensatorischen) und im Sozialen häufig zu Konflikten führenden Ich-Anteile oder eben Bewältigungsmodi fokussiert (s. u.).

Wir begründen unser Vorgehen wie folgt: Das Schemamodus-Modell ist ein *interpersonelles* Konstrukt, das alltägliche Kommunikation tiefgründig erfasst und erklärt. Das Schema-Modell hingegen ist ein *intrapersonelles* bzw. *intrapersonales* Konzept, was so viel bedeutet, dass Prozesse innerhalb einer Person fokussiert werden (Young et al., 2008). Die (sichtbaren) Modi werden aus diesem Grund viel mehr vom Umfeld wahrgenommen als vom Initiator/von der Initiatorin selbst. Bei einer Aktivierung sind diese in „ihrem Film", wie man sagt, und sie sind für Interventionen von außen u. U. kaum mehr erreichbar. Die aktivierten Modi können aber von den erfahrenen schemapädagogischen Fachkräften mithilfe der in Abschnitt 4.2 ausgeführten Methoden auch identifiziert werden. Sie dienen weiterhin als Schlüssel, um einige „Türen" zur Persönlichkeit der Betreffenden zu öffnen. – Einem aktivierten Schemamodus liegt i. d. R. eines oder mehrere der 18 maladaptiven bzw. tendenziell adaptiven Schemata zugrunde.

Eine erste wichtige schemapädagogische Intervention resp. Konfrontation ist die Methode *Modus-Gespräch*. Dieses kann erst zielführend praktiziert werden, wenn die oder der betreffende Jugendliche möglichst „gechillt", d. h. frei von Emotionen ist, die die kognitiven Potenziale stören würden. Ist das Gegenüber nicht mehr in seinem „Film", ist ein kurzes Benennen des von der Fachkraft festgestellten Schemamodus eine erste Intervention im Rahmen der Modus-Arbeit.

---

20 Download-Material 9

Damit diese Intervention nachhaltig fruchten kann, muss zudem genügend Beziehungskredit vorhanden sein. Die empathisch-humorvolle Thematisierung des jeweiligen Modus eignet sich i. d. R. besser als die konfrontative, da bei letzterer Variante die Jugendlichen viel eher eine abwehrende Haltung einnehmen. Ein Beispiel nach unserem Verständnis: „Na, Tina, hat sich vorhin wieder mal die *Schikanierer-Tina* durchgedrückt?" So registriert Tina in diesem Fall zunächst, dass ihr *Schikanierer* von der Fachkraft in Situation XY registriert wurde; jedoch wird sie nicht als *ganze Person* kritisiert, was den gemeinsamen Einstieg in die Reflexion über den betreffenden Modus, seine Ursachen, Auslöser und typischen Auswirkungen ebnen kann. Wir bleiben an dieser Stelle bei der Jugendlichen. In Tinas elterlichem Umfeld herrschte, das muss der Vollständigkeit halber noch erwähnt werden, ein Klima des Gehorsams und der Bestrafung. Sie musste zudem die Erfahrung machen, teilweise ungerechtfertigterweise bestraft zu werden. Deshalb entstand bei ihr das Schema *Bestrafungsneigung*.

Als einmal mit der ganzen Gruppe eine Wanderung unternommen wurde (findet im Jahr öfter mal statt), hat sich Tina in ihren noch neuen, nicht eingelaufenen Schuhen Blasen gelaufen. Sie hatte Schmerzen und wollte am liebsten heulen (*verletzbares Kind*). Sie hatte früher in ähnlichen Situationen jedoch i. d. R. keine Zuwendung bekommen, sondern es wurde von ihr verlangt, die Zähne zusammenzubeißen, da sie andernfalls riskierte, eine Ohrfeige zu kassieren. Diese Konstellation führte zu einer Assoziation, die sich neuronal festigte. In späteren, ähnlich gelagerten Situationen wurden neben dem *verletzbaren Kind* auch der (elterliche) *Bestrafer* aktiviert – zeitgleich, was einem ambivalenten innerpsychischen Konflikt inkl. Anspannungszustand entspricht. Solche Problemlagen provozieren (kompensatorische) Bewältigungsversuche, die sich stark voneinander unterscheiden können. Im Fall von Tina entstanden vier verschiedene Modi, die sich an diesem Tag zeitlich versetzt alle zeigten:

1. Sie ließ sich zunächst nichts anmerken und lief trotz Schmerzen einfach weiter (*angepasster Unterwerfer*)
2. 15 Minuten später setzte sie sich aus heiterem Himmel auf den Boden und verweigerte sich (*distanzierter Beschützer*)
3. Dann regte sie sich plötzlich extrem auf und schimpfte: „Wandern ist die allerletzte Scheiße! Wer hat so einen Blödsinn überhaupt erfunden?" (*aggressiver Beschützer*)
4. Kurz vor Ende wurden dann die Betreuer verbal angegriffen: „Ich werde euch alle anzeigen, ihr Spastis!" (*Schikanierer/Angreifer*)

Wie ersichtlich ist, kann auch eine Freizeitaktivität in diagnostischer Hinsicht sehr interessant sein – die im Beispiel beschriebenen Modi können zwecks Förderung der Selbsterkenntnis gemeinsam mit den Jugendlichen benannt und reflektiert werden. Für derartige Modus-Gespräche sollten ein paar Minuten und eine ungestörte Umgebung reserviert werden. Diese Methode impliziert also ein konkretes Benennen und Erkennen eines bestimmten aktivierten Ich-Anteils. Dies macht

Sinn, weil die kompensatorischen Schemamodi den Jugendlichen normalerweise nicht bewusst sind. Da die aktuellen Aktivierungen eigentlich „nur" Reaktionen darstellen, die im Zusammenleben mit ihrem früheren Umfeld entstanden, reagieren unsere zu Betreuenden auf diese überraschende Intervention meist recht positiv. Zudem erfolgt das Thematisieren bestenfalls in einem Moment, in dem die Teenager für eine solche Intervention offen sind. Diese Intervention kann kurzfristig Beziehungskredit in Anspruch nehmen, aber mittel- und langfristig wirkt sich ein solches Vorgehen häufig sehr positiv auf die Beziehung zwischen der pädagogischen Fachkraft und dem Teenager aus.

4.4.1 Modus-Interview

Journal-Eintrag| Wohngruppe, 10. September – Erfasser/in: Luzia Gantenbein

Frau Gantenbein spricht Jennifer (18) gegenüber an, dass sie den Eindruck habe, dass Beziehungen bei ihr nicht nachhaltig seien (unter Berufung auf Beobachtungen während des bisherigen Aufenthalts). Die junge Frau stimmt dieser Hypothese zu und gibt selbst einige Beispiele. So sagt sie etwa, dass sie sich nicht mag, so wie sie ist, sie sei nicht liebeswürdig. Weil das „so ist", kommuniziert sie dies auch den anderen mehr oder weniger bewusst, sodass ihr nahestehende Personen die Beziehung schlussendlich abbrechen; falls ihre „Offenbarungen" nicht ausreichen sollten, verursacht sie selbst Konflikte, damit die Gegenseite „bessere Gründe" für einen Beziehungsabbruch hat.
Durch ihre Interventionen bestätigt sie ihren inneren Glaubenssatz, nicht liebeswürdig zu sein. Das Ganze sei ein Teufelskreis. Jennifer reflektiert wieder, bringt weitere Beispiele und stößt auf einen neuen Glaubenssatz (Schema *Erfolglosigkeit/Versagen*): „Ich habe selbst Zweifel, dass ich etwas schaffe. Deshalb sabotiere ich mich selbst, haue etwa ab. Auf diese Art und Weise schaffe ich es dann auch gewiss nicht!", erklärt sie.
„Selbstvertrauen steigern" ist das Stichwort, auf das man gemeinsam kommt. Jennifer will Ideen sammeln in Bezug auf die Frage: Wie kann ich mein Selbstvertrauen erhöhen? Sie will zeitnah Gespräche mit der Peergruppe und den pädagogischen Fachkräften darüber führen. Die Ergebnisse möchte sie in der kommenden Woche in der Bezugspersonen-Sequenz anschauen. Danach wird sie versuchen, so die Quintessenz, den von ihr genannten Teufelskreis zu durchbrechen.

Journal-Eintrag| Wohngruppe, 16. September – Erfasser/in: Sophie Fetz

Nach 22 Uhr entsteht im Wohnzimmer beim Fernsehen ein Konflikt zwischen Tessa und Chantal, wobei Letztere türknallend aus dem Raum flüchtet und sich auf ihr Zimmer verzieht. Frau Fetz, die währenddessen noch kurz in der Küche beschäftigt gewesen ist, geht sofort ins Wohnzimmer. Als sie feststellt, dass die Situation dort entspannt ist, sucht sie Chantal auf. Diese klärt sie darüber auf, was aus ihrer Sicht geschehen ist. Anscheinend war Tessa zuvor nicht gewillt gewesen, Chantal von ihren Chips einige abzugeben. Chantal – über dieses Verhalten genervt und im *ärgerlichen Kind* – hat deshalb ihrer Kontrahentin gedroht, den sozialpädagogischen Fachkräften eines ihrer sehr persönlichen Geheimnisse preiszugeben. Diese Aktion hat bei ihrem Gegenüber wiederum die *Mobber-Tessa (Schikanierer/Angreifer)* aktiviert: „Dann werde ich gerne etwas sagen, das dich richtig zum Weinen bringt!" Tessa implizierte damit eine Anspielung auf die schwere Krankheit von Chantals Mutter. Die vermeintliche Anspielung aktivierte ihr *verletzbares Kind* und sie musste aus der Situation aussteigen. Frau Fetz geht anerkennend auf die Modus-Reflexionen von Chantal ein, die nun ausgeglichener wirkt.

Im ersten Beispiel wird deutlich, wie die Fachkraft auf ein Modus-Interview[21] hinarbeitet, im zweiten, wie ein solches mit einer Jugendlichen geführt werden kann (zunächst auf ganz einfachem Niveau). Es versteht sich von selbst, dass man solche Reflexionen nur dann zielführend und mit Nachhaltigkeit praktizieren kann, wenn sich *beide* Parteien im *gesunden Erwachsenen* befinden. Auf dieser Art von (Meta-) Ebene ist viel in Form von Selbsterkenntnis und -veränderung machbar. Es ist wichtig, solche Sequenzen, in denen es um das Bewusstwerden von *Kausalzusammenhängen* (vorher ging es ja „nur" um Diagnostik) bezüglich der inneren Modi-Landschaft geht, irgendwann zu dokumentieren. Hierzu dient, neben vielen weiteren Tools, etwa das Arbeitsblatt, das die Reflexion über mehrere Modi und deren etwaigen Zusammenhänge fokussiert.

---

21 Anlage 6 bzw. Download-Material 10

Auseinandersetzung
mit meinen problematischen **Ich-Zuständen**

Name ______________________

Datum ______________________

Kürzel päd. Fachkraft ______________________

1. Schreibe in die Zeichnung unten ein schwieriges Ich oder auch mehrere schwierige Ichs hinein (etwa: „Aggressives Ich", „Mobber-Ich", „Null-Bock-Ich" etc.).

2. Überlege dir, seit wann du dieses Gesicht/diesen Ich-Zustand resp. diese Gesichter/Ich-Zustände hast, durch was sie angeschaltet werden und welche Auswirkungen sie dann haben.

Abb. 13: Arbeitsblatt zur Förderung des Modus-Bewusstseins

4.4.2 Stühlearbeit – einfache, komplexe und konfrontative

Diese Methode findet auch in der Schematherapie, Kognitiven Therapie und Klärungsorientierten Psychotherapie Anwendung, und zwar in unterschiedlichen Variationen (wie bei uns auch). Sie führt schnell zur Perspektivübernahme und vor allem zu emotional eingefärbten Wahrnehmungen, weshalb es einiger Übung und entsprechend einer vorsichtigen Herangehensweise bedarf.

Ziel ist auch in diesem Kontext wieder die Förderung des Modus-Bewusstseins (seitens des/der Jugendlichen), Stühlearbeit kann dafür sehr effizient und nachhaltig sein. Es gibt wie erwähnt verschiedene Anordnungsmöglichkeiten, sie implizieren verschiedene Schwerpunkte (Selbsteinsicht, Perspektivübernahme, Konfrontation usw.). Auf diese wird im Folgenden eingegangen. Noch ein Hinweis: Stühlearbeit sollte immer im persönlichen Setting und nie vor der Gruppe stattfinden; außerdem braucht es gerade in dieser „steinigen“ Phase der Modus-Bearbeitung vor allem eins: Beziehungskredit.

Praktiziert die pädagogische Fachkraft die **einfache Stühlearbeit** (Damm, 2010a), hält sie dem Teenager, um den es z. B. wegen eines bestimmtes negativen Vorfalls geht, einen „Modus-Spiegel“ vor. Jedoch: Es muss nicht immer ein negativer Zwischenfall sein, der Anlass für die Stühlearbeit ist. Das geht auch im Fall von erfreulichen Erlebnissen, die entsprechend ressourcenorientiert zurückgemeldet werden können.

Es braucht für dieses 1:1-Setting drei Stühle. D. h. eine Sitzgelegenheit bleibt leer, wenn sich die pädagogische Fachkraft und Teenager XY für ein persönliches Gespräch treffen. Falls es sich um die Nachbearbeitung eines Konflikts dreht, wird der Jugendliche nach einer kurzen Beschreibung desselben darüber informiert, dass man gerne die eigenen Wahrnehmungen in Situation XY dem Gegenüber kurz darstellen möchte, und zwar unter Miteinbezug der Modus-Perspektive. D. h., das modusgetriebene (kompensatorische) Verhalten des Teenagers wird von seiner Gesamtpersönlichkeit, die die pädagogische Fachkraft wertschätzt, „herausgenommen“, auf den dritten (leeren) Stuhl „gesetzt“ und vom Erwachsenen imitiert. Einige Beispiele bezüglich der Hinführung:

- „Laura, ich setze mich jetzt mal da rüber und versetze mich dann in den aggressiven Teil, den ich vorhin in der Küche bei dir beobachten konnte. Schau mal bitte genau hin!“
- „Svetlana, vorhin kam ja schön die Null-Bock-Svetlana aus dir raus, als ich dich im Speisesaal nach dem Essen gebeten habe, den Tisch abzuräumen. Ich zeige dir mal kurz, wie ich die Situation wahrgenommen habe.“
- „Noelle, den impulsiven Teil von dir, der gestern Abend mal so richtig geflippt ist – den fand ich abgefahren: Was der für einen Shit-Talk hervorgebracht hat. Warte mal eben, ich zeigs dir mal [...]!“

Nach einer kurzen, möglichst prägnanten Darbietung auf dem (dritten) Modus-Stuhl steht die Fachkraft auf, setzt sich wieder auf ihren Platz und hält einen Moment inne, während sie den *gesunden Erwachsenen* generiert. Dann werden Fragen je nach Fall und Sachlage gestellt, die das Modus-Bewusstsein seitens des Gegenübers fördern sollen („Wie hat das jetzt auf dich gewirkt?"; „Was waren die Ursachen?"; „Was brauchst du beim nächsten Mal, um clever zu reagieren?"). Aktives Zuhören ist auch in diesem Setting zielführend (dabei unbedingt die Modus-Perspektive aufrechterhalten!).

Auf der anderen Seite können bei Bedarf auch modusbezogene Ansagen gemacht werden bezüglich etwaiger Sanktionen in der Zukunft („Du verstehst sicher – weil: eben ja für dich ersichtlich –, dass wir im erneuten Fall von [...] gezwungen sind, folgendermaßen zu reagieren [...]!").

Dieses bisher beschriebene simple Setting 1.0 ist natürlich nach einer gewissen Eingewöhnungsphase sinnvollerweise erweiterbar. Die **komplexe Stühlearbeit** (vgl. Damm, 2019b) impliziert u. a. mehr Sitzmöglichkeiten und auch z. B. visualisierte Methoden. Diesbezüglich gibt es aber keine ganz klare chronologisch basierte Vorgehensweise (lediglich der Modus des gesunden Erwachsenen sollte *stets* in irgendeiner Art miteinbezogen werden). Einige Anregungen möchten wir dennoch geben:

a) Wir haben schon Settings inszeniert, in denen wir Modus-Karten auf diverse Stühle gelegt und den Teenager dann dazu animiert haben, einen bestimmten konfliktbehafteten Sachverhalt aus verschiedenen Modus-Perspektiven zu reflektieren, um Erkenntnisprozesse anzuregen.
b) Effiziente Impulse setzen wir in „Kommunikationssackgassen" mithilfe des „BF-Stuhls". („BF" steht für „Best-Friend"). Wenn sich der Interaktionspartner auf den BF-Platz setzt, nimmt er die „Best Friend"-Perspektive im Modus des *gesunden Erwachsenen* ein. Die betreffende Bezugsperson aus der Peergroup wird zuvor kurz benannt und beschrieben. Wenn diese Intervention funktioniert, ist es erstaunlich zu sehen, wie der junge Erwachsene plötzlich in den *gesunden Erwachsenen* switcht und die Gesamtsituation völlig realistisch deutet.
c) Der „Zukunftsstuhl" triggert den Teenager ebenfalls recht schnell in den Erwachsenenmodus. Auf diesem Stuhl wird quasi ein mentaler Zeitstrahl „aufgemacht" und folgende Frage thematisiert: „Wo bin ich in [z.B.] in fünf Jahren – und welches Leben führe ich dann?"
d) Der *glückliches Kind*-Stuhl kann dann zum Einsatz kommen, wenn die Fachkräfte Gruppenteilnehmende in alltäglichen Momenten wahrgenommen haben, in denen ihnen etwas gelungen ist, etwas Spaß gemacht hat, sie etwas erschaffen und geleistet haben usw. Im vorliegenden Setting können solche Blitzlichter auch entsprechend von der Fachkraft inszeniert und reflektiert werden, und zwar mit dem Ziel, für Nachhaltigkeit zu sorgen („Wie du eben gesehen hast, warst du in Situation XY sehr glücklich – was braucht es hier, dass das öfter passiert?").
e) Der „Stühletausch" impliziert einen Perspektivwechsel, hat eine lange Tradition in Praxisfeldern der Pädagogik und wurde wahrscheinlich schon sehr

oft von Fachkräften in den unterschiedlichsten Settings intuitiv eingesetzt. Kurz gesagt: Die beiden Parteien wechseln die Plätze, nachdem die Fachkraft sinngemäß kommuniziert: „Weiß du was, wir tauschen jetzt mal die Sichtweisen – du setzt dich jetzt mal auf meinen Platz, ich auf deinen – und dann spielen wir mal etwas in vertauschten Rollen!" Ziel dieser Übung ist wieder die Anregung von kognitiven Irritationen („Wachrüttlern") bzw. Förderung der Empathie und Selbsteinsicht. Eine mögliche Folge: Teenager XY kann seine Modus-Aktivierung und auch die daraus resultierenden Kommunikationssackgassen besser wahrnehmen und vermeiden.

Die **konfrontative Stühlearbeit** beinhaltet Methoden, die einen sehr herausfordernden Charakter für die Jugendlichen haben, genauer gesagt: einen besonders problematischen Modus aufs Korn nehmen. In Bezug auf die Auswahl sollte sich die pädagogische Fachkraft mit dem Team absprechen, da sie auf den jeweiligen Fall ausgerichtet sein sollte.

Mit den folgenden Interventionen haben wir bisher Erfolge im Hinblick auf kognitive Irritationen, Selbsteinsicht und Verhaltensänderungen machen können:

a) Der „Stuhlrüttler" ist besonders angezeigt, wenn man es mit dem *distanzierten Beschützer* zu tun bekommt. Die Methode soll diesen Modus „aufknacken" und anschließend den *gesunden Erwachsenen* triggern. Der *distanzierte Beschützer* ist meistens dann beim Teenager aktiviert, wenn Klärungsgespräche ins Stocken geraten, im sprichwörtlichen Sande verlaufen oder gar nicht erst fruchten. Das Gegenüber hat im Rahmen des Modus-Geschehens plötzlich gar keine Probleme mehr, alles „ist gut", geklärt, easy-peasy. Kurz gesagt, es geht nicht weiter mit der Klärung! Im Rahmen dieser Methode steht die Fachkraft in entsprechenden Kommunikationssackgassen irgendwann auf, kündigt zunächst eine Spiegelsequenz an („[...] und zeige dir kurz, wie ich dich jetzt wahrnehme!"); dann setzt sie sich auf den dritten Stuhl (wie immer) und inszeniert bestmöglich den *distanzierten Beschützer* des/der Jugendlichen im Hier und Jetzt. Dann steht der Erwachsene auf, stellt sich hinter den Stuhl und zählt innerlich langsam bis 5. Ohne Ankündigung rüttelt und schüttelt er plötzlich den leeren Stuhl und verkündet: „Hallo! Aufwachen! Ich möchte auf Augenhöhe kommunizieren!" o. Ä. Dann setzt sich der Professionelle wieder auf die ursprüngliche Sitzgelegenheit am Anfang: „So, und jetzt reden wir normal miteinander!"
b) Der „Opfer-Stuhl" kann bei festgestellter Fremdgefährdung im Nachhinein eingesetzt werden, also bei allen möglichen Formen von psychischer und physischer Gewalt, bei denen eben eine Person zum Opfer wurde. Es ist angeraten, dieses Tool zunächst nur in Anwesenheit des Täters/der Täterin und bzw. einer weiteren pädagogischen Fachkraft zu führen. Nachdem der Tathergang dem Betreffenden erläutert wurde – in diesem Fall kann gerne auch mal autoritär und mit einer entsprechenden inneren Haltung aufgewartet werden –, wird ein leerer Stuhl hinzuplatziert, an dessen Lehne die

Modus-Karte *verletzbares Kind* gut sichtbar platziert ist. Die Fachkraft selbst kann nun in die Opferrolle schlüpfen, nachdem sie sich auf den Stuhl setzt und in konfrontativer Haltung von (eigenen) ähnlichen Opfererfahrungen berichtet, z. B. in der Schulzeit, oder sich aber (das muss abgewogen werden) in die Rolle der tatsächlich geschädigten Person hineinversetzt und ihre Wahrnehmungen kommuniziert. Wie man sieht, sind konkrete Empfehlungen in Bezug auf diese Methode sehr schwierig zu formulieren, da es jeweils wieder auf den Einzelfall ankommt. Wir haben die Erfahrung gemacht, dass der „Opfer-Stuhl" umso effizienter ist, d. h. den anderen emotional berührt, je mehr Beziehungskredit zwischen ihm und der pädagogischen Fachkraft besteht.

c) Das „konfrontative Kegeln" stammt von Kotecki (2020). Im Rahmen dieser Methode wird Teenager XY zu einem Gesprächstermin unter vier bzw. sechs Augen (inkl. einer weiteren Fachkraft) geladen. Der Jugendliche wird über die Inhalte im Unklaren gelassen. Die Fachkraft trifft einige Vorbereitungen: Sie hat eine Kiste mit leeren(!) PET-Mineralwasser-Flaschen in Greifweite des Stuhls der Fachperson gestellt. Nachdem der Heranwachsende den Raum betreten hat und freundlich begrüßt wurde, nehmen alle Beteiligten Platz. Es geht bei diesem Treffen um „Lebensträume", die man zukünftig umsetzen möchte („Wie geht es nach deinem Aufenthalt weiter? Was hast du für Träume?"). Werden entsprechende Vorstellungen vorgetragen, hört die Fachperson aktiv zu und malt zudem den jeweiligen Traum großzügig und realistisch aus. Nach dem Abschluss eines bestimmten Themas nimmt die Fachkraft jeweils eine PET-Flasche aus dem Kasten, beschriftet sie themenspezifisch und stellt sie vor sich hin („Jeder Traum von dir wird hier symbolhaft als Flasche hingestellt."). Nach und nach werden mehr Flaschen beschrieben und nacheinander aufgestellt. Nach dieser Reflexionsphase wird im zweiten Schritt die Modus-Perspektive miteinbezogen, es geht zunächst um prosoziale Ich-Zustände: „So, jetzt schauen wir uns deine Pläne, d. h., die Flaschen, noch mal an. Die sehen doch recht ansprechend aus. Welche Modi helfen dir bei der Erfüllung deiner Träume?" Erfahrungsgemäß werden dann einige Ressourcen genannt, die wiederum gemeinsam wertschätzend auf den Prüfstand gestellt werden.
   Irgendwann gerät die Fachkraft bewusst ins Stocken und schaut nur noch auf die „Träume". Sie verstummt und zählt innerlich bis 10. Das Gegenüber wird dadurch erfahrungsgemäß irritiert. Stille entsteht. Was jetzt folgt, ist ein „Knall". Dieser Schritt bildet gleichzeitig den konfrontativen Kern dieser Methode. Beide blicken jetzt auf die Flaschenlandschaft – Spannung entsteht. Nach eigenem Ermessen steht die Fachkraft von jetzt auf gleich entschlossen auf und kickt alle Flaschen mit einem Tritt, der sich sehen lassen kann, durch den Raum. Es sollte schon ordentlich „scheppern". Nun wird wieder eine Pause eingebaut. Dann setzt sich die Fachkraft so ruhig wie möglich wieder auf ihren Stuhl, nimmt Blickkontakt zum Gegenüber auf und sagt in einem ganz ruhigem Ton sinngemäß: „Das war dein [...]-Modus! Der kann deine Träume kaputtmachen! Wir müssen da noch mal im Hinblick auf die

Modus-Bearbeitung was machen!" Das Gespräch ist an dieser Stelle beendet, der Jugendliche wird entlassen (oder die Diskussion beginnt erst dann richtig, das muss abgewogen werden). Natürlich werden die Eindrücke, Wahrnehmungen und Bewertungen dieses Erlebnisses bei einem erneuten Termin reflektiert.

Das nachfolgende Beispiel aus dem Lory zeigt auf, was in Bezug auf die genannten Methoden zu beachten ist.

Alana (17) provozierte im Alltag gerne. Ihr Lebensentwurf bestand u. a. darin, sich als Punkerin zu definieren. Zu ihrer Lebensphilosophie gehörte, sich nicht an Strukturen und Regeln halten zu wollen, was sich z. B. in Form von zahlreichen Provokationen zeigte. Sagen ließ sie sich entsprechend wenig – im Gegenteil, Hinweise und Anweisungen waren für sie ein Grund mehr, genau das Gegenteil zu tun und noch einen obendrauf zu setzen. Alana kleidete sich sehr freizügig, was bei den männlichen Fachkräften wiederholt zu unangenehmen Situationen führte. Einen Büstenhalter trug Alana aus Prinzip nie und ihre Tanktops waren auf der Seite so weit ausgeschnitten, dass ihr nackter Busen, je nach Körperhaltung, sichtbar wurde. Wurde sie von den Fachkräften darauf hingewiesen, dass ihre Kleidung nicht angemessen sei, gab sie jeweils flapsig zur Antwort: „Das kann Ihnen doch scheißegal sein, Sie Spasti. Dann gucken Sie halt nicht hin. Oder finden Sie es etwa geil? Sie gucken ja extra hin, Sie x***."
Sie wurde jeweils sehr ausfällig und steigerte im Verlauf der Zeit ihre Provokationen soweit, indem sie damit anfing, ihr Shirt zusätzlich anzuheben oder sich an den Busen zu fassen, während sie die männliche Fachkraft derweil herausfordernd ansah.
Einer jungen, männlichen Fachkraft wurde dieses Verhalten nach zig Versuchen, die Problematik mittels Gesprächen zu lösen, zu viel. Er beschloss, Alana in einer Stühlearbeit mit ihrem Verhalten zu konfrontieren.
Da Alana sexuellen Missbrauch erlebt hatte, musste die Vorbereitung zur Stühlearbeit sehr genau vorbesprochen und geplant werden, denn das Verhalten sollte 1:1 nachgespielt werden. Da die männliche Fachkraft dabei den Pullover soweit hochheben würde, dass sein nackter Oberkörper sichtbar wurde, musste sichergestellt werden, dass die Stühlearbeit nicht in einem geschlossenen Raum im 1:1-Setting stattfand, sondern bei offener Tür und unter dezenter Begleitung einer weiblichen Fachkraft, die sich aber so im Hintergrund halten sollte, dass der Fokus nicht auf sie gerichtet werden konnte.
Alana wurde vorinformiert, dass die Fachkraft mit ihr ihr Verhalten anschauen möchte. Sie nahm missmutig, aber dennoch neugierig den Termin wahr. Der Pädagoge teilte ihr mit, dass er ihr nun vorspielen würde, was er jeweils mit ihr erlebte und sie derweil auf dem Stuhl sitzen bleiben und einfach zusehen solle. Die Fachkraft verließ *ad hoc* das Zimmer, schritt ums Eck, um

kurz darauf unvermittelt wieder hineinzustürmen, direkt auf Alana zu. Der Erwachsene blieb kurz davor stehen und zog seinen Pulli hoch, begleitet von Provokationsparolen und Schimpftiraden aus Alanas Wortschatz. Nach ca. 30 Sekunden beendete die Fachkraft das Schauspiel. Alana blieb still sitzen, bevor sie sagte: „Und, was sollte das jetzt?" Die Fachkraft beantwortete ihre Frage nicht, sondern überreichte ihr ein Blatt mit drei Beobachtungsfragen und schickte sie in ihre Wohngruppe.
Dort ließ sich Alana lange und breit über die soeben erlebte Aktion aus. Sie sparte nicht mit abwertenden Bemerkungen bezüglich der Fachkraft und der Situation als solche. Die Mitarbeitenden der Wohngruppe reagierten nicht auf die Schimpftiraden, sondern ließen ihr den Raum, den sie offensichtlich brauchte. Am nächsten Tag erschien Alana in einem geschlossenen Top, zwar immer noch ohne BH, aber das T-Shirt sah „seriös" aus. Es gab zwar in den darauffolgenden Monaten noch den einen oder anderen Tag, an dem Alana wieder freizügig erschien, es bedurfte aber jeweils nur noch eines einzigen Hinweises, dass sie doch bitte ein anderes Shirt anziehen solle – und sie tat wie geheißen (schmunzelnd).

Was gilt es nun bei der Stühlearbeit zu beachten? Die Stühlearbeit eignet sich in erster Linie, um ein Verhalten zu spiegeln, das sich laufend wiederholt. Dieses Spiegeln der wiederkehrenden Situation braucht kein großes schauspielerisches Talent. Aber, die Szene sollte mit Bedacht gewählt und explizit kurzgehalten werden. Wird die Szene zu lang und ist sie zu theatralisch, verfehlt sie ihre Wirkung, weil der Effekt so verpufft. Wird dabei auch gesprochen, ist darauf zu achten, dass die Wortwahl die Lebenswirklichkeit des Gegenübers trifft. Wird etwa beispielweise der Ausdruck „Mann, du Spasti" aus Scham o. Ä. ausgeblendet, obwohl die Peergroup ihn andauernd verwendet, dann wird sich der Jugendliche in der Szene nur begrenzt wiederfinden.

Gerade in unserer Institution, die mit schwierigen Jugendlichen arbeitet, gilt es, das Setting gut vorzubereiten. Zentral ist dabei, dass nur Personen diese konfrontative Methode wählen, die einen guten Beziehungskredit bei dem jeweiligen Teenager aufgebaut haben. Man bedenke, dass das Gegenüber sein maladaptives Verhalten sieht und dass dies unweigerlich Gefühle auslöst, mit denen man im ersten Moment u. U. nicht gut umgehen kann. Daher ist es wichtig, dass die Reaktion auf die Stühlearbeit nicht moralisch gewertet wird und zudem eine Nachbesprechung nicht unmittelbar danach eingefordert werden muss. Oft brauchen die Jugendlichen Zeit, um das Gesehene und Erlebte richtig einzuordnen. Möchte der Interaktionspartner im Nachklang darüber sprechen – egal wann –, dann gilt es, sich diese Chance unbedingt zunutze zu machen.

4.4.3 Psychospiel-Memory

So unterschiedlich unsere Jugendlichen auch im Hinblick auf ihre inneren Schema-Landschaften, Bedürfnisse, Hobbys, Wertevorstellungen usw. auch sind – nach unseren Erfahrungen hatten und haben alle jungen Erwachsenen einen sehr starken und professionellen *Manipulierer, Trickser, Lügner.*

Trotz der durchaus negativ klingenden Titulierung dieses Modus (von der Schematherapie herstammend), möchten wir hier von einer Kompetenz sprechen. Mithilfe dieses Modus können Personen im Umfeld massiv zu Verhaltensweisen animiert, eigene Bedürfnisse kommuniziert und eingefordert werden.

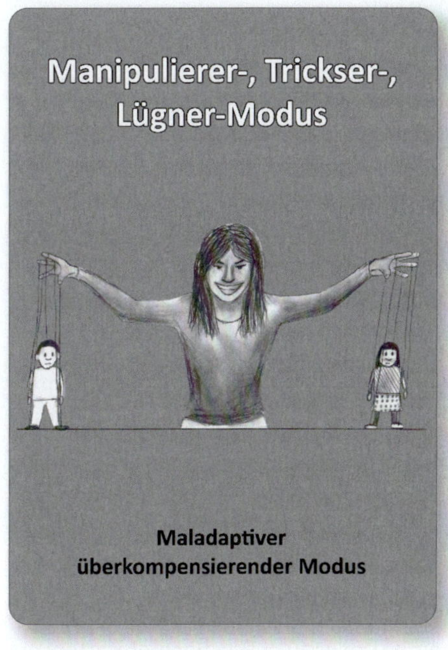

Abb. 14: Manipulierer, Trickser, Lügner

Auf populäre Psychospiele, deren Praxis auf dem genannten Modus basiert, wurde schon in Abschnitt 2.2.4 eingegangen: *Mords-Molly, Unterhaltsam sein, Immer ich, Das wahre Gesicht, Versetz mir eins, Armes Schwein, Blöd.* Daneben beobachten wir häufig noch (und das sei der Vollständigkeit halber erwähnt):

- *Das letzte Wort gehört mir.* Der Jugendliche verweigert sich, setzt fortwährend noch „einen drauf", gibt einfach keine Ruhe, etwa wenn es um eine Auseinandersetzung oder einen Regelverstoß geht. Er oder sie, wie der Name des Spiels schon sagt, hat eben immer das letzte Wort – was die Fachkraft fortwährend zu Reaktionen motiviert. Eigentlich geht es um einen Machtkampf, an dem häufig *Anspruchshaltung/Grandiosität* beteiligt ist.

- *Friede, Freude, Eierkuchen.* Im Rahmen dieses Geschehens ist der Initiator/die Initiatorin intensiv darum bemüht, einen sozial angepassten Eindruck zu machen.
- *Der Barmherzige Samariter.* Dieses Spiel basiert i. d. R. auf dem Muster *Fürsorge für andere.* Man meint es einfach gut mit anderen, möchte möglichst viele Personen im Umfeld umsorgen, sie im Alltag unterstützen.
- *Heal the World.* Dieses Psychospiel nimmt größere Themen in Augenschein, die vermeintlich das zwischenmenschliche Zusammensein beeinträchtigen. Die Jugendlichen versuchen sich an Großprojekten, möchten Abläufe in Einrichtungen verbessen, Aufgaben „besser" verteilen, damit es allen „besser geht".
- *Regelsetzer.* Dieses Spiel geht meistens mit einer Aktivierung der *kritisierenden Eltern* einher. Man macht den anderen Vorschriften, ahndet Regelverstöße, sanktioniert.
- *Diskussion.* Dieses Spiel dient eigentlich dem Verwirklichen des Bedürfnisses nach Aufmerksamkeit und dem Wahrgenommen-Werden. *Diskussion* ist kein Mittel zum Zweck, das einen Kompromiss oder einen „Sieg" impliziert, sondern Zweck an sich. Hinter den meisten Nonsens-Diskussionen steckt dieses Phänomen.

Jeder Modus kann Interaktionsstrategien generieren (vgl. Abschnitt 2.2.4) – mit Ausnahme des *glücklichen Kindes* und *gesunden Erwachsenen*. Der Umgang mit interaktionstoxischen Psychospielen ist sehr herausfordernd. Manchmal sind die Initiierenden kognitiv gar nicht mehr zu erreichen. Hieraus folgt, dass sich die jungen Erwachsenen auch mit dieser Thematik auseinandersetzen, sprich: ein Bewusstsein von ihren Strategien entwickeln sollten, um den *gesunden Erwachsenen* zu stärken.

Eine sehr effiziente Methode, die genau diese Zielsetzung verfolgt, ist das *Psychospiel-Memory.*[22] Es besteht aus 8 Psychospiel-Kurzbeschreibungen, die der Psychoedukation dienen sollen. Darüber hinaus beinhaltet es zwei Psychospiel-Kartensets (je 8 Karten). Das eine Set nutzt der „Spieler" bzw. die „Spielerin", das andere die „pädagogische Fachkraft". Hinzu kommen noch Ereignis-Karten, die quasi populäre Gesprächsanlässe abbilden („Er/sie hat gemobbt", „Er/sie kommt regelmäßig zu spät", „Er/sie schwänzt häufig" usw.).

22 Anlage 7 bzw. Download-Material 11

Arbeitsaufträge:

1. Lest die Kurzzusammenfassung der Psychospiele noch einmal gemeinsam durch!
2. Verteilt folgende Rollen: „Pädagogische Fachkraft“, „Psychospiel-Spieler*in“, „Beobachter*in“
3. Die „pädagogische Fachkraft“ hat die Psychospiel-Karten (grün) als Überblick offen vor sich liegen. Sie wählt eine Beispielsituation und spricht den/die Psychospiel-Spieler*in darauf an.
4. Der/die Psychospiel-Spieler*in zieht blind eine Psychospiel-Karte (blau) und spielt das entsprechende Spiel.
5. Ziel des Spiels ist, dass die pädagogische Fachkraft das richtige (gespielte) Psychospiel erkennt und benennt.
6. Die beobachtende Person reflektiert kurz die Situation mit allen Beteiligten.
7. Tauscht die Rollen und spielt weitere Runden.

Gespielt wird in 3er-Gruppen, nachdem die Fachkraft über das Thema *Psychospiele* aufgeklärt und einmal die Arbeitsaufträge mit einem Freiwilligen durchexerziert hat. Die Jugendlichen inszenieren entsprechend bekannte Situationen, in denen sie ihre Maschen eingesetzt haben. Im Unterschied zu realen Situationen wird nun bewusst manipuliert. Das Spiel macht den Jugendlichen erfahrungsgemäß sehr viel Spaß, sie erkennen sich schnell wieder, und durch die Perspektivübernahme (einer muss ja die Rolle der Fachkraft mimen) entsteht fast schon gezwungenermaßen Empathie. Außerdem bekommen die Jugendlichen mehr und mehr ein Gespür für ihre dementsprechenden Kompetenzen im Alltag und können u. U. nach und nach kostengünstigere Muster entwickeln. Dieser Prozess muss aber professionell begleitet und regelmäßig reflektiert werden.

4.4.4 Zirkuläre Fragen mit Modus-Fokussierung

Zirkuläre Fragen können im Anschluss an Sequenzen der Stühlearbeit sowie nach der Praxis des *Psychospiel-Memorys* platziert werden, um die neuen Erkenntnisse zu festigen. Sie können aber auch im ganz normalen Alltag angewendet werden. Zirkuläre Fragen sind fester Bestandteils des Methodenkoffers der systemischen Pädagogik (s. Einleitung).

Mithilfe dieser Fragetypen gewinnen Fachkräfte in pädagogisch relevanten Situationen mit Jugendlichen viele Informationen über deren modusgetriebenen Denkinhalte; zudem spiegelt die Fachkraft im Rahmen dieses Settings die Aussagen ressourcenorientiert zurück, was beim Gegenüber den *gesunden Erwachsenen* triggert bzw. triggern *soll*. Das Gegenüber wird durch die Techniken kognitiv irritiert und schlussendlich schrittweise dazu befähigt, *erwachsen* an das gerade aktuell vorherrschende Thema heranzugehen. Es sollen neue Denkweisen und eigene Lösungsstrategien entwickelt werden. Man hält den Interaktionspartner durch zirkuläre Fragen im „mittleren Konfliktbereich" (Motto: „Fördern und fordern!") – ohne konkrete Ratschläge zu geben.

Zirkuläre Fragestellungen bringen mehr Realität in eine modusaktivierte Situation und beseitigen bestenfalls allmählich die an dem jeweiligen Konflikt beteiligten Wahrnehmungsverzerrungen, die ja auf der Gegenseite so gut wie immer vorliegen. Die eigentlichen Bedürfnisse werden der Initiatorin/dem Initiator zudem bewusster, weil diese i. d. R. in partnerschaftlichem Rahmen infrage gestellt und mithilfe der Fachkraft neu kalibriert werden können. Populäre Frage-Varianten in diesem Rahmen werden im folgenden Dialog vorgestellt und direkt beispielhaft angewendet:

Pädagogische Fachkraft (PF): „Jenny [macht den Eindruck eines Vulkans kurz vor dem Ausbruch], was ist los? Du sitzt seit zwei Stunden hier in deinem Zimmer. Wenn du weiter so bedrohlich starrst wie jetzt, sprengst du da vorne bald ein Loch in die Wand!"
Jenny (J): „Sprechen Sie nicht mit mir, ich dreh gleich durch, ich hab vorhin mit meiner Mutter telefoniert – sie hat nen neuen Kerl! Nicht zu fassen! Immer dieselbe Scheiße, von einem Typen zum nächsten!"
PF: „Und das triggert deinen aggressiven Teil?!" *(Bezugnahme auf einen beteiligten Modus)*
J.: „Hören Sie auf mit dem Psychoscheiß!"
PF: „Na gut, auf einer Skala von 1 bis 10 – wie aggressiv bist du gerade?" *(Skalierungsfrage)*
J.: „9!"
PF: „Respekt! Wie haste es geschafft, nicht bei 10 zu sein?" *(Frage nach Ressourcen)*
J: „Ich schau einfach ein paar Stunden an die Wand, dann legt sich das gewöhnlich!"
PF: „Interessante Strategie. Was ist denn jetzt ein naheliegendes Ziel für dich?" *(Zielfrage)*
J.: „Dass ich dem Typen direkt eine in die Fresse haue!"
PF: „Stell dir vor, du hättest einen Wunsch frei, um diese Situation hier zu lösen, egal welchen. Formuliere mal einen! (*Wunderfrage*)
J.: „Dass der Typ tot umfällt!"
PF: „Also doch im aggressiven Teil?" *(Bezugnahme zum beteiligten Modus)*
J.: „Von mir aus, die Aggro-Jenny spricht [lacht kurz auf]!"
PF: „Wird die Aggro-Jenny in solchen Situationen mit deiner Mutter auch mal nicht getriggert?" *(Frage nach Ausnahmen)*
J.: „Hm [Pause]. Wenn sie mal nicht mit der Tür ins Haus fällt!"
PF: „Wie schaffst du es dann, nicht bei 10 zu sein?" *(Frage nach Ressourcen)*
J.: „Das passiert dann halt nicht, keine Ahnung. Ich kann mich drauf einstellen."

PF: „Was kannst du dafür tun, dass du in Zukunft besser mit solchen Situationen umgehst?" *(Frage nach Ressourcen/Zielen)*
J.: „Keine Ahnung, vielleicht sag ich ihr einfach beim nächsten Telefonat, dass ich eigentlich kein Problem mit neuen Kerlen habe, sondern nur mit ihrer Art, es mir unter die Nase zu reiben und mich vor vollendete Tatsachen zu stellen." *(Handlungsentwurf des gesunden Erwachsenen)*

Wir verwenden zirkuläre Fragetypen in unseren Praxisfeldern, wobei wir zudem noch stets die Modus-Perspektive miteinbeziehen. Wir haben die Erfahrung gemacht, dass dieser kleine Kunstkniff zu mehr Effizienz in Bezug auf die Zielorientierung führt. Es ist noch anzumerken, dass es in der Auswahl der erwähnten Fragetypen kein Patentrezept gibt, man muss sich einfach ausprobieren bzw. auch mal intuitiv agieren.

4.4.5 Modus-Rollenspiele

Mit einem stetig anwachsenden Modus-Bewusstsein ergeben sich mehr und mehr Möglichkeiten, weitere ressourcenorientierte Gruppenaktivitäten auf einem höheren Niveau in den Alltag einzubauen. So ist es z. B. möglich, lebensweltpraktische Situationen (mit Zukunftsrelevanz) mit Jugendlichen zu inszenieren und in modusspezifischer Sicht danach zu reflektiert; dabei sollten stets Trigger für das *glückliche Kind* und den *gesunden Erwachsenen* berücksichtigt werden. Im Folgenden möchten wir zu diesem Thema einige Ideen formulieren, mit denen wir schon gute Erfahrungen gemacht haben:

- *Setting: Bewerbungsschreiben verfassen*. Die Jugendlichen bekommen den Auftrag, sich auf eine fiktive Stellenausschreibung schriftlich zu bewerben. Der Auftrag kann eine Hausaufgabe sein, die in der darauffolgenden Woche gemeinsam besprochen wird. Wichtig ist, dass das Schriftstück komplett aus der Sicht eines einzigen Modus nach Wahl verfasst werden soll. Orientieren können sich die Teenager an den Auswertungen der Modus-Diagnostikphase. Erfahrungsgemäß wird häufig ein kompensatorischer Modus ausgewählt (*Manipulierer, Trickser, Lügner; Null-Bock* usw.) – und das Schriftstück fällt entsprechend „unpassend" aus. Aber das ist auch so gewollt. Irgendwann kommt die Gruppe an den Punkt, dass sie ins *glückliche Kind* getriggert wird und irgendwann kollektiv lachen muss. Selbst wenn dieser Effekt nicht stattfindet, so hat man doch die Möglichkeit, die unterschiedlichen Modi zu reflektieren – aus Sicht des *gesunden Erwachsenen*.
- *Setting: Vorstellungsgespräche führen*. In dieser Variante werden folgende Rollen verteilt: „Bewerber*in", „Personaler*in", „Chef*in", „Protokollant*in". Nun wird ein Vorstellungsgespräch geführt, in dem der *gesunde Erwachsenen* bei allen Rollenspielern dominieren soll. Weitere Teilnehmende, die z. B. im Stuhlkreis sitzen, beobachten die Situation bzw. deren Verlauf. Am Ende wird gemeinsam reflektiert. In der nächsten Runde können sich die Spielenden jeweils für einen Modus entscheiden, den sie daraufhin inszenieren. Die

Fachkraft passt natürlich während des Spiels auf, dass nichts bzw. nicht allzu viel aus dem Ruder läuft.

- *Setting: Berufsbezogene Situationen gestalten.* Auch dieses Setting hat eine gewichtige Relevanz in der Zukunft der Jugendlichen. Orientieren kann sich die pädagogische Fachkraft an den Interessen bzw. beruflichen Perspektiven. Sie entscheidet sich für ein Setting, das häufig in der jeweiligen Berufssparte von Praktizierenden erlebt wird und verteilt entsprechend Rollen. Gemeinsam wird dann wieder das jeweilige Rollenspiel in modusspezifischer Sicht besprochen, Stärken herausgestellt sowie eventuelle Aktivierungen von anderen Modi gespiegelt.

4.5 Transfer der erarbeiteten Lösungen in den Praxisalltag

Die bis hierher beschriebenen kognitiven und erlebnisbasierten Methoden sollen vor allem das Modus-Bewusstsein fördern. In der nun thematisierten Phase geht es vor allem um die Festigung dieses Bewusstseins im Alltag, sprich: um Nachhaltigkeit. Wir haben die Erfahrung gemacht, dass (positiv gemeint) „Ausbrüche" aus modusgetriebenen Reiz-Reaktions-Mustern besonders in dieser Phase beobachtet werden können, weswegen wir diese erfreuliche Entwicklung mit weiteren Methoden festigen möchten. Wir empfehlen des Weiteren regelmäßig, z. B. wöchentlich, stattfindende Treffen mit einzelnen Jugendlichen bzw. der ganzen Gruppe, um rückblickend die letzten Tage schemapädagogisch zu reflektieren.

4.5.1 Modus-Memo

Das Modus-Memo[23] nach Young et al. (2008) fokussiert einen besonders kostenintensiven Modus, der entsprechend für interaktionstoxisches Auftreten verantwortlich ist. Im Modus-Memo wird nun dieser Ich-Anteil schemapädagogisch reflektiert, und zwar in vier Schritten (1. Erkennen; 2. Benennen; 3. Beurteilen; 4. Lösen), die mit entsprechenden Fragen beleuchtet werden:

- Wer bzw. welche Situation (genaue Beschreibung) löst einen krassen Modus bzw. mein ______________________ -Ich (passenden Begriff einfügen) aus?
- Was fühle und denke ich, wenn dieser Modus über mich kommt? Was würde ich dann am liebsten tun bzw. habe ich getan?
- Was denkt der clevere, erwachsene Teil in mir? Wie schätzt er objektiv die Aktivierungssituation ein? Um was geht es eigentlich?
- Was nehme ich mir für zukünftige Situationen (genau beschreiben) vor?

Das erste Memo sollte die Fachkraft gemeinsam mit dem/der Jugendlichen erarbeiten und die zukünftigen Erfolge bzw. Misserfolge im Auge behalten und eventuell nachbearbeiten. Wir haben die Erfahrung gemacht, dass manchmal die Anfertigung mehrerer Modus-Memos sinnvoll sein kann.

---

23 Anlage 8

4.5.2 Zielformulierung nach dem SMART-Prinzip

Eine weitere Intervention mit dem Ziel, die Selbststeuerung und Impulskontrolle nachhaltig zu fördern, ist die Zielformulierung nach der SMART-Struktur.[24] Es wird im Rahmen dieses Tools ein anzustrebendes (Zwischen-)Ziel formuliert, das für den Teenager sehr wichtig ist (zit. nach Handrock, Zahn & Baumann, 2016, S. 121). Bei der Darlegung kommen Kriterien zum Einsatz, die sehr sinnvoll sind, sowie wiederum die Modus-Blickweise. Zunächst wird in das Thema eingeleitet (Damm, 2019a, S. 153 f.):

„Du hast dich dazu entschlossen, dich weiterzuentwickeln. Du willst dein cleveres Ich stärken, den gesunden Erwachsenenmodus. Gleichzeitig möchtest du vielleicht einen hin und wieder problematischen Modus zukünftig besser kontrollieren (etwa Aggro-Ich, Mobber-Ich, Null-Bock-Ich). Du hast außerdem verschiedene Methoden und Arbeitsblätter kennengelernt, die dir dabei helfen können. Deine Zielformulierung sollte möglichst genau verschriftlicht werden, das hilft dir später ungemein bei der Umsetzung. Lies dir die sog. SMART-Punkte durch und halte im Anschluss daran deine ganz persönliche Zielformulierung fest."

Danach wird das SMART-Prinzip niedrigschwellig erklärt:

- S = Spezifisch: Was willst du genau erreichen? Was ist dein Ziel in Bezug auf deine inneren Teile, deine Ich-Zustände?
- M = Messbar: Du musst letzten Endes genau überprüfen können, inwieweit du dein Hauptziel erreicht hast. Falls es um Verhaltensveränderungen geht, ist der Aspekt „messbar" i. d. R. recht einfach zu beschreiben.
- A = Angemessen: Das Ziel muss natürlich zu dir und deinen inneren Teilen (Ich-Zuständen) passen. Du hast dich insgesamt mit diesem Ziel angefreundet, vielleicht auch durch ein klärendes Gespräch mit deiner Bezugserzieherin.
- R = Realistisch: Das Ziel sollte auf jeden Fall aus Sicht deines cleveren Ichs im Rahmen deiner Möglichkeiten liegen. Hierfür musst du dich gut einschätzen können.
- T = Terminiert: Das Ziel sollte einen genauen Zeitrahmen haben. Beispiel: „Spätestens am 30. Juli weiß ich, ob ich mein Ziel erreicht habe."

Gemeinsam wird das Arbeitsblatt dann ausgefüllt und der Fortlauf der Methode regelmäßig reflektiert. Hierzu ein Beispiel: Tessa hatte sich in den Kopf gesetzt, in eine interne Kurzausbildung einzusteigen. Da sie aber in den Bereichen Pünktlichkeit, Zuverlässigkeit und Durchhaltewillen große Defizite aufwies, musste Tessa von den Fachkräften vernehmen, dass sie sich in diesen Themen unbedingt steigern müsste. Einige Tage schmollte sie, weil sie absolut nicht verstehen konnte, warum ein Fingerschnippen nicht ausreichte, um in die von ihr angepeilte Ausbildung aufgenommen zu werden. Die Ablehnung triggerte Tessa so sehr, dass sich ihr Verhal-

---

24 Download-Material 12

ten in den drei o. g. Bereichen kurzfristig sichtlich verschlechterte und ihr Modus *Trickser, Manipulierer, Lügner* fröhlich sein Unwesen triebt. Ihre Bezugsperson zeigte ihr schonungslos auf, was mit ihr gerade passierte. Tessa konnte diese Rückmeldung gut annehmen und sah ein, dass sie sich für ihren Traum „Kurzausbildung“ von ihrem zentralen Modus verabschieden musste. Nach weiterer Überlegungszeit fasste sie den Entschluss: „Ich werde es schaffen und mich so anstrengen, dass ich die Ausbildung machen kann!“ In einem Gespräch mit ihrer Bezugsperson und der Leiterin des Bereichs Tagesstrukturen wurden nachfolgende Vereinbarungen getroffen.

Journal-Eintrag | Tagesstruktur, 24. August – Erfasser/in: Johanna Friedrich

Es wird vereinbart, dass Tessa vom 01.09.–22.09.2020, also im Laufe von 15 Arbeitstagen, folgende Ziele beharrlich verfolgt:

- Sie erscheint pünktlich am Arbeitsplatz (auch nach den Pausen/dem Mittagessen/der Therapie etc.)
- Sie geht jeweils direkt zum Arbeitsplatz (und macht keine Umwege)
- Sie lässt sich auf die Arbeit ein (denkt mit, stellt Fragen, überwindet sich, bleibt an der Arbeit, hält durch)

Tessa bewertet sich in dieser Zeit am Ende des jeweiligen Arbeitstages aufgrund der Rückmeldungen der Arbeitsagogen selbst. In ihrem persönlichen Kalender markiert sie mittels Farben, ob sie die jeweiligen Ziele vollumfänglich (grün), teilweise (gelb) oder nicht erreicht (rot) hat.

Hinweise:
***teilweise erreicht* bedeutet:**
- 1× pro Tag zu spät am Arbeitsplatz erscheinen

ODER
- einen Umweg über das Areal/einen anderen Arbeitsplatz nehmen

ODER
- sich nur teilweise auf die Arbeit einlassen

***nicht erreicht* bedeutet:**
- mehr als 1× am Tag verspätet am Arbeitsplatz erscheinen

ODER/UND
- Umwege einlegen

UND
- sich nicht auf die Arbeit einlassen

Am 22.09.2020 werden Tessa, Frau Wiesenblum und Frau Friedrich gemeinsam die Umsetzung der Zielvorgaben eruieren und das weitere Vorgehen bestimmen. Ziel ist es, dass Tessa den Wert von:

- 10 grüne Tage
- 3 gelbe Tage
- 2 rote Tage

erreicht. Sollte sie mehr rote Tage haben, darf sie den Joker ausspielen und die Laufzeit um einen Tag verlängern, damit sie den roten Tag wieder aufholen kann.

Tessa formulierte am selben Abend ihre Ziele nochmals in ihrer persönlichen Sprache und fertigt einen Kalender an.

👍 (grün) bedeutet	☝ (gelb) bedeutet	👎 (rot) bedeutet
▪ dass ich keine „Weltreise“ mache ▪ dass ich gut mitmache ▪ dass ich pünktlich am Arbeitsplatz erscheine und Verbindlichkeit zeige	▪ dass ich ab und zu weglaufe vom Arbeitsplatz, ohne dass ich mich abmelde ▪ dass ich zu spät am Arbeitsplatz erscheine (unter 5 Minuten) ▪ dass ich nicht sehr motiviert bin und keine Ausdauer habe	▪ dass ich nicht pünktlich bin (über 5 Minuten) ▪ dass ich keine Zuverlässigkeit zeige ▪ dass ich „Weltreisen“ mache ▪ dass ich nicht mitmache und schlechte Stimmung an den Arbeitsplatz bringe

Nach den vereinbarten 15 Arbeitstagen präsentierte Tessa im vereinbarten Gespräch nachfolgendes Resultat:

September

KW	Montag	Dienstag	Mittwoch	Donnerstag	Freitag	Samstag	Sonntag
36		Mein erster Schnuppertag → ☝	→ 👍	→ 👍	→ 👍		
37	→ 👍	→ 👍	→ 👍	→ ☝	→ 👍		

38	→ 👍	→ ☝	→ 👍	→ 👍	→ 👍		
39	Mein letzter Schnuppertag → 👍	→ 👍					

Tessa war mächtig stolz auf ihr Endergebnis, und die beiden Fachkräfte freuten sich mit ihr zusammen. Als Tessa dann hörte, dass sie ab sofort in die zwei offiziellen Schnupperwochen für die Kurzausbildung einsteigen konnte und beide Fachkräfte ihr versicherten, dass sie die Einführung wunderbar absolvieren würde, traten ihr vor Freude und Stolz kurz die Tränen in die Augen.

Dadurch, dass mögliche „Schwierigkeiten" bereits in den Weg zur Zielerreichung eingeplant wurden, konnte für Tessa der Druck, die Ziele erfüllen zu müssen, stark reduziert werden. Sie hatte sich anfänglich viel strengere Auflagen geben wollen, als dies die Fachkräfte für sie vorgesehen hatten, was bei den im Lory platzierten Jugendlichen sehr häufig vorkommt.

Im Gespräch wurde die Jugendliche dahingehend instruiert, dass sie „rot" nicht als Misserfolg und somit nicht als Abbruchkriterium, sondern als Normalität auf dem Weg zur Zielerreichung einstufen sollte. Zusätzlich erhielt Tessa einen Joker, den sie bei Bedarf hätte einsetzen können. Dieser Joker war sozusagen das doppelte Netz für sie. Des Weiteren durfte sich Tessa auch „gelbe" Tage gönnen. Auch da durfte sie lernen, dass kleine Ausrutscher dazu gehören und durchaus Platz haben dürfen. Für Tessa waren diese Entlastungen in der Folge so förderlich, dass ihr manipulativer Modus während der kompletten vereinbarten Zeitspanne nie auftreten musste.

Ganz wichtig war außerdem, dass Tessa die Freude der Fachkräfte über ihren Erfolg miterleben durfte und dieser Freude viel Raum gegeben wurde. Diesen Moment wollte Tessa unbedingt nochmal erleben, sie war sozusagen „süchtig" nach diesem guten Gefühl geworden. Gleichzeitig hatte sie gelernt, dass sie nicht perfekt zu sein brauchte, um ihre persönlichen Ziele zu erreichen. Dass Tessa diese Freude und den Stolz auskosten durfte, war von entscheidender Bedeutung für den weiteren Verlauf ihres Aufenthalts. Sie absolvierte erfolgreich und ohne Zwischenfälle die Schnupperwochen und konnte ohne Verzögerung in die Kurzausbildung einsteigen.

4.5.3 Schemapädagogischer Hilfeplan

Dieses Tool[25] dient als Leitfaden für schemapädagogische Hilfeplangespräche. Der Vorteil dieser ursprünglich systemischen Methode liegt darin, dass mehrere Personen (u. a. Bezugserzieher, Lehrkräfte, Eltern, Leitungspersonen) *gemeinsam* mit dem betreffenden Teenager auf dessen Entwicklung schauen; zudem werden Ziele kreiert, die nach drei Monaten (so unsere Empfehlung) in demselben Setting überprüft werden.

Inwieweit schemapädagogische Theorie und Praxis in den Hilfeplan einfließt, liegt im Ermessen und in den Erfahrungen des Teams. Drei Themenschwerpunkte kommen zum Tragen:

1. Schemata, Modi, Interaktionsstrategien des/der Jugendlichen (zudem die Ressourcen)
2. Beschreibung der aktuellen Situation und Bewertung des bisherigen schemapädagogischen Hilfeverlaufes (Was wurde bisher geplant und umgesetzt? Welche schemapädagogischen Methoden wurden praktiziert? Wie beurteilen die Beteiligten den Verlauf? Inwiefern konnten die beim letzten Mal formulierten Ziele erreicht werden? Woran ist die Zielerreichung zu erkennen? Inwiefern konnten die beim letzten Mal formulierten Ziele nicht erreicht werden? Falls ja: Was hat die Zielerreichung erschwert?
3. Vorschläge zu Perspektiven und Zielen zum weiteren Hilfeverlauf (Wie soll es weitergehen? Welche Ziele sollen weiterhin verfolgt werden? Welche Ziele sind zu verändern? Welche Ziele sind neu aufzunehmen? Welche Möglichkeiten zum weiteren Vorgehen gibt es?)

4.5.4 *Glückliches Kind*-Trigger-Übungen

Mit den folgenden positiven Impulsen ist es in vielen Fällen möglich, ganze Kleingruppen ins *glückliche Kind* zu triggern, um z. B. für kurze, aber doch sehr angenehme „Wachrüttel"-Momente im Alltag zu sorgen, in denen den Betreffenden bewusst wird: „Hey, stimmt, ich hatte da ja noch einen sehr reizenden Teil in mir: mein glückliches Kind!" Hinsichtlich der einzelnen Übungen können diese, wenn sie zur Gruppe passen sollten, nach ein paar Runden auch in kreativer Art und Weise modifiziert werden, z. B. gemeinsam mit den Jugendlichen. Die folgende Methodenkarte kann als Grundstruktur empfohlen werden.

1. **„Sonne".** Planetenbewegung mal anders. Verteilt die Rollen: Eine Person von euch ist die Erde, die andere die Sonne. Die „Sonne" dreht sich nun im Abstand von etwa zwei Metern genau 5-mal um die „Erde" und strahlt sie

25 Anlage 9 bzw. Download-Material 13

dabei freudestrahlend an (dabei Blickkontakt halten). Die Sonne strahlt Freude und Glück aus. Danach Rollen tauschen.

2. **„Roboter".** Bei dieser Aktivität schlüpft eine/r in die Rolle eines Roboters (Roboterhaltung einnehmen!). Das Gegenüber steuert nun den Roboter, indem es sich hinter ihn/sie stellt und nur durch Antippen (Schulterblätter) Vorwärts-Bewegungen beim Roboter auslöst.
3. **„Duckface-Selfie".** Nun kommt das Handy zum Einsatz. Jede/r von euch macht drei Selfies (im Duckface-Style) und zeigt sie dem Gegenüber. Das beste Selfie wird von der Gruppe gewählt.
4. **„Flirty".** In dieser Selfie-Variante dürft ihr jetzt euren „ultimativen Flirtblick" aufsetzen und euch mit dem Handy fotografieren. Danach erfolgt wieder die Auswertung.
5. **„Blickduell".** Sucht euch einen Partner/eine Partnerin und stellt euch einander gegenüber. Schaut euch in die Augen. Die erste Person, die anfängt zu lachen, hat verloren.
6. **„Cheeeeeeese".** Stellt euch zu zweit vor einen Spiegel und lächelt einander an. Dauer: mindestens 120 Sekunden. Ihr könnt einen Timer auf eurem Handy einstellen.

4.6 Stärkung der Ressourcen

Maladaptive Schemata, kompensatorische Modi und Interaktionsstrategien, die die Jugendlichen mit in die Einrichtung bringen, stellen pädagogische Fachkräfte vor große Herausforderungen, die situationsbedingt oder langfristig hartnäckig sein können. Es wäre aber sehr oberflächlich und unprofessionell, Verhaltensweisen, die uns stören, schlicht und einfach zu pathologisieren (das passiert leider allzu oft).

Schwächen sind Stärken (Mosell, 2016, S. 135 ff.). Von einer anderen Warte aus betrachtet, handelt es sich bei den in der Einrichtung unwillkommenen Verhaltensweisen um subjektive Kompetenzen, die früher einmal für die Betreffenden psychisch und nicht selten auch physisch in einem anderen Kontext extrem sinnvoll waren. Sie werden i. d. R. beibehalten (auch wenn sie aktuell einfach unpassend bzw. nicht altersgemäß sind). Da es im Zwischenmenschlichen so gut wie immer um die Erfüllung von Grundbedürfnissen wie Anerkennung, Bindung oder Selbstwerterhöhung geht, kann man sich leicht vorstellen, in welchen Verhältnissen so manche Härtefälle heranwuchsen und sich entsprechend verhaltensspezifisch anpassen mussten.

Ressourcenorientiertes Arbeiten ist im Setting Heimerziehung glücklicherweise zu bewerkstelligen, anders als etwa im Praxisfeld Schule (Damm, 2019a). Die Hobbys der Jugendlichen geben dabei oft die Richtung vor, ebenfalls auch die moralisch bedenklichen Lieblingstätigkeiten. Ein Teenager etwa, der am Wochenende immer wieder in Schlägereien verwickelt ist, ist eventuell in einem Kampfsportverein gut aufgehoben. Dort ist seine Kompetenz gefragt. Außerdem lernt er entsprechend auch Respekt, Disziplin und Ausdauervermögen. So gut wie jedes Hobby ist kultivierbar. Die pädagogische Fachkraft kann Anregungen geben, wie sich die Ressourcen weiterführen und gesellschaftlich kanalisieren lassen (Netzwerkarbeit, Institutionen, Vereine, Arbeitsgruppen usw.).

4.6.1 „Grüne Punkte"-Karten

Das Selbstbild und das Selbstwirksamkeitskonzept unserer Jugendlichen, zwei Faktoren, die wir stärken wollen, laufen stets Gefahr, im Alltag wieder in den emotionalen „Schema-Sumpf" gezogen zu werden. Die vorliegende Methode soll dabei helfen, in Krisensituationen Trost zu finden. Mithilfe der „Grüne Punkte"-Karten sollen bei Bedarf Trigger für das *glückliche Kind* und den *gesunden Erwachsenen* platziert werden.

In Form eines Arbeitsauftrages[26] richten die Teenager den Fokus auf ihre Ressourcen, Gegenstände, Symbole, die einfach positive Stimmungen verursachen; aber es können auch Erlebnisse aus der Vergangenheit sein, die veranschaulicht oder eben auf einer entsprechenden Karte kurz skizziert werden. Hierzu gibt es einen Arbeitsauftrag.

> Schneide die Kärtchen aus und zeichne mit einem grünen Stift/Edding jeweils einen Kreis hinein, den zu ausmalst. Im Gegensatz zu „roten Punkten", die negative Gefühle und krasse Modi/Ich-Anteile in dir aktivieren können, stehen die „grünen Punkte" für Menschen, Symbole oder vergangene schöne Erlebnisse, die dich ins glückliche Kind triggern, wenn du sie anschaust. Eventuell möchtest du Bilder und Fotos verwenden, diese ausschneiden und aufkleben oder selber etwas zeichnen oder schreiben. Du kannst Kärtchen nach deiner Wahl und Tagesform bei dir führen, im Zimmer aufhängen etc.

Die Ergebnisse werden mit der pädagogischen Fachkraft besprochen – falls der Teenager das möchte. Die beschriebene Methode lässt sich auch ganz gut in speziellen konflikthaften Strukturen einsetzen, wovon der folgende Bericht handelt.

> Journal-Eintrag | Tagesstruktur/Schule, 12. Oktober – Erfasser/in: Johanna Adler
>
> Im Werkatelier fand Schulunterricht statt. Samantha saß am Tisch und löste eine Denkaufgabe mit Holzbausteinen. Plötzlich wurde die Tür des Werk-

26 Anlage 10

ateliers aufgestoßen. Marla kam zielstrebig und wütend auf Samantha zu (gefolgt von Karina) und fegte ganz humorlos die Holzbausteine und weiteres Schulmaterial von ihrem Tisch. Marla begann sofort in aggressivem Ton, Samantha anzuschreien, ihre Körperhaltung deutete auf den Angriffsmodus hin. Anscheinend hatte Samantha morgens „Fick deine Mutter!" zu Marla gesagt, was sie selber nicht gehört hatte, ihr aber von Karina so berichtet worden sei. Die junge Frau baute sich mehr und mehr vor Samantha auf und die Beschimpfungen und Beleidigungen wurden extremer. Die verschiedenen Interventionen seitens der Mitarbeitenden erreichten Marla nicht (mehr). Sie konnte in ihrem aggressiven Gebaren nicht gestoppt werden.

Frau Bodenmann stellte sich vor Marla, doch diese versuchte wiederholt, sich vorbeizudrängeln. Als Samantha auch aufstand und Marla diese weiter anschrie, drückte Frau Adler den Alarmknopf. Frau Adler versperrte der aggressiv auftretenden Jugendlichen den Weg, und der Abstand zwischen den Teenagern konnte etwas vergrößert werden. Samantha blieb während der ganzen Szene ruhig und sagte nichts. Mit Unterstützung der aufgebotenen Mitarbeitenden konnte Marla aus dem Werkatelier geführt und schließlich auf die Gruppe begleitet werden.

Journal-Eintrag | Wohngruppe, 13. Oktober – Erfasser/in: Dagmar Eskes

(Aufarbeitung des Vorfalles vom Vortag)

Frau Eskes zeichnet zu Beginn des Gesprächs eine Skala von 1–10 auf ein Blatt Papier. Sie fragt Marla, wo sie die Beschimpfung von Samantha und wo ihre Reaktion darauf einstufen würde, wobei 0 gar nicht schlimm und die 10 sehr schwerwiegend sei.
Marla beurteilt die Beschimpfung „Fick deine Mutter" von Samantha mit einer 10, während sie ihre Reaktion (heftige verbale Entgleisung, Runterwerfen von Schulmaterial, Störung des Schulunterrichts, unerlaubtes Entfernen vom Arbeitsplatz, Distanz-Nähe-Verlust) mit einer 3 bewertet.
Die Fachkraft fragt Marla, was denn der Auslöser für die doch sehr heftige Reaktion gewesen sei. Marla kann benennen, dass sie nicht das „Fick dich", sondern die Kombination mit „Mutter" getriggert habe.
Frau Eskes lässt Marla aufschreiben, was die Äußerung von Samantha in ihr ausgelöst hat (emotional, Handlungsimpulse). Marla schreibt „wütend" und „schlagen". Danach lässt Frau Eskes Marla notieren, was ihr zu ihrer Mutter in den Sinn kommt (Gutes und Schwieriges). Als positiv benennt sie: gemeinsames Spazieren mit Mama, einkaufen, kochen. Bei „Schwieriges" schreibt Marla „traurig", „vermissen". Marla weint auf einmal (*verletzbares Kind*). Sie kann

angeben, dass sie momentan sehr darunter leide, dass ihre Mutter nicht mit ihr kommunizieren möchte und sehr böse auf sie sei. Marla sagt, dass sie ihre Mutter unendlich vermisse (möglicherweise aktiviertes Schema *Verstrickung mit anderen*).

Als sich Marla wieder etwas beruhigt, ermuntert Frau Eskes sie, sie solle doch mal versuchen, sich in eine Person hineinzuversetzen, die das vorher Geschehene von außen beobachtet hat. Sie fragt: „Wie hätte diese Person, die ihre Mama nicht so sehr vermissen würde und nicht so traurig ist wie du, die Provokation von Samantha und deine eigene Reaktion auf der 10er-Skala wohl bewertet?" Marla zuckt mit den Schultern, scheint etwas irritiert und überfordert zu sein. Frau Eskes erkundigt sich deshalb, ob sie eine Einschätzung vornehmen dürfe, was Marla bejaht. Sie stuft die Beschimpfung mit 3, die Reaktion darauf mit 10 ein. Marla realisiert, dass Verhaltensweisen, die von Außenstehenden mit einer 10 bewertet werden, möglicherweise Sanktionen nach sich ziehen. Marla befürchtet deshalb, dass es nun zu einer reaktionären Maßnahme (Disziplinarzimmer) oder einer Gruppentrennung kommen wird.

Die Pädagogin zeigt Marla schemapädagogisch auf, wie sie die Situation bewältigt hat. Ihr aktiviertes Schema *Verstrickung mit anderen* hat den Modus *verletzbares Kind* und den Eltern-Modus *innere Antreiber* aktiviert; den dabei entstandenen Druck hat sie über den Bewältigungsmodus *aggressiver Beschützer* oder gar den Zerstörer-/Killer-Modus abzubauen versucht.

Frau Eskes bittet Marla, ihre weiteren, für sie aktuell schwer zu ertragenden „roten Punkte" aufzuschreiben. Marla skizziert: „Aufenthalt im Lory", „keine Zigaretten", „keinen Kontakt zur Mutter", „keinen Kontakt zum Freund", „nicht wissen, wie es weitergehen soll". Sie meint, sie habe auf gar nichts Lust, sei im Null-Bock-Modus (Bewältigungsmodus angesichts dieser Belastungen außerdem: *Distanzierte Beschützer*).

Die Fachkraft zeigt Verständnis für Marlas heftige Reaktionen angesichts der vielen schweren Belastungen (komplementärer Beziehungsaufbau mittels aktivem Zuhören/empathischem Verhalten). Sie zeigt Marla jedoch auch auf, dass ihre heftigen Reaktionen sie jeweils in Schwierigkeiten bringen würden (kostenintensives Verhalten).

Deshalb bittet Frau Eskes Marla, „Sonnenmomente" aufzuschreiben, die ihr Entlastung bringen könnten. Bedingung sei jedoch, dass dies kleine Dinge sein müssten, die im Lory auch umsetzbar wären. Marla notiert: „Sport mit Herrn Schütz oder auch mit anderen Mitarbeitenden", „Telefonieren mit meiner Mutter", „Anwesenheit meiner Mutter beim Standortgespräch", „Telefonieren mit meinem Freund", „(Teil-)Klärung, wie es weitergehen soll". Außerdem, so sagt sie, würde sie gerne die Möglichkeit bekommen, ihre verschriftlichten Überlegungen, die sie sich bezüglich ihrer persönlichen Zukunft gemacht hat, bei den Verantwortlichen zu deponieren sowie Schulmaterial im Zimmer/Atelier abzulegen, an dem sie selbstständig arbeiten dürfe.

Frau Eskes schließt das Gespräch ab. Sie fragt Marla: „Wie würdest du jetzt als vernünftige junge Frau [Modus des gesunden Erwachsenen] deine Reaktion auf Samanthas Provokation einschätzen". Dieses Mal zeigt Marla auf die 5. Marla wirkt gelöst, da sie verstanden hat, was mit ihr geschehen ist und woher ihre plötzliche Wut kam. Sie begreift, dass sie Probleme in Zukunft anders lösen muss. Sie verspricht Frau Eskes, dass sie im Zimmer die Liste der „Sonnenmomente" weiterführt. Sie fragt, ob sie in den Sport gehen dürfe, denn jetzt hätte Lust darauf *(glückliches Kind)*.

4.6.2 Das Erfolgs-Tagebuch

Das Erfolgs-Tagebuch[27] ist ein ressourcenorientiertes Nachschlagewerk für Jugendliche, das sie selbst auf einfache Weise anfertigen können. Aufgrund der handlichen Größe des Produkts kann es mühelos im Geldbeutel mitgeführt werden. Im Folgenden ist der Arbeitsauftrag dargelegt, der auch im Gruppensetting eine Rolle spielen kann.

Das Erfolgs-Tagebuch

In diesem Büchlein, das du selbst bastelst, kannst du persönliche Notizen über Erlebnisse und Situationen hinterlassen, in denen dir etwas gelungen ist und du entsprechend massiv den *gesunden Erwachsenen* und/oder das *glücklichen Kind* in dir gespürt hast.

Vielleicht fragst du dich, was es dir bringt, deine Erfolge in einem Erfolgs-Tagebuch zu notieren. Dazu so viel: Es gibt viele bedeutende, angesehene Menschen, die ein solches führen, um

- sich ihrer Erfolge bewusst zu werden
- die eigenen Stärken und Talente zu erkennen
- den Blick auf das Positive im Leben zu lenken
- zuversichtlicher zu werden
- das Selbstbewusstsein zu stärken
- die Motivation zu steigern

Um deine Notizen festhalten zu können, kannst du ein Büchlein basteln. Dazu brauchst du wenige Materialien, die du sicher schnell zur Hand hast, etwas Geduld und ein wenig Zeit:

---

27 Anlage 11 bzw. Download-Material 14

Material: weißes DIN-A4-Papier, Schere, Klebeband, (Stifte)
Anforderungsstufe: leicht
Zeitaufwand: ein paar Minuten

Eine Anleitung findest du unter folgendem Link:

https://www.besserbasteln.de/Basteln%20mit%20und%20fuer%20Kinder/buchlein.html

Viel Spaß beim Basteln und beim Festhalten deiner Erfolge!

4.7 Schemapädagogische Teamarbeit

Um ressourcenorientiert und erfolgreich schemapädagogisch in einem so herausfordernden Praxisfeld wie der stationären Heimerziehung arbeiten zu können, müssen einige Voraussetzungen auf Team- und Führungsebene erfüllt sein (Estermann & Aebersold, 2020). Auf diese möchten wir kurz eingehen.

Zunächst einmal ist festzustellen, dass es mit der Implementierung der Schemapädagogik, z. B. mittels einer internen Fortbildung, bei weitem nicht getan ist. Das Konzept muss prozessbegleitend präsent sein. Wir haben zu diesem Thema folgende Ideen, die Berücksichtigung in Bezug auf die Konzeption finden sollten:

1. Schemapädagogisch Praktizierende müssen sich über ihre eigenen Schemata, Modi und Interaktionsstrategien im Klaren sein. Hierzu sollten die bis hierhin vorgestellten Methoden alle durchlaufen, professionell begleitet und auszugsweise wiederholt praktiziert werden.
2. Die schemapädagogische Supervision (Damm, 2019a, S. 214 f.) und Aufstellungsarbeit (ebenda, S. 218) sind notwendige Tools für das Team.
3. Ebenso ist auch die Etablierung eines freiwilligen „Schemazirkels“[28] (Estermann & Aebersold) sinnstiftend. Hier können in einer professionell strukturierten Team-Runde Fälle besprochen, analysiert und ressourcenorientiert besprochen werden.
4. Die Integration einer Web-basierten Software, bzw. eines Tools für die stationäre und ambulante Arbeit mit Klient*innen, erscheint ebenso sinnvoll. Auf dieser internen Plattform können Erlebnisberichte eingestellt werden, die der schemapädagogischen Reflexion dienlich sind.

28 Anlage 12

Luna (16) war Meisterin im Psychospiel *Diskussion*. Einmal im Spiel, lief sie jeweils zur Höchstform auf. So war wieder einmal ein Tag, an dem Luna eigentlich hätte schulisch arbeiten müssen, sie aber, wie so oft, einen Ausweg suchte, indem sie das Spiel *Diskussion* entfachte. Dank der vielen Beobachtungen zuvor war klar, nach welchem Muster das Psychospiel ablaufen würde. Durch die doch eher laute Diskussion, wurde eine zweite Fachkraft auf das laufende Geschehen aufmerksam und kam hinzu. Ein kurzer Blickkontakt zwischen den Fachkräften genügte, um zu signalisieren, dass die Situation korrekt erfasst wurde. Die dazugekommene Fachkraft mischte sich in das Spiel ein, indem sie bei Luna empathisch nachfragte, was denn los sei. Luna richtete ihre Aufmerksamkeit sofort auf die neue „Spielfigur" und zog über die erste Fachkraft her, die auf die Anschuldigungen und Provokationen nicht reagierte.
Die Fachkräfte wechselten nun untereinander immer wieder die Rollen: Die eine zog bewusst den Ärger der Jugendlichen auf sich, während die andere emphatisch auftrat. Da Luna nun mit zwei Fachkräften beschäftigt war, die unterschiedliche Haltungen und Rollen einnahmen und sie sich daher nie darauf verlassen konnte, wer nun welche Rolle beim nächsten „Spielzug" einnehmen würde, konnte Luna ihre Strategie nicht mehr wie gewohnt weiterführen.
Als dann die eine Fachkraft Luna auch noch detailliert und wortwörtlich aufzählte, wie das Spiel weitergehen und wie es enden würde und aus diesem Grund das Spiel hier beendet werden könnte, war Luna für einen kurzen Moment absolut sprachlos und fühlte sich ertappt. Sie machte schließlich auf dem Absatz kehrt und verließ wortlos den Schauplatz. Am nächsten Tag entschuldigte sich Luna bei der Fachkraft, die sie „im Spiel" so heftig verunglimpft hatte. Ein Nachgespräch bezüglich Grenzüberschreitungen konnte in der Folge geführt werden.
Die Fachkräfte haben hier zwei Methoden kombiniert und den Umstand ausgenutzt, dass maladaptives Verhalten sehr kostenintensiv und kräftezehrend ist. Zudem haben sie mit ihrem Verhalten dafür gesorgt, dass der gewohnte Spielverlauf aufgebrochen wurde und sich somit die Kommunikation für die Jugendliche nicht mehr vertraut angefühlt hat.

4.8 FAQs – Frequently Asked Questions

- **Praktiziere ich mit den beschriebenen Methoden noch Schemapädagogik oder ist das schon Schematherapie?**
  Jein. Rein formal wenden wir pädagogische Tools an. Diese sind teilweise im therapeutischen Setting gebräuchlich, ja. Nein, weil wird i. d. R. eine didaktische Reduzierung bzw. Anpassung an unsere Praxisfelder vorgenommen haben. So verhält es sich aber auch im Fall anderer Paradigmen der Psycholo-

gie. Psychoanalytische Erkenntnisse und Vorgehensweisen sind in der Pädagogik angekommen, Konzepte und Methoden der Humanistischen Psychologie sowieso.

- **Was ist Schemapädagogik denn jetzt genau?**
  Schemapädagogik ist ein Konzept, das Bausteine der Schematherapie, Klärungsorientierten Psychotherapie und Kognitiven Therapie kombiniert und in (sozial-)pädagogischen Praxisfelder anwendbar ist. Wir Praktikerinnen und Praktiker beziehen uns auf das Schemamodell sowie auf das -modusmodell von Young et al. (2008), das Schemakonzept von Beck (1976), und wir berücksichtigen die Interaktionsstrategien von Sachse (2019a). Außerdem spielt für uns das klinische Thema Persönlichkeitsstile/-störungen eine große Rolle, wovon wahrscheinlich in einer weiteren Publikation die Rede sein wird.

Ausblick

Nachdem nun der umfassende Praxisteil abgehandelt wurde, geht es nun schwerpunktmäßig um die Vorstellung des Jugendheims Lory, die dort praktizierte Arbeitsweise sowie die Implementierung der Schemapädagogik in einer Institution als einheitliche pädagogische Methode. Abschließen möchten wir mit einigen Fallvignetten. Mit den bis hierhin thematisierten Inhalten wird die skizzierte Arbeitsweise in Bezug auf die dargestellten Fälle wahrscheinlich sehr schnell einleuchten.

5. Schemapädagogik in der Praxis im Jugendheim Lory (Münsingen, Schweiz)

In diesem Kapitel möchten wir (D. E. und D.A.) Ihnen, liebe Leserin, lieber Leser, das Jugendheim Lory in Münsingen/Schweiz (nachfolgend Lory genannt) vorstellen und auf die Besonderheiten eingehen, die sich in Bezug auf eine Implementierung der Schemapädagogik in Einrichtungen der stationären Jugendhilfe von selbst aufdrängen.

5.1 Allgemeines zur Einrichtung

Das Lory ist eine stationäre pädagogische Einrichtung der Jugendhilfe. Wir wollen aufzeigen, wie es dazu gekommen ist, dass mittlerweile alle Mitarbeitenden der Institution im Praxisalltag mit den Jugendlichen nach dem Schemapädagogik-Ansatz (Damm, 2010a; 2010b; 2019a) arbeiten.

Wie bereits im Vorwort angedeutet, ist es u. a. auch glücklichen Umständen zu verdanken, dass das Lory sich vor wenigen Jahren pädagogisch konsequent neu ausgerichtet hat und dass die Implementierung der Schemapädagogik schlussendlich zu einer Erfolgsgeschichte wurde.

Unsere Einrichtung gehört aktuell noch zum Amt für Justizvollzug des Kantons Bern und galt resp. gilt als eine Institution, die einen der am strengsten geschlossenen Rahmen für zivil- und strafrechtlich eingewiesene weibliche Jugendliche in der Schweiz anbietet. Die bei uns eingewiesenen Teenager und jungen Frauen sind mehrfach belastet und häufig vor ihrer Platzierung in anderen Institutionen nicht mehr tragbar gewesen.

Der Grundstein für die Schemapädagogik wurde gelegt, als die Geschäftsleitung 2017 die Entscheidung fällte, in Zukunft die komplette Institution nach dieser Pädagogik auszurichten. Dies kann rückblickend als sehr vorausschauend und aus heutiger Sicht als richtig, ja zwingend notwendig eingestuft werden. Dieser pädagogische „Turnaround" ging jedoch nicht ganz geräuschlos vonstatten und konnte nur Dank viel Engagement und Herzblut von einigen Mitarbeitenden einerseits und der klaren, konsequenten Haltung der Geschäftsleitung andererseits realisiert werden.

Wir bezwecken mit den nachfolgenden Schilderungen vor allem eins: Wir möchten möglichst viele dazu zu ermutigen, den skizzierten pädagogischen Wechsel zu wagen und ebenfalls von den erfolgversprechenden Möglichkeiten der Schemapädagogik in der stationären Jugendhilfe sowie weiteren Tools Gebrauch zu machen. Es wird zudem auch nicht versäumt, auf mögliche Risiken und Begleiterscheinungen hinzuweisen, die ein solcher pädagogischer Paradigmenwechsel nach sich ziehen kann, denn es ist ja hinreichend bekannt, dass größere Änderungen in allen Systemen immer auch Widerstände auslösen resp. provozieren.

Im Weiteren ist es uns wichtig zu kommunizieren, welche Bedingungen idealerweise erfüllt sein sollten, damit ein derartiger Prozess auch erfolgreich umgesetzt werden kann, denn die einzusetzenden Ressourcen finanzieller und personeller Art, die nicht zu unterschätzen sind, sollen sich ja mittel- und langfristig „auszahlen", und zwar in Form von zufriedeneren Jugendlichen und einweisenden Behörden; zudem wollen wir ohnehin möglichst erfolgreiche Gesamt-Platzierungen inszenieren.

In diesem Sinne, so sind wir davon überzeugt, entwickeln sich letzten Endes auch schemapädagogisch arbeitende Jugendhilfeeinrichtungen zu erfolgreichen Institutionen, indem sie einen wichtigen Beitrag zur Resozialisierung von Jugendlichen leisten, die im Rahmen der schemapädagogischen Didaktik und Methodik gelernt haben, ihre herausfordernden Verhaltensweisen zukünftig zu lenken und zu kontrollieren.

Deshalb ist der vorliegende Abschnitt auch ein Plädoyer für die Institutionalisierung der Schemapädagogik in der stationären Jugendhilfe sowie für die entsprechend ausgelegte Jugendarbeit im Allgemeinen.

Geschichte des Lory

Im Jahre 1836 schloss der 29-jährige Dr. Johann Lory mit dem damaligen Münsinger Schlossherrn Alfred de Rougemont einen Tauschvertrag ab. Dr. Lory überließ jenem ein Heimwesen im Dorfkern von Münsingen und erhielt dafür das „untere Schloss zum Abtragen". Das Abbruchmaterial diente vermutlich 1839/40 zum Neubau eines Doktorhauses in der heutigen Thunstrasse 14, wo nun das Jugendheim Lory ansässig ist. In diesem Haus betrieb Dr. Lory ab 1840 bis zu seinem Tod 1872 eine private Nervenheilanstalt mit zwölf Plätzen, die in einem Zeitungsinserat wie folgt beworben wurde: „Aufgenommen werden hypochondrische, melancholische [...] Kranke, [...] jedoch nur aus gutem Hause und männlichen Geschlechts [...]. Nähere Auskunft erteilt mit Vergnügen Dr. Lory in Münsingen bei Bern."

So gab es damals in Münsingen bereits eine private psychiatrische Klinik, Jahre bzw. Jahrzehnte bevor die heutige Universitäre Psychiatrische Dienste Bern (UPD) „Waldau" und die Kantonale Irrenanstalt, das heutigen Psychiatrie Zentrum Münsingen (PZM), eröffnet wurden. Dr. Johann Lory war des Weiteren u. a. Gemeinderat, Mitinitiant und erster Präsident der anfänglich privaten Sekundarschule in Münsingen. Sein bekanntester Sohn Carl Ludwig Lory, der später das heute zum Universitätsspital Bern gehörende Loryspital stiftete, bewohnte von Mitte der 1870er-Jahre das Lory bis zu seinem Tod 1909. Ab 1911 lebte seine Nichte im heutigen Altbau des Jugendheims, bis die Liegenschaft im Jahre 1931 an den Kanton Bern verkauft wurde.

1935 wurde das Jugendheim Lory als Erziehungsanstalt für gerichtlich oder administrativ eingewiesene weibliche Jugendliche eröffnet. Das Heim verfügte damals über 30 Plätze in 6er-Zimmern, wobei fünf Fachpersonen die Jugendlichen betreuten.

Das Jugendheim Lory und seine Klientel

Heute verfügt die Einrichtung über vier Wohngruppen mit 28 Plätzen für verhaltensauffällige, normalbegabte weibliche Jugendliche und junge Frauen im Alter zwischen 13 und 22 Jahren. Die Jugendlichen werden durch die Behörden (Kinder- und Erwachsenenschutzbehörde) oder die Jugendanwaltschaft platziert. Somit erfolgt der Eintritt nicht freiwillig, was sich verständlicherweise negativ auf die Kooperationsbereitschaft der Jugendlichen in Bezug auf die Erwartungen der Mitarbeitenden des Heimes anfangs auswirkt. Bis eine Platzierung im Lory nötig wird, haben die Jugendlichen beinahe ausnahmslos mehrere Heim-, Pflegefamilien- und teilweise auch Psychiatrieaufenthalte hinter sich.

Die Einweisungsgründe sind vielfältig und reichen u. a. von Delinquenz, Prostitution, Gewaltdelikten, Hehlerei, Drogenmissbrauch bis hin zu Schulabsentismus und selbstgefährdendem Verhalten.

Beispiel einer Verfügung[29] „Straftatbestand"

Angriff; Diebstahl von geringem Vermögenswert (mehrfach); Sachbeschädigung (mehrfach); Beschimpfung; Konsum von Marihuana; Besitz von Psilocybin (Pilze); Erwerb, Besitz und Konsum von Benzodiazepin; Konsum und Besitz von Opiaten (Codein und Morphin); Fahren ohne gültigen Führerschein oder andere Berechtigungen (mehrfach), Erschleichen einer Leistung von geringem Vermögenswert, Fälschung von Ausweisen, Hinderung einer Amtshandlung, Verweigerung der Namensangabe.

Die meisten eingewiesenen Jugendlichen treten in die geschlossene Wohngruppe ein. Diese verfügt über sieben Plätze resp. Zimmer, die ausnahmslos mit einer Toilette und einem Waschbecken ausgestattet sind. I. d. R. besteht eine Warteliste, da diese Abteilung den einzigen geschlossenen Rahmen für ausschließlich weibliche Jugendliche und junge Frauen in der Schweiz bietet. Die meisten werden zivilrechtlich durch die Kindes- und Erwachsenenschutzbehörde (KESB) eingewiesen, eine Minderheit besteht aus strafrechtlich über die Jugendanwaltschaft Eingewiesene.

29 Dieses Beispiel orientiert sich an echten Fällen, entspricht aber aus Gründen des Persönlichkeitsschutzes keiner realen Verfügung.

Eine Entweichung aus dieser Wohngruppe ist aufgrund der Sicherheitscharakteristiken faktisch ausgeschlossen.

Da die Jugendlichen über längere Zeit bis zur Aufnahme meistens keine geregelte Tagesstruktur gewohnt waren, besteht die anfängliche Hauptaufgabe darin, sie wieder an den Tages- und Nachtrhythmus, die gemeinsame Einnahme von Mahlzeiten sowie an den Einstieg und die Bewältigung der Tagesstruktur zu gewöhnen. Dem klar rhythmisierten und strukturierten Tagesablauf wird großer Wert beigemessen:

- 06.45 Uhr: Tagwache
- 07.15 Uhr: Frühstück
- 07.30 Uhr: Aufenthalt im Außenaufenthalt inkl. Rauchen (für Raucherinnen)
- 08.00 Uhr: Beginn der Arbeit im Atelier oder in der Schule
- 09.40 Uhr: Pause
- 10.00 Uhr: Wiederbeginn der Arbeit oder Schule bis 11.45 Uhr
- 11.50 Uhr: Mittagessen
- 12.15 Uhr: Aufenthalt im Außenaufenthalt inkl. Rauchen (für Raucherinnen)
- 12.30 Uhr: Siesta (Zimmer)
- 13.30 Uhr: Wiederbeginn der Arbeit im Atelier
- 15.45 Uhr: Pause
- 16.00 Uhr: Außenaufenthalt (mit Möglichkeit auf zwei weitere Zigaretten)
- 17.00 Uhr: Freizeit
- 18.00 Uhr: Abendessen
- ca. 18.30 Uhr: Freizeit und optional zusätzlicher Außenaufenthalt
- 20.30 Uhr: Zimmerbezug – Zimmer kann von den Jugendlichen nicht mehr selbstständig verlassen werden

An Wochenenden und Feier- und Freitagen ist das Programm deutlich weniger stark strukturiert, und es besteht die Möglichkeit, dass die Jugendlichen länger als die vorgeschriebene (eine) Stunde im Außenaufenthalt verbringen können, um z. B. eine spielerische Aktivität zu praktizieren, sich zu bewegen oder zu unterhalten. Im Sommer wird zudem ein Pool aufgestellt, in dem sich die Heranwachsenden bei warmen Temperaturen etwas abkühlen können. Zentral ist während des Aufenthalts in der geschlossenen Wohngruppe das gegenseitige Kennenlernen. Dabei sind die pädagogischen Fachkräfte sehr daran interessiert, Beziehungskredit (Sachse, 2002) mit den teilweise in der Anfangsphase doch sehr renitenten Jugendlichen aufzubauen.

An den Werktagen sind sie während sechs Stunden im Atelier oder teilweise in der Schule der geschlossenen Abteilung eingeteilt. Dabei wird versucht, sie nach und nach wieder an sehr niedrigschwellige Aktivitäten heranzuführen. Die Herausforderung, sich während des Arbeitstrainings im Atelier zu betätigen, gelingt vor allem am Anfang noch nicht allen – zu groß ist die Diskrepanz zwischen ihrer zuletzt praktizierten Lebensführung und dem im Lory geforderten Tagesablauf. Das führt bei den Teenagern mitunter zu Spannungen und Widerständen. Auch in der Tagesstruktur steht der Aufbau einer tragfähigen Beziehung zwischen den arbeitspädagogischen Fachkräften der Ateliers, den Lehrkräften und den Jugendlichen im Zentrum – sprich: der komplementäre Beziehungsaufbau (Sachse, 2002).

Da praktisch alle Teenager große Themen in Bezug auf nicht oder ungenügend befriedigte Grundbedürfnisse aufweisen, sind sie sehr bedürftig. Ihre Bedürfnisse können sie in den meisten Fällen aber nicht angemessen kommunizieren – oft treten überkompensierende Bewältigungsmodi in Erscheinung. Der Beziehungsaufbau gelingt in aller Regel im Gesamten jedoch sehr gut; auch nach ihrem Übertritt in die halbgeschlossenen Wohngruppen resp. die offene Wohngruppe pflegen die Jugendlichen ein sehr partnerschaftliches Verhältnis zu den Mitarbeitenden der geschlossenen Wohngruppe und den arbeitspädagogischen Mitarbeitenden des Ateliers.

Nach einer erfolgreichen Eingewöhnungszeit wird bei den schulpflichtigen zu Betreuenden eine Schulabklärung durchgeführt. Dabei werden sowohl die Motivation für schulisches Arbeiten als auch der ungefähre schulische Leistungsstand der Jugendlichen evaluiert. Zeigen die Betreffenden ein Mindestmaß an Interesse, werden sie ins Schulprogramm der geschlossenen Abteilung integriert.

Der schulische Unterricht dort findet dreimal wöchentlich in Form von drei Lektionen in den Atelier-Räumlichkeiten statt, zusätzlich arbeiten die Lernenden eine Stunde in ihren Zimmern. Diese „Brücke" zur Schule, die bereits während der Zeit in der geschlossenen Abteilung geschlagen wird, ist sehr wertvoll, denn die Teenager lernen während dieser Zeit bereits einen Großteil der Lehrpersonen kennen. Es hat sich gezeigt, dass diese Konstanz ihnen den Übertritt in eine Wohngruppe mit einem „offeneren" Setting erleichtert.

Während des mindestens 10 Wochen andauernden Aufenthalts in der geschlossenen Wohngruppe sind die Außenkontakte stark eingeschränkt. Die Jugendlichen dürfen – i. d. R. an den Wochenenden – lediglich von ihren Eltern und allenfalls von anderen Nahestehenden höchstens zwei Stunden in den Räumlichkeiten der Wohngruppe besucht werden. Nach rund zwei Monaten haben die Teenager die

Möglichkeit, einen sog. „Zweistünder" in Anspruch zu nehmen. Während dieser Zeitspanne dürfen sie nach acht Wochen Aufenthalt erstmals wieder etwas „Freiheit" in Begleitung ihrer Eltern oder einer anderen Vertrauensperson „schnuppern". Frühestens nach 10 Wochen erfolgt ein Übertritt in die halbgeschlossene und/oder offene Wohngruppe. Vor dem Wechsel wird jeweils ein Besuchsabend in der zukünftigen Gruppe organisiert, damit die Jugendliche einerseits die dort wohnhaften Personen, andererseits auch die Räumlichkeiten, Regeln etc. kennenlernt. Dieses Ritual hilft dabei, die meist doch vorhandenen Ängste etwas abzubauen.

Im Lory finden sich auch 2 Disziplinarzellen, die in Ausnahmesituationen zum Selbstschutz oder für Sanktionierungsmaßnahmen in Anspruch genommen werden. Nach dem Übertritt in die halbgeschlossene oder offene Wohngruppe besuchen die Jugendlichen unter der Woche während ihres gesamten Aufenthaltes verschiedene arbeitspädagogische und/oder schulische Angebote. Arbeits- oder unterrichtsfreie Zeit haben die zu Betreuenden acht Wochen im Jahr. Bei den allermeisten wird die Platzierung 9–12 Monate aufrechterhalten, sodass ein Schuljahr ordnungsgemäß besucht und abgeschlossen werden kann.

Im Lory arbeiten knapp 70 Mitarbeitende – Sozialpädagog*innen, Lehrer*innen, Arbeitspädagog*innen und Mitarbeitende der Verwaltung – mit einem Gesamtetat von aktuell rund 44 Vollzeitstellen.

Beispiel einer Anordnung einer fürsorgerischen Unterbringung gemäß Schweizerischem Zivilgesetzbuch ZGB, Art. 310, Abs. 1, i. V. m., Art. 314 b Abs. 1 ZGB superprovisorisch in die Institution Jugendheim Lory, Münsingen (BE)

Kann der Gefährdung des Kindes nicht anders begegnet werden, so hat die Kindesschutzbehörde es den Eltern oder, wenn es sich bei Dritten befindet, diesen wegzunehmen und in angemessener Weise unterzubringen (Art. 310 Abs. 1 ZGB). Muss das Kind in einer geschlossenen Einrichtung oder in einer psychiatrischen Klinik untergebracht werden, so sind die Bestimmungen des Erwachsenenschutzes über die fürsorgerische Unterbringung sinngemäß anwendbar. Ist das Kind urteilsfähig, so kann es selber das Gericht anrufen (Art. 314 b ZGB). Der Begriff der „geschlossenen Einrichtung" muss dabei weit ausgelegt werden, d. h. im Sinne der bisherigen Rechtsprechung zur „Anstalt". Gemeint ist demnach jede Institution, welche die Bewegungsfreiheit der betroffenen Kinder stärker einschränkt, als dies bei Altersgenossen, die in einer Familie oder Pflegefamilie aufwachsen, üblicherweise der Fall ist (nachempfunden einem Urteil des Verwaltungsgerichts).

Fallbeispiel Charlotte

Als Charlotte im Alter von 17 Jahren ins Lory eingewiesen wird, hat sie bereits ein halbes Dutzend Platzierungen hinter sich. Obwohl vor allem die letzte recht vielversprechend verlief, kam es schließlich zu einem Abbruch, da sie sich letztlich den Erziehungsbemühungen entzog, d. h. über einen langen Zeitraum hinweg entwichen war. Während der Entweichung gefährdete sie sich erheblich: Ihr Aufenthaltsort war unbekannt, sie konsumierte Drogen, sie war in Auseinandersetzungen mit der Polizei verwickelt und zeigte anderweitiges delinquentes Verhalten etc. Bei den Ursachen, die zu einer Platzierung im Lory führten, werden u. a. folgende genannt:

- Überforderung der Eltern
- soziale resp. finanzielle Probleme
- körperliche Erkrankungen in der Familie
- Sucht resp. psychische Erkrankungen der Eltern
- konflikthafte Eltern-Kind-Interaktion
- schulische Leistungs- und Verhaltensprobleme

Bei ihrem Eintritt zeigt Charlotte sich erst von ihrer verletzlichen, aber auch verschlossenen und misstrauischen Seite. Ihr Blick ist teilweise angsteinflößend – ihre antisozialen/dissozialen Persönlichkeitsanteile treten zuweilen zutage. Im Verlauf der ersten Wochen ihrer Platzierung offenbart sie aber auch ihre herzliche, zugewandte und fröhliche Seite. Auffallend ist jedoch, dass ihre Stimmung von einer Sekunde auf die andere kippen kann und sie in der Folge ihr Verhalten nicht mehr zu kontrollieren vermag. I. d. R. sind ihre Ausbrüche verbaler Art oder gegen Objekte gerichtet, nicht jedoch gegen Menschen, obwohl dies teilweise befürchtet werden muss. Die von ihr angerichteten Schäden am Inventar belaufen sich nach rund einem halben Jahr auf einen mittleren vierstelligen Betrag.
Nach ihren Ausbrüchen findet sie normalerweise nach einigen Minuten wieder zu ihrem besonnenen Ich zurück (Modus des *gesunden Erwachsenen*). In der Folge entschuldigt sie sich, ohne dazu aufgefordert zu werden. Es zeigt sich außerdem, dass Charlotte großen Wert auf ihre gute Elternstube legt.
Ein weiteres Merkmal von Charlotte ist ihr Intrigieren. Sie ist äußerst hellhörig, wenn es um Gerüchte geht. Gestützt auf diese Gerüchte kommt es vor, dass sie andere Jugendliche unter Druck setzt, verunglimpft oder gegen diese Stimmung macht – ohne sich selbstverständlich zu vergewissern, ob an diesen Gerüchten etwas dran ist.
Bei den betreffenden Jugendlichen, die entsprechende Opfererfahrungen machen mussten, herrscht deshalb oft eine große Verunsicherung vor, sobald Charlotte auftaucht. Sie löst mit ihrem maladaptiven Verhalten bei den anderen nachweislich Stress aus.

5.2 Zielgruppe

In den frühen 2010er-Jahren wurden immer häufiger Jugendliche mit komplexen Verhaltensauffälligkeiten und Mehrfachproblematiken ins Lory eingewiesen. Wiederholt wurden bei den Einweisungsgründen eine „beginnende Persönlichkeitsstörung“ aufgeführt. Die Geschäftsleitung erkannte deshalb, dass das bisherige pädagogische Konzept überdacht und eine Pädagogik gefunden werden musste, die diesen Umständen Rechnung trägt und zudem die Mitarbeitenden befähigt, mit den erhöhten Anforderungen professionell umgehen zu können.

Deshalb erklärten sich im Jahre 2016 Kathrin Jordi, damalige stellvertretende Direktorin, und Michel Riesen, ebenfalls früheres Geschäftsleitungsmitglied und damaliger Schulleiter, bereit, im Auftrag der Direktion resp. der Geschäftsleitung geeignete pädagogische Ansätze zu eruieren. Ein weiterer Anspruch war, ein geeignetes pädagogisches Konzept in Einklang mit der kurz zuvor neu erarbeiteten Vision und den aktualisierten Leitlinien zu bringen.

Die beiden beauftragen Geschäftsleitungsmitglieder fanden nach eingehender Recherche in der Schemapädagogik nach Marcus Damm ein vielversprechendes Konzept. Der Ansatz, die Jugendlichen über einen Bewusstwerdungsprozess mit ihren Schemata zu konfrontieren und eine Auseinandersetzung mit denselben anzustoßen, war so überzeugend, dass die gesamte Geschäftsleitung einstimmig beschloss, so rasch wie möglich die pädagogische Arbeit im Jugendheim Lory nach der Schemapädagogik auszurichten.

Da in der Schweiz zu diesem Zeitpunkt keine adäquate Ausbildung angeboten wurde, die den Ansprüchen und Bedürfnissen des Lory gerecht geworden wäre, absolvierten die beiden beauftragten Geschäftsleitungsmitglieder im Jahr 2017 die Weiterbildung zur/zum Schemapädagogin®/Schemapädagogen® bei André Kotecki und Marcus Damm direkt in Köln.

5.3 Implementierung der Schemapädagogik

Schritt 1 der Umsetzung der Schemapädagogik: Die Entwicklung der internen Schulung

Nachdem die beiden – mittlerweile ehemaligen – Geschäftsleitungsmitglieder Kathrin Jordi und Michel Riesen die Schemapädagogik-Ausbildung erfolgreich abgeschlossen hatten, stand die Geschäftsleitung des Jugendheims Lory vor der Herausforderung, eine interne Schulung zu planen, zu organisieren und durchzuführen.

Dass dies eine Herkulesaufgabe werden würde, dessen war sich die Geschäftsleitung bewusst, denn schon einige Jahre zuvor wurde erkannt, dass die auf klassische und operante Konditionierung ausgerichtete Pädagogik in erster Linie lediglich Anpassungsleistungen generiert und somit selten nachhaltige Effekte erzielt. So kamen im Jahr 2009 alle Mitarbeitenden in den Genuss eines psychoedukativen Selbstmanagement-Trainings (Zürcher Ressourcen Modell – ZRM®).[30] Bereits damals wurden die Zeichen der Zeit erkannt, dass für ein weiteres, erfolgreiches Bestehen des Lory auf dem Markt der stationären Jugendhilfeeinrichtung in Zukunft mit einer Pädagogik gearbeitet werden musste, die bei den verhaltensauffälligen Jugendlichen einen nachhaltigen Bewusstwerdungssprozess einleiten sollte.

Die mehrtägige Schulung wurde zwar von fast allen Teilnehmenden als interessant und bereichernd empfunden, es gelang jedoch nicht, die Ideen des ZRM in die Arbeit mit den Jugendlichen ausreichend einfließen zu lassen. Die Weiterbildung wurde damals von drei externen Trainerinnen durchgeführt, die das Lory, die damit verbundenen Herausforderungen in Bezug auf den Umgang mit den eingewiesenen Jugendlichen sowie die Mitarbeitenden nur rudimentär kannten, was den Prozess der Implementierung schlussendlich zu sehr behinderte. Der Mangel bestand darin – wie im Nachhinein festgestellt werden konnte –, eine stringente Fortsetzung des Prozesses, der von der Schulung angestoßen worden war, zu praktizieren und die neue Arbeitsweise nach dem ZRM von den Mitarbeitenden konsequent einzufordern.

Diese Fehler galt es bei der Weiterbildung und der Implementierung der Schemapädagogik unbedingt zu vermeiden (vgl. Estermann & Aebersold, 2020). Deshalb wurde schließlich die Inexistenz eines schweizerischen Ausbildungs-Konzepts im Bereich Schemapädagogik für eine Institution in der Größenordnung des Lory als Chance wahrgenommen, und zwar in der Hinsicht, dass sich die oben erwähnten Geschäftsleitungsmitglieder bereit erklärten, (a) sich in Deutschland zur Schemapädagogin®/zum Schemapädagogen® ausbilden zu lassen und (b) im Anschluss daran die interne Weiterbildung fürs Lory zu konzipieren. Die finanziellen Mittel wurden bewilligt, damit eine Weiterbildung in dieser Größenordnung überhaupt angegangen werden konnte. Grob geschätzt wurde pro Mitarbeitendem ein Monatslohn budgetiert (10-tägige Teilnahme an der Weiterbildung und Vertretungsorganisation während ebendieser Tage, Verpflegung, Kosten für Referent*innen). Im Fall des Jugendheims Lory bedeutete dies also, einen Betrag von mehr als 300.000 Euro für diesen ersten Schulungsdurchgang bereitzustellen.

Ziel der internen Weiterbildung war es, diese bedürfnisgerecht und auf das Lory zugeschnitten durchzuführen. Deshalb wurden die teilweise komplexen Lerninhalte etwas heruntergebrochen, systematisiert und mit hausinternen Beispielen

30 Im Zürcher Ressourcen Modell (ZRM®) werden Erkenntnisse der Psychoanalyse und Motivationspsychologie vermittelt, und zwar basierend auf neurowissenschaftlichen Befunden zum menschlichen Lernen und Handeln. Innerhalb des Trainings kommen unterschiedliche Anwendungen zum Einsatz, wie systemische Analysen, Coaching, Wissensvermittlung und Selbsthilfetechniken in der Gruppe. Das Training soll Personen in ihrem Entwicklungsprozess systematisch auf der intellektuellen (kognitiven), emotionalen (emotiven) und körperlichen (physiologischen) Ebene begleiten. Mithilfe des ZRM soll der Mensch sich über eigene (Lebens-)Themen klarwerden, Ziele entwickeln, die eigenen Stärken entdecken und Fähigkeiten erlangen, um weitere nötige Ressourcen zu aktivieren, die zielorientiertes Handeln ermöglichen. Dies soll zur Entwicklung und Erweiterung der eigenen Selbstmanagementfähigkeiten führen (Quelle: wikipedia).

angereichert. Auf diese Weise wurde es möglich, dass die Schulung und Implementierung der Schemapädagogik in der Institution bei laufendem Betrieb überhaupt durchgeführt werden konnte. Es war zudem klar, dass die Teilnehmenden die interne Weiterbildung-Schemapädagogik vorerst nicht mit dem Diplom „Schemapädagogin®/Schemapädagoge®" abschließen konnten. Einerseits weil es primär darum ging, den Mitarbeitenden das nötige Rüstzeug für schemapädagogisches Arbeiten mit den Jugendlichen an die Hand zu geben. Deshalb wurden sowohl der zeitliche als auch der inhaltliche Umfang der offiziellen Schemapädagogik-Weiterbildung (vgl. http://www.schemapädagogik.de) etwas reduziert. Zudem galt es zu bedenken, dass die Lory-Schemapädagoginnen und -pädagogen rechtlich nicht die Möglichkeit hatten, Schemapädagogik®-Diplome zu vergeben – die offizielle Lizenz zur Ausbildung von Schemapädagog*innen (mit Diplom) hat das Jugendheim Lory erst Ende 2020 erhalten.

Neben ihrem normalen Pensum als Vizedirektorin resp. Schulleiter entwickelten nun die beiden Lory-internen Schemapädagogen, gestützt auf den Materialien von Marcus Damm, eine Weiterbildung, die schließlich aus fünf Modulen zu je zwei Ausbildungstagen bestand. Sämtliche Schulungsunterlagen wurden dabei neu erarbeitet, um diese konsequent auf die Bedürfnisse des Lory auszurichten. Dies bedeutete für die beiden einen großen Zusatzaufwand. Dafür mussten sie auch Freizeit investieren, da die Einrichtung keine weiteren Ressourcen bereitstellen konnte und der Alltag mit den Jugendlichen es kaum zuließ, sich aus dem Tagesgeschäft herauszunehmen. Nichtsdestotrotz haben die beiden Fachkräfte die Herausforderung angenommen, auch dank ihrer Begeisterung und der inneren Überzeugung, dass die Schemapädagogik das richtige, zukunftsweisende Werkzeug für die Arbeit mit schwierigen, herausfordernden Jugendlichen ist.

Rückblickend betrachtet muss festgehalten werden, dass die Entwicklung der Schulung unter nicht idealen Bedingungen geleistet werden musste. Eine Institution in der Größe des Lory muss für die Entwicklung einer solchen Schulung und der Implementierung eines neuen pädagogischen Ansatzes zwingend Stellenprozente im Umfang von ca. 30 % einberechnen.

Schritt 2 der Umsetzung der Schemapädagogik: Die Organisation und Durchführung der internen Schulung

Die Geschäftsleitung entschied, dass sämtliche Sozialpädagog*innen und Lehrer*innen sowie die Geschäftsleitungsmitglieder den ersten Durchgang der Weiterbildung „Schemapädagogik" obligatorisch zu absolvieren hatten. Somit wurden rund 40 Mitarbeitende zur Schulung eingeladen.

Die Erfahrungen aus der ZRM-Weiterbildung (kleine Gruppen, regelmäßige Schulungsintervalle, längere Zeitspanne der Gesamtschulung zum Festigen der Materie) flossen in die Organisation mit ein. Um die Schulungsblöcke lernpsychologisch sinnvoll zu terminieren, wurde entschieden, 2-tägige Module durchzuführen – wie dies auch bei der Weiterbildung von Marcus Damm und André Kotecki in Deutschland der Fall ist. Es wurde als wichtig erachtet, den Kursteilnehmenden während der beiden Schulungstage auf diese Weise ein vertieftes Eintauchen in die Materie zu ermöglichen. Um es mit Rainer Sachses Worten zu sagen: „Natürlich ist es auch hier so wie in allen Systemen, die Expertise erfordern: Man muss die Konzepte trainieren. Sie sind sicher bei aller Klarheit nicht so einfach, dass man sie auf Anhieb beherrschen kann." (zitiert nach: Damm, 2010a, S. 9)

Das Konzept Schemapädagogik ist zwar klar, gut nachvollziehbar und logisch strukturiert. Doch die Umsetzung bzw. Übertragung der Theorie in die Praxis kann als anspruchsvoll eingestuft werden. Daher galt es, die Mitarbeitenden von Anfang an mit dem Schemamodell nach Young et al. (2008) und den entsprechenden Begrifflichkeiten (Schema- und Domänenbezeichnungen, Grundbedürfnisse, Zugehörigkeit der einzelnen Schemata zu den verschiedenen Domänen usw., Bewältigungsarten der Schemata) vertraut zu machen. Im Weiteren war es elementar, die Merkmale der jeweiligen Schemata zu kennen. Zudem sollte eine vertiefte Auseinandersetzung mit dem Schemamodus-Modell resp. Modus-Modell stattfinden (ebenda). Viel Zeit sollte auch den Methoden (Modus-Gespräch, Stühlearbeit, Modus-Interview, Nach-den-5-Minuten-Memo, Modus-Memo resp. Erinnerungskarte) gewidmet werden (Roediger, 2016; Damm, 2019a). Auch musste den verschiedenen kompensatorischen Schemamodi viel Gewicht beigemessen werden, da aus diesen heraus wesentliche Arbeitsbegriffe in der Zusammenarbeit mit den Jugendlichen entwickelt werden.

Die komplementäre Beziehungsgestaltung und das Konzept der Manipulationstechniken (Image, Appell, Test, Psychospiel) nach Sachse (2002) waren ebenfalls fundamentale Themen für die Weiterbildung, ebenso auch Übertragungs- und Gegenübertragungsprozesse (Fiedler & Herpertz, 2016). Schlussendlich galt es auch, sich mit den Persönlichkeitsstilen resp. -störungen (Sachse, 2019; Damm 2012a; 2012b; 2012b) auseinanderzusetzen sowie die eigenen Anteile in der Zusammenarbeit mit den Jugendlichen zu thematisieren (Damm, 2014; 2015). Ein letztes wichtiges Element der Weiterbildung war das Entwickeln einer gemeinsamen schemapädagogischen Grundhaltung (zusammenfassend: Damm, 2020).

Mit dem skizzierten Weiterbildungskonzept wurden von Februar bis Juni 2018 die ersten vier Module in vier Gruppen mit je rund 10 Teilnehmenden durchgeführt. Das fünfte und letzte Modul wurde nach der Sommerpause im September 2018 terminiert. Die Idee der straffen und konzentrierten Schulung basierte auf folgenden Grundsätzen:

1. Die Neuausrichtung der pädagogischen Arbeit sollte auch nach außen kommuniziert werden können.
2. Die geschulten Mitarbeitenden sollten möglichst rasch dazu ermächtigt werden, die Schemapädagogik zu „leben" und mit den bereits eingewiesenen Jugendlichen entsprechend zu arbeiten.

3. Es war es ein wichtiges Anliegen, die sanktionierende pädagogische Haltung schnell *ad acta* zu legen.
4. Es sollte eine „Verwässerung" der Schemapädagogik mit der bisherigen Pädagogik vermieden werden.

Diese ambitionierte Herangehensweise ging allerdings nicht ganz spurlos an der Institution vorbei. Es fanden im ersten Halbjahr 2018 teilweise wöchentlich zwei Schulungstage statt, was das System doch stark über Gebühr beanspruchte. Zwar war die hohe Kadenz einerseits sinnvoll, damit das neue Konzept baldmöglichst Fuß fassen konnte. Andererseits wurden während der Weiterbildung viele Personalressourcen gebunden, was wiederum zu Vertretungen resp. Überstunden derjenigen Mitarbeitenden führte, die nicht an der Weiterbildung teilnahmen.

Die Belastung zeigte sich z. B. auch dadurch, dass die Krankheitsausfälle sprunghaft anstiegen. Aber auch besondere, schwierige Vorfälle mit den Jugendlichen häuften sich, weil eine Konstanz im Betreuungs-Team in den Wohngruppen in dieser Zeit nicht optimal gewährleistet werden konnte. Deshalb erwies es sich als sehr hilfreich, dass das fünfte und letzte Modul erst für den September 2018 eingeplant wurde. Dies führte zu einer gewissen Entspannung und bot zudem die Möglichkeit, das erworbene Wissen in der Praxis anzuwenden.

In das abschließende Modul brachten die pädagogischen Fachkräfte „aus der Praxis heraus" viele Fragen, Ungeklärtes und Unsicherheiten ein – was sich als sehr gewinnbringend herausstellte. Schwierigkeiten bekundeten etliche Pädagog*innen doch in Bezug auf die recht zahlreichen neuen Begrifflichkeiten. Wie in Abschnitt 1 ausgeführt, stellt die Terminologie ein wesentliches Element der Schemapädagogik dar, da es bei den Klient*innen auch darum geht, ihnen ihre ungünstigen intrapersonellen Verhaltensmuster zu spiegeln und bewusst zu machen.

Ferner stellte sich heraus, dass die Beziehungsarbeit – im Speziellen der komplementäre Beziehungsaufbau – teilweise nicht im vorgesehenen Sinne praktiziert wurde. Die Beziehungsarbeit wurde teilweise so ungünstig interpretiert, dass Konfrontationen mit den Jugendlichen zu stark vermieden und dem „Frieden" zuliebe fallengelassen wurden, sodass die zu Betreuenden zu oft ihren Willen durchsetzen konnten. Diese Unklarheiten und Fehlinterpretationen konnten aber in den beiden letzten Weiterbildungstagen schließlich aufgegriffen und geklärt werden.

Im ersten Ausbildungsgang konnten die Mitarbeitenden der Betriebe und der Verwaltung nicht berücksichtigt werden, weil Erstere zu jener Zeit noch eine Weiterbildung in Arbeitsagogik[32] absolvierten und es zudem für den Betrieb von den Ressourcen her nicht zu bewältigen gewesen wäre. Diese Mitarbeitenden wurden jedoch für einen zweiten Durchgang der Schulung vorgesehen, denn es war und ist ein erklärtes Ziel der Geschäftsleitung und von elementarer Wichtigkeit für die Gesamtinstitution, dass sämtliche Fachkräfte, die mit den Jugendlichen pädagogisch arbeiten, die entsprechenden Begrifflichkeiten und Methoden kennen und anwenden können. Für die Mitarbeitenden der Verwaltung, die nur wenige Berührungspunkte mit den Jugendlichen haben, geht es darum, dass auch sie das neue pädagogische System verinnerlichen und nach außen hin erklären resp. vertreten können, weil sie doch häufig die ersten Personen sind, mit denen die einweisenden Behörden oder Eltern Kontakt aufnehmen. Und schließlich wird damit auch beabsichtigt, zwischenmenschliche „Reibungen" zwischen den Fachkräften selbst schemapädagogisch angehen zu können.

Rückblickend betrachtet war die hohe Kadenz der Weiterbildung sehr ambitioniert. Bei einer kompletten pädagogischen Neuausrichtung, die auch für das Personal eine große Veränderung auf diversen Ebenen darstellt, gilt es, insbesondere diesen Aspekt zu berücksichtigen. Deshalb muss auch für die Haltungsänderung der Gesamtinstitution genügend Raum gegeben und Zeit eingeplant werden. Dies sollte beim Einführungsprozess beachtet werden.

Folglich sollte a) die Schulung so gestaltet werden, dass die Mitarbeitenden Modul für Modul mehr Wissen und Kompetenzen aufbauen und b) parallel zur eigentlichen Schulung auch die Haltungsänderung explizit verinnerlichen können resp. das Warum für diesen Änderungsprozess verstehen lernen, damit die neue Haltung von allen Fachkräften mitgetragen werden kann. Dies ist für eine erfolgreiche Implementierung der Schemapädagogik unabdingbar. Aus diesem Grund ist es zudem durchaus sinnvoll, die effektive Schemapädagogik-Weiterbildung für eine Gesamtinstitution (ohne Qualitätseinbußen verzeichnen zu müssen) auf einen Zeitraum von acht bis zwölf Monaten auszudehnen. Schließlich braucht es Zeit, bis die Begrifflichkeiten korrekt verortet sind und im pädagogischen Alltag wie selbstverständlich angewendet werden können.

Schritt 3 der Umsetzung der Schemapädagogik: Umgang mit Widerständen und Beginn der schemapädagogischen Arbeitsweise

Wie oben bereits erwähnt, zeigten sich nicht alle Mitarbeitenden in gleichem Masse motiviert, sich auf die Schemapädagogik einzulassen und „altbewährte" Methoden und Konzepte aufzugeben. Einige kommunizierten ihre Widerstände offen und zogen die Konsequenzen, indem sie sich vom Lory trennten. Deshalb lag die Fluktuation in der ersten Phase nach dem ersten Weiterbildungsdurchgang über dem langjährigen Mittel. Dies ist natürlich bedauerlich, weil diese Fachkräfte in

31 Berufsprofil „Arbeitsagogin/Arbeitsagoge" (Quelle: institut-arbeitsagogik.ch): Schlüsseltätigkeiten: Das Hauptziel (Kernauftrag) von Arbeitsagoginnen und Arbeitsagogen ist es, Menschen die Teilhabe an einem produktiven Arbeitsprozess zu ermöglichen. Sie bewegen sich professionell im Spannungsfeld zwischen Produktions- bzw. Dienstleistungsauftrag und „agogischem Auftrag": a) Sie gestalten geeignete Arbeitsarrangements, die es Menschen ermöglicht, trotz ihrer Beeinträchtigungen eine wertschöpfende oder nutzenstiftende produktive Tätigkeit auszuüben, b) sie begleiten und fördern Menschen „agogisch", damit sie ihre persönlichen, sozialen und beruflichen Kompetenzen nutzen und erweitern können und so eine möglichst selbstbestimmte Lebensgestaltung erlangen, c) sie nutzen das professionelle Netzwerk für Beratung und Support.

den Genuss einer vom Jugendheim Lory organisierten und finanzierten Weiterbildung gekommen sind, ohne dass die Institution ihrerseits von dem Investment hat profitieren können.

Es gab aber auch diejenigen, die eher verdeckt agierten, indem sie die schemapädagogischen Methoden nicht oder nur äußerst zaghaft anwendeten. Die Skepsis war demzufolge im Hause wahrnehmbar. Deshalb war es wichtig, dass die Geschäftsleitung dieser Skepsis mit einer klaren und unumstößlichen Haltung entgegentrat: Der Entschluss, die Schemapädagogik im Jugendheim Lory als einheitliche, verbindlich-pädagogische Haltung einzuführen, wurde als nicht diskutierbar kommuniziert. Im Weiteren wurde explizit formuliert, dass von allen Mitarbeitenden mit abgeschlossener Weiterbildung erwartet wird, das Erlernte im Alltag mit den Jugendlichen anzuwenden.

Man muss auch einfach mal klar sagen: Widerstände sind bei einem pädagogischen Wechsel Normalität und sie müssen bei der Implementierung berücksichtigt werden (diesbezüglich können im Idealfall im Vorfeld geeignete Mittel zur Abfederung eingeplant werden). Empfehlenswert ist entsprechend eine sorgfältige Planung, vorgängige Thematisierung der angestrebten Haltungsänderung und eine angepasste, beispielhafte Einführung der Schemapädagogik.

Die Geschäftsleitung beschloss, die Anwendung der Schemapädagogik als Beurteilungs- und Qualitätskriterium für die MAG[32]-Periode 2019/2020 sowie 2020/2021 festzulegen. Das Commitment der Geschäftsleitung zur Schemapädagogik erwies sich in dieser Phase als unabdingbar. Dies, um trotz der auftretenden Schwierigkeiten in Bezug auf den eingeschlagenen Weg – der Implementierung der Schemapädagogik in der Institution – festhalten zu können. Die Fluktuation und die damit verbundenen Neuanstellungen machten es nötig, eine weitere Schemapädagogik-Weiterbildung zu planen. Somit mussten erneut zeitliche und finanzielle Ressourcen bereitgestellt werden. Allerdings soll hier auch festgehalten werden, dass sich gleichzeitig auch ein Kern von Mitarbeitenden bildete, der – im Gegensatz zu den kritischen – überaus motiviert, ja von der Schemapädagogik begeistert war und mit viel Engagement die Methode anwendete.

Diese Fachkräfte erwiesen sich als regelrechte Zugpferde, die den Prozess der Umsetzung in Gang hielten, indem sie sich untereinander vernetzten, austauschten und fachliche Diskurse führten. Dadurch wurden auch Schwierigkeiten beim Transfer bzw. bei der Umsetzung im Alltag registriert. Dies war wiederum hilfreich bei der Planung des zweiten Schulungsdurchgangs.

---

32 MAG = Mitarbeitergespräche

In dieser Phase wurden, auch mit Blick auf den zweiten Weiterbildungsdurchgang, neue Materialien entwickelt. Dabei konnten verschiedene Mitarbeitende ihre spezifischen Ideen resp. ihr individuelles Wissen einbringen. Parallel dazu wurde die Auseinandersetzung mit der Schemapädagogik intensiviert und so die Kompetenzen gefestigt. Von den im Bildungsbereich Tätigen wurde die Schulung didaktisch neu konzipiert und die Kursunterlagen entsprechend überarbeitet. Im Weiteren wurde grafisches Material zur Veranschaulichung der Schemata und Schemamodi erarbeitet, welches in der Arbeit mit den Jugendlichen dann eingesetzt werden konnte, jedoch – und das war mit ein Grund für die Entwicklung der Schema- und Schemamodus-Karten – sollten diese auch in der Weiterbildung zum einfacheren Erlernen und Merken der verschiedenen Schemata, Modi und Bewältigungsmodi verwendet werden.

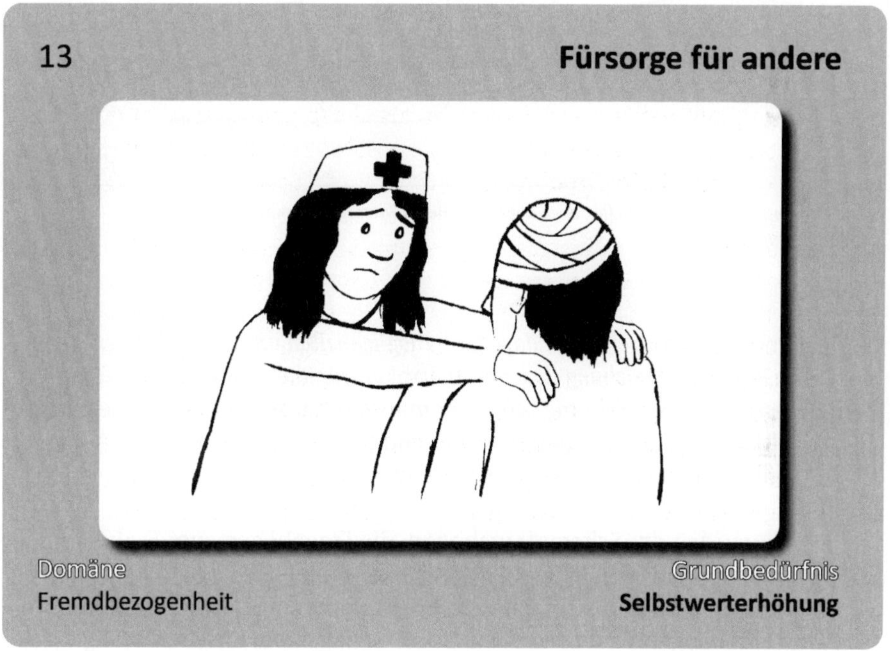

Abb. 15: Modus-Karte Fürsorge für andere[34]

33 Aus rechtlichen Gründen wird hier ein Symbolbild abgebildet anstelle des in der Schulung und im pädagogischen Alltag eingesetzten Bildes. Das originale Schemapädagogik-Kartenset (Schemakarten inkl. Übersicht in DIN A5 und Modus-Karten mit Modusmodell-Leporello in DIN A6) können beim Jugendheim Lory bezogen werden (s. Kontaktdaten).

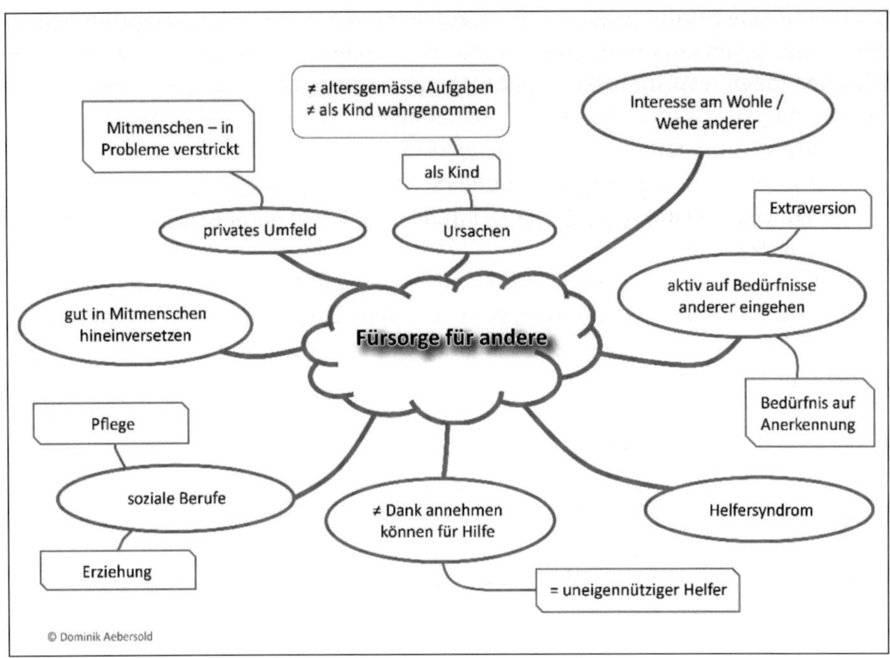

Abb. 16: Veranschaulichung der Reflexionen über das Schema Fürsorge für andere

Die Terminologie von *Schemapädagogik – Möglichkeiten und Methoden der Schematherapie im Praxisfeld Erziehung* (Damm, 2010b) wurde dabei konsequent übernommen. Die entstandenen Schema- und Schemamodi-Kartensets sowie eine entsprechende Faltkarte werden von den Mitarbeitenden sehr geschätzt und im Alltag mit den Jugendlichen sowie im Schemazirkel eingesetzt.

Schließlich wurden der Schemafragebogen, die Fragebögen zum Evaluieren der Ich-Zustände (Ich-Anteile) und der Persönlichkeitsstile/-störungen digitalisiert sowie im Weiteren – nach Rücksprache und in Zusammenarbeit mit Marcus Damm – zusätzlich Fragebögen für die Modi und Bewältigungsmodi erstellt. Die Digitalisierung der Fragebögen erwies sich im Nachhinein aus den nachfolgenden Gründen als besonders sinn- und wertvoll:

- Die Items werden im digitalen Fragebogen jedes Mal neu gemischt, die analogen Fragebögen sind Schema-spezifisch aufgebaut, die Ich-Anteile resp. Persönlichkeitsstile gleichsam gruppiert, was die Möglichkeiten zur Manipulation erheblich minimiert.
- Digitale Fragebögen generieren die Möglichkeit, diese elektronisch und grafisch – mittels eines Spiders – auszuwerten und zu veranschaulichen.
- Digitale Fragebögen können mehrmals bearbeitet werden; somit werden Entwicklungen und Längsschnitte sichtbar.

- Digitale Fragebögen produzieren die Chance, diese von Drittpersonen (z. B. von sozialpädagogischen Fachkräften, Lehrpersonen etc.) ausfüllen zu lassen, um aufseiten der Jugendlichen Selbst- und Fremdwahrnehmungsprozesse bewusst zu machen.
- Für Jugendliche ist das digitale Ausfüllen attraktiv.
- In digitalen Fragebögen können die schemapädagogischen Begrifflichkeiten aus der Literatur mit denen aus der Praxis in Übereinstimmung gebracht werden.

Das Spannende an all diesen Weiterentwicklungen war, dass sich die Mitarbeitenden zu vernetzen begannen und im Team resp. in einer Kleingruppe Projekte realisierten. Immer deutlicher war nun im Lory spürbar, wie der „Funke der Schemapädagogik" von einer Person auf die nächste übersprang und ein neues pädagogisches Selbstverständnis zu wachsen begann.

Schritt 4 der Umsetzung der Schemapädagogik: Die Lehren aus der 1. internen Weiterbildung – Durchgang der 2. Schulung

Der erste Durchgang der Schulung wurde, wie oben bereits beschrieben, in fünf zweitägigen Modulen durchgeführt. Viele der von Marcus Damm zur Verfügung gestellten Materialien wurden dabei von den beiden in Schemapädagogik Ausgebildeten auf die Bedürfnisse des Lory angepasst und mittels hausinterner Fallbeispiele erweitert.

Während des ersten Weiterbildungsdurchgangs richtete sich einer der internen Schemapädagogen beruflich neu aus und verließ das Lory. Der zweiten internen Schemapädagogin, deren Pensionierung rund eineinhalb Jahre später bevorstand, oblag deshalb während rund eines Jahres die alleinige Verantwortung für die Schulung und die Sicherstellung des Implementierungsprozesses, natürlich unterstützt von der Geschäftsleitung. Es galt deshalb, möglichst schnell eine Nachfolgeregelung zu finden. Drei Personen, die Mitautorin (D.E.) und der Mitautor (D.A.) sowie der aktuelle stellvertretende Direktor Patrick Dürig, zeigten sich motiviert und bereit, die Lücke als Dreier-Team zu schließen. So gelang es, innerhalb eines Jahres drei weitere Mitarbeitende offiziell als Schemapädagog*innen zertifizieren zu lassen, die Übergabe zu planen und die drei schließlich als Ausbildner*innen in Schemapädagogik nachfolgen zu lassen. So wurde die zweite Weiterbildung bereits mit den neuen Schemapädagogen geplant, wobei der Mitautor (D.A) die Kursleitung übernahm. Die Auswertung der ersten Schulung hatte ergeben, dass es den Teilnehmer*innen nicht leichtfiel, die neue pädagogische Methode im Alltag in die Praxis zu transferieren. Hauptgrund dafür war, dass zwar sämtliche wichtigen Inhalte vermittelt worden waren, jedoch durch die schnelle Einführung von Begrifflichkeiten und Methoden wohl oder übel ein paar Unsicherheiten vorhanden geblieben waren, was die Fachkräfte daran hinderte, selbstsicher und mutig in die Schemapädagogik einzusteigen.

Deshalb wurde viel Zeit investiert und Überlegungen darüber angestellt, auf welche Weise der Transfer von der Theorie in die Praxis besser gelingen und erfolgreicher gestaltet werden könnte. Im Vergleich zum ersten Durchgang wurden zwar sämtliche Inhalte auf sehr ähnliche Art vermittelt, jedoch didaktisch komprimiert und vereinfacht. Neu wurden in den vier zweitägigen Modulen relativ stark abgegrenzte Themen behandelt. Dies bringt nunmehr verschiedene Vorteile mit sich:

1. Es werden auf diese Weise die doch recht zahlreichen Begrifflichkeiten bezüglich der Schemapädagogik erst nach und nach eingeführt.
2. Es können dadurch verschiedene Themen, beispielsweise Schemata und Schemamodi, besser voneinander abgegrenzt werden, was die Klarheit erhöht und die Unsicherheiten im Umgang mit ihnen verringert.
3. Es kann ein verpasstes Modul recht gut zu einem späteren Zeitpunkt nachgeholt werden.
4. Es sind für die Teilnehmenden auf diese Weise die Fortschritte deutlicher spürbar und sie können nach jedem Modul aus einem neuen „Ordner" z. B. unbekannte Methoden ausprobieren.

Der Aufbau der internen Weiterbildung wird im Folgenden dargelegt.

Modul 1
- Schemamodell allgemein
- Grundlagen der Schemapädagogik (Kognitive Therapie, Klärungsorientierte Psychotherapie, Schematherapie)
- Maladaptive Schemata nach J. Young
- Domänen und nicht befriedigte Grundbedürfnisse
- Die drei Schema-Bewältigungsmechanismen
- Auseinandersetzung mit eigenen Schemata (Schemafragebogen)
- Beschäftigung mit den neuen Werten und der Haltung der Institution

In diesem ersten Modul werden noch keine schemapädagogischen Methoden vermittelt. Der Schwerpunkt liegt darin, das Fundament zu bauen für die kommenden Module, erste Begrifflichkeiten kennenzulernen und die Gründe für die Änderung der pädagogischen Ausrichtung zu erfahren.

Modul 2
- Schemamodi (allgemeine Modi und Bewältigungsmodi, Modus- und Bewältigungsmodus-Fragebogen)
- Manipulationstechniken (Image, Appell, Test, Psychospiele; Klärungsorientierte Psychotherapie)
- Komplementäre Beziehungsgestaltung/Beziehungskredit aufbauen (Klärungsorientierte Psychotherapie)
- Externale Kausalattribuierung (äußere Ursachenzuschreibung)
- Wiederholungszwang (Re-Inszenierung von ungünstigen Beziehungserfahrungen)
- Übertragungsphänomene (Übertragung/Gegenübertragung)

- Erste Methoden zum Aufbau von Beziehungskredit und zum Triggern des Modus des *gesunden Erwachsenen*

Im zweiten Modul wird darauf aufbauend der Schwerpunkt auf die Schemamodi gelegt, genauer gesagt auf die Kind- und Elternmodi sowie auf den Modus des *gesunden Erwachsenen* und auf die unterordnenden, gefühlsvermeidenden und überkompensierenden Bewältigungsmodi. Diese treten zutage, wenn ein Schema aktiviert wird, und sie können – im Gegensatz zu den Schemata selbst – im pädagogischen Alltag als Ich-Zustände beobachtet werden. Diese wiederholt von den Jugendlichen gezeigten Ich-Zustände sind ihnen meist unbewusst. Deshalb ist ein zentrales Element der Schemapädagogik die Bewusstmachung und Thematisierung dieser Schemamodi, und zwar mithilfe der verschiedenen, weiter oben in Abschnitt 4.4 ff. beschriebenen Methoden. Aber auch die komplementäre Beziehungsgestaltung – ein Element, das vom ersten Tag an angewendet werden sollte – und die Thematisierung der Manipulationstechniken, die es ebenfalls früh in der Zusammenarbeit mit den Jugendlichen zu erkennen bzw. zu entlarven gilt, gehören zum Grundwissen von praktizierenden Schemapädagogen. Mithilfe der im 2. Modul vermittelten Kenntnisse und Fertigkeiten sind die Fachkräfte nun ermächtigt, in die schemapädagogische Arbeitsweise einzusteigen.

Modul 3

- Persönlichkeitsstile/-störungen (DSM-V/ICD-10, Persönlichkeitsstil-Fragebogen)
- Psychospiele der Pädagog*innen
- Methoden der Schemamodus-Arbeit
- Wiederholungen in den Bereichen Schemata und Schemamodi

Das dritte Modul ist schwerpunktmäßig dem Thema *Persönlichkeitsstile/Persönlichkeitsstörungen* gewidmet. Diese stehen in Verbindung mit den Schemata, sind aber im Gegensatz zu diesen von den pädagogischen Fachkräften viel besser wahrnehm- und beobachtbar. D. h., dass im Umkehrschluss die Persönlichkeitsstile Hinweise sowohl auf die Schemata nach Young et al. (2008) als auch auf die Schemamodi geben können, weshalb deren Kenntnis für die pädagogische Praxis von großem Nutzen ist. Die Teilnehmenden setzen sich im Rahmen der Weiterbildung auch mit ihren eigenen dominanten Persönlichkeitsstilen auseinander. Im Weiteren findet eine Beschäftigung mit den von uns pädagogischen Fachkräften praktizierten Psychospielen (Damm, 2014; 2015) statt, wobei dabei auf die dominanten Schemata zurückgegriffen wird. Einige neue und recht einfach zu praktizierende Methoden für die Schemamodus-Arbeit sowie die vertiefte Auseinandersetzung mit den Schemata und Schemamodi vervollständigen dieses Modul.

Modul 4

- Neurobiologische Fundierung
- Bindungstheorie
- Schemapädagogischer Prozess (ausgehend von Persönlichkeitsstilen)

- Verbindung von Schemapädagogik und EQUALS
- Wiederholungen in den Bereichen Schemata, Schemamodi, Methodenkompetenz und Persönlichkeitsstile/-störungen

Im vierten und letzten obligatorischen Modul wird der Fokus auf die Neurobiologie und Bindungstheorie und deren Bezugspunkte zur Schemapädagogik gelegt. Im Weiteren wird der schemapädagogische Prozess detailliert beleuchtet, und zwar auf der Grundlage von Damm (2012a; 2012b; 2012c). Dabei geht es uns noch einmal darum aufzuzeigen, dass die schemapädagogische Arbeit bereits am ersten Tag der Zusammenarbeit mit den Jugendlichen beginnen kann, ohne dass die Fachkräfte Kenntnisse über Schemata und Persönlichkeitsstile der Jugendlichen haben (müssen). Diese Arbeit kann mit der Beobachtung und dem komplementären Beziehungsaufbau sowie dem Wahrnehmen der Manipulationstechniken beginnen, die uns bereits erste Hinweise auf Schemamodi, Persönlichkeitsstile und allenfalls Schemata geben können. Schließlich geht es noch darum, die Verbindungen und Möglichkeiten der beiden im Lory angewendeten Testverfahren zu erkennen (Schemapädagogik-Fragebögen, EQUALS).

Diese acht Weiterbildungstage werden mit einem Schemapädagogik-Zertifikat abgeschlossen. Lory-Mitarbeiter*innen, die interessiert und motiviert sind, das Schemapädagogik-Diplom zu erwerben, können im Anschluss an diese Zertifikatsausbildung eine Idee für eine Diplomarbeit einreichen oder in Zusammenarbeit mit dem internen Schemapädagogik-Ausbildungsteam eine Idee für eine solche entwickeln. Die Erwartungen an die Diplomarbeit (zeitlicher Aufwand, Rahmenbedingungen, Umfang etc.) werden in einer Informationsveranstaltung vermittelt. In der Folge haben die Mitarbeitenden drei bis sechs Monate Zeit, um ihre schriftliche Arbeit zu verfassen. Neben einem 20-minütigen Kolloquium, in dem nochmals das schemapädagogische Wissen reflektiert wird, werden die Diplomarbeiten schließlich an einem letzten Schulungstag den anderen Diplomanwärterinnen und -anwärtern präsentiert.

Schritt 5 der Umsetzung der Schemapädagogik: Stabilisierung des Prozesses der Implementierung der Schemapädagogik

Schon während der Weiterbildung ging es immer auch darum, das Gelernte im Alltag mit den Jugendlichen anzuwenden und mutig in die Praxis der Schemapädagogik einzutauchen. Dazu ist es u. a. nötig, dass die Fachkräfte versuchen, die Interessen der jeweiligen Interaktionspartner zu erkennen, um Beziehungskredit aufzubauen und ihre Erkenntnisse dann allen Mitarbeitenden zugänglich zu machen. In der ersten Phase werden zudem die verschiedenen digitalisierten Schemapädagogik-Fragebögen gemeinsam mit den Jugendlichen erarbeitet. Dies ermöglicht im Anschluss den Prozess, die Resultate mit den eigenen Beobachtungen zu vergleichen, um anschließend die Schlussfolgerungen in die pädagogische Arbeit einfließen lassen zu können.

5.4 Journal und Schemazirkel

Ein wichtiges Tool in o. g. Zusammenhang ist das interne Erfassungstool.[34] Hier werden die individuelle Arbeit und die Erfahrungen mit den Jugendlichen, positive wie negative, festgehalten. In diesem internen Austausch-Pool werden die Mitarbeitenden dazu aufgerufen, ihre Beobachtungen möglichst präzise zu beschreiben und so allen anderen Ansprechpartnern im Haus zugänglich zu machen. Dies ermöglicht einerseits, dass die Kollegen vertraut werden mit den mit den Jugendlichen entwickelten Begriffen, und andererseits, dass die Erfahrungen mit den Teenagern beispielhaft dargestellt werden. Davon profitieren die übrigen Professionellen ihrerseits, indem sie z. B. in einer ähnlichen Situation in der Zukunft die zu erwartenden, von den Klientinnen wiederkehrend praktizierten „Abläufe" methodisch vorwegnehmen, d. h. direkt bearbeiten können. Ein Beispiel: „Aha, jetzt ist wieder die trotzige Annette aktiviert. Jetzt wirst du dich wieder weigern, in die Küche zu gehen, ich soll nun andere Fachkräfte aufbieten und schließlich wirst du aufs Zimmer schleichen. Auf dieses Schauspiel habe ich keine Lust. Komm, ich begleite dich direkt." Die regelmäßige und präzise Verschriftlichung ermöglicht zudem, die Fortschritte und Entwicklungen der Jugendlichen zu dokumentieren. Wir haben einige Einträge in diesem Buch platziert.

Der Schemazirkel

Weiterhin hat sich mittlerweile die schemapädagogische Supervision als sinnvoll erwiesen (Damm, 2019a), in unserem Kontext nennen wir das Setting *Schemazirkel*. Wie kam es dazu? Bereits während des ersten Weiterbildungsdurchgangs erwuchs die Erkenntnis, dass ein wiederkehrendes, im Idealfall wöchentliches Forum geschaffen werden musste, damit die Mitarbeitenden am „schemapädagogischen Ball" bleiben. Damit konnte zudem eine konstante Auseinandersetzung mit der Schemapädagogik stattfinden und das in der Schulung Gelernte gefestigt werden. Der Zirkel dient auch nach wie vor dazu, den Umgang mit der Vielschichtigkeit und Komplexität der Schemapädagogik einzuüben, das schemapädagogische Denken zu entwickeln, zu fördern und für den Alltag methodisch nutzbar zu machen. Darüber hinaus erlangen die Fachkräfte durch die regelmäßige Auseinandersetzung mit den schemapädagogischen Begriffen und Fallbeispielen Sicherheit. Wöchentlich treffen sich institutionsübergreifend Mitarbeitende auf „eine Stunde" (Perspektivencoachs[35], Bezugspersonen[36] resp. Sozialpädagog*innen,

---

34 https://socialweb.ch/

35 Die Perspektivencoachs begleiten den Aufenthaltsprozess der Jugendlichen von Beginn an bis zum Ende. Die Perspektivencoachs sichern in dieser Zeit den Kontakt zu den Behörden. Sie zeigen sich ebenfalls dafür verantwortlich, dass für die junge Frau vor Austritt eine geeignete Anschlusslösung organisiert und bereitgestellt wird.

36 Jeder Teenagerin wird in der entsprechenden Wohngruppe eine Fachkraft zugeteilt, die sie während des Aufenthaltes eng begleitet und mit ihr (schema-)pädagogisch und zielorientiert arbeitet. Ebenso bekommt die Jugendliche in den Tagesstrukturen (Schule/Arbeit) je eine Bezugsperson beiseitegestellt.

Lehrer*innen, Arbeitsagog*innen, Therapeut*innen), wobei die Teilnahme für die Perspektivencoachs und Bezugspersonen Pflicht ist. Grundsätzlich steht dieses Forum allen Mitarbeitenden offen. Es muss jedoch darauf geachtet werden, dass die Tagesstrukturen weiterhin aufrechterhalten bleiben. Deshalb wird i. d. R. versucht, dass möglichst aus jedem Bereich alternierend jeweils eine Fachkraft als Delegierte teilnehmen kann.

Während des Zirkels findet jeweils eine Auseinandersetzung mit der Vorgeschichte, den Schemata, Modi, Interaktionsstrategien und Persönlichkeitsstilen bezüglich einer spezifischen Jugendlichen statt. Die wahrgenommen Schemata und die Schemamodi bilden beim Schemazirkel die Grundlage des Austauschs.

Damit dieser Zirkel erfolgreich durchgeführt werden kann, hat die Jugendliche im Vorfeld zusammen mit der jeweiligen Bezugsperson die Schemapädagogik-Fragebögen (Schemafragebogen, Modus-, Bewältigungsmodus-, Persönlichkeitsstil- und Ich-Anteile-Fragebogen) ausgefüllt. Bemerkenswert ist, dass sich diese 1:1-Zeit-Einheiten i. d. R. mit den als doch sehr schwierig geltenden Jugendlichen als sehr angenehm gestaltet und die Teenager sehr fokussiert und interessiert mitarbeiten. Inzwischen ist das gemeinsame Ausfüllen der Fragebögen für die Mitarbeitenden des Lory zu einem wichtigen Baustein im Beziehungsaufbau geworden und für alle Beteiligten eine Auftaktinszenierung zu einer gemeinsamen Sprache und einem gegenseitigen Verständnis.

Ferner werden die Interaktionsstrategien, Verhaltensweisen und Ressourcen der Klientinnen aus verschiedenen Perspektiven unter die Lupe genommen. Ein weiterer Aspekt des Zirkels ist es, die Erkenntnisse aus dem EQUALS[37] miteinzubeziehen, zu analysieren und Verbindungen zur Schemapädagogik herzustellen.

Der Ablauf bzw. die Abfolge während des Schemazirkels wurde mittlerweile weitestgehend standardisiert. Damit soll bezweckt werden, dass die doch recht kurz bemessene Zeit optimal genutzt werden kann. So sollen alle beteiligten Personen zu Wort kommen und ihre Sichtweisen, ihre Erfahrungen und Schwierigkeiten mit den Jugendlichen den Kolleg*innen gegenüber verbalisieren können.

Dadurch wird zusätzlich erreicht, das Verständnis und den Respekt für die in jedem Bereich anders gelagerten Herausforderungen, denen sich die Jugendlichen stellen müssen, zu fördern. Die mit den Teenagern gemachten Erfahrungen und die daraus resultierenden Erkenntnisse werden in der Folge mit den Auswertungen der Fragebögen in Beziehung gebracht, um daraus wirksame Instrumente und Strategien in Bezug auf die alltägliche Zusammenarbeit mit den zu Erziehenden und insbesondere auf herausfordernde Situationen zu gewinnen.

37 https://www.equals.ch/

So profitieren die Mitarbeitenden vom Schemazirkel, indem für die jeweilige Jugendliche, um die es speziell geht, und ihre Verhaltensmuster ein vertieftes Verständnis entsteht, auch für ihre Trigger, dass sie bewusst(er) wahrgenommen sowie die kostenintensiven Reaktionen der Betreffenden besser eingeordnet und professionelle zukünftige Reaktionen geplant werden können. Abschließend wird ein Fazit gezogen, das die Förderung, Unterstützung und Weiterentwicklung der Person ins Zentrum stellt.

Die Erkenntnisse und das daraus resultierende Fazit werden in einem Protokoll festgehalten, das für alle zugänglich ist. Die vorgegebene Struktur des Schemazirkels erleichtert das Erstellen des inzwischen doch sehr geschätzten Schemazirkel-Protokolls. Dieses kommt immer in der gleichen Struktur daher, sodass sich die Mitarbeitenden schnell und umfassend orientieren und informieren können. Erleichtert wird das Lesen dadurch, dass das Protokoll durch Grafiken und Visualisierungen angereichert ist. Ferner wird das Protokoll auch dazu genutzt, um Behörden resp. die Beistandschaft über Erkenntnisse und den Verlauf des Aufenthalts zu informieren. Den Perspektivencoaches und Bezugspersonen erleichtert das Protokoll zudem die Vorbereitung der rund alle drei Monate stattfindenden Standortsitzungen.

Ein weiterer positiver Nebeneffekt des Schemazirkels ist, dass sich die pädagogischen Fachkräfte mehr und mehr wagen, die Terminologie in schriftlicher Form im Journal anzuwenden sowie die neuen Begriffe in der Zusammenarbeit mit den Jugendlichen in adäquater Form einzusetzen.

Die Implementierung der Schemapädagogik ist ein steter Prozess, der viel Pflege und Zuwendung in Anspruch nimmt. Aus diesem Grund wurde inzwischen auch ein internes Schemapädagogik-Weiterbildungs-Update entwickelt und durchgeführt.

Die Update-Schulung umfasst zwei Halbtage und hat zum Ziel, alle Mitarbeitenden auf denselben Stand zu bringen. Dabei werden Neuentwicklungen vorgestellt und deren Anwendung im pädagogischen Alltag thematisiert.

Eine wichtige Erkenntnis aus den Modullehrgängen war auch, dass sich die Mitarbeitenden doch zuweilen scheuten, sich einzubringen. Die Update-Schulung dient entsprechend auch dazu, diese Scheu abzubauen und den Professionellen zu vermitteln, dass sie nicht auf Anhieb alles beherrschen müssen und dass sich alle gemeinsam im „Lernprozess Schemapädagogik“ befinden.

Mit diesem Verständnis konnte inzwischen erreicht werden, dass sich die Mitarbeitenden wagen, Fragen zu stellen und sich entsprechend engagieren. Dieser Effekt wurde dadurch verstärkt, dass nicht mehr nur die Geschäftsleitungsmitglieder von dem neuen Konzept überzeugt waren, sondern auch eine zunehmende Zahl von Mitarbeitenden aller Bereiche. In Bezug auf die Journal-Einträge ist feststellbar, dass die schemapädagogischen Begrifflichkeiten nunmehr konsequenter genutzt und die Beobachtungsbeschreibungen professionell verfasst werden.

Konsequentes Arbeiten mit ausgewählten Arbeitsmaterialien
Da es sich nach dem ersten Weiterbildungsdurchgang gezeigt hatte, dass ob der Fülle des zur Verfügung stehenden Materials doch teilweise etwas der Überblick verloren ging, wurde bewusst eine Reduktion auf wenige, logisch auf sich aufbauende Methoden vorgenommen. Aktuell wird nach wie vor mit diesen ausgewählten Materialien und Tools gearbeitet. Die Mitarbeitenden wurden und werden dazu angehalten, diese im pädagogischen Alltag einzusetzen, z. B. das Modus-Gespräch, das Nach-den-fünf-Minuten-Memo, die Erinnerungskarte und die Stühlearbeit. Die Reduktion auf wenige Methoden hatte und hat aktuell folgenden positiven Effekt: Der Umgang mit wenigen Materialien kann nunmehr rascher erlernt werden und mit der Wiederholung dieser Methoden wird Sicherheit gewonnen. So findet mit der Zeit ein zielsicheres Eintauchen in die Materie statt. Es ist zudem einfacher, die eigene pädagogische Arbeit zu reflektieren und bei der neuerlichen Anwendung derselben Methode eigene Fortschritte festzustellen.

In der Anwendung der Arbeitsmaterialien musste und muss konsequent darauf geachtet werden, dass diese nicht als Sanktionsmittel verwendet werden, also nicht in dem Sinne: „Du füllst das Nach-den-5-Minuten-Memo aus, erst im Anschluss darfst du deine Zigarette rauchen." Die Mitarbeitenden sollen sich demgegenüber gemeinsam mit den Jugendlichen Zeit nehmen, um eine gemeinsame, gewinnbringende Reflexionsarbeit zu praktizieren, um im besten Fall einen Bewusstwerdungsprozess anzustoßen.

Rückblickend kann außerdem festgehalten werden, dass – trotz des überschaubaren Methodenkoffers – etliche Pädagog*innen dazu neigten, gewisse Materialien zu favorisieren und mit den Jugendlichen abermals durchzuspielen, was bei Letzteren dann mit der Zeit doch zu gewissen Ermüdungserscheinungen führte. Dies ist jedoch nicht das, was die schemapädagogische Arbeit beabsichtigt. Deshalb bedarf es einer genauen Beobachtung der Prozesse. Zu beachten gilt es auch, dass einige Methoden für viele Fachkräfte doch mit gewissen Hemmungen verbunden sind, z. B. die Durchführung einer Stühlearbeit. Daher wurden in der nachfolgenden Schulung wiederholt „theatralische" Stühlearbeits-Sequenzen eingebaut und geübt.

Digitalisierung und Erweiterung der Fragebögen
Wie oben bereits erwähnt, erwuchs das Bedürfnis, die Schemapädagogik-Fragebögen etwas anzupassen und zu erweitern. Einerseits zeigte es sich in der Arbeit mit den Jugendlichen, dass die Fragebögen in Papierform bei der jungen Generation kaum Begeisterung auslösten. Zum einen erinnerten die Fragebögen zu sehr an all die Testfragebögen, die die eingewiesenen Teenager im Laufe ihres Lebens infolge der Verhaltensauffälligkeiten schon haben ausfüllen müssen und zum anderen sind die Jugendlichen Digital Natives. Doch welcher Nutzen kann aus zusätzlichen Fragebögen gewonnen werden? Gibt es den sozialpädagogischen Fachkräften nicht einfach noch mehr zu tun? Könnte die Zeit mit den Jugendlichen nicht anders ge-

nutzt werden? Diese und mehr Fragen galt es zu klären, bevor die Arbeit für die Neukonzeption der Fragebögen in Angriff genommen werden konnte.

Eine Digitalisierung bringt den ersten großen Vorteil mit sich, dass die Auswertung automatisiert vonstatten geht und diese grafisch aufbereitet werden kann. Die erhobenen Daten können zudem miteinander in Beziehung gebracht werden, einerseits innerhalb eines jeweiligen Fragebogens, z. B. in Bezug auf die Frage, welche Schemata gehäuft auftreten; andererseits aber auch, um gewisse Hypothesen bestätigen oder widerlegen zu können (Schema A offenbart sich häufig als Persönlichkeitsstil M resp. als maladaptiver Bewältigungsmodus Z). Ein gewichtiger Aspekt war jedoch, mit einem Längsschnitt die Entwicklungstendenzen der Jugendlichen abbilden zu können, der wiederum die Wirksamkeit der schemapädagogischen Interventionen misst. Deshalb wurden zwei in dieser Form bisher nicht existenten Fragebögen in Zusammenarbeit mit Marcus Damm erarbeitet: derjenige zu den Modi (Kind-Modi, Eltern-Modi, Modus des *gesunden Erwachsenen*) und derjenige zu den maladaptiven Bewältigungsmodi. Auch wurde mit der Erweiterung beabsichtigt, dass die während der Ausbildung gelernte Terminologie auch in den Fragebögen wiederzufinden ist, um den Mitarbeitenden zusätzlich Sicherheit im Umgang mit diesen Begriffen zu geben. Bereits nach kurzer Anwendungszeit der elektronischen Fragebögen kann bei letzterem Thema eine deutliche Veränderung festgestellt werden, d. h. dass die Mitarbeitenden die Labels mit viel größerer Selbstverständlichkeit im Alltag anwenden.

Durch die elektronische (papierunabhängige) Form ist es zudem viel einfacher möglich, Erhebungen bei Vergleichsgruppen durchzuführen (z. B. in der 8. Realklasse in Musterhausen, bei Studierenden an einer Pädagogischen Hochschule, bei Polizeiaspirant*innen etc.). Dass die Umsetzung schließlich innerhalb weniger Monate realisiert werden konnte, ist dem Umstand zu verdanken, dass eine interne Lehrperson mit Informatik-Background die Fragebögen technisch realisiert sowie in diesem Zuge auch die Fragen sprachlich im Hinblick auf die Benutzergruppe anpasst und diese fortwährend optimiert hat.

Von Anfang an zeigte sich, dass die Jugendlichen sehr gerne mit den digitalen Fragebögen arbeiten und sowohl sie als auch die Mitarbeitenden die grafische Auswertung sehr zu schätzen wissen.

5.5 Schemapädagogischer Prozess

Im Lory wird der schemapädagogische Prozess, wie bereits mehrmals im Buch (insbesondere Abschnitt 2.3) beschrieben, praktiziert. Die einzelnen Phasen, wie sie detailliert im Kapitel 4 ausgeführt sind, werden jedoch nicht nacheinander und stufenweise praktiziert, sondern sie sind ineinanderfließend. So wird der komplementäre Beziehungsaufbau bereits vom ersten Tag an praktiziert, also während der Beobachtungsphase. Zudem ist die Beobachtungsphase nie wirklich abgeschlossen, da sich im Verlauf der Platzierung die Jugendlichen und ihre Verhaltensweisen „ändern", entwickeln, und so offenbaren sie je nach Fall auch neue Schemata, die wiederum andere, bisher nicht gezeigte Schemamodi ans Licht bringen können.

Da die Jugendlichen i. d. R. doch über einen längeren Zeitraum in der Institution bleiben, besteht die Möglichkeit, dem Prozess die nötige Zeit zu geben. Während der Beobachtungsphase sind verschiedene Personen involviert, Informationen zu den Jugendlichen zusammenzutragen.

Beobachtung

Bereits unmittelbar nach Eintritt wird versucht, gestützt auf den Informationen, die in der Einweisungsverfügung genannt werden, sowie durch Beobachtungen, die Persönlichkeit der Teenager genau zu erfassen. So können eventuell bereits erste Rückschlüsse auf Schemamodi und Persönlichkeitsstile gezogen werden. Die Perspektivencoaches erfassen die wichtigsten Ursachen, die zur Platzierung im Lory geführt haben, und überprüfen, inwiefern diese in einer Anamnese-Übersicht gut überschaubar dargestellt sind. Sobald sich die Teenager eingelebt haben, kann damit begonnen werden, die Schemafragebögen gemeinsam mit den Jugendlichen auszufüllen. Die Resultate ermöglichen in der Folge, diese mit den Beobachtungen der Fachkräfte abgleichen und das pädagogische Handeln nach diesen Erkenntnissen auszurichten zu können. I. d. R. können in dieser Phase des Prozesses auch erste Schemamodi resp. Ich-Zustände gemeinsam mit den Jugendlichen erkannt und benannt werden.

Konsequenter komplementärer Beziehungsaufbau

Es zeigt sich im Alltag, dass sich die Jugendlichen viel besser auf die schemapädagogische Arbeit einlassen, wenn sie den Fachkräften gegenüber Sympathie, Vertrauen und Solidarität empfinden, also wenn bereits Beziehungskredit besteht. Um eine positiv konnotierte Beziehungsgestaltung möglichst schnell erfolgreich zu realisieren, sind die Kenntnisse, die während der Beobachtungsphase zusammengetragen werden können, sehr hilfreich.

Dass die Jugendlichen in ihrem bisherigen Leben oft nur wenige positive Erfahrungen in Bezug auf die Beziehungen zu Bezugspersonen haben machen können, müssen sich die pädagogischen Fachkräfte immer wieder vor Augen führen. Die Mitarbeitenden werden im Alltag wiederholt sensibilisiert, dass die zu Betreuenden ihr erlerntes (teilweise maladaptives) Beziehungsverhalten im Umgang mit den Mitarbeitenden einfach „nur" wiederholen, weil dies den Jugendlichen Sicherheit gibt. Diese Erkenntnis öffnet vielen Mitarbeitenden die Augen, weshalb die Beziehungen in der Anfangsphase der Platzierung in der stationären Einrichtung geprägt sind von Provokationen, Verweigerungen etc. Die Mitarbeitenden werden deshalb angehalten, für die Jugendlichen verlässliche, stabile, zugewandte Beziehungspersonen zu sein, indem sie die Beziehung proaktiv zu gestalten suchen und bewusst auf Äußerungen achten, in denen die Jugendlichen ihre Interessen, Bedürfnisse und Wünsche kommunizieren.

Wie oben bereits erwähnt, bietet das gemeinsame, sich wiederholende Ausfüllen der Schemafragebögen immer eine gute Gelegenheit, mit den Jugendlichen bezogen auf ihre Ich-Anteile (Schemamodi) oder ihre Persönlichkeitsstile ins Gespräch zu kommen. Wenn im Rahmen solcher Gespräche keinerlei Bewusstwerdungsprozesse in Gang gesetzt werden, laufen die Jugendlichen Gefahr, die eingeübten – früher zur Befriedigung ihrer Bedürfnisse sinnvollen – Verhaltensweisen zu re-inszenieren und gleichzeitig das Umfeld oder die Umstände für ihre Probleme letztlich dafür verantwortlich zu machen: Dieser Mechanismus wird externale Kausalattribuierung genannt. Um es mit C. G. Jungs Worten auszudrücken: „Bis du dem Unbewussten bewusst wirst, wird es dein Leben steuern und du wirst es Schicksal nennen."

Modus-Bearbeitung

Wenn die Ich-Anteile resp. Schemamodi identifiziert sind sowie genügend Beziehungskredit vorhanden ist, kann mit der Modus-Arbeit begonnen werden. Diese wurde im Lory auf einzelne wenige Methoden reduziert, da sich in der Anfangsphase herauszukristallisieren begann, dass ein zu großer Methodenkoffer sich eher als hinderlich erweist. Ein erster Schritt ist das Benennen der Modi mit für die Jugendlichen nachvollziehbaren und von ihnen akzeptierten Begriffen. Dies kann während eines Modus-Gesprächs geschehen. Oft wird nach einer Aktivierung – sobald die „5 Minuten" der Betroffenen vorüber und sie wieder im Modus des *gesunden Erwachsenen* sind – mithilfe eines Modus-Interviews reflektiert. Es wird geschaut, was diesen Modus ausgelöst hat, woher dieser denn ursprünglich kommt, wozu er einmal gedient hat und wie dieser in Zukunft kontrolliert werden kann. In dieser frühen Phase der Modus-Arbeit kann auch mal eine Stühlearbeits-Sequenz eingebaut werden, damit die Jugendlichen den Modus resp. den Ich-Anteil einmal von außen bewusst wahrnehmen und mit sich selber in Verbindung bringen können. Sollte trotz der typischen Methoden – Modusgespräch, Modus-Interview, Stühlearbeit – der betreffende Ich-Anteil/Schemamodus von der Jugendlichen nach wie vor nicht kontrolliert werden können resp. wiederholt im Alltag in Erscheinung treten, kann er mittels eines „Nach-den-5-Minuten-Memos" reflektiert werden. Dazu muss die Jugendliche zwingend im Modus des *gesunden Erwachsenen* sein. Im nächsten Schritt kann die Möglichkeit in Betracht gezogen werden, eine Erinnerungskarte (auch Modus-Memo) gemeinsam mit der Jugendlichen zu erarbeiten. Auf dieser werden die Modus-auslösenden Situationen benannt und nach alternativen Reaktionsweisen gesucht, damit der Teenager im besten Fall nicht mehr wie bisher reagieren muss, wenn er sich mit dem Auslösereiz konfrontiert sieht. Wenn dies klappt, wird es der jungen Frau in Zukunft eher gelingen, aus dem Teufelskreis des Wiederholungszwanges auszubrechen.

Der Methodenkoffer wird in naher Zukunft mit an Sicherheit grenzender Wahrscheinlichkeit noch erweitert.

Transfers der erarbeiteten Lösungen in der Praxis

Zunächst geht es darum, während des Verlaufs der Platzierung mit den zunehmenden Öffnungen umgehen zu können. Da die meisten Jugendlichen in die geschlossene Wohngruppe eintreten, finden in dieser meist lediglich die Schritte 1 und 2 des schemapädagogischen Prozesses statt. Die Eingewiesenen durchlaufen insgesamt vier Phasen: Eintrittsphase, Stabilisierungsphase, Entwicklungs- und Austrittsphase. Bei erfolgreichem Verlauf und dem Status Stabilisierungsphase steht mit dem „Zweistünder" – einem zweistündigen begleiteten Ausgang – die erste Bewährungsprobe an. Von diesem zurückzukehren, fordert von vielen Teenagern etliches an Überwindung, doch die meisten schaffen es. Eine positive Entwicklung führt zu mehr Öffnungen für die Jugendlichen, eine negative Entwicklung (wiederholte Entweichung, Gewalt, viele Schul-/Arbeitsabwesenheiten, Suchtmittelkonsum etc.) führt hingegen zu einer Phasenüberprüfung und einer allfälligen Rückstufung. So steht i. d. R. rund zwei Wochen nach dem „Zweistünder" der Übertritt in eine der beiden halbgeschlossenen Wohngruppen an. Bereits innerhalb des Lory sind die Möglichkeiten zum Einüben des Transfers mannigfaltig. So gilt es beispielsweise, die problematischen Ich-Anteile in allen Bereichen (Wohngruppen und Tagesstrukturen – Atelier, Betriebe, Schule) kontrollieren zu können. Zudem stellt der Gruppenwechsel oft eine Herausforderung dar. So werden die Teenager mit neuen Fachkräften konfrontiert, die sie wieder kennenlernen und sich mit dem neuen Umfeld vertraut machen müssen. Es gibt aber auch nach dem Wechsel gewisse Konstanten: Die Perspektivencoaches sowie die Lehrpersonen kennen die Betreffenden mehrheitlich, ebenso einige Mitarbeitende der Betriebe, was in Bezug auf die Änderungen oft entlastend ist.

Stärkung der Ressourcen

Durch die Beobachtung der Jugendlichen gelingt es i. d. R. recht schnell, deren Ressourcen zu erkennen und allenfalls die problematischen Ich-Anteile resp. Schemamodi zu reframen. Auch die Schemapädagogik-Fragebögen liefern weitere Hinweise auf Ressourcen. So wird beispielsweise auch den niedrigsten Werten Gewicht beigemessen, und sie werden als Ressourcen ausgewiesen, da tiefe Werte auf eine entsprechende Befriedigung der jeweils korrelierenden Grundbedürfnisse hinweisen. So wird einerseits in der Wohngruppe das Verhalten innerhalb der Gruppe, die Kooperationsbereitschaft, das Erledigen von Aufgaben im Haushalt registriert, woraus Rückschlüsse auf gut entwickelte Potenziale geschlossen werden können, die dann ihrerseits auch für den komplementären Beziehungsaufbau genutzt werden können. Auch im Rahmen der Atelier-Arbeiten werden die Begabungen und Talente, aber auch die Widerstände gut erkannt.

Viele Jugendliche haben zu Beginn ihres Aufenthalts im Lory eine unterdurchschnittliche Selbstwirksamkeitserwartung; dieser Wert wird im Rahmen der EQUALS-Tests erhoben. Mit der Zeit – so wird fast ausnahmslos festgestellt – entwickelt sich dieser Wert nach oben, da systematisch versucht wird, für die Jugendlichen, im Rahmen der Möglichkeiten im Lory, Betätigungsfelder zu schaffen, die den Fähigkeiten der Jugendlichen entsprechen, sie fordern, aber nicht überfordern. So werden Settings realisiert, die für die noch schulpflichtigen Jugendlichen in einer öffentlichen Schule undenkbar wären, z. B. 08.00 Uhr bis 09.40 Uhr: Schulunterricht in einer Kleinstklasse oder gar als Einzelunterricht; 10.00 Uhr bis 11.45 Uhr: Arbeitstraining in der Lingerie/Wäscherei unter Anleitung einer Arbeitsagogin; nachmittags abwechslungsweise Schule, Arbeit oder „frei". So können die Jugendlichen beispielsweise zu Beginn der Platzierung das im Lehrplan vorgesehene Pensum nicht erfüllen; oft gelingt es aber durch Reduktion des Drucks und der Belastungen sowie durch Entsprechung ihrer Bedürfnisse und Möglichkeiten, dass der Beziehungskredit (Sympathie, Vertrauen, Solidarität) aller beteiligten Fachkräfte anwächst. Infolgedessen kann das Schulpensum dann nach einigen Wochen mit Leichtigkeit erhöht werden. Auf diese Weise schaffen es etliche Jugendliche schließlich trotzdem, den Schulabschluss zu erreichen. Es ist jeweils sehr erfreulich zu sehen, mit wie viel Stolz die Teenager ihre Zeugnisse entgegennehmen.

Schlussfazit: Schemapädagogik als Prozess

Die Schemapädagogik als interne Weiterbildung durchzuführen ist weder der einzig richtige Weg, noch ist dieser frei von Gefahren. Es bietet zwar selbstverständlich Vorteile, im Haus kompetente und engagierte Schemapädagoginnen und Schemapädagogen zu haben, die den Prozess begleiten und mitsteuern können. Es bedingt jedoch, dass sich Mitarbeitende über einen längeren Zeitraum sehr intensiv mit der Schemapädagogik auseinandersetzen müssen, im Speziellen auch damit, in welcher Art z. B. die Schulung idealerweise im Hinblick auf die Bedürfnisse der Institution durchgeführt werden soll. Das Investment der betreffenden Fachkräfte ist hoch und es besteht das Risiko, dass die Implementierung bei einem allfälligen Wegbrechen dieser tragenden Säulen verlangsamt wird oder gar zum Stillstand kommt.

Deshalb ist es auch sinnvoll, dass die internen Schemapädagogik-Verantwortlichen Ausschau nach neuen motivierten Mitarbeitenden halten, die als Multiplikatoren in ihren Teams fungieren oder gar ins Schulungsteam nachgezogen werden können.

Wie bereits oben erwähnt, ist es sinnvoll, den Übergangsprozess von der bisherigen „alten" zur neuen schemapädagogischen Arbeitsweise sorgfältig und mit einem genügend großen Zeitbudget zu planen, da sich die Implementierung i. d. R. in Wellen vollzieht, mit Fortschritten und Rückschlägen verbunden ist. Dabei ist es zentral, dass mit den Rückschlägen adäquat umgegangen werden kann. Es ist deshalb ratsam, dass sich bereits vor dem eigentlichen Implementierungsprozess mehrere Mitarbeitende – mindestens zur Hälfte bestehend aus Führungspersonen – einer Einrichtung in einer externen Weiterbildung zu Schemapädagoginnen und -pädagogen ausbilden lassen. Die Betonung auf „mehrere Mitarbeitende" sollte nicht unterschlagen werden. Es ist nämlich außerordentlich wichtig, dass sich diese Fachkräfte bereits intern und fortwährend austauschen können. So können diese bereits den Boden bereiten, auf dem zukünftig die Schemapädagogik gedeihen soll. Dabei wird sich aller Wahrscheinlichkeit nach zudem herauskristallisieren, wer es sich allenfalls vorstellen könnte, beim Aufbau einer internen Weiterbildung mitzuwirken oder gar die Federführung zu übernehmen.

Nachstehend einige Vor- und Nachteile einer internen Schulung für die Institutions-internen Mitarbeitenden mit betriebseigenen Trainerinnen und Trainern:

Vorteile:
- Nah an der internen Alltagspraxis
- Teambildend
- Schnelles Reagieren in der Weiterbildung auf Veränderungen
- Größeres Interesse, dass auch tatsächlich mit der Schemapädagogik gearbeitet wird
- Einfacheres Nachziehen von hausinternen Ausbilderinnen und Ausbildern
- Strahlkraft der Institution nach außen wird erhöht, wenn diese gleichzeitig auch Ausbildungsstätte ist
- Die internen Trainer*innen/Ausbilder*innen werden als Kompetenzpersonen in Bezug auf die Schemapädagogik wahrgenommen; diese können bei Fragen und Unsicherheiten konsultiert werden

Nachteile:
- Tendenziell höhere Kosten zu Beginn des Prozesses (Personal freistellen für das Erarbeiten des Weiterbildungskonzeptes, das Planen, Durchführen und Auswerten der Schulungen)
- Kein Profitieren-Können davon, wie andere Einrichtungen arbeiten
- Hohe Belastung des eigenen Personals
- Anfangs hohe Abhängigkeit von einigen wenigen Mitarbeitenden

Wichtig erscheint uns auch der Aspekt, dass die Schemapädagogik-Weiterbildung kein einmaliges Ereignis ist, sondern als ein fortwährender Prozess von weiteren Schulungen für das neue Personal sowie Update-Nachschulungen für die bisherigen schemapädagogischen Fachkräfte verstanden werden soll. Im besten Fall entwickeln sich die Arbeitsmaterialien und Methoden institutionsspezifisch weiter und die Mitarbeitenden bringen sich mit ihren jeweiligen Ressourcen und neue Ideen ein. Dafür müssen personelle und finanzielle Ressourcen vorausschauend budgetiert werden. Deshalb muss die Leitung voll und ganz hinter dem schemapädagogischen Ansatz stehen, da anderenfalls die Gefahr besteht, dass eine Weiterentwicklung aus finanziellen Gründen nicht stattfinden kann. Wenn sich eine Einrichtung dazu entscheidet, die Ausbildung intern mit eigenem Personal durchzuführen, wird es mit der Zeit auch notwendig sein, Projekte zu fördern, die die schemapädagogische Arbeitsweise unterstützen und fördern, sowie Studien durchzuführen, um z. B. die erwartete Wirksamkeit der Schemapädagogik in der Realität zu überprüfen. Dies auch, um die Wirksamkeit dieser pädagogischen Arbeitsweise zu untermauern und die Glaubwürdigkeit zu erhöhen.

Das Lory kann nun bereits nach rund zweieinhalb Jahren erste Früchte ernten. Diese sind dergestalt, dass die Beziehungen zu den Jugendlichen stabiler geworden sind, was den Grundstein für ein erfolgreiches pädagogisches Arbeiten legt und schließlich zu einer günstigen Entwicklung der jungen Menschen beiträgt. Einweisende

Behörden wurden auf die neue Arbeitsweise aufmerksam und haben sich nicht zuletzt deshalb entschieden, Jugendliche ins Lory einzuweisen, damit diese von der Schemapädagogik profitieren können. Nicht zuletzt wächst auch das Interesse an einer Anstellung im Lory, weil Bewerber die Institution Lory bewusst als potenzielle Arbeitgeberin auswählen, um die Arbeitsweise mit der Schemapädagogik zu erlernen.

5.6 FAQs – Frequently Asked Questions

- **Wie kam es zur Schemapädagogik im Lory?**
  - Weg vom Sanktionsgedanken, weg von der Defizitorientierung – hin zur Ressourcenorientierung
  - Vermehrtes Benennen von „beginnende Persönlichkeitsstörungen“ als Einweisungsgrund
  - Erkenntnis, dass die bisherige Arbeitsweise zwar innerhalb des Lory gut funktionierte, jedoch nicht nachhaltig war, da die Jugendlichen lediglich Anpassungsleistungen vollbracht haben

- **Welche Erfolge konnten bisher verzeichnet werden?**
  - Drei Schulungsdurchgänge mit mehr als 60 Teilnehmenden wurden durchgeführt
  - Drei diplomierte Schemapädagog*innen/Trainer*innen (Leipzig, 2019)
  - Schemapädagogik-Lizenz von Marcus Damm seit Ende 2020
  - Entwicklung eigener Arbeitsmaterialien
  - Fragebögen weiterentwickelt und digitalisiert (webbasiert)
  - Bildmaterial erarbeitet
  - Teilnehmende des Zertifikatlehrgangs – 90 % sind motiviert und bereit, ein 5. Modul inkl. Eigenarbeit zu erarbeiten, um das Schemapädagogik-Diplom zu erhalten
  - Interesse an der Schemapädagogik seitens anderer Institutionen (Justizvollzugsanstalten, Aus- und Weiterbildungsstätten für Lehrpersonen, Arbeitspädagog*innen)
  - Erfolgreichere Rekrutierung dank der Strahlkraft der Schemapädagogik mit internem Weiterbildungsangebot
  - Höhere Akzeptanz/Reputation der Institution in der Öffentlichkeit/bei einweisenden Behörden

- **Welche Misserfolge gab es?**
  - Widerstände aufseiten des Personals, möglicherweise aus Angst, dass bisherige pädagogische Bemühungen in Frage gestellt oder als nicht (mehr) zielführend/zeitgemäß erachtet werden
  - Über dem Jahresdurchschnitt liegende Fluktuation
  - Hemmungen bei der Anwendung der schemapädagogischen Methoden
  - Es braucht Zeit und Geduld, bis erste Resultate sichtbar werden

- Einige Methoden hinterlassen bei den Jugendlichen nach wie vor den Eindruck, einen Sanktionscharakter zu haben

- **Unter welchen Umständen kann eine Implementierung in einer Institution gelingen?**
  - Einheitliche Haltung der Geschäftsleitung/Commitment für Schemapädagogik
  - Schemapädagogisch geschulte Leitungspersonen
  - Leitungspersonen als Vorbilder
  - Leitungspersonen als Ausbilder*innen
  - Controlling der Umsetzung der Schemapädagogik
  - Gute Planung im Voraus (Ressourcen bereitstellen/budgetieren – personelle und finanzielle)
  - Foren schaffen für den Austausch nach abgeschlossener Weiterbildung
  - Kontinuierliche Fortbildungen (neues Personal, Praktikant*innen usw.)

- **Welche Vorteile ergeben sich, wenn die Schemapädagogik in einer gesamten Institution eingeführt wird?**
  - Schemapädagogik als einheitliche pädagogische Methode in einer Institution fördert den professionellen Austausch zwischen den Mitarbeitenden
  - Befähigt bisher nicht pädagogisch ausgebildetes Personal, mit der gleichen Sprache zu sprechen wie z. B. die Sozialpädagog*innen
  - Führt zu einer Professionalisierung der Institution, u. a. weil die Schemapädagogik ein störungsunspezifisches Konzept ist, mit dem man auch bei einer sehr herausfordernden Klientel erfolgreich sein kann

- **Welches sind die Erfahrungen nach zwei bis drei Jahren?**
  - Positives Echo von Öffentlichkeit/Presse/einweisenden Behörden
  - Erste positive Feedbacks seitens abnehmender Institutionen/Folgeinstitutionen
  - Verbesserte Beziehungen zwischen Professionellen und Eingewiesenen

- **Welche Empfehlungen können an geneigte Interessierte gegeben werden?**
  - Schemapädagogik kann für Institutionen, die herausfordernde Jugendliche begleiten/betreuen durchwegs empfohlen werden
  - Bevor in die eigentliche Schulung/Weiterbildung eingestiegen wird, ist es sinnvoll, gemeinsame Haltungsgrundsätze zu definieren (z. B. weg von dem Sanktionsgedanken, hin zur Ressourcenförderung der Jugendlichen)
  - Für ein erfolgreiches Implementieren der Schemapädagogik müssen genügend Ressourcen (finanzielle, personelle, organisatorische) bereitgestellt werden
  - Im Idealfall sind bereits einige Mitarbeitende schemapädagogisch geschult resp. haben sich zu diplomierten Schemapädagoginnen®/Schemapädagogen® ausbilden lassen, sind eventuell sogar Schemapädagogik-Trainer*innen

- Für einen erfolgreichen Implementierungsprozess braucht es Zeit, in der Regel mindestens 2 bis 5 Jahre

- **Wie wirkt sich die Schemapädagogik aus?**
  - Insgesamt hat sich innerhalb des Lory die bereichsübergreifende Zusammenarbeit stark professionalisiert
  - Die pädagogisch arbeitenden Fachkräfte haben die gleiche Wissensbasis, nutzen die gleiche Terminologie und die gleichen Methoden für die Arbeit mit den Jugendlichen wie die sozialpädagogischen Professionellen
  - Die Beziehungen zwischen den Jugendlichen und den Fachkräften haben sich verbessert, d. h. diese basieren mehr auf Ehrlichkeit und Solidarität als auf Anpassungsleistung
  - Es gibt erste abnehmende Institutionen, die dem Lory zurückmelden, dass sie von der Qualität der Arbeit mit den Jugendlichen beeindruckt sind und stark auf die Vorarbeit des Lory aufbauen können, aber auch die einweisenden Behörden wissen die schemapädagogische Arbeitsweise zu schätzen
  - Mittlerweile mehren sich Bewerbungen von Stellenanwärterinnen und -anwärtern, die sich explizit beim Lory bewerben, weil dieses als progressiver Arbeitgeber wahrgenommen wird
  - Ausbildungseinrichtungen für Sozialpädagogik, Arbeitsagogik aber auch die Pädagogische Hochschulen interessieren sich fürs Lory und seine Arbeitsweise

- **Wie wird die Beziehungsarbeit gestaltet?**
  - Der Beziehungsaufbau wird seit der Einführung der Schemapädagogik viel bewusster gestaltet
  - Die Auseinandersetzung mit den Jugendlichen, das gegenseitige Kennenlernen wird viel bewusster gestaltet
  - Es wird mehr Zeit in die Beziehungsarbeit investiert
  - Es ist den Fachkräften bewusster, dass die Beziehungen zu den Jugendlichen Schwankungen unterworfen sind und dass bei Konfrontationen durchaus kurzfristig vom Beziehungskredit verloren gehen kann – es muss nach einer Auseinandersetzung zuweilen wieder mehr Zeit für den Wiederaufbau von Beziehungskredit eingesetzt werden

- **Wer hat Mühe, die Schemapädagogik im Alltag anzuwenden?**
  - Es ist schwierig, dies abschließend und kurz zu beantworten
  - Es gibt einerseits langjährige Mitarbeitende, die sehr dankbar sind, neue pädagogische Impulse zu erhalten und ihren Professionalisierungsgrad zu erhöhen
  - Es gibt andererseits (langjährige) Mitarbeitenden, die ihr bisheriges Arbeiten in Frage gestellt sehen und deshalb dem neuen Ansatz kritisch gegenüberstehen
  - Einige dienstältere Fachkräfte sind einer neuen Methode gegenüber grundsätzlich kritisch eingestellt, es gibt aber auch dienstjüngere Mitarbeitende,

die einer neuen Methode etwas überdrüssig sind, da sie sich bereits während ihrer Ausbildung mit etlichen Ansätzen auseinanderzusetzen hatten
- Mehrheitlich sind die jüngeren resp. frisch ausgebildeten Fachkräfte jedoch sehr motiviert, die Schemapädagogik zu erlernen und in ihre alltägliche Arbeit zu integrieren; ihnen fällt es im Allgemeinen auch leichter, sich mit sich selbst kritisch auseinanderzusetzen, was integraler Bestandteil der Schemapädagogik-Weiterbildung ist
- Für Mitarbeitende, die sich schon länger nicht mehr mit komplexeren Konzepten auseinandergesetzt haben, stellt es doch eine Herausforderung dar, das Schemapädagogik-Konzept zu verstehen und in die Praxis zu transferieren

- **Wer ist motiviert, in die Schemapädagogik einzusteigen und wer sieht den Nutzen in diesem Konzept?**
  - Mitarbeitende, die bisher nur rudimentär oder gar nicht in Pädagogik und/oder Psychologie geschult worden sind, sind sehr dankbar für das pädagogische Rüstzeug, das ihnen während der Schemapädagogik-Weiterbildung vermittelt wird
  - Stark profitieren können die Fall-führenden Perspektivencoaches, indem sich die Terminologie vereinheitlicht, sich der Professionalisierungsgrad erhöht hat. Dadurch wird bei Gruppenwechseln der Jugendlichen die Weiterarbeit erleichtert
  - Durch gezielte Schulungen, motivierte Trainer*innen und vor allem durch eine Leitung, die voll und ganz hinter der Schemapädagogik steht, springt der Funke für die Schemapädagogik viel leichter auf die bisher noch eher zurückhaltenden und/oder skeptischen Mitarbeitenden über

Schluss und Ausblick

Das Praxisfeld Heimerziehung ist sehr anspruchsvoll und wahrscheinlich für alle Beteiligten regelmäßig eine echte Herausforderung. Mit der Zunahme an psychischen Auffälligkeiten seitens der zu Betreuenden wächst seit Jahren der Bedarf an adäquaten neuen Konzepten für die Beziehungsgestaltung und Ressourcenförderung.

Das vorliegende Buch transferiert den schemapädagogischen Ansatz in die Heimerziehung und ist eine mögliche didaktische und methodische Antwort auf die neuen Herausforderungen sowohl für pädagogische Fachkräfte, die in diesem Bereich arbeiten, als auch für die zu betreuenden Heranwachsenden, die ihre biografischen Rucksäcke mit vielen kantigen Steinen mit in die Einrichtungen bringen. Natürlich ist unsere Antwort auf den erwähnten Trend nicht die einzig mögliche.

Wir hoffen, dass wir Ihnen, liebe Leserin, lieber Leser einen umfangreichen theoretischen und praktischen Einblick in die schemapädagogische Arbeit in der Heimerziehung, wie wir sie verstehen, geben konnten. Wenn Sie Fragen, Anregungen oder Interesse an einem Workshop oder einer Weiterbildung haben, kommen Sie auf uns zu (s. Adressen, Fort- und Weiterbildungsmöglichkeiten).

Wir bleiben am Ball, wissen jedoch auch, dass wir uns am Anfang eines Großprojektes befinden. Die ersten Erfahrungen, die wir in den letzten zwei Jahren im Lory gemacht haben, verheißen jedoch viel Gutes.

Das Autoren-Team

Anlagen

Anlage 1: Schemapädagogisches Glossar

Appell
Manipulationstechnik bei einer Schema-Aktivierung. „Hilferufe durch die Blume." Kann je nach aktiviertem Schema unterschiedliche emotionale Färbungen haben. Beispiele: „Ich bin euch doch sowieso allen egal!" („Bitte kümmert euch um mich!") oder: „Das Thema haben wir hier noch nie besprochen!" („Ich habe es nicht richtig verstanden und Angst zu versagen!")

Bewältigungsmodi
Bei einer Schema-Aktivierung muss der Betreffende häufig einen unangenehmen Spannungszustand abbauen. Hierzu dienen die unbewusst eingesetzten dysfunktionalen Bewältigungsmodi, die sich aus den drei denkbaren Reaktionen Erduldung, Flucht und Gegenangriff ableiten lassen: Unterordnender Modus (Anpassung an Anforderungen von anderen); gefühlsvermeidende Modi (Flucht): a) *Distanzierter Beschützer* (schaltet Gefühle ab, kann erwachsen wirken, passiv), b) *distanzierter Selbstberuhiger* (Beruhigung durch Aktivitäten, u. U. Suchtverhalten), c) *aggressiver Beschützer* (Fernhalten anderer durch abweisendes Verhalten); überkompensierende Modi (Gegenangriff): a) *Selbsterhöher/Wichtigtuer* (will andere beeindrucken, spielt sich auf), b) *Schikanierer/Angreifer* (macht andere klein, bedroht sie), c) *Manipulierer, Trickser, Lügner* (versucht verdeckt Vorteile zu erschleichen), d) Zerstörer-/Killer-Modus (schadet anderen gezielt, kann auf Fantasie beschränkt sein), e) *zwanghafter Kontrolleur* (Besserwisser, Angeber, bevormundet andere). Der (unbewusste!) Einsatz dieser Modi befriedigt das jeweils zugrundeliegende Grundbedürfnis quasi für den Moment. Der Preis für die Betreffenden jedoch ist hoch, denn auf Basis dieser Reaktionen kann sich die (Teil-)Persönlichkeit nicht weiterentwickeln. Wir sprechen hier deshalb von dysfunktionalen Bewältigungsmodi.

Bewältigungsreaktion = Bewältigungsstil
Menschen gehen auf unterschiedliche Art und Weise mit Schema-Aktivierungen um. Unser angeborenes Temperament spielt hierbei eine Rolle. Auch kommt es darauf an, an welchen Verhaltensweisen sich der Teenager bezüglich anderer orientiert und welche nachgeahmt werden. Auch die Tagesform kann bekanntlich einen Einfluss darauf haben, wie sich der Mensch unter Spannung verhält. Grundsätzlich und allgemein formuliert sind drei verschiedene Reaktionen auf eine Schema-Aktivierung möglich: Sich-Ergeben, Flucht und Gegenangriff. D. h., die Betreffenden können das Schema auf der Verhaltensebene erdulden, vermeiden oder aber in die Überkompensation gehen.

Eltern-Modi
Die Innere-Eltern-Modi (auch Elternintrojekte genannt) stellen im Modusmodell die gedanklichen Bewertungen (Gefühle sind ausgeschaltet) auf spontane emotionale Reaktionen der Kind-Modi dar. Sie stehen ihnen quasi bei Schema-Aktivierungen manchmal gegenüber. Aus dem Konflikt zwischen Eltern- und Kind-Modi

resultiert ein unangenehmer Spannungszustand. Daher greifen die Betreffenden unbewusst auf meist erlernte Bewältigungsreaktionen zurück, um Stress abbauen zu können. Wir unterscheiden hier zwischen den inneren Antreibern (Höchstleistung um jeden Preis!) und den inneren Bestrafern (unerwünschtes Verhalten wird sanktioniert!). Beide Eltern-Modi können sowohl nach innen als auch nach außen gerichtet sein.

Gesunder Erwachsenenmodus (cleveres Kind)

Der Modus des *gesunden Erwachsenen* soll im Rahmen der Schematherapie/-pädagogik bewusst gestärkt und stabilisiert werden (funktionaler Modus). Der Betreffende lernt nach und nach, aus einer besonnenen Sicht heraus seine Emotionen zu regulieren und entsprechend flexibel zu agieren. Dadurch sollen die (alten) maladaptiven Bewältigungsmodi immer häufiger abgelöst werden. Im Modus des *gesunden Erwachsenen* können Betreffende zudem die dysfunktionalen Eltern-Modi entmachten. In der Schemapädagogik arbeiten wir analog dazu auch mit dem Modus des *cleveren Kindes*.

Grundbedürfnisse

Nach Grawes (2004) Erkenntnissen sind folgende Grundbedürfnisse angeboren. Diese sind (1.) Bindung (an andere Menschen), (2.) Kontrolle und Orientierung (über die Umgebung und über sich selbst), (3.) Selbstwerterhöhung und (4.) Lusterleben/Unlustvermeidung. Werden diese Grundbedürfnisse nicht ausreichend befriedigt, gerät das Kind in einen unangenehm emotionalen Anspannungszustand. Bei wiederholter bzw. anhaltender Nichtbefriedigung können sich maladaptive Schemata entwickeln. Den formulierten Grundbedürfnissen sind u. a. die fünf verschiedenen Schemadomänen zugeordnet.

I

Image

Bestimmter Eindruck, den der Betreffende bei der pädagogischen Fachkraft und anderen Jugendlichen erzeugen will. In vielen Fällen ist dies dem Betreffenden nicht bewusst. Es dient dazu, ein zugrundeliegendes Motiv bzw. Bedürfnis zu kommunizieren. Die Fachkraft kann Images situationsbedingt gezielt nutzen, um Beziehungskredit aufzubauen. Beispiel: „Ich geh in meiner Freizeit in den Boxverein, also vorsichtig Herr XY!“ (Heißt: „Bewundere mich für meine Stärke/Männlichkeit!“) Mögliche Reaktion: „Das dachte ich mir, du siehst echt so aus, als würdest du gut auf deinen Körper achten!“

K

Kindmodi

Bei einer Schema-Aktivierung „rutscht“ der Betreffende in ursprüngliche, kindliche Erlebenszustände (primäre Emotionen). Es können nun lediglich die alten Bewältigungsreaktionen abgerufen (Regression) und unbewusst und automatisiert zum Einsatz gebracht werden (Spannungsabbau). Dadurch kann die Persönlichkeit in eine neurotische Verfassung geraten. Die automatisierten Bewältigungsreaktionen basieren u. a. auf den Kind-Modi und sind als Reaktion auf unkonditionale Schemata (Young et al. 2008) zu verstehen (in der frühen Kindheit angelegt). Sie brennen sich genauso tief in die neuronale Struktur ein wie Schemata selbst. Zu unterscheiden sind verschiedene Modi: (a) *verletzbares Kind* (fühlt sich schwach, verletzbar, hilflos, ängstlich oder ohnmächtig), (b) *ärgerliches/wütendes Kind* (will sich durchsetzen, kann neidisch sein), (c) *impulsiv-undiszipliniertes Kind* (will sofort bekommen, was es will, sich nicht anstrengen, gibt schnell auf, kann gierig sein) sowie (d) *glückliches Kindes* (kann genießen, ist ruhig und entspannt, fühlt sich sicher, spielt).

Manipulationstechniken
Bei einer Schema-Aktivierung werden häufig (i. d. R. unbewusst) verschiedene Manipulationstechniken eingesetzt. Sie dienen der verdeckten Kommunikation von schemakorrelierenden Bedürfnissen. Zu unterscheiden sind hierbei Appelle, Images, Tests (nach Sachse 2002) und Psychospiele (nach Berne 2005).

Psychospiel
Diese Interaktionsstrategie stellt für den Initiator ein wirkungsvolles Mittel zur Befriedigung eines bestimmten Bedürfnisses dar. Psychospiele dienen häufig als unbewusster Spannungsabbau. Das Kennzeichen von Psychospielen ist ein bestimmter Ablauf der Kommunikation zwischen Sender und Empfänger, welcher je nach Spiel immer gleichartig ist. Das Psychospiel soll den Gesprächspartner zu einem erwünschten Verhalten animieren bzw. zwingen. Es ähnelt der Manipulationstechnik Tests, ist aber als längerfristige Gesprächssequenz angelegt.

Schema
„Fußabdruck“ in den neuronalen Netzen unserer Gehirnstruktur. Entsteht in Folge lang anhaltender, starker emotionaler positiver wie negativer Erregung aufgrund von bestimmten, sich wiederholenden Beziehungserfahrungen. Genauer: Aus einem vorübergehenden Erregungszustand (Modus) wird dadurch ein bleibendes Muster (Schema). Wirkt im Gehirn als Attraktor, lenkt die sinnlichen Erregungsströme in angelegte Bahnen. Häufiges Erleben von bestimmten Konstellationen führt schließlich dazu, dass „man sieht, was man kennt, und tut, was man kann“ (Roediger, 2016). Angelegte Schemata werden immer wieder aktiviert, sobald man zukünftig in ähnliche Situationen gerät. Man „rutscht“ dann gewissermaßen (wieder) in den kindhaften Erlebensmodus hinein (Kind-Ich). Erlebens- und Verhaltensweisen werden immer stärker fixiert und automatisiert, bis sie schließlich unbewusst ablaufen. Schemata organisieren später aktiv unser Erleben, den Alltag, sie üben subtilen Einfluss auf unser Denken, Fühlen und Handeln aus (sog. Autopilot). Die meisten dieser unbewusst ablaufenden Muster sind für unsere Alltagsstruktur sinnvoll bis notwendig. Schemapädagog*innen interessieren sich daher in der Praxis für maladaptive Schemata, die in unangenehmen Lebenssituationen entstanden sind, da sie auch in der Gegenwart regelmäßig zu Konflikten und Beeinträchtigungen des Selbstkonzepts führen.

Schemata, primäre
Die Entwicklung von primären Schemata ist gemäß der Schematherapie unmittelbar auf spezifische Verhaltensweisen seitens der Eltern und sonstiger Bezugs-

personen zurückzuführen, im Rahmen derer die Grundbedürfnisse des Kindes unzureichend befriedigt bis dauerhaft frustriert worden sind. Primäre Lebensmuster werden in den ersten Jahren der kindlichen Entwicklung gebildet, wenn das Kind noch vollkommen abhängig ist von seinen Bezugspersonen. Sie brennen sich tief in die neuronale Struktur ein. Entsprechend nachhaltig ist ihre Wirkung. Man spricht deshalb auch von unkonditionalen Schemata.

Schemata, sekundäre

Anders als bei den primären bzw. unkonditionalen Schemata, werden sekundäre (oder konditionale) Schemata i. d. R. nicht durch das Elternverhalten direkt entwickelt. Das Kind stellt vielmehr unbewusst sein Bedürfnis nach Selbstwerterhöhung und Lusterleben zurück. Es versucht sich mithilfe dieser Reaktion, die noch wichtigeren Grundbedürfnisse nach Bindung und Kontrolle zu sichern. Die konditionalen Schemata der vierten und fünften Domäne sind entsprechend als Bewältigungsversuche für unkonditionale Schemata zu verstehen, sie sind quasi gezielt erlernt. Sie werden anders als die primären Schemata erst dann gebildet, wenn reflexives Denken möglich wird.

Schemamodus

Ein Schemamodus bildet den gerade aktuell erfahrbaren Erlebenszustand des Betreffenden ab, bzw. seine gerade aktivierte Teilpersönlichkeit. Schemamodi werden meistens durch ein zugrundeliegendes Schema ausgelöst, d. h. ein aktiviertes Schema tritt durch einen Modus konkret in Erscheinung. Zu unterscheiden sind Kind-, Innere-Eltern- und die dysfunktionalen Bewältigungsmodi. Erwähnt werden muss zudem der Modus des *gesunden Erwachsenen*.

Test

Mithilfe dieser Interaktionsstrategie versucht der Betreffende, sein Gegenüber zu einer bestimmten Reaktion zu motivieren und zwar entweder in positiver oder negativer Hinsicht. Auf Tests, die bei Fachkräften direkt eine negative Gegenübertragungsreaktion auslösen, sollte nicht unmittelbar sanktionierend eingegangen werden, vor allem, weil sie gerne im Gruppenverband praktiziert werden und entsprechend in Psychospiele ausarten können. Sinnvoll ist es jedoch (je nach Intensität), das Verhalten im Nachhinein unter vier Augen zu thematisieren (gerne kann man auch den Test während der Praxis desselben aufdecken: „Du willst jetzt sehen, wie ich reagiere, gell?“). Ein Beispiel für einen negativen Test: Im Rahmen eines Gruppengesprächs versucht einer der Klienten durch lauter werdendes Gemecker seinen Wunsch nach mehr Spielzeit deutlich zu machen („Immer müssen wir diese Scheiße hier machen!“, „Nie darf ich mal spielen!“, „Meine Freunde sind aber auch aufm Schulhof!“ etc.). Für gewöhnlich (in guter Atmosphäre) versuchen andere in der Gruppe, den Störenfried zu stoppen („Jetzt halt doch mal dein Maul!“), was den Meckernden noch mehr meckern lässt. Die Fachkraft bittet, ohne näher auf das Störverhalten einzugehen, die Gruppe, sich auf das Gespräch zu konzentrieren und lenkt so vom Testgeschehen ab (Vermeidung der Gefahr von Psychospielen). Nach der Gruppenphase bittet sie den Frustrierten, noch einen Moment im Raum zu bleiben, konfrontiert ihn mit seinem Testverhalten und spricht die dahinterliegende Bedürfnisebene an, um ressourcenorientiert intervenieren zu können.

Anlage 2: Schemafragebogen

SCHEMAFRAGEBOGEN JUGENDLICHE

Name Jugendliche/r

Datum

Name päd. Fachkraft

Der folgende Fragebogen soll dir dabei helfen, mögliche Beziehungsmuster oder eben Schemata zu erkennen. Dies fördert einerseits die Selbsterkenntnis, andererseits kannst du dadurch vielleicht schon einige „altbekannte" Beziehungsschwierigkeiten besser verstehen, die sich bisher immer wieder wie „von selbst" ergeben haben.

Lies die Fragen genau durch, lass dich auf diese ein, und bewerte die entsprechenden Aussagen auf einer Skala von 0 bis 5 (0 = diese Aussage trifft überhaupt nicht zu; 5 = diese Aussage trifft voll zu). Markiere deine Einschätzungen.

1. EE	trifft überhaupt nicht zu	trifft nicht zu	trifft eher nicht zu	trifft eher zu	trifft zu	trifft voll zu
In vielen Momenten, in denen es mir nicht gut ging, habe ich wenig Unterstützung von Personen in meinem Umfeld bekommen	❑	❑	❑	❑	❑	❑
Ich war in meinem bisherigen Leben häufig auf mich alleine gestellt	❑	❑	❑	❑	❑	❑
Ich zeige nur selten meine Gefühle oder spreche darüber	❑	❑	❑	❑	❑	❑
Ich weiß häufig gar nicht, was ich fühle	❑	❑	❑	❑	❑	❑
Ich weiß meistens nicht, was mein Gesprächspartner/mein Gegenüber fühlt	❑	❑	❑	❑	❑	❑
	0	1	2	3	4	5

2. VI	trifft überhaupt nicht zu	trifft nicht zu	trifft eher nicht zu	trifft eher zu	trifft zu	trifft voll zu
Ich bin davon überzeugt, dass man sich in einer Beziehung nicht völlig auf den anderen verlassen kann	❑	❑	❑	❑	❑	❑
Ich finde: Vertrauen ist gut, Kontrolle ist besser!	❑	❑	❑	❑	❑	❑
Mir fällt es schwer, mich mit mir zu beschäftigen, wenn ich alleine bin	❑	❑	❑	❑	❑	❑
Ich suche ständig Gesellschaft	❑	❑	❑	❑	❑	❑
Auch in Phasen, in denen es mir gut geht, sehe ich vor allem das Negative	❑	❑	❑	❑	❑	❑
	0	1	2	3	4	5

3. MM	trifft überhaupt nicht zu	trifft nicht zu	trifft eher nicht zu	trifft eher zu	trifft zu	trifft voll zu
Ich teile die Menschen ein in „gut“ und „böse“	❑	❑	❑	❑	❑	❑
Ich finde, man kann sich nicht genug vor den Mitmenschen in Acht nehmen	❑	❑	❑	❑	❑	❑
Ich brauche sehr lange, bis ich jemandem vertrauen kann	❑	❑	❑	❑	❑	❑
Manchmal mache ich andere „so richtig zur Sau“	❑	❑	❑	❑	❑	❑
Ich erlebe oft Konflikte mit anderen	❑	❑	❑	❑	❑	❑
	0	1	2	3	4	5

4. SI

	trifft überhaupt nicht zu	trifft nicht zu	trifft eher nicht zu	trifft eher zu	trifft zu	trifft voll zu
Ich bin anders als die anderen – das war schon immer so	❑	❑	❑	❑	❑	❑
Schon früher war ich „Außenseiter“	❑	❑	❑	❑	❑	❑
Ich fühle mich häufig missverstanden	❑	❑	❑	❑	❑	❑
Ich habe wenig Gemeinsamkeiten mit meinen Mitmenschen	❑	❑	❑	❑	❑	❑
In meiner Rolle als Außenseiter fühle ich mich wohl	❑	❑	❑	❑	❑	❑
	0	1	2	3	4	5

5. US

	trifft überhaupt nicht zu	trifft nicht zu	trifft eher nicht zu	trifft eher zu	trifft zu	trifft voll zu
Kritik von meinen Mitmenschen annehmen – geht gar nicht	❑	❑	❑	❑	❑	❑
In meiner Freizeit bevorzuge ich Tätigkeiten, die ich mehrheitlich alleine mache (zum Beispiel Angeln, Fotografieren usw.)	❑	❑	❑	❑	❑	❑
Ich bekomme häufig Rückmeldung, dass mit mir etwas nicht stimmt	❑	❑	❑	❑	❑	❑
Ich werde häufig von Menschen aus meinem Umfeld negativ bewertet	❑	❑	❑	❑	❑	❑
In Gesellschaft passieren mir sehr oft Dinge, die voll peinlich sind	❑	❑	❑	❑	❑	❑
	0	1	2	3	4	5

6. EV

	trifft überhaupt nicht zu	trifft nicht zu	trifft eher nicht zu	trifft eher zu	trifft zu	trifft voll zu
Viele Projekte, die ich beginne, scheitern am Schluss	☐	☐	☐	☐	☐	☐
Mir will einfach nichts gelingen	☐	☐	☐	☐	☐	☐
Ich verliere schnell die Geduld, wenn eine Sache, die ich angehe, nicht sofort funktioniert	☐	☐	☐	☐	☐	☐
Ich zweifle oft an mir selbst	☐	☐	☐	☐	☐	☐
Ich glaube, ich strahle nicht genug Selbstvertrauen aus	☐	☐	☐	☐	☐	☐
	0	1	2	3	4	5

7. Ava

	trifft überhaupt nicht zu	trifft nicht zu	trifft eher nicht zu	trifft eher zu	trifft zu	trifft voll zu
Ich glaube, dass die Menschen in meinem Umfeld viele Sachen besser können als ich	☐	☐	☐	☐	☐	☐
Ich fühle mich bei Aufgaben, die ich selbst übernehmen muss, schnell überfordert	☐	☐	☐	☐	☐	☐
Mein soziales Umfeld unterstützt mich in jeder Lebenslage	☐	☐	☐	☐	☐	☐
Ich finde, niemand sollte große Ansprüche an mich stellen	☐	☐	☐	☐	☐	☐
Ich kann im Alltag schlecht Entscheidungen treffen	☐	☐	☐	☐	☐	☐
	0	1	2	3	4	5

8. V

	trifft überhaupt nicht zu	trifft nicht zu	trifft eher nicht zu	trifft eher zu	trifft zu	trifft voll zu
Ich finde, dass das Leben voller möglicher Gefahren steckt	❑	❑	❑	❑	❑	❑
Man muss im Alltag aufpassen	❑	❑	❑	❑	❑	❑
Ich bin häufig gestresst, weil ich stets auf so viele Dinge achten muss	❑	❑	❑	❑	❑	❑
Ich verbringe einige Zeit damit, meine Mitmenschen vor den Gefahren des Alltags zu warnen	❑	❑	❑	❑	❑	❑
Ich schaue, höre und lese Beiträge (Zeitung, Internet, Fernsehen, Radio), in denen über Krankheiten, Unfälle, Naturkatastrophen usw. berichtet wird	❑	❑	❑	❑	❑	❑
	0	1	2	3	4	5

9. Vma

	trifft überhaupt nicht zu	trifft nicht zu	trifft eher nicht zu	trifft eher zu	trifft zu	trifft voll zu
Meine hauptsächliche Bezugsperson ist die wichtigste Person in meinem Leben	❑	❑	❑	❑	❑	❑
Wenn ich von meiner für mich wichtigsten Person getrennt werde, geht es mir nicht gut	❑	❑	❑	❑	❑	❑
Ich höre oft, ich sei zu fordernd, einengend, anspruchsvoll	❑	❑	❑	❑	❑	❑
Dass die anderen mir in vielerlei Hinsicht hilfreich zur Seite stehen, finde ich normal – das muss so sein	❑	❑	❑	❑	❑	❑
Ich habe keine großartigen Hobbys	❑	❑	❑	❑	❑	❑
	0	1	2	3	4	5

10. AG	trifft überhaupt nicht zu	trifft nicht zu	trifft eher nicht zu	trifft eher zu	trifft zu	trifft voll zu
Ich fühle mich meinen Mitmenschen gegenüber größtenteils überlegen	❑	❑	❑	❑	❑	❑
Ich bin sehr ehrgeizig	❑	❑	❑	❑	❑	❑
Ich kann ganz viele mögliche Berufe ergreifen, denn ich habe viele Fähigkeiten	❑	❑	❑	❑	❑	❑
Ich finde, dass ich im Vergleich zu anderen talentierter, unterhaltsamer, intellektueller usw. bin	❑	❑	❑	❑	❑	❑
Mir geht es gut, wenn meine Leistungen von meinen Mitmenschen gesehen werden und ich dafür Lob erhalte	❑	❑	❑	❑	❑	❑
	0	1	2	3	4	5

11. AwR	trifft überhaupt nicht zu	trifft nicht zu	trifft eher nicht zu	trifft eher zu	trifft zu	trifft voll zu
Es fällt mir schwer, täglich anfallende Routinearbeiten auszuführen	❑	❑	❑	❑	❑	❑
Wenn mich andere zu etwas drängen wollen, „verschließe ich mich“	❑	❑	❑	❑	❑	❑
Ich fühle mich oft irgendwie „leer“	❑	❑	❑	❑	❑	❑
Mir fällt es schwer, Ordnung und Struktur einzuhalten, sowohl am Arbeitsplatz wie in der Freizeit	❑	❑	❑	❑	❑	❑
Am besten geht es mir, wenn mich alle in Ruhe lassen und niemand etwas von mir will	❑	❑	❑	❑	❑	❑
	0	1	2	3	4	5

12. AU

	trifft überhaupt nicht zu	trifft nicht zu	trifft eher nicht zu	trifft eher zu	trifft zu	trifft voll zu
Ich vermeide wenn immer möglich in meinem Alltag den Kontakt mit Autoritätspersonen (Lehrpersonen, Polizist*innen, ...)	❑	❑	❑	❑	❑	❑
Ich bemühe mich immer darum, einen guten Eindruck auf Autoritätspersonen (Lehrpersonen, Sozialpädagog*innen, ...) zu machen	❑	❑	❑	❑	❑	❑
Ich denke manchmal darüber nach, ob die Autoritätspersonen (Lehrpersonen, Sozialpädagog*innen, ...) auch wirklich eine gute Meinung über meine Person haben	❑	❑	❑	❑	❑	❑
Wenn ich zurechtgewiesen werde, geht mir das tagelang nach	❑	❑	❑	❑	❑	❑
Wenn ich mich mit einer Autoritätsperson (Lehrpersonen, Sozialpädagog*innen, ...) unterhalte, bin ich voll konzentriert und gehe voll und ganz auf ihre Anliegen ein	❑	❑	❑	❑	❑	❑
	0	1	2	3	4	5

13. Ffa

	trifft überhaupt nicht zu	trifft nicht zu	trifft eher nicht zu	trifft eher zu	trifft zu	trifft voll zu
Ich denke viel an die Probleme anderer	❑	❑	❑	❑	❑	❑
Ich spüre sofort, wenn es meinem Gesprächspartner nicht gut geht	❑	❑	❑	❑	❑	❑
Ich habe immer ein offenes Ohr für meine Mitmenschen	❑	❑	❑	❑	❑	❑
Ich kann super zuhören und gebe meinem Gesprächspartner das Gefühl, dass er sich verstanden fühlt	❑	❑	❑	❑	❑	❑
Häufig denke ich, ich bin die erste Anlaufstation für die Probleme meiner Mitmenschen	❑	❑	❑	❑	❑	❑
	0	1	2	3	4	5

14. SnZuA	trifft überhaupt nicht zu	trifft nicht zu	trifft eher nicht zu	trifft eher zu	trifft zu	trifft voll zu
Mir geht es gut, wenn ich gesellschaftlich integriert bin und ich nicht negativ auffalle	❑	❑	❑	❑	❑	❑
Ich suche häufig die Bestätigung und Zustimmung von meinem sozialen Umfeld	❑	❑	❑	❑	❑	❑
Mir fällt es sehr leicht, auf die Meinung und Einstellung meiner Mitmenschen einzugehen und diese zu übernehmen	❑	❑	❑	❑	❑	❑
Bleibt einmal Lob für meine Arbeit aus, geht es mir augenblicklich schlecht	❑	❑	❑	❑	❑	❑
Mir bedeutet es sehr viel, was meine Familie, Kollegen, andere Jugendliche usw. über mich denken	❑	❑	❑	❑	❑	❑
	0	1	2	3	4	5

15. ESuF	trifft überhaupt nicht zu	trifft nicht zu	trifft eher nicht zu	trifft eher zu	trifft zu	trifft voll zu
Ordnung, Struktur und Sicherheit sind wichtige Dinge in meinem Leben	❑	❑	❑	❑	❑	❑
Ich beschäftige mich häufig mit Statistiken, Tabellen und „Fakten“	❑	❑	❑	❑	❑	❑
Manche sagen zu mir, ich sei in Gesellschaft etwas zu ernsthaft und unpersönlich	❑	❑	❑	❑	❑	❑
Ich denke erst darüber nach, bevor ich etwas sage	❑	❑	❑	❑	❑	❑
Ich finde, dass Gefühle überschätzt werden	❑	❑	❑	❑	❑	❑
	0	1	2	3	4	5

16. ÜSP	trifft überhaupt nicht zu	trifft nicht zu	trifft eher nicht zu	trifft eher zu	trifft zu	trifft voll zu
Meine Mitmenschen sagen mir manchmal, ich sei perfektionistisch und übertrieben fleißig	❑	❑	❑	❑	❑	❑
Alle Sachen, die ich anpacke, müssen gleich gut funktionieren	❑	❑	❑	❑	❑	❑
Gelingt mir mal etwas nicht, geht es mir sofort sehr schlecht	❑	❑	❑	❑	❑	❑
Ich habe immer einen großen Vorrat an unerledigten, aber sehr wichtigen Dingen, die noch anstehen	❑	❑	❑	❑	❑	❑
Etwas, das nicht so ist, wie ich es mir vorstelle, ertrage ich nicht	❑	❑	❑	❑	❑	❑
	0	1	2	3	4	5

17. Nh	trifft überhaupt nicht zu	trifft nicht zu	trifft eher nicht zu	trifft eher zu	trifft zu	trifft voll zu
Für mich ist das Glas „halb leer" und nicht „halb voll"	❑	❑	❑	❑	❑	❑
Ich sehe und finde immer Fehler	❑	❑	❑	❑	❑	❑
Manche sagen, ich würde ihnen immer die Stimmung vermiesen	❑	❑	❑	❑	❑	❑
Ich bewerte Situationen im Alltag i.d.R. sehr negativ	❑	❑	❑	❑	❑	❑
Ich kann meine negative Einstellung mit kaum jemandem teilen	❑	❑	❑	❑	❑	❑
	0	1	2	3	4	5

18. B

	trifft überhaupt nicht zu	trifft nicht zu	trifft eher nicht zu	trifft eher zu	trifft zu	trifft voll zu
Ich schätze Regeln und Gesetze sehr und halte mich daran	❑	❑	❑	❑	❑	❑
Fehler, die andere machen, bestrafe ich umgehend	❑	❑	❑	❑	❑	❑
Bei Fehlverhalten lasse ich keine Ausreden gelten	❑	❑	❑	❑	❑	❑
Ich verbringe viel Zeit damit, andere zu kontrollieren	❑	❑	❑	❑	❑	❑
Ich bevorzuge eine harte und strenge Erziehung	❑	❑	❑	❑	❑	❑
	0	1	2	3	4	5

Auswertung tabellarisch

Name Jugendliche/r ______ Datum ______ Name päd. Fachkraft ______

Zähle nun die Punkte je Schema zusammen und trage sie in die Tabelle ein.

Nr.	Abkürzung	Schema	Gesamtpunktzahl
1	EE	Emotionale Entbehrung	
2	VI	Verlassenheit/Instabilität	
3	MM	Misstrauen/Missbrauch	
4	SI	Soziale Isolation	
5	US	Unzulänglichkeit/Scham	
6	EV	Erfolglosigkeit/Versagen	
7	Ava	Abhängigkeit von anderen	
8	V	Verletzbarkeit	
9	Vma	Verstrickung mit anderen	
10	AG	Anspruchshaltung/Grandiosität	
11	AwR	Anecken wollen/Rebellion	
12	AU	Anpassung/Unterwerfung	
13	Ffa	Fürsorge für andere	
14	SnZuA	Streben nach Zustimmung und Anerkennung	
15	ESuF	Emotionale Selbst- und Fremdkontrolle	
16	ÜSP	Überhöhte Standards/Perfektionismus	
17	Nh	Negatives hervorheben	
18	B	Bestrafungsneigung	

An folgender Skala kannst du dich orientieren:

0–7 Punkte = schwach ausgeprägte Tendenz
8–16 Punkte = mittelstark ausgeprägte Tendenz
17–25 Punkte = stark ausgeprägte Tendenz

Auswertung Schemata grafisch

Name Jugendliche/r	Datum	Name päd. Fachkraft

Übertrage nun aus der Tabelle die Punkte für jedes Schema in den Spider (s. Schema-Kürzel).

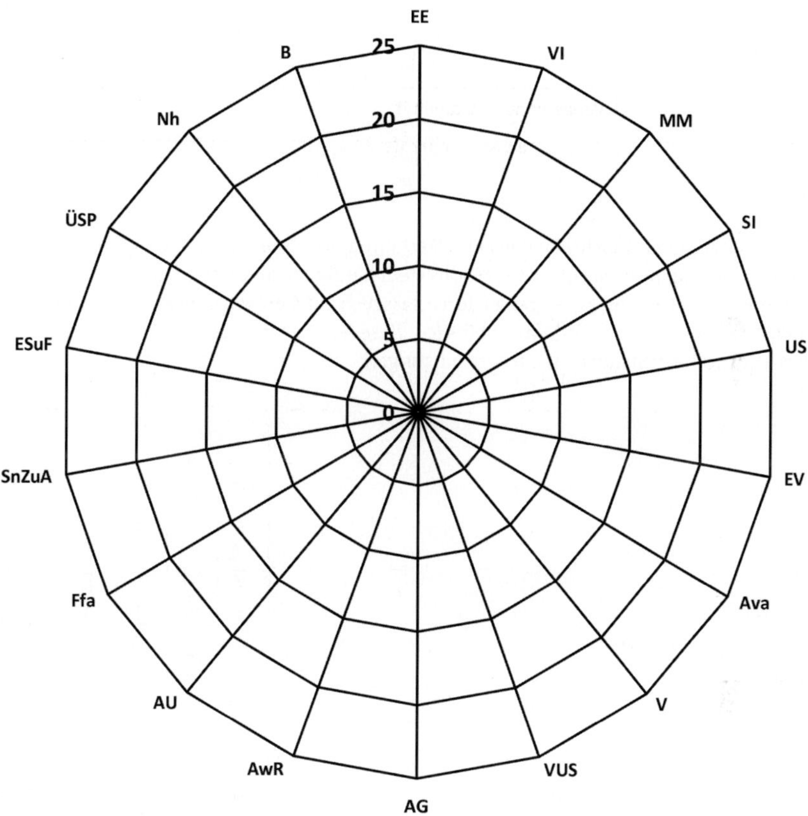

Was resultiert aus einer stark ausgeprägten Tendenz?

Wie oben schon erwähnt – man kann davon ausgehen, dass die meisten Menschen in unserer Gesellschaft ein Schema oder mehrere Schemata offenbaren. Das Problem ist nicht die Existenz von Schemata, sondern die damit gewöhnlich einhergehende Unkenntnis ihrer Existenz. Dies hat neurobiologische Ursachen.

Schemata entstanden meistens in der frühen Kindheit. Sie werden daher nicht infrage gestellt, und die Betreffenden denken und handeln in bestimmten Situationen immer wieder Schema-getrieben, das heißt: wie Kinder. So kommt es stets zu denselben Konflikten mit sich selbst und anderen.

Solltest du nun ein Schema oder mehrere Schemata bei dir selbst entdecken, so hast du nunmehr die Chance, konstruktiv mit diesen innerpsychischen Mustern umzugehen.

Anlage 3: Modusfragebogen

MODUSFRAGEBOGEN JUGENDLICHE

____

Name Jugendliche/r

______________ ______________________

Datum Name päd. Fachkraft

Ein sogenannter Modus beschreibt den aktuell erfahrbaren Erlebenszustand, anders gesagt, eine gerade aktivierte Teilpersönlichkeit. Ein Modus steht häufig im Zusammenhang mit einem bestimmten Schema. Lies die Fragen genau durch, lass dich auf diese ein und bewerte die entsprechenden Aussagen auf einer Skala von 0 bis 5 (0= diese Aussage trifft überhaupt nicht zu; 5= diese Aussage trifft voll zu). Markiere deine Einschätzungen.

1. VK	trifft überhaupt nicht zu	trifft nicht zu	trifft eher nicht zu	trifft eher zu	trifft zu	trifft voll zu
Ich fühle mich überfordert, ungenügend und/oder wertlos.	❑	❑	❑	❑	❑	❑
Ich bin verzweifelt und/oder traurig.	❑	❑	❑	❑	❑	❑
Ich fühle mich oft allein auf der Welt oder ausgeschlossen.	❑	❑	❑	❑	❑	❑
Ich fühle mich schwach, hilflos und ausgeliefert.	❑	❑	❑	❑	❑	❑
Ich habe das Gefühl, dass mich niemand liebt.	❑	❑	❑	❑	❑	❑
	0	1	2	3	4	5

2. ÄK

	trifft überhaupt nicht zu	trifft nicht zu	trifft eher nicht zu	trifft eher zu	trifft zu	trifft voll zu
Oft ärgern mich Menschen, weil sie einfach da sind.	❑	❑	❑	❑	❑	❑
Ich habe viel aufgestauten Ärger in mir, der hinaus müsste.	❑	❑	❑	❑	❑	❑
Wer nicht für mich ist, ist gegen mich.	❑	❑	❑	❑	❑	❑
Wenn man mir nicht glaubt, reagiere ich äußerst gereizt.	❑	❑	❑	❑	❑	❑
Es empört mich sehr, wenn man mich betrügt oder unfair behandelt.	❑	❑	❑	❑	❑	❑
	0	1	2	3	4	5

3. WK

	trifft überhaupt nicht zu	trifft nicht zu	trifft eher nicht zu	trifft eher zu	trifft zu	trifft voll zu
Ich greife andere auch mal an, wenn ich wütend bin.	❑	❑	❑	❑	❑	❑
Wenn ich mich provoziert fühle, kann ich mich wehren und lasse mir von anderen nichts gefallen.	❑	❑	❑	❑	❑	❑
Ich schmeiße mit Gegenständen oder schlage auf diese ein, wenn ich wütend bin.	❑	❑	❑	❑	❑	❑
Wenn ich wütend bin, verliere ich die Selbstkontrolle und bedrohe und/oder beleidige andere.	❑	❑	❑	❑	❑	❑
Wenn ich wütend bin, kommt es vor, dass ich Dinge kaputt mache.	❑	❑	❑	❑	❑	❑
	0	1	2	3	4	5

4. IK

	trifft überhaupt nicht zu	trifft nicht zu	trifft eher nicht zu	trifft eher zu	trifft zu	trifft voll zu
Ich kann meine Impulse schlecht kontrollieren.	❑	❑	❑	❑	❑	❑
Ich folge meinen Gefühlen blindlings.	❑	❑	❑	❑	❑	❑
Es kommt immer wieder vor, dass ich mich mit unüberlegten Aussagen und/oder Handlungen in Schwierigkeiten bringe.	❑	❑	❑	❑	❑	❑
Es gibt Situationen, in denen ich überreagiere	❑	❑	❑	❑	❑	❑
Ich mache das, wozu ich gerade Lust habe.	❑	❑	❑	❑	❑	❑
	0	1	2	3	4	5

5. UK

	trifft überhaupt nicht zu	trifft nicht zu	trifft eher nicht zu	trifft eher zu	trifft zu	trifft voll zu
Wenn ich ein Ziel nicht erreichen kann, bin ich schnell frustriert und/oder gebe auf.	❑	❑	❑	❑	❑	❑
Ich vermeide es, wiederkehrende oder unangenehme Aufgaben zu erledigen.	❑	❑	❑	❑	❑	❑
Ich finde es sinnlos, im Voraus zu planen, wie ich etwas anpacken kann.	❑	❑	❑	❑	❑	❑
Mir wird leicht langweilig und ich verliere schnell das Interesse an den Dingen.	❑	❑	❑	❑	❑	❑
Ich habe Mühe, mich zu motivieren, wenn etwas anstrengend erscheint.	❑	❑	❑	❑	❑	❑
	0	1	2	3	4	5

6. GK

	trifft überhaupt nicht zu	trifft nicht zu	trifft eher nicht zu	trifft eher zu	trifft zu	trifft voll zu
Ich fühle mich geliebt und wertvoll.	❑	❑	❑	❑	❑	❑
Es gibt Menschen, die mir nahestehen und die mich unterstützen.	❑	❑	❑	❑	❑	❑
Ich fühle mich sicher.	❑	❑	❑	❑	❑	❑
Ich bin optimistisch.	❑	❑	❑	❑	❑	❑
Ich bin spontan und verspielt.	❑	❑	❑	❑	❑	❑
	0	1	2	3	4	5

7. IA

	trifft überhaupt nicht zu	trifft nicht zu	trifft eher nicht zu	trifft eher zu	trifft zu	trifft voll zu
Ich bin hart zu mir selbst und habe Mühe damit, Komplimente zu erhalten.	❑	❑	❑	❑	❑	❑
Ich gebe mir selbst keine Gelegenheit zu entspannen oder Spaß zu haben, bevor ich nicht alles erledigt habe, was ich tun muss.	❑	❑	❑	❑	❑	❑
Ich habe gelernt, dass man immer sein Bestes geben muss.	❑	❑	❑	❑	❑	❑
Es kommt selten vor, dass ich mit meinen Leistungen zufrieden bin.	❑	❑	❑	❑	❑	❑
Ich zwinge mich dazu, verantwortungsbewusster zu sein als die meisten anderen.	❑	❑	❑	❑	❑	❑
	0	1	2	3	4	5

8. IB

	trifft überhaupt nicht zu	trifft nicht zu	trifft eher nicht zu	trifft eher zu	trifft zu	trifft voll zu
Ich gönne mir kein Vergnügen, weil ich es nicht verdiene.	❑	❑	❑	❑	❑	❑
Es ist häufig meine Schuld, wenn etwas Schlimmes passiert.	❑	❑	❑	❑	❑	❑
Ich verdiene es, bestraft zu werden.	❑	❑	❑	❑	❑	❑
Wenn ich mich nicht anständig benehme, habe ich eine Strafe verdient.	❑	❑	❑	❑	❑	❑
Ich verdiene kein Mitleid, wenn mir etwas Schlimmes passiert.	❑	❑	❑	❑	❑	❑
	0	1	2	3	4	5

9. GE

	trifft überhaupt nicht zu	trifft nicht zu	trifft eher nicht zu	trifft eher zu	trifft zu	trifft voll zu
Wenn es Probleme gibt, suche ich nach Lösungen und/oder Hilfe.	❑	❑	❑	❑	❑	❑
Ich weiß, wann ich meine Gefühle äußern sollte und wann nicht.	❑	❑	❑	❑	❑	❑
Ich habe einen gesunden Ehrgeiz, kann aber auch aufhören, wenn das Ziel zu weit weg erscheint.	❑	❑	❑	❑	❑	❑
Ich bin in der Lage, für mich selbst zu sorgen.	❑	❑	❑	❑	❑	❑
Wenn es nötig ist, mache ich langweilige oder routinemäßige Aufgaben fertig, um Dinge zu erreichen, die mir wichtig sind.	❑	❑	❑	❑	❑	❑
	0	1	2	3	4	5

Auswertung Modi tabellarisch

Name Jugendliche/r   Datum   Name päd. Fachkraft

Zähle nun die Punkte je Modus zusammen und trage sie in die Tabelle ein.

Nr.	Abkürzung	Modus	Gesamtpunktzahl
1	VK	Verletzbares Kind	
2	Äk	Ärgerliches Kind	
3	WK	Wütendes Kind	
4	IK	Impulsives Kind	
5	UK	Undiszipliniertes Kind	
6	Gk	Glückliches Kind	
7	IA	Innerer Antreiber (Eltern-Modus)	
8	IB	Innerer Bestrafer (Eltern-Modus)	
9	GE	Gesunder Erwachsene	

An folgender Skala kannst du dich orientieren:

0–7 Punkte = schwach ausgeprägte Tendenz
8–16 Punkte = mittelstark ausgeprägte Tendenz
17–25 Punkte = stark ausgeprägte Tendenz

Auswertung Modi grafisch

Name Jugendliche/r　　Datum　　Name päd. Fachkraft

Übertrage nun aus der Tabelle die Punkte je Modus in den Spider.

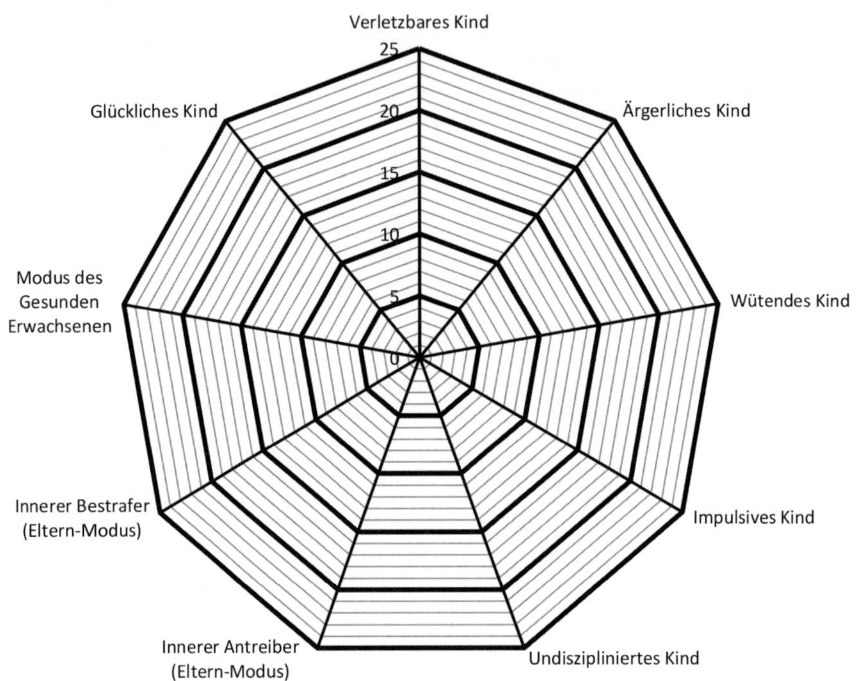

Was resultiert aus einer stark ausgeprägten Tendenz?

Bei Schema-Aktivierung „rutschen" (switchen) die Betreffenden in den ursprünglichen kindlichen Erlebenszustand (primäre Emotionen). Es können nun lediglich die alten Bewältigungsreaktionen abgerufen (Regression) und unbewusst und automatisiert zum Einsatz gebracht werden (Spannungsabbau). Die Innere-Eltern-Modi (Innerer Antreiber/Innerer Bestrafer) stellen im Modusmodell die gedanklichen Bewertungen (Gefühle sind ausgeschaltet) auf die spontane emotionale Reaktion der Kind-Modi dar. Sie stehen ihnen quasi bei einer Schema-Aktivierung gegenüber. Aus dem Konflikt zwischen Eltern- und Kind-Modi resultiert ein unangenehmer Spannungszustand.

Dieser Spannungszustand wird häufig mit den sogenannten Bewältigungsmodi zu reduzieren versucht (s. Fragebogen in den Download-Materalien).

Anlage 4: Modus-Karten (allgemein)

Angepasster Unterwerfer

Distanzierter Beschützer

Aggressiver Beschützer

Schikanierer-/Angreifer-Modus

Manipulierer/Trickser/Lügner

Zwanghafter Kontrolleur

Modus-Karten-2.0[38]

38 Lory-intern werden andere, etwas abstraktere Schema- und Modus-Karten verwendet. Schemapädagogik-Kartensets mit sämtlichen Schemata und Modi können bezogen werden bei: Jugendheim Lory, CH-Münsingen.

Der distanzierte Selbstberuhiger-Modus

Der/Die Sich-Stimulierende: der/die Ablenkende, der/die Sich-im-Internet-Versteckende, der Dauer-Rollenspieler/die Dauer-Rollenspielerin (Multi-Player), der/ die McDonald-Abhängige, der/die Skurile

Schaltet Gefühle aus, indem er/sie sich mit Dingen beschäftigt, die besänftigend oder stimulierend wirken, z.B. durch suchtartiges Verhalten, Computerspiele, übermässiges Essen, Fernsehen, bei Jugendlichen evtl. Alkohol- und Drogenkonsum sowie Promiskuität, exzessiven Pornografiekonsum, Glückspiel, Risikosport; grenzt sich durch skurriles oder sonst abstossendes Verhalten von anderen ab, provoziert z.T. den Ausschluss aus sozialen Bezügen.

Der/Die Hyperaktive: der/die Umtriebige, der/die Hochtourige, der/die Manische, der/ die Exzessiv-Kontaktsuchende, der/die Reizoffene, der Aufmerksamkeits-Junkie, «Hyperactive Protector»

Der/Die Betroffene geht negativen Gefühlen aus dem Weg, indem er/sie sich exzessiv um seine/ihre Umgebung kümmert; er/sie scheint vor Ideen zu sprühen und wird nicht müde, dies allen zu zeigen. Er/Sie sucht extrem nach Stimulation, wirkt gehetzt, scheinbar freudig, aber auch leicht reizbar.

Der/Die Verbündete: der innere Freund/die innere Freundin, der/die Klug-Kontaktfreudige

Der/Die Betroffene wendet sich an interne Instanzen auf der Suche nach Beistand und Unterstützung. Er/Sie gewinnt Autonomie durch fantasierte Verbündete, die ihn/ sie beschützen, begleiten, trösten und verteidigen können.

Manipulierer-, Trickser-, Lügner-Modus

Der/Die Täuschende: der/die Tricksende, der/die Blendende

Im Täuscher-Modus spielt der/die Betroffene anderen gezielt etwas vor, um eigene Interessen durchzusetzen; er/sie lügt, stellt sich dabei in ein gutes Licht.

Glückliches Kind

Ärgerliches Kind

Selbsterhöher

Distanzierter Beschützer

Gesunder Erwachsener

Verletzbares Kind

Anlage 5: Reise zu den Schemata

Was mochtest du früher besonders gern an dir? Was magst du heute an dir?	Kannst du dich an Mitschüler/Lehrer erinnern, die dich besonders unterstützt haben in deiner Schulzeit?	Wann hast du als Kind einmal gelogen?
Was mochtest du früher nicht an dir? Was magst du heute nicht an dir?	Welche Kompetenzen von dir wurden durch welche biografischen Erfahrungen grundgelegt?	Stell dir vor, deine Herkunftsfamilie sei ein Haus. Beschreibe es!
Welche Bedeutung hatten Bücher für dich?	Was hast du früher für Kleidung getragen (tragen müssen) und was trägst du heute gerne?	Mit welchen Mitschülern/Lehrern hattest du Schwierigkeiten? Woran lagen diese Schwierigkeiten? Versuche beide Seiten zu betrachten.
Beschreibe, wo und wie du die meiste Zeit als Kind mit deiner Familie gewohnt hast.	Was hat dir als Kind einmal sehr große Angst gemacht?	Zu welchem Elternteil hattest du eine besonders innige Beziehung und warum?

Wie wurde in deiner Familie mit Wut und Aggression umgegangen?	Wann warst du als Kind einmal so richtig glücklich?	Überlege dir selbst eine Frage zum Jugendalter.
Erzähle etwas über deine Krankheiten als Kind. Wie war es, wenn du krank warst?	Was waren früher deine Ressourcen und Stärken im sozialen Umfeld?	Überlege dir selbst eine Frage zum Kindesalter.
Was hast du als Kind gerne gegessen? Was schmeckt dir heute besonders gut?	Welche Bedeutung hatte Sport in deiner Familie? Und für dich?	Überlege dir selbst eine Frage zur Schulzeit.
Wo hast du mit deiner Familie Urlaub verbracht? Erzähle von einem besonderen Urlaubserlebnis aus deiner Kindheit.	Welche deiner Verhaltensweisen wurden früher vom sozialen Umfeld wertgeschätzt?	Überlege dir selbst eine Frage zur Familie.

Was hast du dir als Kind gewünscht? Wurden diese Wünsche erfüllt?	Was für ein Kind hättest du nach der Vorstellung deiner Eltern sein sollen? Warst du es?	Welche Bedeutung hatten deine Freunde für dich als du noch ein Kind warst? Welche Bedeutung haben sie heute?
Was hat dir bei Familienfesten besonders gut gefallen? Was hat dir nicht gefallen?	Was hat dich als Kind wütend gemacht? Ist das heute noch so?	Erzähle etwas über deine Freundinnen/Freunde in der Kindheit.
Welche Tiere hattet ihr in der Familie? Welche Bedeutung hatten die Tiere für dich?	Wie wurden in deiner Familie Liebe, Zuneigung und Anerkennung ausgedrückt?	Was sollte auf jeden Fall so bleiben, wenn du noch einmal Kind wärst?
Welche Vereine hast du als Kind besucht? Welche besuchst du heute noch?	Wo hast du als Kind gerne gespielt? Was waren deine Lieblingsspiele?	Erzähle etwas über deine Schulzeit.

Wenn du etwas ändern könntest, an deiner Kindheit/Situationen in der Kindheit – was würdest du ändern?	Kannst du dich an ein Erlebnis (schönes, trauriges, schreckliches Erlebnis) aus der Kindergartenzeit erinnern?	Wenn du Vater oder Mutter wirst, was wirst du genauso machen wie deine Eltern?
Was wolltest du als Kind später einmal werden?	Welche Bedeutung hatte Musik in deiner Familie? Und für dich?	Wo, denkst du, hättest du als Kind Hilfe benötigt?
Zu welchen Freundinnen und Freunden hast du früher aufgeschaut – und warum?	Welche Charaktertypen hast du in deiner Schulzeit angezogen?	Welche Lehrerinnen und Lehrer waren Vorbilder für dich – und warum?
Hast du Erfahrungen mit Mobbing gemacht? Wenn ja, welche?	Was war das Verrückteste, das du in deiner Teenagerzeit gemacht hast?	Was war das Dümmste, das du in deiner Teenagerzeit gemacht hast?

Anlage 6: Modus-Interview
Wer bin ich – und wenn ja, wie viele?

Name ______________________________

Datum ______________________________

Kürzel päd. Fachkraft ______________________________

1. Herkunft meines (mittlerweile manchmal) problematischen Ichs:

____

____

Zum ersten Mal ist mein im Prinzip kompetentes Ich namens

____

(Ich-Bezeichnung + eigenen Namen reinschreiben, etwa Aggro-Kevin)

im Alter von __________ Jahren aufgetreten (genaue Beschreibung der Erlebnisse mit dem betreffenden Ich).

____

____

____

____

____

____

____

____

____

____

2. Nutzen und Vorteile des (mittlerweile manchmal) problematischen Ichs

Damals hat mir dieses Ich folgende Vorteile gebracht (genaue Beschreibung der Vorteile dieses Ichs):

3. Ich-Perspektive

Auch andere Menschen haben dieses Ich (z. B. im Freundes- oder Familienkreis) (genaue Beschreibung der bekannten Personen mit diesem Ich):

4. Einschätzung dieses Ichs aus heutiger Perspektive

Welche Vor- und Nachteile bringt mir dieses Ich im Hier und Jetzt? (genaue Beschreibung der Vor- und Nachteile):

____

____

____

____

____

____

____

____

5. Wenn dieses Ich im Alltag an Kraft gewinnt, also von jetzt auf gleich aktiviert wird, dann merke ich das! Es zeigt sich in Gedanken, Gefühlen und körperlichen Reaktionen!

Gedanken

____

____

____

Gefühle

____

____

____

Körperliche Reaktionen

____

____

____

Anlage 7: Psychospiel-Memory

Psychospiel	Beschreibung
Mords-Molly	Ein Angeberspiel: Der/die Jugendliche provoziert, indem er/sie eine Regel offen bricht bzw. plump oder einfallsreich eine gemeinsame Aktivität oder eine Gruppensitzung stört. Er/sie geht einen Machtkampf mit der Fachkraft ein, findet sich toll, positiv, unerreichbar. Jegliche Kritik oder ein Appell an den gesunden Menschenverstand prallen ab. Der/die Jugendliche kann gut austeilen/kontern.
Armes Schwein	Dieses Spiel ist hochmanipulativ. Die Person offenbart sich als stark problembeladen. Sie leidet. Hilflosigkeit wird vermittelt. Zentrales Element ist das Jammern. Die anderen sollen sich kümmern, Verantwortung übernehmen, sie verstehen, bemitleiden. Fehler der Fachkräfte: zu lange zuhören und Hilfsangebote unterbreiten!
Dornröschen	Der/die Spieler*in scheint wirklich Hilfe zu benötigen, er/sie fordert Ratschläge ein. Allerdings geht es dem/der Spieler*in gar nicht um die Rettung, sondern darum, dass sich das Gegenüber nur gerade jetzt engagiert zeigt. Alle Ratschläge werden als gut gemeint, aber nicht passend abgewehrt. Ziel: Aufmerksamkeit Fehler der Fachkräfte: immer wieder neue Hilfsangebote unterbreiten!
Immer ich	Ist ein Opferspiel aus der Kombination „Armes Schwein" und „Opfer der Umstände". Wird meist gespielt, wenn die Fachkraft etwas einfordert. Typisch: „Immer nehmen Sie mich dran!", „Immer bin ich schuld!" Ziel: Ablenkung/Aufmerksamkeit Fehler der Fachkräfte: diskutieren und rechtfertigen wollen!

Regelsetzer	Der/die Jugendliche stellt in Gesprächen die Regeln auf, weil er/sie davon ausgeht, dazu legitimiert zu sein („Als Fachkraft sind sie verpflichtet pünktlich zu sein!"). Andere sollen diese Regeln telepathisch befolgen. Ziel: (soziale) Erwartungen an andere stellen Fehler der Fachkräfte: Diskussionen!
Opfer der Umstände	Die spielende Person will um jeden Preis vermeiden, dass sie für Verfehlungen, Störungen, falsches Handeln verantwortlich gemacht werden kann. Entsprechend kann sie wiederholt einfach nichts dafür, weil die Umstände bzw. Personen letztlich verantwortlich sind (Zug zu spät, PC kaputt, ...). Ziel: Verantwortung abgeben/sich gewissensmäßig aus dem Staub machen Fehler der Fachkräfte: diskutieren und an den gesunden Menschenverstand appellieren wollen!
Sabotage	Eine besondere Form des Spiels „Opfer der Umstände oder anderer Personen". Aufträge von der Fachkraft werden entgegengenommen, werden aber nicht erledigt oder regelmäßig vergessen. Ziel: Person will bestimmte Dinge nicht tun, täuscht aber vor, sie tun zu wollen. Fehler der Fachkräfte: nach dem Warum fragen!
Unterhaltsam sein	Sich selbst und aktuelle Themen oder Vorfälle (müssen nicht wahr sein) so präsentieren, dass andere in den Bann gezogen werden (Entertainment). Ziel: Aufmerksamkeit! Kardinalfehler von Fachkräften: der spielenden Person zu viel Interesse und Zeit entgegenbringen.

Spielanleitung:

1. Lest die Kurzzusammenfassung der Psychospiele (noch) einmal gemeinsam durch!
2. Verteilt folgende Rollen: „Pädagogische Fachkraft“, „Psychospiel-Spieler*in“, „Beobachter*in“
3. Die pädagogische Fachkraft hat die Psychospiel-Karten (hellblau) als Überblick offen vor sich liegen. Sie wählt eine Beispielsituation und spricht den/die Psychospiel-Spieler*in darauf an.
4. Der/die Psychospiel-Spieler*in zieht blind eine Psychospiel-Karte (blau) und spielt das entsprechende Spiel.
5. Ziel des Spiels ist, dass die pädagogische Fachkraft das richtige (gespielte) Psychospiel erkennt und benennt.
6. Die beobachtende Person reflektiert kurz die Situation mit allen Beteiligten.
7. Tauscht die Rollen und spielt weitere Runden.

Er/Sie hat gemobbt	**Er/Sie kommt zu spät**	**Er/Sie hat gelogen**
Er/Sie hat gespickt	**Sie/Er schwänzt regelmäßig**	**Sie/Er hat geklaut**
Sie/Er hat sich nicht an die Regel XY gehalten		**Sie/Er vergisst wiederholt Sachen**

Beispielsituationen

Mords-Molly

„Du kannst mir hier gar nichts!"

Armes Schwein

„Ich hab Bauchweh!"

Dornröschen

„Wasch mich, aber mach mich nicht nass!"

Immer ich

„Sie meckern immer nur mich an!"

Regel-Setzer

„Sie haben da 'nen Fehler gemacht. Wie soll ich denn von Ihnen was lernen?"

Opfer der Umstände

„Mein Bus kam zu spät!

Sabotage

„Ablenken vom Wesentlichen"

Unterhaltsam sein

„Darf ich Ihnen 'nen Witz erzählen?"

PÄDAGOGISCHE FACHKRAFT

Mords-Molly

„Du kannst mir hier gar nichts!“

Armes Schwein

„Ich hab Bauchweh!“

Dornröschen

„Wasch mich, aber mach’ mich nicht nass!“

Immer ich

„Sie meckern immer nur mich an!“

Regel-Setzer

„Sie haben da ’nen Fehler gemacht. Wie soll ich denn von Ihnen was lernen?“

Opfer der Umstände

„Mein Bus kam zu spät!

Sabotage

„Ablenken vom Wesentlichen“

Unterhaltsam sein

„Darf ich Ihnen ’nen Witz erzählen?“

PSYCHO-SPIELER*IN

Anlage 8: Modus-Memo

Name ____________________

Datum ____________________

Kürzel päd. Fachkraft ____________

Wer bzw. welche Situation (genaue Beschreibung) löst einen krassen Modus bzw. mein ____________ -Ich (passenden Begriff einfügen) aus?

____

____

____

Was fühle und denke ich, wenn dieser Modus über mich kommt? Was würde ich dann am liebsten tun bzw. habe ich getan?

____

____

____

Was denkt der clevere, erwachsene Teil in mir? Wie schätzt er objektiv die Aktivierungssituation ein? Um was geht es eigentlich?

____

____

____

Was nehme ich mir für zukünftige Situationen (genau beschreiben) vor?

____

____

____

Anlage 9: Schemapädagogischer Hilfeplan

Name der/des Jugendlichen: ______________________

Datum des Gesprächs: ______________________

Zeitrahmen: ______________________

Ersteller/in: ______________________

Teilnehmende: ______________________

1. Ressourcen, Schemata, Modi, Interaktionsstrategien der/des Jugendlichen

1.1 Aus Sicht der/des Betreffenden:

____

____

____

____

1.2 Aus Sicht der Bezugserzieherin/des Bezugserziehers:

____

____

____

____

1.3 Aus Sicht anderer Stellen (Stationsleitung, Lehrkraft, sonstige):

____

____

____

____

2. Beschreibung der aktuellen Situation und Bewertung des bisherigen schemapädagogischen Hilfeverlaufes (Was wurde bisher geplant und umgesetzt? Welche schemapädagogischen Methoden wurden praktiziert? Wie beurteilen die Beteiligten den Verlauf? Inwiefern konnten die beim letzten Mal formulierten Ziele erreicht werden? Woran ist die Zielerreichung zu erkennen? Inwiefern konnten die beim letzten Mal formulierten Ziele nicht erreicht werden? Was hat die Zielerreichung erschwert?)

2.1 Aus Sicht der/des Betreffenden:

2.2 Aus Sicht der Bezugserzieherin/des Bezugserziehers:

2.3 Aus Sicht anderer Stellen (Stationsleitung, Lehrkraft, ...):

---

3. Ergänzende Beschreibung zur Entwicklung

3.1 Gesundheitliche Entwicklung (z. B. chronische Krankheiten, Medikamente, Arztbesuche, Sucht und Abhängigkeit etc.)

3.2 Lebenspraktische Fähigkeiten (z. B. Körperpflege, Essverhalten, Ordnung, Umgang mit Geld etc.)

3.3 Sozialverhalten (z. B. gegenüber Gleichaltrigen, päd. Fachkräften, dem anderen Geschlecht, Freunden etc.)

3.4 Freizeitverhalten (z. B. Vorlieben, allein oder in der Gruppe, Vereine etc.)

4. Vorschläge zu Perspektiven und Zielen zum weiteren Hilfeverlauf (Wie soll es weitergehen? Welche Ziele sollen weiterhin verfolgt werden? Welche Ziele sind zu verändern? Welche Ziele sind neu aufzunehmen? Welche Möglichkeiten zum weiteren Vorgehen gibt es?)

4.1 Aus Sicht der/des Betreffenden:

4.2 Aus Sicht der Bezugserzieherin/des Bezugserziehers:

4.3 Aus Sicht anderer Stellen (Stationsleitung, Lehrkraft, ...):

5. Zu klärende Fragen aus den unterschiedlichen Perspektiven

Anlage 10: „Grüne Punkte"-Karten

Schneide die unten platzieren Kärtchen aus und zeichne mit grüner Farbe jeweils einen Kreis hinein, den zu ausmalst. Im Gegensatz zu „roten Punkten", die negative Gefühle und extreme Modi/Ich-Anteile in dir aktivieren können, stehen die „grünen Punkte" für positive Themen, die dich ins glückliche Kind triggern, z.B. Fotos von Menschen, die du liebst; Gegenstände, Symbole usw. Eventuell möchtest du Bilder und Fotos verwenden, diese ausschneiden und aufkleben oder selbst etwas zeichnen oder schreiben. Du kannst die fertigen Kärtchen bei dir führen, im Zimmer anpinnen etc.

Anlage 11: Das Erfolgs-Tagebuch

Dein ganz persönliches Erfolgs-Tagebuch ...

Darin kannst du persönliche Notizen über Erlebnisse und Situationen, in denen dir etwas gelungen ist oder in denen du beispielsweise im

- gesunden Erwachsenenmodus oder glücklichen Kind

gewesen bist.

Jetzt fragst du dich sicher, was es dir bringt, dir deine Erfolge in einem Erfolgs-Tagebuch zu notieren. Dazu so viel: Es gibt viele bedeutende, erfolgreiche Menschen, die ein solches führen, um

- sich ihrer Erfolge bewusst zu werden
- die eigenen Stärken und Talente zu erkennen
- den Blick auf das Positive im Leben zu lenken
- zuversichtlicher zu werden
- das Selbstbewusstsein zu stärken
- die Motivation zu steigern

Um deine Notizen festhalten zu können, kannst du ein Büchlein basteln. Dazu brauchst du Material, das du sicher schnell zur Hand hast, etwas Geduld und ein wenig Zeit:

Material: weißes DIN-A4-Papier, Schere, Klebeband, (Stifte)
Anforderungsstufe: leicht
Zeitaufwand: ein paar Minuten

Eine Anleitung findest du unter folgendem Link:

https://www.besserbasteln.de/Basteln%20mit%20und%20fuer%20Kinder/buchlein.html

Viel Spaß beim Basteln und beim Festhalten deiner Erfolge!

Anlage 12: Schemazirkel-Protokoll (Beispiel)

Schemazirkel vom 3.12.2020 SteRo, 06.09.2006

Teilnehmende: velo, spad, stin, gaka, fube, beki, tule, bamo

Einweisungsgründe:
Fehlende Therapie und nicht vorhandene Tragbarkeit in bisheriger Institution; Dating-Apps und problematische Kontakte zu Erwachsenen, stark sexualisiertes Verhalten. Sie will schwanger werden.

Auftrag:
Schutz vor Gefährdung, Erlernen einer adäquaten Nähe-Distanzgestaltung, Beschulung, Therapie installieren (Traumatherapie betr. Missbrauch)

Allgemeines:
Rosa hat mütterlicher- und väterlicherseits etliche Halbgeschwister, sowohl ältere als auch jüngere. Zum Vater besteht keinerlei Kontakt. Zur Mutter pflegt sie insgesamt eine gute Beziehung und jene zeigt sich in der Zusammenarbeit mit dem Lory kooperativ. Rosa und ihre Mutter sollen sich anscheinend in vielem ähnlich sein. Letztere ist psychisch angeschlagen, da sie selbst traumatisiert worden ist. Infolgedessen war ihre Tochter bereits recht früh teilweise verbeiständet und sie verbrachte viel Zeit bei Verwandten, zu denen sie ein elterliches Verhältnis pflegte. Bereits im Kindergartenalter wurde sie von einer sehr nahestehenden Person über mehrere Jahre sexuell missbraucht, was erst rund zwei Jahre vor der Platzierung im Lory bekannt wurde. Hat Flashbacks und Alpträume, sieht Gesichter und höre nachts ein Klopfen (Trauma). Eine diesbezügliche Anzeige wurde fatalerweise abgewiesen. Rosa entwickelte sich mit der Zeit vom Opfer zur Täterin und wurde dafür verurteilt.

Allgemeine Beobachtungen
- Die Kommunikation mit der Mutter ist eher distanziert. Jene reagiert aber fürsorglich, sobald Rosa Schmerzen/gesundheitliche Probleme geltend macht
- Rosa lässt sich von der Mutter sehr viel sagen
- Rosa hat fröhliches Wesen, guten Humor; sie ist keck
- Sie kann in Gesprächen heftig überreagieren – Moralvorstellungen und Ansprüche auf moralisches Verhalten kommen dort zum Vorschein
- Sie zeigt „altkluges" Verhalten, wirkt oft sehr erwachsen
- Abends hört sie gerne Hörspiele zum Einschlafen (möglichst Gruselgeschichten)

Wohnen geschlossene Wohngruppe (GWG)
- Rosa war in der GWG insgesamt eine umgängliche Jugendliche mit vielen gesunden Anteilen
- Sie hatte anfangs große Schwierigkeiten bezüglich des Ankommens in der Gruppe (teilweise wegen der schwierigen Gruppenkonstellation, teilweise aufgrund von Mobbingsituationen)
- Zu Beginn war sie in der Kommunikation etwas ungeschickt gegenüber den anderen Jugendlichen
- Sie hat aktiv zu einer positiven Gruppenstimmung beizutragen versucht; nach einigen Enttäuschungen konnte sie besser für sich einstehen
- Zudem zeigte sie große Anpassungsleistungen (gefallen wollen), nahm sich eher in der Gruppe zurück. Kompensierte dann diese Anpassungsleistung mit Druckabbau: Entweder verfiel sie in störrisches, blockierendes, bockiges Verhalten (*impulsiv-undiszipliniertes Kind*) oder in den *aggressiven Beschützer* bzw. den Killermodus

- Rosa zeigte im Laufe der Zeit fordernde Anteile (fordernde innere Eltern)
- Sie hatte Schwierigkeiten zu benennen, wie es ihr affektiv geht (benennen von Gefühlszuständen)
- Plötzlich auftretende „Wehwehchen" (somatische Beschwerden) kamen hinzu. Wenn in solchen Situationen nicht auf das Schmerzempfinden eingegangen wurde, konnte Rosa enorm fordernd und aggressiv werden
- Sie holte sich rückblickend Zuwendung über die Versorgung dieser „Wehwehchen"
- Sie grenzte sich gut ab, sobald ihr etwas zu naheging, sie sich nicht bereit fühlte, das Thema zu bearbeiten; Rosa konnte in solchen Situationen auch heftig-aggressiv reagieren
- Sie war vergesslich in Bezug auf Termine oder Gesagtem – Rosa brauchte viele Wiederholungen, fragte häufig nach und war dann teilweise davon überzeugt, das Gesagte nie gehört zu haben

Wohnen halbgeschlossene Wohngruppe (HGW)
- Rosa ist erst seit zwei Tagen in der Wohngruppe
- Bei Spielerischem macht sie gerne mit
- Sie geht aktiv auf die Mitarbeitenden zu
- Auf klare Strukturen und Vorgaben reagiert sie gut
- Mit ihrer Zimmerordnung hat sie Mühe resp. braucht dort Unterstützung

Psychologischer Dienst
- Erst fand ein gegenseitiges Kennlernen resp. ein geplanter Beziehungsaufbau zwischen der Therapeutin und Rosa statt
- Sie führte bislang ein tägliches Schlafprotokoll. Direkt nach Einweisung war das (Ein-)Schlafen ein Problem. Die Problematik hat sich inzwischen gelegt. Die Auswertung des Schlafprotokolls wurde der Gruppe durch den Psychologischen Dienst noch nicht zugänglich gemacht!
- Wegen ihrer Vergesslichkeit wurden Erinnerungsplakate angeregt und realisiert; sie wurde beauftragt, dieses an die Zimmertür zu hängen
- Weiteres Thema: Das Erkennen und Benennen von eigenen Gefühlen

Gesundheit
- Somatische Schmerzen wie Bauchweh, Knieschmerzen, Kopfweh
- Häufig Übelkeit

Atelier GWG
- Rosa arbeitete i.d.R. exakt und konzentriert
- Das Schema *Überhöhte Standards/Perfektionismusstreben* trat immer wieder zu Tage, sobald die Resultate nicht Rosas Vorstellungen entsprachen oder ihr ein Fehler unterlaufen war. Sie reagierte dann mit Frustration und wurde wütend (*ärgerliches Kind*)
- Sie bearbeitet gerade viele Projekte gleichzeitig
- Rosa hat eine Begabung für handwerkliches Arbeiten
- Sie zeigte sich im Umgang mit den Mitarbeitenden im Atelier oft fröhlich, teilweise keck
- Sie sorgte aktiv für eine gute Gruppenstimmung

Betriebe/Schule
- Rosa hat einen Sonderschul-Status
- Sie reagiert auf direktiv geäußerte Anweisungen der Lehrpersonen oft im Modus aggressiver Beschützer oder gar im *Killer*; in der Folge verweigert sie dann alles
- Sie kann sich sehr gut allein strukturieren, wenn ihr Raum und Zeit zugestanden wird

– Die Zusammenarbeit wird erleichtert, wenn Rosa im Vorfeld weiß, was auf sie zukommt, weil sie sich dann sicher fühlt. In der Folge kann sie sich recht gut selbstständig organisieren und sie ist imstande, über einen gewissen Zeitraum hinweg strukturiert zu arbeiten
– Ihre Konzentrationsfähigkeit ist leicht reduziert (ermüdet relativ schnell). Sie kann sich aber mittels Arbeitswechsel auffangen
– Die Arbeit in der Lingerie gefällt ihr sehr gut
– Sie mag die klar strukturierten Abläufe

Schemata

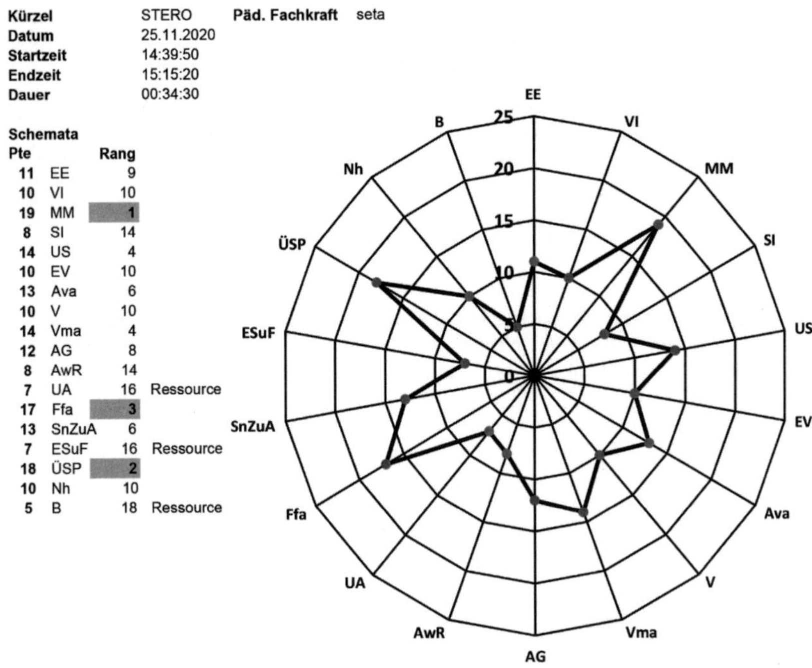

Misstrauen/Missbrauch	Überhöhte Standards/ Perfektionismusstreben	Fürsorge für andere
19/25	18/25	17/25
●●●●● ●●●●● ●●●●● ●●●●○ ○○○○○	●●●●● ●●●●● ●●●●● ●●●○○ ○○○○○	●●●●● ●●●●● ●●●●● ●●○○○ ○○○○○
Nicht befriedigtes Grundbedürfnis	**Nicht befriedigtes Grundbedürfnis**	**Nicht befriedigtes Grundbedürfnis**
Bindung	Lust/Unlustvermeidung	Selbstwerterhöhung

Erduldung	Erduldung	Erduldung
	– Strebt nach Perfektionismus (in allen Lebensbereichen) – Will glänzen, hervorstechen – Steht unter Druck, weil Ansprüche an sich selbst sehr hoch sind – gönnt sich wenig Entspannung – Aktivität steht im Mittelpunkt – Hat immer etwas zu tun, hat viele Baustellen – Erfolge können nicht wirklich genossen werden – Hat ein unausgewogenes Zeitmanagement – Ist stets auf dem Sprung – Workaholic-Phänomene	– Starkes Interesse an anderen – Geht auf Bedürfnisse der anderen aktiv ein (Extraversion) – Macht sich vorauseilend nützlich – Hat ein starkes Bedürfnis nach Anerkennung – Tut viel für andere – Uneigennützige Helfer-Mentalität – Tendenzielles Interesse an sozialen Berufen – Sehr empathisch, kann sich gut in andere hineinversetzen (kann Bedürfnisse von Lippen lesen) – Eigene Bedürfnisse kommen zu kurz
Vermeidung	**Vermeidung**	**Vermeidung**
– Unauffälliges Gruppenverhalten		
Überkompensation	**Überkompensation**	**Überkompensation**
Übertrieben friedfertig und vertrauensselig erscheinen		– Es geht ausschließlich um die eigenen Belange – Bedürfnisse werden in aggressiver Weise kommuniziert – Altruismus wird ersetzt durch Egoismus

Modi

Leistungsfordernde Eltern/innerer Antreiber	Ärgerliches Kind	Impulsives Kind
16/25	16/25	15/25
●●●●● ●●●●● ●●●●● ●○○○○ ○○○○○	●●●●● ●●●●● ●●●●● ●○○○○ ○○○○○	●●●●● ●●●●● ●●●●● ○○○○○ ○○○○○
Der/die Fordernde, der/die Antreiber, der/die Drängelnde – Internalisierter Druckerzeuger; generiert überhöhte Standards, ist sich nicht gut genug, findet keine Ruhe; muss noch besser werden Der/die Missionierende – Betroffene fordern geringe Rechte und hohe Pflichten für alle ein, kennen 1000 dos und don'ts, spielen sich als Schlaumeier und Moralapostel auf	Der/die Ärgerliche – Die Betroffenen sind frustriert, weil Grundbedürfnisse nicht erfüllt oder Wünsche unangemessen begrenzt werden, es kommt zu Zornausbrüchen	Der/die Unbeherrschte – Die Betroffenen neigen zu impulsivem, unüberlegtem Handeln zur Befriedigung der eigenen Interessen, ohne Rücksicht auf andere Personen oder mögliche negative Konsequenzen

Bewältigungsmodi

Distanzierter Selbstberuhiger	Zerstörer/Killer	Aggressiver Beschützer
19/25	14/25	13/25
●●●●● ●●●●● ●●●●● ●●●●○ ○○○○○	●●●●● ●●●●● ●●●○○ ○○○○○ ○○○○○	●●●●● ●●●●● ●●●○○ ○○○○○ ○○○○○
Der Ablenker/die Ablenkerin – Betroffene gehen negativen Gefühlen aus dem Weg, indem sie sich exzessiv um ihre Umgebung kümmern Der innere Freund/die innere Freundin – Betroffene wenden sich an interne Instanzen auf der Suche nach Beistand und Unterstützung. Sie gewinnen Autonomie durch fantasierte Verbündete, die sie beschützen, begleiten, trösten und verteidigen können	– Aktuell kaum beobachtbar, allenfalls teilweise etwas dissoziale Verhaltensweisen	Der/die Genervte, der/die Nörgelnde – Betroffene schimpfen über das Gegenüber, über andere Personen oder äußere Umstände, wenn eigentlich eigene Probleme oder Schwierigkeiten thematisiert werden sollen

EQUALS-Matrix

Jugendheim Lory

Psychosoziale Matrix

Codename: 1765 (W) **geb.: 06.09.2006**

Bearbeitet am: 15.11.2020 Kürzel STERO

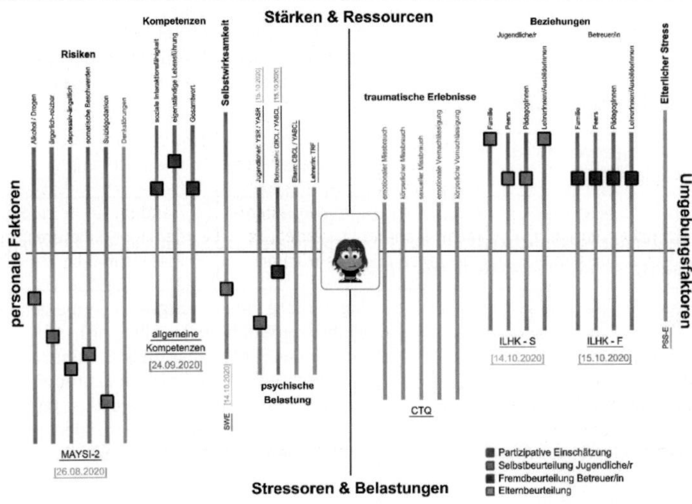

Gedruckt am: 15.11.2020 Seite 1 von 1

Ressourcen

- Sie will teilhaben und macht konstruktive Vorschläge
- Sie hat ein fröhliches Wesen
- Sie zeigt handwerkliches Geschick
- Sport- und bewegungsbegeistert
- Sie spielt gerne und kann verlieren
- Sie kommuniziert bereits recht klar, was sie möchte oder eben nicht möchte
- Sie ist nicht nachtragend (im Sinne von potenzieller Bestrafungsneigung)

Persönlichkeitsstile

Paranoider Persönlichkeitsstil: 18/25, korrespondierend zu Schema Misstrauen/Missbrauch und äußert sich u.a. im *aggressiven Beschützer* resp. Zerstörer-/Killermodus

Paranoider Persönlichkeitsstil		
	☝ negative Interpretation der Umwelt	Jugendliche mit dem paranoiden Persönlichkeitsstil sind sehr sensibel und ständig misstrauisch. Sie erwarten geradezu, von anderen benachteiligt, ausgenutzt oder getäuscht zu werden und dies führt dazu, dass sie aufgrund ihrer Abwehrhaltung ständig unter Strom stehen, also einer dauerhaften physiologischen Anspannung ausgesetzt sind.
	☝ extrem misstrauisch	
	☝ auf Krawall gebürstet	
	☝ Überempfindlichkeit	
	☝ vorauseilend „stachelig“	

Selbstschädigender Persönlichkeitsstil: 18/25 korrespondierend zu Schema *Misstrauen/Missbrauch* und äußert sich u.a. im *Manipulierer, Trickser, Lügner*

Selbstschädigender Persönlichkeitsstil	Symptome	Beschreibung
	☝ Übernahme von Opferrolle (vorauseilend)	Jugendliche mit selbstschädigendem Persönlichkeitsstil verstehen es immer wieder, negative soziale Konstellationen zu generieren, sie driften mit ihrem unvorteilhaften Auftreten schrittweise ins Abseits und bieten sich geradezu als Opfer an. Die eigenen Potenziale werden nicht beachtet. Sie wirken beratungsresistent und lassen die Fachpersonen, die sich extrem angesprochen fühlen, ratlos und genervt zurück.
	☝ „peinliches" Auftreten	
	☝ Risikoverhalten	
	☝ Selbstbenachteiligung	
	☝ Misserfolge werden aus „Versehen" herbeigeführt	

Ängstlich-vermeidender Persönlichkeitsstil: 18/25 korrespondierend zu Schema *Verstrickung/unentwickeltes Selbst* (bei Rosa 14/25) und äußert sich im *verletzten Kind*

Ängstliche-vermeidender Persönlichkeitsstil	Symptome	Beschreibung
	☝ selbstunsichere Vorgangsweise	Jugendliche mit dem ängstlich-vermeidenden Persönlichkeitsstil fallen im Alltag nicht wirklich auf, sie machen sich lieber unsichtbar. Sie sind schüchtern und fürchten sich vor Kritik und Zurückweisung. Im Vordergrund stehen die sozialen Ängste, welche die Betroffenen in verschiedenen sozialen Situationen verunsichern und vorauseilend überfordern.
	☝ wehrlos	
	☝ Angst vor Kritik/Zurückweisung	
	☝ unscheinbare graue Maus	
	☝ meidet Kontakte	

Fazit

- Sie darf noch Kind sein
- Raum lassen, wenn sie wütend ist (nicht bedrängen); Rosa kann aus dem Bewältigungsmodus aussteigen, wenn man ihr zwei bis max. drei Wahlmöglichkeiten anbietet und ihr im Anschluss die Möglichkeit zu einer kurzen Entscheidungszeit gibt. Die pädagogische Fachkraft kann sich tatsächlich physisch entfernen, da Rosa das nicht ausnutzen wird, um sich beispielsweise zu verstecken. Sobald Rosa ihre Wahl getroffen hat, wird sie sich von sich aus wieder zu den Mitarbeitenden begeben
- Somatische Beschwerden ernstnehmen – sich kümmern; Alternativen zu Medikamenten anbieten (Wärmeflasche, Bewegung, ätherisches Öl etc.)
- Ihr Aufmerksamkeit schenken, bevor sie sich diese „gewaltsam" holen muss; bei Rosa besteht die Gefahr, dass sie in der Gruppe untergeht, da sie sich in dieser eher zurückhaltend verhält
- Erholung organisieren (sie aus dem Aktionismus herausholen) – liebt Bewegung und Hörspiele
- Beim Aufräumen Ordnung herstellen und sie aktiv unterstützen (sie ist noch jung)
- Unvorhergesehenes vermeiden – sich Zeit nehmen, ihr Änderungen zu erklären; Ihrem Bedürfnis nach Struktur und klaren Regeln gerecht werden
- Abend- und Tagesrituale ermöglichen, mit ihr zusammen entwickeln, sie aktiv am Prozess teilhaben lassen
- Sie braucht noch eine bewusste Nachbeelterung
- Sie darin stärken, dass nicht alles perfekt sein muss (hohe Standards relativieren)
- Sie spüren lassen, dass sie toll ist, so wie sie ist

bamo, 29.10.2020

Übersicht zu den Download-Materialien

Material 1: Schemaentstehung für Dummies

Material 2: Schemafragebogen

Material 3: Synopse Schemapädagogik

Material 4: Modus-Fragebogen

Material 5: Modus-Wochenprotokoll

Material 6: Beobachtungsbogen für pädagogische Fachkräfte

Material 7: Modus-Karten

Material 8: Reise zu den Schemata

Material 9: Bewältigungsmodus-Fragebogen

Material 10: Modus-Interview

Material 11: Psychospiel-Memory

Material 12: Zielformulierung nach SMART

Material 13: Schemapädagogischer Hilfeplan

Material 14: Das Erfolgs-Tagebuch

Literatur

Arnold, R. (2019). *Seit wann haben Sie das? Grundlagen eines Emotionalen Konstruktivismus* (3. Aufl.). Heidelberg: Carl-Auer.

Arntz, A. & van Genderen, H. (2010). *Schematherapie bei Borderline-Persönlichkeitsstörung* (2. Aufl.). Weinheim und Basel: Beltz.

Bandura, A. (1994): *Lernen am Modell*. Stuttgart: Klett-Cotta.

Bauer, J. (2008a). *Prinzip Menschlichkeit. Warum wir von Natur aus kooperieren*. München: dtv.

Bauer, J. (2008b). *Lob der Schule. Sieben Perspektiven für Schüler, Lehrer und Eltern*. München: Heyne.

Bauer, J. (2016). *Warum ich fühle, was du fühlst. Intuitive Kommunikation und das Geheimnis der Spiegelneurone* (23. Aufl.). München: Heyne.

Baumann, M. (2019). *Kinder, die Systeme sprengen. Band 2: Impulse, Zugangswege und hilfreiche Settingbedingungen für Jugendhilfe und Schule*. Baltmannsweiler: Schneider Verlag Hohengehren.

Baumann, M., Bolz, T. & Albers, V. (2020). *„Systemsprenger" in der Schule. Auf massiv störende Verhaltensweisen von Schülerinnen und Schülern reagieren. Mit Online-Material* (2. Aufl.). Weinheim und Basel: Beltz.

Beck, A. T. (1976). *Cognitive therapy and the emotional disorders*. New York: NY International Universities Press.

Berne, E. (2005). *Spiele der Erwachsenen. Psychologie der menschlichen Beziehungen* (5. Aufl.). Reinbek: Rowohlt.

Birkenwald, K. (2020). *„Mach-Bar"– schemapädagogische Expertise Sozialer Arbeit im Rahmen einer berufsübergreifenden Schulentwicklung*. In: M. Damm (Hrsg.): Angewandte Schemapädagogik in Schule und Sozialer Arbeit. Experten berichten aus der Praxis. Münster: LIT. S. 101–134.

Bowlby, J. (2016). *Frühe Bindung und kindliche Entwicklung* (7. Aufl.). München: Ernst Reinhardt.

Breil, J. & Sachse, R. (2018). *Klärungsorientierte Psychotherapie der Borderline-Persönlichkeitsstörung*. Göttingen: Hogrefe.

Buss, D. (2004). *Evolutionäre Psychologie* (2. Aufl.). München: Pearson Studium.

Damm, M. (2007). *Frei von Ängsten. Sich neuen Lebensmöglichkeiten öffnen*. Freiburg i. B.: Herder.

Damm, M. (2010a). *Praxis der Schemapädagogik. Schemaorientierte Psychotherapien und ihre Potenziale für psychosoziale Berufe*. Stuttgart: Ibidem.

Damm, M. (2010b). *Schemapädagogik. Möglichkeiten und Methoden der Schematherapie im Praxisfeld Erziehung*. Wiesbaden: VS-Verlag.

Damm, M. (2012a). *Persönlichkeitsstörungen verstehen in der Schule, Schulsozialarbeit und Jugendhilfe 1. Schemapädagogik bei Narzissten, Histrionikern, Antisozialen und Borderline-Persönlichkeiten*. Stuttgart: Ibidem.

Damm, M. (2012b). *Persönlichkeitsstörungen verstehen in der Schule, Schulsozialarbeit und Jugendhilfe 2. Schemapädagogik bei Paranoikern, Schizoiden, Sadisten und selbstverletzenden Heranwachsenden*. Stuttgart: Ibidem.

Damm, M. (2012c). *Persönlichkeitsstörungen verstehen in der Schule, Schulsozialarbeit und Jugendhilfe 3. Schemapädagogik bei passiv-aggressiven, zwanghaften, dependenten und ängstlichen Heranwachsenden*. Stuttgart: Ibidem.

Damm, M. (2014). *Psychospiele der Pädagogen 1. Konfliktlösungen in der schulischen Teamarbeit mit Misstrauischen, Distanzierten, Symbiotikern*. Stuttgart: Ibidem.

Damm, M. (2015). *Psychospiele der Pädagogen 2. Konfliktlösungen in der schulischen Teamarbeit mit Narzissten, Passiv-Aggressiven, Perfektionisten*. Stuttgart: Ibidem.

Damm, M. (2019a). *Guter Unterricht braucht Beziehungen. Schemapädagogik – ein Konzept zum Umgang mit verhaltensauffälligen Schülern* (2. Aufl.). Seelze: Friedrich Verlag.

Damm, M. (2019b). *„Gar nichts muss ich!" Mit narzisstischen Schülern kompetent umgehen*. München: Ernst Reinhardt.

Damm, M. (2019c). *Achterbahnfahrten im Klassenraum. Konstruktive Zugänge finden zu Schülerinnen und Schülern mit Borderline-Persönlichkeit*. Seelze: Friedrich Verlag.

Damm, M. (Hrsg.) (2020). *Angewandte Schemapädagogik in Schule und Sozialer Arbeit. Experten berichten aus der Praxis*. Münster: LIT.

Damm, M. (2022). *Einzelgänger, Schauspieler, Empathen und Perfektionisten im Klassenraum. Ein schemapädagogischer Ratgeber für Lehrkräfte*. Dortmund: Verlag modernes Lernen.

Damm, M. & Werner, S. (2011). *Schemapädagogik bei jugendlichen Gewalttätern*. Stuttgart: Ibidem.

Dieckmann, E. (2011). *Die narzisstische Persönlichkeitsstörung mit Schematherapie behandeln*. Stuttgart: Klett-Cotta.

Dobelli, Rolf (2014). *Die Kunst des klaren Denkens. 52 Denkfehler, die Sie besser anderen überlassen*. München: dvt.

Estermann, D. & Aebersold, D. (2020). *Weiterbildung in Institutionen und die Implementierung der Schemapädagogik*. In: M. Damm (Hrsg.): Angewandte Schemapädagogik in Schule und Sozialer Arbeit. Experten berichten aus der Praxis. Münster: LIT. S. 261–280.

Fiedler, P. & Herpertz, S. (2016). *Persönlichkeitsstörungen* (7. Aufl.) Weinheim und Basel: Beltz.

Fink, C. (2019). *Erste Hilfe im Umgang mit ADHS, Borderline und Co. Praxisratgeber zur Störungsbildern und anderen Besonderheiten in der Schule*. Berlin: Verlag an der Ruhr.

Förster, J. (2020). *Schublade auf, Schublade zu. Die verheerende Macht der Vorurteile*. München: Thieme.

Gollor, E. (2015). *Hier fühle ich mich wohl. Systemische Pädagogik in der Grundschule*. Heidelberg: Carl-Auer.

Grawe, K. (2004). *Neuropsychiatrie*. Göttingen: Hogrefe.

Günder, R. (2015). *Praxis und Methoden der Heimerziehung. Entwicklungen, Veränderungen und Perspektiven der stationären Jugendhilfe* (5. Aufl.). Freiburg i. B.: Lambertus.

Haller, R. (2019). *Die Narzissmusfalle. Anleitung zur Menschen- und Selbstkenntnis* (12. Aufl.). Salzburg: Ecowin.

Haller, R. (2020). *Das Böse. Die Psychologie der Destruktivität* (3. Aufl.). Salzburg: Ecowin.

Handrock, A., Zahn, C. A., Baumann, M. (2016). *Schemaberatung, Schemacoaching, Schemakurzzeittherapie*. Weinheim und Basel: Beltz.

Haney, J. (2020). *Zur Bedeutung der Bindungstheorie im schulischen Kontext*. In: M. Damm (Hrsg.): Angewandte Schemapädagogik in Schule und Sozialer Arbeit. Experten berichten aus der Praxis. Münster: LIT. S. 65–76.

Hüther, G. & Hauser, U. (2014). *Jedes Kind ist hoch begabt. Die angeborenen Talente unserer Kinder und was wir daraus machen*. München: btb.

Jacob, G. & Arntz, A. (2015). *Schematherapie in der Praxis* (2. Aufl.). Weinheim und Basel: Beltz.

Jacob, G. & Melchers, F. (2017). *Ratgeber Schematherapie. Eigene Verhaltensmuster verstehen und verändern*. Göttingen: Hogrefe.

Jacob, G., van Genderen, H. & Seebauer, L. (2017). *Andere Wege gehen. Lebensmuster verstehen und verändern – ein schematherapeutisches Selbsthilfebuch* (2. Aufl.). Weinheim und Basel: Beltz.

Jordan, E., Maykus, S. & Stuckstätte, E. C. (2015). *Kinder- und Jugendhilfe. Einführung in Geschichte und Handlungsfelder, Organisationsformen und gesellschaftliche Problemlagen* (4. Aufl.). Weinheim und Basel: Beltz.

Kilb, R., Weidner, J. & Gall, R. (2013). *Konfrontative Pädagogik. Anti-Aggressivitäts- und Coolnesstraining in der Schule* (3. Aufl.). Weinheim und Basel: Beltz.

Klicpera, C. & Gasteiger-Klicpera, B. (2019). *Psychische Störungen im Kindes- und Jugendalter* (2. Aufl.). Stuttgart: UTB.

König, K. (2010). *Kleine psychoanalytische Charakterkunde* (10. Aufl.). Göttingen: Hogrefe.

König, K. (2007). *Abwehrmechanismen* (4. Aufl.). Göttingen: Vandenhoeck & Ruprecht.

Kotecki, A. (2020). *Praxisfeld Berufseinstieg. Schemapädagogik in der Arbeit mit Jugendlichen.* In: M. Damm (Hrsg.): Angewandte Schemapädagogik in Schule und Sozialer Arbeit. Experten berichten aus der Praxis. Münster: LIT. S. 87–100.

Leahy, R. L. (2007). *Techniken kognitiver Therapie. Ein Handbuch für Praktiker.* Paderborn: Junfermann.

Luhmann, N. (2017). *Einführung in die Systemtheorie* (7. Aufl.). Heidelberg: Carl-Auer.

Macsenaere, M. & Esser, M. (2015). *Was wirkt in der Erziehungshilfe? Wirkfaktoren in Heimerziehung und anderen Hilfearten* (2. Aufl.). München: Ernst Reinhardt.

Matthes, G. (2018). *Förderkonzepte – einfühlsam und gelingend. Psychologische Grundlagen und Methoden der Entwicklung individueller Förderkonzepte.* Dortmund: verlag modernes lernen.

Menne, K. (2007). *Erziehungsberatung.* In: Deutscher Verein für öffentliche und private Fürsorge (Hrsg.): Fachlexikon der sozialen Arbeit (6. Aufl.). Baden-Baden: Nomos. S. 272–273.

Milgram, S. (1982). *Das Milgram-Experiment. Zur Gehorsamsbereitschaft gegenüber Autorität.* Reinbek: Rowohlt.

Molcho, S. (2013). *Körpersprache.* München: Goldmann.

Mosell, R. (2016). *Systemische Pädagogik. Ein Leitfaden für Praktiker.* Weinheim und Basel: Beltz.

Mücke, K. (2001). *Probleme sind Lösungen. Systemische Beratung und Psychotherapie – ein pragmatischer Ansatz. Lehr- und Lernbuch.* Potsdam: Ökosysteme Verlag.

Oldham, J. M. & Morris, L. B. (2017). *Ihr Persönlichkeitsportrait. Warum Sie genau so denken, lieben und sich verhalten, wie Sie es tun* (7. Aufl.). Hohenwarsleben: Westarp.

Peichl, V. (2010). *Jedes Ich ist viele Teile. Die inneren Selbst-Anteile als Ressource nutzen.* München: Kösel.

Rätz, R., Schröer, W. & Wolff, M. (2014). *Lehrbuch Kinder- und Jugendhilfe* (2. Aufl.). Weinheim und Basel: Beltz Juventa.

Rafaeli, E., Bernstein, D. P. & Young, J. E. (2013). *Schematherapie.* Paderborn: Junfermann.

Rautenberg, Werner & Rogoll, Rüdiger (2011). *Werde, der du werden kannst. Persönlichkeitsentwicklung durch Transaktionsanalyse* (20. Aufl.). Freiburg i. B.: Herder.

Richter, H. E. (2012). *Patient Familie* (2. Aufl.). Gießen: Psychosozial-Verlag.

Riemann, F. (2019). *Grundformen der Angst* (45. Aufl.). München: Ernst Reinhardt.

Roediger, E. (2016). *Schematherapie. Grundlagen, Modell und Praxis* (3. Aufl.). Stuttgart: Schattauer.

Roth, G. (2016). *Persönlichkeit, Verhalten und Entscheidung. Warum es so schwierig ist, sich und andere zu verändern* (11. Aufl.). Stuttgart: Klett-Cotta.

Sachse, R. (2002). *Klärungsorientierte Psychotherapie.* Göttingen: Hogrefe.

Sachse, R. (2019a). *Persönlichkeitsstörungen. Leitfaden für die Psychologische Psychotherapie* (3. Aufl.). Göttingen: Hogrefe.

Sachse, R. (2019b). *Persönlichkeitsstile. Wie man sich selbst und anderen auf die Schliche kommt.* Paderborn: Junfermann.

Sachse, R. (2020a). *Psychologie der Selbsttäuschung. Belastungen und Ressourcen einer verkannten Kompetenz.* Berlin: Springer.

Sachse, R. (2020b). *Selbstregulation und Selbstkontrolle.* Göttingen: Hogrefe.

Sachse, R., Schirm, S. & Kiszkenow-Bäker, S. (2014). *Klärungsorientierte Psychotherapie in der Praxis.* Lengerich: Pabst.

Sachse, R., Sachse, M. & Fasbender, J. (2011). *Klärungsorientierte Psychotherapie der narzisstischen Persönlichkeitsstörung.* Göttingen: Hogrefe.

Sachse, R., Sachse, M. & Fasbender, J. (2016). *Grundlagen Klärungsorientierter Psychotherapie.* Göttingen: Hogrefe.

Schulz von Thun, F. (2007). *Miteinander reden: 4. Fragen und Antworten* (10. Aufl.). Reinbek: Rowohlt.

Schwender, C., Schwarz, S., Lange, B. P. & Huckauf, A. (Hrsg.) (2019). Die Psychogenese der Menschheit. Geschlecht und Verhalten aus evolutionärer Perspektive. Lengerich: Pabst.

Schwing, R. & Fryszer, A. (2015). *Systemisches Handwerk. Werkzeug für die Praxis.* Göttingen: Vandenhoeck & Ruprecht

Spitzer, M. & Herschkowitz, N. (2020). *Wie wir denken und lernen. Ein faszinierender Blick in das Gehirn von Erwachsenen.* München: mvg.

Steffen A, Akmatov M. K., Holstiege J. & Bätzing J. (2018). *Diagnoseprävalenz psychischer Störungen bei Kindern und Jugendlichen in Deutschland: eine Analyse bundesweiter vertragsärztlicher Abrechnungsdaten der Jahre 2009–2017.* Zentralinstitut für die kassenärztliche Versorgung in Deutschland (Zi). Versorgungsatlas-Bericht Nr. 18/07. Berlin.

Valente, M. & Roediger, E. (2020). *Schematherapie.* Stuttgart: Kohlhammer.

Watzlawick, P. (2005). *Wie wirklich ist die Wirklichkeit? Wahn, Täuschung, Verstehen.* München: Piper.

Winkelmann, I. (2020). *System-ressourcenorientiertes Arbeiten in der Jugendhilfe* (2. Aufl.). Heidelberg: Carl-Auer.

Willi, J. (2012). *Die Zweierbeziehung. Das unbewusste Zusammenspiel von Partnern als Kollusion* (4. Aufl.). Reinbek: Rowohlt.

Winterhoff, M. (2009). *Warum unsere Kinder Tyrannen werden. Oder: Die Abschaffung der Kindheit.* München: Goldmann.

Young, J. & Klosko, J. (2006). *Sein Leben neu erfinden. Wie Sie Lebensfallen meistern.* Paderborn: Junfermann.

Young, J., Klosko, J. & Weishaar, M. (2008). *Schematherapie. Ein praxisorientiertes Handbuch* (2. Aufl.). Paderborn: Junfermann.

Zimbardo, P. (2016). *Der Luzifer-Effekt. Die Macht der Umstände und die Psychologie des Bösen.* Berlin: Springer.

Danksagung

Das vorliegende Projekt hätte nie ohne die Inspiration, Impulse und praktische Unterstützung anderer Menschen angegangen und letztlich verwirklicht werden können. An dieser Stelle möchte ich (M.D.) mich ausdrücklich bei diesen Mitstreiterinnen und Mitstreitern bedanken. Ich hoffe, dass ich im Folgenden niemanden vergessen habe. Manche von ihnen wissen nicht, dass sie ihren Beitrag zum vorliegenden Buch geleistet haben, andere hingegen schon, weil sie eben direkt im Prozess involviert waren. Nun denn!

Zunächst gilt mein Dank Jeffrey Young, er hat die erstaunliche und sehr effiziente Schematherapie begründet, und zwar als Weiterentwicklung der Kognitiven Verhaltenstherapie. Auf die Schematherapie beziehen wir uns in diesem Buch an mehreren Stellen sehr stark (Schema- und Modus-Modell). In theoretischer Hinsicht hochbedeutsam für die angewandte Schemapädagogik ist das Konzept der Interaktionsstrategien von Rainer Sachse, ihm gebührt auch an dieser Stelle Berücksichtigung und ausdrücklicher Dank. Das Bewusstsein bezüglich der Images, Tests, Appelle und Spiele bereichert das Zusammenleben im Praxisfeld Erziehung und Bildung ungemein.

Nun zu den Personen, die *wissen*, dass sie einen großen Anteil am vorliegenden Buch haben. André Kotecki ist hier z. B. zu nennen, der seit Jahren deutschlandweit Weiterbildungen zur Schemapädagogik anbietet und weiterführende Methoden vermittelt, von denen wir einige in dieses Buch aufgenommen haben. Zudem fand zwischen ihm und den Fachpersonen des Lory vor drei Jahren erstmals *in persona* ein sehr fruchtbarer Kontakt statt, der sich intensiviert und demzufolge zur Weiterentwicklung des Konzepts in der Heimerziehung beigetragen hat.

Ein großes Dankeschön möchten wir alle (M.D., D.E. und D.A.) im Weiteren an Eliane Michel, Direktorin des Jugendheims Lory, und an die gesamte Geschäftsleitung richten, und zwar dafür, dass sie die Schemapädagogik als einheitliche pädagogische Methode etabliert haben und uns (D.E. und D.A.) das Vertrauen und den Freiraum entgegenbringen, in welcher Art und Weise wir die Schemapädagogik den Mitarbeitenden näherbringen und weiterentwickeln.

Ein spezieller Dank geht außerdem an Stephan Wolf, Lehrperson im Jugendheim Lory, für sein Engagement zugunsten der Schemapädagogik, seinen Kenntnissen und seinem Flair fürs Analytische und für Informatik. Seinem unermüdlichen Einsatz ist es zu verdanken, dass sich die Schemapädagogik-Fragebögen weiterentwickelt haben und mittlerweile in digitaler Form vorliegen.

Auch Ronny Jacob, Mitarbeiter im Atelier der geschlossenen Abteilung, gebührt ein großes Dankeschön für die Unterstützung bei allen grafischen Angelegenheiten; dank ihm liegen die Schema- und Schemamodus-Karten professionell gestaltet vor, die sowohl in der Arbeit mit den Jugendlichen als auch in den internen Weiterbildungen eingesetzt und sehr geschätzt werden. Ebenso die Grafiken für das vorliegende Buch hat er aufbereitet.

Wir bedanken uns ferner bei allen übrigen Mitarbeitenden des Jugendheims Lory für das wohlwollende tägliche Mittragen und Praktizieren der Schemapädagogik.

Zudem bedanken wir uns (D.E. und D.A.) ganz herzlich bei allen Lory-Lehrpersonen, die immer wieder unsere Abwesenheiten resp. unser Absorbiert-Sein im Zusammenhang mit der Schemapädagogik abfedern.

Ein riesiges Merci geht an „unsere" Jugendlichen, die eigentlichen Hauptakteure dieses Buches. Ohne sie wäre die Schemapädagogik nicht praktizierbar und wir sind ihnen sehr dankbar dafür, dass sie sich mit uns Fachkräften zusammen auf den Weg machen und sich bereitwillig auf die gemeinsame pädagogische Arbeit einlassen.

Brigitte Balke-Schmidt ist unsere Verlags-Lektorin gewesen, ihr sind wir ebenfalls zu besonderem Dank verpflichtet. Ich (M.D). erinnere mich noch ganz genau an meine Anfrage zur Zusammenarbeit bezüglich des vorliegenden Projekts per Mail, die ich vor etwa einem Jahr abgeschickt habe. Es dauerte nicht lange und der Startschuss fiel. Wir haben dann das Buch projektiert – und hier ist es nun!

Adressen/Fort- und Weiterbildungsmöglichkeiten

Deutschland

Institut für Schemapädagogik
c/o Dr. Marcus Damm
Rathenaustr. 18
D-67547 Worms
E-Mail: info@marcus-damm.de
Web: http://www.schemapädagogik.de

Gewaltprävention Kotecki
c/o André Kotecki
Steinzeugstr. 28
D-50226 Frechen
E-Mail: info@andrekotecki.de
Web: http://www.andrekotecki.de

Österreich

Elisabeth Wolf
Streifingerstr. 18
A-2125 Streifing
E-Mail: lisa.wolf@schemapaedagogik.at
Web: http://www.schemapädagogik.at

Schweiz

Jugendheim Lory
Danielle Estermann/Dominik Aebersold
Thunstrasse 14
Postfach
CH-3110 Münsingen
E-Mail: danielle.estermann@be.ch / dominik.aebersold@be.ch
Web: https://www.pom.be.ch/pom/de/index/freiheitsentzug-betreuung/jugendheime/jugendheim_lory.html

Bestseller – fundiert und praxistauglich

Über 65.000 Auflage!

Filip Caby / Andrea Caby

Die kleine Psychotherapeutische Schatzkiste • Teil 1

Tipps und Tricks für kleine und große Probleme vom Kindes-, Jugend- und Erwachsenenalter

„Das handliche Buch ist hervorragend geeignet, immer wieder eine einzelne Intervention herauszugreifen, sich mit ihr zu beschäftigen und zu üben. Dabei erheben die Cabys getreu dem systemisch-lösungsorientierten Ansatz keineswegs den Anspruch, das allein selig machende Rezept erfunden zu haben. Sie sprechen freundliche Einladungen aus, was daraus wird, bleibt jedem selbst überlassen. Wahre Kompetenz lässt sich nicht verbergen. Deshalb mein Tipp: Greifen Sie zu, lassen Sie die exzellenten Anregungen wirken und probieren Sie aus, was Ihnen schmeckt. Finden Sie ganz im Sinne Milton Ericksons die Lösungen, von denen Sie NOCH nicht wissen, dass Sie sie kennen!" Monika Bohn, Oberursel

„Meines Erachtens darf dieses kompakte Sammelsurium 'spannender und aufregender' Interventionen in keinem Bücherregal eines Praktikers fehlen. Insgesamt kann ich konstatieren, dass das Buch ‚up-to-date' ist auf dem systemischen Büchermarkt." Dennis Bohlken, systemagazin.

4., überarbeitete und erweiterte Auflage 2017, 224 S., Format 16x23cm, Ringbindung

ISBN 978-3-942976-18-3 | Bestell-Nr. 9403 | 19,95 Euro

Felicitas Bergmann / Delphine Bergmann

Krimskrams und Co.

Besondere und alltägliche Gegenstände in der Kindertherapie und Elternberatung

Wer „Schatzkisten" hat braucht auch „Krimskrams" ...

„Beide Autorinnen wenden sich aus der Praxisperspektive an die Leserschaft. Man erkennt es bereits beim Querlesen an dem Ideenreichtum und der eingängigen Struktur. Der Aufbau des Nachschlagewerkes ist selbsterklärend und einfach. ...Als angehende Verhaltenstherapeutin für Kinder- und Jugendlichenpsychotherapie möchte ich dieses Buch als sehr geeignet für den Praxisalltag bewerten. Es ist ein übersichtlicher Helfer bei schnellen Planungsabläufen im Therapiealltag für einen vergleichsweise geringen Anschaffungspreis. Besonders wertvoll empfinde ich die Beispiele für die Psychoedukation zu verschiedenen Störungsbildern. Zudem regt das Buch dazu an, beschriebene Interventionen kreativ zu erweitern und eigene Methoden zu kombinieren. ... Insgesamt empfehle ich dieses Buch als bereichernde Grundausstattung für jede Kindertherapiepraxis." Yvonne Schulte, Verhaltenstherapie mit Kindern und Jugendlichen – Zeitschrift für die psychosoziale Praxis

2. Auflage 2020, 256 S., Format 16x23cm, Klappenbroschur, Alter: ab 5

ISBN 978-3-8080-0791-4 | Bestell-Nr. 4361 | 19,95 Euro

Über 14.000 Auflage!

Dieter Krowatschek / Uta Hengst

Mit dem Zauberteppich unterwegs

Entspannung in Schule, Gruppe und Therapie für Kinder und Jugendliche

„Grundmuster zum Konstruieren von Entspannungsgeschichten fehlen ebenso wenig wie auch spezielle Hinweise zum Einsatz von Malverfahren, Schreibideen oder Mandalas. Damit man bei der Vielzahl an Praxishinweisen, Geschichten und Übungen noch den Überblick behält, sind die Texte zum Vorsprechen farbig unterlegt, sowie klare Logos zu den einzelnen Themen bzw. Altersgruppen eingearbeitet worden. Fazit: Ein Arbeits- und Entspannungsbuch, das Lehrerinnen und Lehrer bis zur 9. Klasse gut und lange verwenden können – und das eine Brücke schlägt zwischen therapeutischer und schulischer Ausrichtung." Detlef Rüsch, lernchancen

„Entspannungshilfen gibt es wie Sand am Meer, selten aber hat ein Band auf den ersten wie auch den zweiten Blick so viele relevante Fragen und hilfreiche Antworten für Entspannungsübungen mit Kindern und Jugendlichen wie hier geboten. Zusammen mit der Audio-CD ist der Band von Krowatschek/Hengst ein Werkzeug erster Güte!" FIL – Sprachrohr Lerntherapie

6. Aufl. 2018, 344 S., Beigabe: Audio-CD (72 Min.), Format 16x23cm, fester Einband | Alter: ab 4

ISBN 978-3-938187-12-8 | Bestell-Nr. 9355 | 29,80 Euro

Über 63.000 Auflage!

Ben Furman

Es ist nie zu spät, eine glückliche Kindheit zu haben

In Wissenschaft und Öffentlichkeit ist der Mythos fest verankert, dass schwierige Bedingungen in der Kindheit unweigerlich zu einem unglücklichen, gefährdeten Erwachsenenleben führen. Dies kann so sein, ist aber in den meisten Fällen nicht zwangsläufig so. Furman lässt eine große Zahl von Betroffenen selbst zu Wort kommen, die einen schwierigen Start ins Leben hatten und trotzdem oder gerade deshalb ein gelungenes Leben führen konnten. Hier geht es nicht darum, die Wahrheit zu schönen oder zu verbiegen und uns selbst zu belügen, damit wir die traurige Vergangenheit in rosarotem Licht sehen! Wir sollen auch nicht so tun, als hätten wir eine glückliche Kindheit gehabt, wenn es nicht so war. Aber tief in ihrem Herzen wissen die Menschen oft, was ihnen helfen könnte, und schaffen es trotz widriger Umstände glücklich zu werden. Das Buch will Mut machen, auf die innere Stimme zu hören.

Das Buch wurde in die Liste der „Einhundert Meisterwerke der Psychotherapie" aufgenommen.

„Dieses Buch ist sehr interessant. Ich habe es in zwei Tagen ausgelesen. Es trifft meine Vergangenheit und auch meine Zukunft, und ist hilfreich für meinen Sohn, der gerade 4 1/2 Jahre alt ist. DANKE!" Leserzuschrift

8. Aufl. 2019, 112 S., Format DIN A5, br

ISBN 978-3-8080-0845-4 | Bestell-Nr. 8398 | 15,30 Euro

Schleefstraße 14, D-44287 Dortmund
Telefon 02 31 12 80 08, Fax 02 31 12 56 40
Gebührenfreie Bestell-Hotline: Telefon 08 00 77 22 345, Fax 08 00 77 22 344
Leseproben, Rezensionen, Bestellen im Internet: www.verlag-modernes-lernen.de